国際私法

第3版

中西 康・北澤安紀
横溝 大・林 貴美

YUHIKAKU

第3版　はしがき

　本書の第2版の刊行からすでに3年以上が経過した。2018年刊行の第2版においては，2014年の初版刊行後の法改正や新たな判例などに対応する改訂を行ったほか，不明確，不正確な記述・説明を見直し，完成度を高めることに注力した。

　本書のコンセプト（後掲の初版はしがきを参照）は初版から変わっていないが，次の改訂においては，それをより実現するために，場合によっては構成の変更や，とりあげる項目の取捨選択にまで踏み込んだ再検討を，本書全体にわたって行うことを考えていた。平成元年法例改正から始まったわが国の国際私法の現代化が，平成30年人訴法等改正で一応の完結を見たことからしても，現在，そのような本格的な再検討を行うにふさわしい状況にあると思われる。

　しかし，このたびの第3版も引き続き，第2版刊行後の新たな法改正や裁判例などの動向への対応が，主な改訂内容である。学習時に本書と同時に用いることを想定している『国際私法判例百選』（後掲の本書の使い方を参照）が改訂されて第3版が昨年刊行されたため，本書の記載をそれに合わせる対応を優先したためである。ただし，本書の初版刊行後にいくつか最高裁判決が出ている第16章「外国判決の承認執行」については，〈判例〉の構成を見直した。なお法改正については，国際的な子の奪取の民事上の側面に関する条約の実施に関する法律の改正内容も反映させたほか，民法，とくに成年年齢引き下げ等に関する改正の施行に伴い，関連部分の説明を修正している。

　第3版の刊行に当たっては，有斐閣書籍編集部の藤原達彦さんと一村大輔さんに多大な配慮をいただいた。厚く御礼申し上げる。

　2022年1月

執筆者一同

初版　はしがき

　本書は LEGAL QUEST シリーズの 1 冊であり，主として初中級レベルの学生向けの国際私法の教科書である。

　本書は現在において，国際私法について過不足なく学ぶべきであると，われわれが考えている事項を取り上げている。具体的には国際裁判管轄，準拠法選択，外国判決の承認執行の 3 本柱構造になっている（⇒第 1 章）。

　かつては，このうちの準拠法選択のみを国際私法の教科書で扱い，国際裁判管轄と外国判決の承認執行は国際民事手続法として別に扱うことが一般的であった。最近の教科書では国際民事手続法にもふれるものが多くなっているが，準拠法選択の後に，国際民事手続法について独立の編を置くものが多い。しかし，国際裁判管轄，準拠法選択，外国判決の承認執行は，相互に関連しながら渉外的法律関係を規律している。本書では，これらを有機的に結び付けながら理解できるように説明しようと努めた。そこで，国際裁判管轄と外国判決の承認執行について総論で概説した上で（⇒第 15 章，第 16 章），各論でも準拠法選択だけでなくこれら 2 つについてもそれぞれの事項ごとに問題となる点を適宜説明する形をとっている。

　また，準拠法選択に関しても，サヴィニー以来の大陸法系諸国における古典的伝統的なアプローチは，今日でも主要な地位を占めているものの，国際的な強行法規や渉外実質法についての議論の展開を考慮すると，そのような古典的伝統的アプローチだけを念頭に置いた説明は望ましくないと考えた。そこで，これらの現代的問題にもふれている（⇒第 13 章，第 14 章）。

　本書はあくまでも，わが国の国際私法を解説している。しかし読者のみなさんは，本書で学んだわが国の国際私法についての理解を出発点として，グローバル化の進んだ国際社会へ大きく羽ばたいてほしい。そのために必要な比較法的動向についても，紙幅の許す範囲でふれている。

　本書は教科書であり，国際私法を初めて学ぶ初級レベルの学生から，学習の進んだ中級レベルの学部生および法科大学院生まで，大学での授業および独習の際に使えるように考えて書かれている。そのために，制度・規定の趣旨を丁

寧に説明すること，対立する諸学説の説明だけにとどめず，対立の原因がどこにあるのかを明らかにすることなどを心がけた。また，読者がつまずく原因を減らすため，初めて出てくる用語には説明を加え，また煩雑になることをいとわず，相互参照（⇒）を多用した。

　なお，分担して執筆された原稿を全員で検討した際に場合によっては，教科書としての性格を考えて，本書の分量やレベルでは想定している読者が十分に理解しづらい独自の見解の展開を抑制するよう担当者に求め，加筆・削除・修正を重ねて最終稿を作成した。そのようなこともあり，完成した本書の記述は当初の執筆担当者の見解と同一であるとは限らない。そのため各部分の執筆担当は示していない。

　以上のようなコンセプトを実現するための工夫について詳しくは，後掲 *xxvi* 頁の「本書の使い方」で説明している。読者は最初に必ず，この「本書の使い方」を読んでほしい。

　われわれ 4 名のうち中西と北澤は 1991 年に，横溝と林は 1993 年に国際私法研究の道に飛び込んだ。出身大学も主に関心を有するテーマも異なるが，当初からお互いの研究からしばしば触発されてきた。本書の企画が持ち上がり，幾度となく行われた編集会合において率直な議論を重ねることで，様々な問題について理解が深まり，また新たな課題が見つけられたのは非常に有益であった。また，本書の企画が途中で頓挫することなく，遅れながらもなんとか完成にこぎ着けられたのには，有斐閣の一村大輔さんをはじめとする多くの方々の助力が欠かせなかった。厚く御礼申し上げる。

　2014 年 2 月

執筆者一同

目　次

第1編　序　　論　*1*

目　次

執筆者紹介

中　西　　康（なかにし・やすし）
　　京都大学大学院法学研究科教授

北　澤　安　紀（きたざわ・あき）
　　慶應義塾大学法学部教授

横　溝　　大（よこみぞ・だい）
　　名古屋大学大学院法学研究科教授

林　　貴　美（はやし・たかみ）
　　同志社大学法学部教授

本書の使い方

1 法令名および法改正名の略記

＊通 則 法 本書は国際裁判管轄，準拠法選択，外国判決の承認執行の3つの柱からなるが（⇒第1章），そのうち主要部分を占める準拠法選択については，法の適用に関する通則法4条以下に規定が置かれている。本書で**通則法**とあるときには，特に断らない限り，この「法の適用に関する通則法」（平成18年法律第78号）を指す。

＊法 例 通則法の前身は，「法例」（明治31年法律第10号）である。この法例は，平成元年に婚姻・親子に関する部分および総則規定について一部改正された（平成元年法律第27号）。この改正を**平成元年法例改正**と呼ぶ。法例の規定のうち，平成元年法例改正で改正されなかった，契約・不法行為などの部分についても改正して現代語化したものが，通則法である。

本書では，平成元年改正後の法例の条文は，「**法例14条**」のように表記し，平成元年改正前の法例の条文は，「**法例旧14条**」のように表記する。

なお，平成元年改正前および平成元年改正後の法例の条文は，*xxix*頁に掲げた『国際私法判例百選〔第3版〕』の巻末に掲載されている。

＊国際裁判管轄については，近時，法改正により明文の規定が設けられた。財産関係事件については，「民事訴訟法及び民事保全法の一部を改正する法律」（平成23年法律第36号）により民事訴訟法3条の2以下に規定が新設された。この改正を**平成23年民訴法等改正**と呼ぶ。

また人事・家事事件については，「人事訴訟法等の一部を改正する法律」（平成30年法律第20号）により人事訴訟法3条の2以下および家事事件手続法3条の2以下に規定が新設された。この改正を**平成30年人訴法等改正**と呼ぶ。

以上の法改正の経緯について詳しくは⇒第4章第1節。

＊その他の主な法令をかっこ内で引用する場合には，有斐閣六法の法令名略語によった。

2 判例，判例集・雑誌名の略記

■判例の略記

最判平成6・3・8〔百選1〕 最高裁判所平成6年3月8日判決，民集48巻3号835頁，道垣内正人＝中西康編『国際私法判例百選〔第3版〕』（有斐閣，2021年）1事件

本書の本文では上記例のように，裁判所名および判例の年月日と，百選の事件番号の

みを記載した。判例登載誌は巻末の判例索引に記載している。

大判（決）：大審院判決（決定） 地判（決）：地方裁判所判決（決定）
最大判（決）：最高裁判所大法廷判決（決定） 知財高判：知的財産高等裁判所判決
最判（決）：最高裁判所判決（決定） 家審（判）：家庭裁判所審判（判決）
高判（決）：高等裁判所判決（決定）

■判例集・雑誌名の略記
民録：大審院民事判決録 判時：判例時報
民集：大審院民事判例集 判タ：判例タイムズ
　　　または最高裁判所民事判例集 家：家庭の法と裁判
高民（刑）集：高等裁判所民事（刑事）判例集 金法：金融法務事情
下民集：下級裁判所民事裁判例集 金判：金融・商事判例
労民集：労働関係民事裁判例集 新聞：法律新聞
交民集：交通事故民事裁判例集 労判：労働判例
家月：家庭裁判所月報 ジュリ：ジュリスト
裁時：裁判所時報 民商：民商法雑誌
訟月：訟務月報

3　本書における用語

＊**国際私法，抵触法**　　本書では，広義の国際私法については，「抵触法」ではなく，単に「国際私法」という用語を用いている。したがって，「国際私法」には，広義の意味と狭義の意味の両方の場合がある。抵触法は実質法に対する概念として，準拠法を選択指定する狭義の国際私法を指すものとして用いる。以上について詳しくは⇒第1章および第2章12頁。

＊**国際的な強行法規**　　本書は原則として，一般に用いられている用語を用いている。しかし，禁輸措置法規のように，通常の強行法規よりも強行性の度合いが高く，本来の準拠法が別の国の法であろうとも，なお強行的に適用されるべきと考えられる法規については，**国際的な強行法規**という用語を用いている。このような法規については，絶対的強行法規，国際的強行法規，強行的適用法規，介入規範，直接適用法など，様々な名称が提案されており，いずれか1つが確立した用語として定着するに至っていない。また，執筆者間でも，いずれを用いるかについて意見の一致を見なかった。そこで次善の策として，これらいずれでもない中立的な用語としてさしあたり本書では，**国際的な強行法規**という用語を用いたものである。詳しくは⇒第13章。

4　参　考　文　献

各章末には，基本的な参考文献を挙げている。この他に，本書全体にわたる参考文献

には，網羅的ではないが，以下のものがある。

＊体系書・教科書（平成元年法例改正以降のもの）　　最初の２つは通則法に未対応ではあるが，実質改正のなかった部分（平成元年法例改正により改正された婚姻・親子の部分と総則規定。詳しくは⇒第４章第１節）は条文番号の読み替えのみで使えるし，改正部分もベースとなる議論は詳しく紹介されているので参照できる。

山田鐐一『国際私法〔第３版〕』（有斐閣，2004 年）

溜池良夫『国際私法講義〔第３版〕』（有斐閣，2005 年）

石黒一憲『国際私法〔第２版〕』（新世社，2007 年）

木棚照一ほか『国際私法概論〔第５版〕』（有斐閣，2007 年）

横山潤『国際私法』（三省堂，2012 年）

澤木敬郎＝道垣内正人『国際私法入門〔第８版〕』（有斐閣，2018 年）

神前禎ほか『国際私法〔第４版〕』（有斐閣，2019 年）

櫻田嘉章『国際私法〔第７版〕』（有斐閣，2020 年）

＊注 釈 書

櫻田嘉章＝道垣内正人編『注釈国際私法』第１巻および第２巻（有斐閣，2011 年）

　通則法全体についての注釈書であり，第１巻は通則法 23 条まで，第２巻は通則法 24 条以降（その他の特別法を含む）を扱っている。なお煩雑であるので，章末の参考文献には同書の各条の注釈は掲げていないが（条文にない項目については，参考文献欄に掲げた），必要に応じて参照すること。

＊改正法についての立案担当者による解説

　これについては，第４章と第 15 章の章末の参考文献を参照。

＊学習用判例集

百選　　道垣内正人＝中西康編『国際私法判例百選〔第３版〕』（有斐閣，2021 年）

　百選掲載の判例は，本文中にも上記２のように，**最判平成 6・3・8 ［百選 1］** の形で示した。

＊演 習 書

　櫻田嘉章ほか『演習国際私法 CASE30』（有斐閣，2016 年）

5　本文，小活字，　TERM ，　Column ，　＜判例＞

　本書は，国際私法を初めて学ぶ初級レベルの学生から，学習の進んだ中級レベルの学部生および法科大学院生までをカバーし，また大学での授業の教科書としても，独習する際の教科書としても，使えるようにと考えて書かれている。そのための工夫として，

通常の活字による本文の他，小活字部分，さらに，囲み記事の **TERM**，**Column**，〈**判例**〉を用いている。

*本　文　　通常の活字の本文部分では，基本的な事柄が書かれている。本書を初めて読む際には，初学者も含めてすべての読者がこの部分は読んでほしい。

　なお，この部分については，いわゆる多数説あるいは有力説に沿って説明するように努めており，執筆担当者独自の見解の展開は抑制している。もっとも，本文においても，従来の見解とは異なる見解が展開されている場合も一部にあるが，執筆者間でその見解について十分に議論した上でそうしている（ただし，全員が賛成したとは限らない）。また，その場合にも，多数説に基づき丁寧に説明した上で独自の議論を展開するように努めている。

*小 活 字　　小活字とされているのは，まず，他の法分野についての知識が必要であるなどの理由から，ややレベルが高くて細かな記述である。次に，執筆担当者独自の見解であって，他の者から必ずしも賛同が得られなかったもの（ただし，他の者もその問題意識は理解している）である。

　この部分については，学部生は，少なくとも最初に読む際には飛ばして，とりあえず全体についての基本的な理解を得るように読むのが望ましい。しかしながら学部レベルでも，本書を教科書として用いる教師がその関心に応じて取捨選択し，必要な補足をしつつこの部分にふれることは十分に考えられる。法科大学院生にとっては，この小活字部分の理解も必要となるだろう。

* TERM と Column　　**TERM** と **Column** では，本文の流れからは一定の独立性のある，まとまったトピックを扱っている。

　このうち **TERM** は，いくつかの基本用語について説明しているものであり，本文よりレベルが高いわけではない。初めて読む場合にも，本文同様，**TERM** は飛ばさずに読んでほしい。ただし，基本用語であっても **TERM** とされておらず，本文中において説明されているものも多く，これらは小見出し部分とされているか，ゴチックで強調してある。

　これに対して **Column** は，一定の独立性のあるまとまったトピックのうち，小活字部分と同じように，多くは，学部生にとってはややレベルが高いものを扱っている。学部レベルでも，例えばゼミにおいて，この部分を出発点としてさらに必要な調査をして報告を行うことが考えられる。なお，**Column** では小活字部分と同様に，執筆担当者独自の見解が展開されている場合（ただし，他の者もその問題意識は理解している）がある。

　Column については多くの場合，関連する参考文献を挙げている。

*◁ **判例** ▷ 　重要判例のいくつかについては，事実の概要と判旨を示し，コメントを加えている。

　なお，重要判例の内容を知って覚えるだけでなく，国際私法の基本的考えや従来の判例学説等を出発点に考えるとどう評価されるのかまで考えるようにしてほしい。そうすることが，新たな問題への対応力を養うことになる。

***相 互 参 照** 　本書の各部分は相互に関連し合っている。必要な箇所には，「○○について⇒○○」のようなリファーを示している。

6　本書が想定している読者および本書を読む順序

　本書は，授業の教科書としては，2単位での学部の入門的講義としての国際私法，学部の3・4年次での4単位分の専門科目としての国際私法，法科大学院における6単位分の国際私法（例えば，各2単位の国際財産法，国際家族法，国際民事手続法。ただし国際民事手続法については3分の2程度のみカバーする）まで対応できるように考えて記述している。

　第1編「序論」は，国際私法とはどういう法律なのか，第2編以下の構成がどうしてそのようになっているかなどを説明している導入部分である。したがって，初めて国際私法を勉強する場合でも，すでに学んだがさらに理解を深めるためにもう一度本書を読もうとする場合でも，最初に読んでもらいたい。上記のいずれのレベルの授業において教科書として用いる場合でも，最初にふれる必要があろう。ただし，第2章第2節は，国際私法の初学者にはやや難しいかもしれず，その場合には，とりあえず先に進み，最後にもう一度チャレンジしてほしい。

　第2編「総論」のうち，通常の教科書の国際私法総論にあたるのは，第2編第1部「準拠法選択」である。このなかには，基本的な問題とともに，複雑な問題で，必ずしも常に登場するわけではない問題も混じっている（例えば，反致⇒第8章）。刑法総論で，基本事項を一通り説明した後に，未遂や共犯などの複雑な問題を解説するのと同様に，第2編第1部も，まず基本的な問題を一通り読んでから，複雑な問題に後でチャレンジするという読み方を，とりわけ初学者にはすすめたい。具体的には次のようになる。

基本的な問題 　第5章，第6章，第7章（第2節 **2** と第3節を複雑な問題として後に回すことも考えられる），第10章，第11章

　↓

複雑な問題 　（場合によっては第7章第2節 **2** と第3節）第8章，第9章，第12章

　なお，この複雑な問題は，各論のうち，第3編第1部「国際財産法」においては，ほとんど登場しない。したがって，例えば「国際財産法」と「国際家族法」の各2単位に分けて授業を行う場合，まず国際財産法で，第1編，第2編の基本的な問題の部分，

第3編第1部「国際財産法」を扱い，次学期に国際家族法で，第2編の複雑な問題の部分にふれた後に第3編第2部「国際家族法」を扱う，という授業方法も考えられる。

第2編第1部の最後の第13章，第14章は，準拠法についての古典的規律方法ではないが，今日重要性が増しつつある方法である。

また，第2編第2部では，国際民事手続法のうち国際裁判管轄と外国判決の承認執行の概要を説明している。

いずれも，第3編「各論」での説明の前提となっているので，飛ばさずに読むようにしてほしい。

7　本書を読む際の注意

通則法の条文は百選の巻末にも収録されているが，本書に登場する民法など他の法律の条文に六法で適宜あたり，確認することで，民法などの知識も定着し，ひいては国際私法の有機的な理解も深まる。

本書で引用した判例のうち，百選掲載のものは上記2のようにその事件番号を掲載しているので，事実関係と判旨を確認し，解説と挙げられた参考文献を元にさらに理解を深めてほしい。

また，上記1のように，通則法の前身の法例の条文（平成元年改正前および平成元年改正後のもの）は百選の巻末に収録されている。

以上の理由から，本書を読む際には，本書に加えて，ポケット六法（有斐閣）などの学習用六法と百選を合わせた3点をセットにして読むようにしてほしい。

第 **1** 編

序　論

　国際私法とはどのような法律なのだろうか。このことを知るためには，国境を越え
て営まれる私人間の法律関係（渉外的法律関係）からは，純粋の国内的な法律関
係とは異なる，特別な問題が生じるということを理解する必要がある。本編では，この
点からはじめ，国際私法とは何かをまず説明する。

　続いて，民法，商法，民事訴訟法などの他の法律に対して，国際私法がどのような特
色を有しているか，どのように物事を考えていくのか，どのような基本理念を有してい
るかなどについて考えていく。

　以上の説明の際に，第2編以降の本論での議論の前提となる，国際私法で用いられる
基本的な用語，概念について説明を加える。これらの用語，概念には，民法などでは登
場しない国際私法特有のものがあるので，確実に理解する必要がある。

国際私法の意義

> 国際私法とは，どのような問題を扱う法律なのだろうか。
> もし国際私法がなかったならば，どのような不都合が生じるのだろうか。
> 　本章では以上の 2 点を説明することで，国際私法とはなぜ必要であり，どのような
> 法律であるかを明らかにする。

第 1 節　渉外的法律関係

　私たちは生まれながらにして社会生活を営んでいる。家族の中での関係，地域社会の中での関係もあるが，さらに空間的に広がると，国境を越えて営まれる社会生活があり，そこからも法的な関係が生じる。国際私法は，このように，国境を越えて営まれる私人間の法律関係（法的な規律の対象となる生活関係）を対象とする。このような関係を**渉外的法律関係**（**渉外的私法関係**，国際的法律関係）と呼ぶ。すなわち，法律関係を構成するいずれかの要素が外国との関連（**渉外性**）を有する法律関係のことである。次の〈 Case 1-1 〉は，渉外的法律関係の一例である。

> 〈 Case 1-1 〉　ペルーに住む日系 3 世の男性Ａはペルーと日本の重国籍者であるが，メキシコで出会ったメキシコ人女性Ｂと知り合いメキシコで結婚した。10 年ほどメキシコで暮らしていて子Ｃが生まれたが，その後家族で日本にやってきた。しか

> し，まもなく夫婦仲が悪化して，ＢはＣを連れてメキシコの実家に帰ってしまった。その後，Ａは離婚訴訟を京都家裁に提訴したが，ほぼ同時にＢもメキシコで離婚訴訟を提訴した。現在，京都家裁での離婚訴訟はなお進行中であるが，メキシコの訴訟では，ＡＢの離婚を認め，ＡはＢに慰謝料として 100 万メキシコ・ペソを支払うよう命じる判決が下されて確定した。

〈 Case 1-1 〉においては，当事者の国籍（ペルー，メキシコ），当事者の過去または現在の居住地（ペルー，メキシコ），婚姻の行われた地（メキシコ），前訴判決を下した裁判所の所属国（メキシコ）などが，日本以外の外国とのつながりをもっている。これに対して，次の〈 Case 1-2 〉のように，これらすべての要素がわが国だけと関係しており，わが国の中だけで展開している法律関係が，純粋の**国内的法律関係**である。

> 〈 Case 1-2 〉　仙台に住む日本国籍の男性Ａは，東京で出会った日本国籍の女性Ｂと知り合い東京で結婚した。10 年ほど東京で暮らしていて子Ｃが生まれたが，その後家族で京都にやってきた。しかし……〔以下省略〕

　民法，商法，民事訴訟法など，これまでの法律学習においては，純粋の国内的法律関係を前提として議論がされていた。これに対して，渉外的法律関係においては，純粋の国内的法律関係からは生じなかった，どのような特別な問題が発生するのであろうか。

1 国際裁判管轄

　〈 Case 1-1 〉のＡＢ夫婦は日本で暮らしていたが，それほど長い間ではなく，むしろメキシコで暮らしていた期間の方がかなり長い。また，Ａは日本国籍も有するがペルー国籍も有し，相手方Ｂはメキシコ国籍である。以上からすると京都家裁は，はたしてこの離婚訴訟を受理して，審理すべきか，という問題に最初に直面するのではないか。

　これに対して，純粋の国内的法律関係である〈 Case 1-2 〉の場合には，裁判所はこのような問題に直面するであろうか。たしかに，このような場合でも，京都家裁は訴訟を受理してよいかを考えなければならないかもしれない。しかし，その場合に問題となるのは，京都家裁ではなく東京家裁に管轄があるので

はないかという問題，つまり，国内裁判所間での土地管轄と呼ばれる問題にすぎない。

　これに対して，〈Case 1-1〉では，全体としての日本の裁判所がこの事件について管轄があるのかが問題となっている。この問題は，**国際裁判管轄**と呼ばれる。

2　準拠法選択

　国際裁判管轄が日本にあるとの結論に達したならば，京都家裁は次に，AB の離婚が認められるかという本案の問題を判断することになる。ところが，日本では離婚原因は，民法 770 条 1 項 1 号から 5 号に掲げられる場合であるが，ペルー法における離婚原因も，メキシコ法における離婚原因も，これとは異なっている。したがって，〈Case 1-1〉に関連するペルー，メキシコ，日本のこの問題に関する法の内容は，同一ではない。この問題について，ペルー，メキシコ，日本の間には，条約も存在せず，各国がそれぞれ立法権を有しているからである。

> **TERM 1-1　法　域**
>
> 　1 つの独立の法体系が妥当している地域的単位のことを，法域（jurisdiction. なお，jurisdiction には〔裁判〕管轄権という意味もある）という。日本の場合には，都道府県単位ではなく全国で 1 つの同じ法体系が妥当しているから，日本全体で 1 つの法域をなす。これに対して，アメリカ合衆国では，州ごとに異なる法体系が妥当しているから，ニューヨーク州，カリフォルニア州……，ワシントン DC という，51 の法域が 1 つの国の中にある。

　もし，〈Case 1-2〉のような純粋の国内的法律関係であれば，裁判所は直ちに日本の民法 770 条を適用して，離婚の可否の問題を処理すればよい。ところが，〈Case 1-1〉のような渉外的法律関係ではその前に，ペルー，メキシコ，日本から，いずれの国の法（より正確には，いずれの「法域」の法であるが，以下では特に必要がない限り「国」という表現を用いる）を，離婚の可否を判断する際の基準とすべきか，という問題を解決する必要がある。この判断基準となる法のことを，**準拠法**と呼ぶ。準拠法という用語を用いると，準拠法を選択・指定するというこの問題は，**準拠法選択**と呼ばれる。

3 外国判決の承認執行

〈 Case 1-1 〉では，京都家裁に提訴されているのと同じ事案について，すでに別の裁判所で判決が確定している。ところが，前訴判決を下した裁判所は，外国の裁判所である。

〈 Case 1-2 〉のような純粋の国内的法律関係であって，前訴判決が東京家裁の判決であれば，前訴判決の既判力により，京都家裁は，既判力の基準時以前の事実に基づく攻撃防御方法を却下することになる。しかしながら，〈 Case 1-1 〉のような渉外的法律関係の場合でも，同じように考えてよいのだろうか。同じように考えるためにはその前提として，外国であるメキシコの判決が，わが国で効力が認められることが必要ではなかろうか。この問題は，**外国判決の承認**と呼ばれる。

また，このメキシコの判決に基づき，BがAの日本所在の財産に対して強制執行を求めることも考えられる。このような，外国判決に基づくわが国での執行の可否の問題は，**外国判決の執行**と呼ばれる。

両者をあわせて，**外国判決の承認執行**と呼ぶ。

第 2 節　国際私法の必要性

以上のように，〈 Case 1-1 〉のような渉外的法律関係から特別の法的問題が生じることは，間違いない。しかし，そのような問題の特殊性を無視して，〈 Case 1-2 〉のような純粋の国内的な法律関係の場合と全く同じように処理することも，考えられないわけではない。しかしながら，そのような処理には，以下のような不都合がある。

1 国際裁判管轄

〈 Case 1-2 〉のような純粋の国内的法律関係であれば，京都家裁は，土地管轄などの訴訟要件が具備していれば，当然本案審理に入って本案判決を下すであろう。これと同じように，国際的な民事紛争である〈 Case 1-1 〉でも，常に日本の裁判所が本案審理を行うことも考えられる。つまり，事案が国際的であ

っても，全体としての日本の裁判所に管轄がないのではないか，ということは一切考えず，審理を進めるということである。

　しかしながら，〈Case 1-1〉の設定を少し変えて，Ａは日本国籍を有せず，ＡＢはずっとメキシコで婚姻生活を送っていたが，たまたま観光旅行でＡＢが日本にやってきただけというような，ほとんど日本と関係がなく，どこからみても別の外国と密接に関連している事案についての訴訟も，常に日本の裁判所が受理して審理するべきであろうか。当事者にとっても日本での訴訟活動が十分にできるとは限らないし，裁判に必要な証拠が外国に所在していることで適正な裁判ができないかもしれない。むしろ，事案と関連の深い外国である，メキシコの裁判所で訴訟をする方が，手続的にも実体的にも，適切な裁判ができるのではないか。

2 準拠法選択

　〈Case 1-2〉のような純粋の国内的法律関係であれば，京都家裁は，離婚の可否の問題に直ちに日本民法を適用して，答えを出すであろう。

> **TERM 1-2　法廷地法**
>
> 　法廷地法とは，裁判の行われる場所の法，裁判所の属する国の法である。京都家裁に訴訟が係属している〈Case 1-1〉では，日本法が法廷地法である。
>
> 　もう少し正確に説明すると，離婚の可否という問題は，日本から，ペルーから，メキシコからなど，様々な国の立場から，考えることができるが，ある国の視点から問題を考える場合において，その国の法のことを法廷地法と呼ぶ。多くの場合には，法的問題は裁判所で問題とされることが多いので，法廷地法と呼ばれる。しかし，裁判所以外，例えば，名古屋市の戸籍窓口に協議離婚届が提出された場合には，協議離婚届を受理するかについて，戸籍窓口は判断しなければならないが，この場合にも法廷地法と呼ばれ，それは日本法である。

　法廷地法という用語を使って説明すると，〈Case 1-2〉のような純粋の国内的法律関係の場合と同様に，渉外的法律関係である〈Case 1-1〉でも，京都家裁は直ちに法廷地法である日本民法を適用して，離婚の可否について判断することも考えられる。

　しかしながら，渉外性を無視して常に法廷地法を適用すると，たまたま裁判が日本で行われただけの理由で日本の民法が適用されることになるが，これは

必ずしも当事者の期待や予測にかなうとはいえない。また，各国の家族法がそれぞれの国の習俗や倫理などに基づいて制定されているとすると，裁判が行われている地であるという以外に事案とつながりのない法廷地法を適用することで，適切な解決ができるとは考えくにい。

> **TERM 1-3**　**フォーラム・ショッピング**
>
> 　上記のように各国が法廷地法を適用して問題を処理することを当事者がわかっていると，当事者は，関係する国のうちから，事案の処理が自分にとって都合のよい国の裁判所を選んで裁判を起こして，自分に有利な判決を得ようとするであろう。これはフォーラム・ショッピング（法廷地漁り）と呼ばれる。
>
> 　たしかに，当事者にとっては，これは合理的な行動である。しかし，各当事者が相手より先に，自分に有利な法廷地を求めて提訴する競争をすることも考えられる。当事者にこのような行動へのインセンティブを与えるようでは，渉外的法律関係を安定的に適切に規律しているとは言い難い。

3　外国判決の承認執行

　〈 Case 1-2 〉のような純粋の国内的法律関係であれば，すなわち前訴判決が東京家裁の判決であれば，当然その判決は京都家裁でも効力をもつ。したがって，前訴判決の既判力に基づいて処理がなされる。ところが，国際的な民事紛争である〈 Case 1-1 〉では，前訴判決は外国裁判所の判決である。判決は当該外国の主権の一部である司法権の行使の結果である。ところで，国際社会は主権平等で，他国の主権の行使の結果である判決は，当然にはわが国では効力をもたない。そこで，外国裁判所の判決は，わが国では全く効力がなくて，常に無視するという処理も考えられる。

　しかしながら，外国裁判所において，両当事者が十分に攻撃防御を尽くして下された判決であっても，日本では常に無視することが適切であろうか。十分に攻撃防御を尽くしたけれども敗訴した被告が，日本では一からもう一度訴訟で争えるということでは，国境を越えて私人が活動することの妨げになるのではないか。このようにして下された外国判決であれば，日本でも効力を認めるべきではないか。

第3節　国際私法の意義

1 国際私法の定義

　以上のように，渉外的法律関係，すなわち，法律関係を構成する要素のうちいずれかが渉外性，つまり外国とのつながりを有する法律関係からは，純粋の国内的法律関係とは異なる，実体法上および手続法上の特別な問題が生じる。また，これらの問題をその特殊性を無視して処理することは望ましくない。そこで，問題の特殊性に配慮した法的処理を考える必要がある。このような特別の問題を規律する法規範の総体が，本書が扱う，**国際私法**である。

2 国際私法と国際民事手続法の関係

　国際裁判管轄，準拠法選択，外国判決の承認執行，これらはどのような関係にあるのだろうか。

　まず，それぞれが扱っている問題の性質からみてみよう。準拠法選択は，渉外的法律関係から生じる実体法上の特別問題を扱っているのに対して，国際裁判管轄と外国判決の承認執行は，渉外的法律関係から生じる手続法上の特別問題を扱っている。この点をとらえて，国際裁判管轄と外国判決の承認執行の両者は，渉外的法律関係（訴訟については，国際民事紛争とも呼ぶ）から生じる手続法上の問題を扱う，**国際民事手続法**に分類される。これに対して，実体法上の問題を扱うのは，狭義の国際私法と呼ばれる。したがって，**狭義の国際私法＋国際民事手続法＝広義の国際私法**という関係になる。

　ただし，国際民事手続法上の問題は，国際裁判管轄と外国判決の承認執行だけに限られるわけではない。例えば，〈 **Case 1-1** 〉では，日本での訴訟の被告Bはメキシコに帰ってしまっている。この場合，被告への訴状の送達はどのように行われるのであろうか。日本国内に被告が所在している通常の場合とは異なる，特別の手続が必要となりそうである。あるいは，相手方の有責性が問題となり，その証拠として夫婦の隣人の証言が必要となったが，現在その証人は外国に居住している場合に，わが国の裁判所に出頭して証言するように求める

ことができるであろうか。このように，国際的な民事紛争において訴訟手続を進めていくと，事案の渉外性から，様々な特別の手続法上の問題が生じてくる。これらの手続法上の問題すべてを扱うには，国際民事手続法単独の授業ないし教科書が必要となる。本書では，手続法上の問題すべてを扱うのではなく，国際裁判管轄と外国判決の承認執行に限って扱うことにする。

3 国際裁判管轄・準拠法選択・外国判決の承認執行の関係 ─────

　しかしながら，本書が国際民事手続法のうち，国際裁判管轄と外国判決の承認執行のみを扱うのは，単なる便宜上の理由だけからというわけではない。この2つの問題は，狭義の国際私法である準拠法選択ととりわけ密接に関連しているからである。

　まず，国際裁判管轄は，準拠法選択の処理を大きく左右する。上述のように，それぞれの法廷地が自らの法である法廷地法を常に適用するならば，事案の解決がたまたま法廷地となった地の法に左右される，という不都合がある（⇒ **TERM 1-2** ）。しかしながら，実は，各国が常に法廷地法を適用するとの立場をとらなかったとしても，離婚の可否のような実体問題に与えられる解決は，どこの国の立場から考えるかによって異なりうる。というのは，ある実体問題について判断基準となる法，すなわち準拠法を定める（狭義の）国際私法のルールは，条約がなければ国際的に統一されていないからである（⇒第3章第2節）。このような状態では，〈 **Case 1-1** 〉について，わが国の裁判所が国際裁判管轄を認めて日本で判断がされるのか，それとも国際裁判管轄を否定して外国で判断されるのかによって，離婚の可否に適用される準拠法は異なる。以上の理由から，国際裁判管轄は準拠法選択と密接に関連している。

　次に，外国判決の承認執行は，準拠法選択とどのような関係にあるのだろうか。訴訟法的な説明は後述するが（⇒第16章第1節），ここでは，訴訟の世界を離れて，両者の関係を考えてみよう。

　渉外的法律関係において，ＡＢの離婚が認められるか，というような実体法上の問題は，ペルー，メキシコなどの関係する諸国の法のうちから，「もし3年間の別居があれば〔法律要件〕，離婚請求は認められる〔法律効果〕」というような外国の抽象的な法規範が準拠法として選択され，事案に適用されること

で，具体的結論が導き出される。これが準拠法選択である。

　これに対して，すでに外国判決がある場合には，実体法上の問題にすでに外国において抽象的な法規範が適用されている。そのあてはめの結果，「AB 夫婦を離婚する」という決定（離婚判決）が外国でなされている。外国判決の承認とは，外国で下されたこの決定をわが国で認めるかという問題である。

　準拠法選択と外国判決の承認を対比してみると，抽象的な法規範であるか具体的な法規範であるかの違いはあるが，両者はいずれも，外国の法規範をわが国に受け入れるかを問題としている点で共通している。したがって，外国判決の承認執行と準拠法選択は密接に関連している。

　以上の理由から，本書では，国際民事手続法の諸問題のうち，国際裁判管轄と外国判決の承認執行の問題を扱うことにする。つまり，**本書の対象**を大きく分けると，**国際裁判管轄**，**準拠法選択**，**外国判決の承認執行**の 3 本柱からなる。なお諸外国の国際私法の教科書も一般的に，少なくとも国際裁判管轄，準拠法選択，外国判決の承認執行の 3 つについては扱っている。

国際私法の性質と考え方

　本章ではまず，民法，商法，民事訴訟法などと比べて，国際私法の性質はどのように異なるのかを説明しながら，いくつかの基本的な概念について説明をする。
　続いて，各国の法秩序が併存しているこの世界において，国際私法は問題に対してどのようにアプローチするのかについての様々な考えを説明する。

第1節　性　　質

1 狭義の国際私法 （準拠法選択）

　ある夫婦が協議離婚できるか，というような実体法上の問題について，民法は，「できる」あるいは，「できない」というように答える。しかし，狭義の国際私法は原則として，そのように，直接に，実質的には答えない。そうではなくて，「準拠法はアルジェリア法である」というように，いずれかの国の法を，当該問題の判断基準となる法として選択・指定することで答える。当該問題に対する実質的な答え（例えば，「できる」あるいは「できない」）は，このように選択された準拠法を適用することで初めて与えられる。問題に対して法規を適用して直ちに答えが出る，という民法などの世界とは異なり，問題に対する民法などの法規の適用の前に，もう1段階，準拠法を選択するという段階が入り，それが狭義の国際私法である。

　以上の説明から，民法などと異なる狭義の国際私法の性質が1つ明らかになった。回答すべき問題（例えば，「協議離婚ができるか」）に対して，民法などは直接に，実質的に答える。この意味で，民法や商法を**実質法**（**実質規則，事項規定**）と呼ぶ。これに対して狭義の国際私法は，各国の実質法のうちから，問題に適用すべき法を準拠法として選択・指定する。複数の国の，抵触している状態にある各国法のうちから準拠法を選ぶという意味で，国際私法を**抵触法**（**抵触規則，準拠法選択規則**）と呼ぶ。

> 　ところで，本書の対象（広義の国際私法）について，国際私法（Private International Law）という名称とは別系統の呼び名として，抵触法（Conflict of Laws）という名称も用いられる。特に米国においては，国際的なものだけでなく，国内における各州間の法の抵触も包括して扱う関係で，国際私法より，抵触法の方が用いられることが多い。しかし本書においては，広義の国際私法について抵触法ではなく単に国際私法という用語を用いることにし，抵触法は上記の説明のように，実質法に対する概念として，準拠法を選択・指定する狭義の国際私法を指すものとして用いる（例えば⇒29頁）。

　国際私法は実質法と異なり，問題に対して，準拠法となる実質法を選択・指定するという形で，間接的に答える。この点に着目して，国際私法には**間接規範性**があるという。

> 　なお，実体法である民商法に対して，手続問題を扱う民事訴訟法は手続法である。しかし，抵触法か実質法かという区別からすると，例えば文書提出命令の可否という問題に，民事訴訟法は直接に実質的に答えるのであるから，実質法である。実質法という用語は，実体法という用語とは区別の観点が異なっていることに注意が必要である。

　もっとも，渉外的法律関係から生じる実体法上の問題を規律する方法は，上記のように準拠法を選択・指定するという間接的な規律だけに限られるわけではなく，直接に，実質的に問題に答える方法もある。

　例えば，国際物品売買契約において，売主が何らかの義務の不履行をしたとする。この場合に，買主が契約解除できるか，という問題は，国際物品売買契約に関する国際連合条約（**ウィーン売買条約**）が規律している。ところでウィーン売買条約は，例えば，売主の義務の不履行が重大な契約違反となる場合には，契約解除ができると規定している（49条）。この規定は，契約解除の可否という問題について，いずれかの国の法を準拠法と選択・指定して間接的に答えているのではなく，直接，実質的に答えている。したがって，実質法である。し

かしながら，ウィーン売買条約は，国際物品売買契約という，渉外的法律関係をもっぱら扱う法規であり，これを無視しては規律の全体像が見えてこない。ウィーン売買条約のように，実質法のうちでもっぱら渉外的法律関係を規律するものは，**渉外実質法**と呼ばれる。本書では，これについても総論ではその適用のされ方について説明し（⇒第14章），各論においても重要なものについてはその存在を指摘して内容の概要にふれることにする。

> 歴史的にみても，ローマ帝国において，ローマが領土を拡大した結果生じた，ローマ市民以外の外国人とローマ市民の法的な関係，あるいは外国人同士の法的な関係については，ローマ市民間に適用される市民法（jus civile）とは異なる，それ専用の特別の実質法が外人係法務官という特別の裁判所により適用されていた。これは万民法（jus gentium）と呼ばれている。

② 国際民事手続法

以上のような準拠法選択規則である狭義の国際私法が原則として，準拠法を選択・指定する抵触法であるのとは異なり，国際裁判管轄と外国判決の承認執行に関するルールは実質法である。例えば，外国判決の承認に関する民訴法118条は，外国判決が承認されるか，という問題に対して，1号から4号までの要件をすべて満たす場合には承認すると，直接かつ実質的に答えているからである。このような問題について，いずれの国の法によるか，という考え方はしない。

> **TERM 2-1**　「手続は法廷地法による」の原則
>
> 実体問題については狭義の国際私法により外国法が準拠法となる可能性があるが，手続問題については常に法廷地法が適用される。例えば，カリフォルニア州で発生した交通事故について，損害賠償額などの実体問題についてはカリフォルニア州法が準拠法となる（通則法17条）。しかし，カリフォルニア州では民事事件でも陪審による判断がされるが，わが国の裁判所においてそのような手続が行われることはない。これが「手続は法廷地法による」の原則である。
>
> この原則の根拠としては，手続法のうち裁判機関の構成とその活動については国家の公権力性が認められることや，訴訟手続は画一的になされることが要請され，個々の事件ごとに外国法により手続運営をすることは実際上困難であることなどが挙げられる。

第2節　問題へのアプローチ

1 狭義の国際私法（準拠法選択）

(1)　渉外的法律関係における法規の適用

　私人間で展開される生活関係のうち，法的な規律の対象となるものは法律関係と呼ばれる。この法律関係（生活関係，事実）に対して法的評価を下すには，法規を適用する必要がある。例えば，ＡとＢが婚姻して子が生まれたが，両者の関係が悪化して離婚しようとしているという法律関係が，私人間で展開しているとする。ＡＢが離婚できるかというここでの問題に対して，日本の民法の763条以下の法規を適用すると，離婚ができるという結論が得られる。純粋の国内的法律関係の場合には日本の法秩序としか関係しないから，法的問題と法規が1対1で対応しており，このように法規を事実に直ちに適用すればよい。

　しかし，例えばＡが甲国籍，Ｂが乙国籍のような渉外的法律関係の場合には，日本だけでなく，甲国や乙国の法秩序とも関係がある。そのため，日本の法規（民法763条など）だけでなく，甲国の法規や乙国の法規も適用される可能性がある。そこで，国際私法が間に入り，適用される法規を決定する過程が必要となる。

(2)　2つのアプローチ

　このように狭義の国際私法（渉外実質法を除く）は，法的問題と，それに適用される法規を結びつける。その際，この問題をどのようにとらえて，どのようにアプローチするかについて，大きく分けると2つのアプローチがある。

(a)　法規からのアプローチ　　第1のアプローチは，**法規からのアプローチ**と呼ばれる。実質法規範（例えば，日本の法秩序における，「夫婦は，その協議で，離婚をすることができる。」〔民763条〕）から出発して，この法規は国際的なケースにおいて，はたしていかなる場合にまで適用されるのかと考えていく。なお，ここで問題としている法規とは，抵触規則（国際私法）ではなく，民法などの実質法規範である。

(b) 法律関係からのアプローチ　　第2のアプローチは，**法律関係からのアプローチ**と呼ばれる。このアプローチでは，法律関係から出発する。そこでは，例えば，「AとBの離婚の可否」という法的問題が生じているが，このような法的問題，あるいは，このような問題の集合体である「離婚」などの法律関係から考察を始めて，この問題を解決する法秩序として，甲国，乙国，日本から，いずれの国（正確には法域）が選ばれるべきであるかと考える。

　なお，ある法的問題に甲国法を準拠法として指定することを，逆から表現する場合，ある法的問題を甲国法に（あるいは，甲国に）**送致**すると表現する。送致するとは，送り届ける，という意味である。なお，送り届けるとはあくまでもイメージである。実際にはそのようにして準拠法と指定された外国法をわが国の裁判所が調査・適用して問題を解決するのであり，甲国の裁判所に解決が委ねられると誤解しないようにしてほしい。

(3) 両アプローチの関係および国際私法の対象

　わが国の国際私法の大部分が採用している古典的，伝統的アプローチは，第2のアプローチ，すなわち**法律関係からのアプローチ**である。例えば，相続に関する通則法36条は，法律関係から生じる法的問題のうちで相続人は誰かなどの，「相続」というカテゴリーに含まれる問題を，被相続人の本国へと送致してその本国法を準拠法としている。このようなアプローチでは，準拠法が所属する国として，法的問題が送致される国が，日本になるか，甲国や乙国などの外国になるかは問わない。つまり，内国法と外国法を平等に扱って問題を考えている。このように内国法であれ，外国法であれ関係なく，準拠法として指定している点をとらえて，このアプローチは**双方主義**とも呼ばれる。

　これに対して，第1のアプローチ，すなわち**法規からのアプローチ**は，ある国の法規（通常は内国法），例えば民法763条がいかなる場合に適用されるか，というように，その適用範囲だけを決めるので，**一方主義**とも呼ばれる。これは，わが国の国際私法の現状では，少数派に属する。しかしながら，わが国でも，国際私法ではないが，このようなアプローチが全面的に採用されている法分野は存在している。それは刑法や租税法などである。

　例えば，マダガスカル共和国で日本人観光客が現地に住む外国人により殺害された事

例を考えてみよう。かりにこの刑事事件がわが国で問題となった場合，日本の裁判所は，この事実関係自体から考察を始めて，この事件にはマダガスカル刑法が適用されるべきか，それとも日本の刑法が適用されるべきか，という法律関係からのアプローチをすることはない。日本の裁判所は，日本の刑法 199 条（殺人罪）から出発して，このような事件についても同条は適用されるべきか，という法規からのアプローチを行う。具体的には，3 条の 2 第 2 号により 199 条は適用される。

　ここではなぜ，法規からのアプローチをするのだろうか。それは，日本の刑法は，刑事法分野における日本国の法政策を反映しているが，空間的にどのような範囲まで適用するかという点もあわせてでなければ，それが達成しようとする法政策を十分に実現できないからである。よりわかりやすい，刑法 77 条（内乱罪）を例に考えてみよう。「国の統治機構を破壊し，又はその領土において国権を排除して権力を行使し，その他憲法の定める統治の基本秩序を壊乱することを目的として暴動をした者」を内乱罪として処罰することで，国家の存立を侵害することを防止しようとする 77 条の法政策を十分に実現するには，その適用範囲を定める 2 条 2 号のように，行為が日本国内で行われようが国外で行われようが，犯人が日本人であろうが外国人であろうが，常に 77 条を適用しなければならないことはいうまでもない。日本国外から行われる内乱行為を処罰しないということでは，全く意味がないからである。

　このような刑法や租税法などの分野と異なり，**国際私法の対象**である，渉外的な私法上の法律関係において問題となっている**私法**は，従来，国家の法政策的な関心の度合いは低いとされてきた（なお⇒ 189 頁）。したがって，法規からのアプローチによらなければならない必然性はなく，どちらのアプローチも可能である。いずれのアプローチが優勢であるかは，時代と場所によって異なっている。

　19 世紀半ばのドイツのサヴィニーに始まり，今日でも日本を含む大陸法系諸国では一般的である古典的・伝統的考え方では，私法の分野では法律関係からのアプローチが望ましいとする。まず，法律関係からのアプローチが前提とする内外法の平等（⇒ 23 頁）が望ましいこと，また，私法を国家以前から存在するものとらえる理解に立ち，私法に関する規定，例えば，動産物権譲渡の対抗要件を引渡しとする民法 178 条は，日本だけでしか適用され得ないものではなく他国の規定と交換して適用することができる（互換可能性がある）との理解などが，その理由である。

> **Column 2-1**　サヴィニー（Savigny 1779-1861）
> 　19 世紀ヨーロッパにおける最も有力な法学者であるサヴィニーは，言語と同様

に法を民族精神の所産とみる歴史法学派の代表者であるが，その私法学総論に関する『現代ローマ法体系』の最終第8巻（1849年）において，国際私法に関する理論を展開した。彼は，各法律関係の本拠を探求し，その本拠の存在する法域の法を適用するとの原則を提唱した。それまでの理論が，それぞれの法規がどこまで支配を及ぼすかという法規からのアプローチによっていたのに対して，法律関係から出発するという発想に立っており，コペルニクス的転回を遂げたと評されることもある。サヴィニーは，上記の形式的原則が，当時不統一であったドイツ国内における法抵触のみならず，国家間の法抵触にも妥当することを，キリスト教とローマ法の文化的伝統という絆で結びつけられた国際法的共同体があるとして基礎づけた。

　サヴィニーの示した個々の結論は必ずしも維持されていないが，その方法論は19世紀終わり頃までには大陸法系諸国では広く受け入れられた。また，現代における，最密接関係地法適用の原則（⇒23頁）は，サヴィニーの示した上記原則につながっているようにもみえなくもない。

　サヴィニーの国際私法について⇒櫻田嘉章「サヴィニーの国際私法理論(1)～(4・完)──殊にその国際法的共同体の観念について」北大法学論集33巻3号589頁，4号1039頁，6号1463頁，35巻3・4号319頁（1982年～1984年）。

　しかしながら，19世紀半ばまではヨーロッパにおいても，**条例理論（法規分類学説）**と呼ばれる法規からのアプローチが一般的であった。この学派では，各国の法律（当初は，中世イタリアの各都市の条例）を，人に関する法である人法と，物に関する法である物法に分類し，人法は他の国（都市）でも効力を有して適用されるが，物法はその領域内でしか効力を有さず他の国（都市）では適用されえないと考えた。このような条例理論の考え方は，細部に変更は受けながらも，19世紀頃まで続いたが，上記のようにサヴィニー以降，法律関係からのアプローチが大陸法系諸国では主流となった。しかしアメリカに目を向けると，20世紀半ばに**アメリカ抵触法革命**が生じた。カリーなどの革命的抵触法理論では，問題となっている各国（州）の法の内容および目的を考察してその適用を考えるという方法がとられている。したがって，現代における法規からのアプローチである。

> **Column 2-2　アメリカ抵触法革命**
> 　ビール（Beale）の指導の下作成された1934年の抵触法第1リステイトメントの硬直的な準拠法選択の方法を打破し，リアリズム法学の影響の下，準拠法の決定に関する新たな方法論を提示しようとした一連の展開は，アメリカ抵触法革命といわれる。具体的に提示された方法論は論者によって異なるものの，裁判所による具体

的妥当性の実現を重視し明確なルールではなく一定の指針を示すにとどまる点，関連する実質法の趣旨目的や統治利益など実質法の内容に関わる要素を考慮する点などに，共通の特徴がみられる。また，関連する法規の適用範囲という法規分類学説的な発想へと回帰している点も共通する。

とりわけカリー（Currie）は，主として州際上の法の抵触につき，法廷地法および他の関連する州法が事案に対して自らの法を適用する正当な統治利益を有するか否かを判断し，そのうちの一方だけが統治利益を有する場合には法の抵触は生じていないとして当該州法を適用し（虚偽の抵触），双方が統治利益を有する場合（真正の抵触）には法廷地法の適用を主張した。このような方法は，1963年のニューヨーク州最高裁による **Babcock v. Jackson 事件判決**（12 N.Y. 2d 473）で，裁判例においても採用された。1971年の抵触法第2リステイトメントにおいても一定の影響がみられる。

これらの新たな方法論的主張は，法的安定性を害するものとして批判され，ヨーロッパや日本では正面から受け入れられることはなく，また，アメリカ抵触法にとってもその後の大きな混迷の原因となった。だが，最密接関連法の探求，個別具体的事情の総合衡量，実質的法政策の抵触法への混入など，伝統的なサヴィニー型抵触法体系にみられる20世紀後半以降の展開の背景に，このアメリカ抵触法革命の問題提起が存在していることは否定できない。

以上について⇒浅野有紀＝横溝大「抵触法におけるリアリズム法学の意義と限界」金沢法学45巻2号（2003年）247頁。

さらには，法律関係からのアプローチが主流である，現在の大陸法系諸国においても，法規からのアプローチが用いられている場面は存在する。20世紀半ば以降，競争法や通商法など，競争政策などの一定の国家政策の実現のために制定されてはいるけれども，私法的法律関係に影響を有する法規が増加している。例えば，外交政策のために，一定の物資の輸出入を禁止する法規は，実質法上，強行法規に分類されるが，単なる強行法規ではなく，国際的な私法的法律関係にも強く介入し，その趣旨を実現するためには国際的な場面において，一定の場合には必ず適用されるとする必要がある。このような法規については，法律関係からではなく，その法規自体から出発して，当該法規の国際的適用範囲を探求するという，法規からのアプローチが採用されている。このような法規は，国際私法における**国際的な強行法規**（絶対的強行法規，介入規範，直接適用法，強行的適用法規）と呼ばれる（このような規定については⇒第13章）。

> **Column 2-3　法の抵触**
>
> 　上記2つのアプローチは，そもそも法の「抵触」についての見方も異なっている。なお，法の抵触に対する見方の対立軸には，以下に説明する2つのアプローチの違いのほか，関係する諸国の主権が問題となっているとみるかという対立軸もある（これについては⇒第3章第2節）。
>
> 　双方主義，法律関係からのアプローチでは，実は，法の「抵触」は存在していないと考える。このアプローチでは，ある法律関係，法的問題から出発してそれについて，内外国を問わず，いずれかの国の法を準拠法として指定する抵触規則をあらかじめ設定して，管轄ある法秩序を定めている。したがって，法の「抵触」というのは，そのように見えるけれども，実は抵触規則により解消されている。法の抵触とは，ある1つの法律関係に関係をもつ法秩序が複数あるということを比喩的に表現したものであるとされる。
>
> 　これに対して一方主義，法規からのアプローチでは，現実に個別の法規が「抵触」している状態を出発点とする。ある個人の関係に対して，例えば，甲国の法規と乙国の法規という異なる各国の法規が，それぞれ適用を考えており，現に抵触している状態を出発点として，そこから検討を始める。もっとも，法規からのアプローチ内部でも，この「抵触」の見方は2つに分かれる。
>
> 　第1のものは，適用されるべき法規およびその制定者の側から，法の抵触を考察する見方である。これによると，例えば，それぞれの法規の立法者が実現しようとしている政策などを考慮し，場合によっては「虚偽の抵触」であると考える。アメリカの革命的抵触法理論がこのようなものである。
>
> 　第2のものは，法規が適用される個人の側から，法の抵触を考察する見方である。この個人には，甲国の法規と乙国の法規，それぞれが適用され，その求めることが矛盾して抵触しているという状態（例えば，甲国法によれば離婚しているが，乙国法によれば離婚は成立していない）にあることから考察を始める。こちらの見方は，ヨーロッパで20世紀後半に主張されたものの一般化はしなかった。しかし今後は，個人に対する私生活や家族生活の保護というような基本的人権の保障などを手がかりとして，全体としては双方主義的な国際私法理論の中にも，例外的救済の手段として入り込んでくることも考えられるのではなかろうか。なお⇒ **Column 3-1** も参照。

2 国際民事手続法

　以上の，法規からのアプローチと法律関係からのアプローチの対立自体は，準拠法選択に関係するものであり，国際民事手続法とは直接には関係ないといえよう。

参 考 文 献

パウル・ハインリッヒ・ノイハウス『国際私法の基礎理論〔第 2 版〕』（成文堂，2000
　　年）第 1 章

折茂豊『国際私法講話』（有斐閣，1978 年）

櫻田嘉章『国際私法〔第 7 版〕』（有斐閣，2020 年）第 5 章

第 *3* 章

国際私法の基本理念と正義

第 1 節　国際私法の基本理念
第 2 節　国際法との関係
第 3 節　憲法との関係

第 1 章で説明したように，国際私法は渉外的法律関係から生じる実体法上および手続法上の問題を規律するのであるが，その際に，どのような状態を理想として目指すべきなのであろうか。これは国際私法の目的ということもできるであろうが，本章第 1 節ではこの点について考える。

本章後半では，法秩序における国際私法の位置づけについて考える。第 2 節では，国際法との関係を考える。どちらも「国際」という修飾語がついているが，国際私法の本質は国際法なのであろうか。第 3 節では，憲法との関係を考える。

本章では以上の説明をしながら，国際私法で登場するいくつかの基本的な概念について，第 2 章同様に説明していく。

第 1 節　国際私法の基本理念

1　国際私法の目指す理想状態

国際私法の目指す理想状態は，どのようなものであるかを考えるために，まず，純粋の国内的法律関係においては，当事者はどのような状態にあるのかを確認することからはじめよう。

日本とのみ関連があり，日本国内ですべての事柄が展開する，純粋の国内的法律関係においては，例えば，長野県に住んでいる日本人が高知県に住んでい

る日本人と結婚する場合，この人たちが，都道府県境を意識しなければならないことはほとんどない。条例などによるその地域特別の規制を除けば（結婚に関してはそのようなものはない），長野でも高知でも同一内容の私法が妥当しているからである。

　ところが，国際私法が対象とする，国境を越えて展開する渉外的法律関係においては事情が異なる。各国の私法の内容が通常異なっているからである。したがって，各人は国境を意識して行動しなければ，例えば，有効に婚姻していると思っていても，別の国でその国の法からすると婚姻していない，という状況に陥ることさえ考えられる。

TERM 3-1　**跛行的法律関係（片面的，偏面的，不均衡な法律関係）**

　跛行的法律関係とは，同一の法律関係であるにもかかわらず，ある国では有効な法律関係であるとされるのに，別の国では有効でない法律関係であるとされるような状態を指す。典型例としては，上記のような婚姻の場合があり，これを跛行婚（limping marriage）と呼ぶ。ただ，このような状態を「跛行的」と表現するのは差別的ではないかとの指摘があり，片面的（あるいは偏面的）法律関係，あるいは不均衡な法律関係という表現を用いることも増えてきている。

　以上のように，純粋の国内的法律関係の場合と比較して考えると，国際私法の目指す理想状態とは，渉外的法律関係であっても，国境，各国の法の相違を意識せずに私人が行動できる状態であると思われる。教科書で，国際的私法交通の円滑と安全，と表現されていることは，以上のような意味である。

　では，各国の実質法は現実に相違しており，少なくとも近い将来にそのような相違はなくすことはできないにもかかわらず，この理想状態は，どのようにしたら実現できるのであろうか。

2 理想状態をどのように実現するか？──国際私法の基本理念 ──

(1) 国際的判決調和

　各国の実質法の相違にもかかわらず，上記の理想状態を実現するために，国際的判決調和を目指してはどうだろうか。**国際的判決調和**とは，サヴィニー（⇒ **Column 2-1**）によると，ある事案が，いずれの国において判決が下されるかにかかわらず，同一の判断がされるという状態を指す。判断基準である準

拠法については1つに絞る必要があるのに対して，国際裁判管轄については通常は同一事案についても複数の国に認められる。その場合に，いずれの国でも同一の解決が与えられるのであれば，原告がフォーラム・ショッピング（⇒ **TERM 1-3**）を行おうとするインセンティブも減少する。

(a)　準拠法選択　　準拠法選択の局面で，この国際的判決調和を最も確実に達成するための方法は，準拠法選択ルール（抵触規則）を条約により統一することである。国際私法に関するそのような統一条約を作成している国際機構として，ハーグ国際私法会議（⇒37頁）がある。しかしながら，必ずしも多くの国が条約の締結国となっているわけではない。

そこで各国が自国の国際私法を立法するに際して，なるべく国際的な傾向に合致したルールを採用するという方策が考えられる。つまり，普遍主義的態度（⇒ **Column 3-1**）をとるわけである。わが国における，1989（平成元）年と2006（平成18）年の国際私法改正については，このような国際的統一への配慮が立法理由の1つとして挙げられている（⇒第4章第1節）。

具体的にはどのような抵触規則を作るように努力すれば，国際的判決調和を達成できるのであろうか。

まず前提として，内国法が優先的に準拠法となるようなルールを作らないことが必要である。なぜなら，各国がこのようなことをすれば，ある事案において，各国でそれぞれの国の法が適用される可能性が増し，国際的判決調和は達成されないからである。これを**内外法平等**と呼ぶ。

内外法平等を前提にした上で，次に考えるべきであるのは，当該法律関係と場所的に最も密接な関係を有する地の法を準拠法として選ぶことであるといわれる。これを，**最密接関係地法適用の原則**と呼ぶ。内外法平等を前提に，この基本指針にそって準拠法を考えると，場所的に最も密接な関係を探求するため，各国で異なる実質法の内容を度外視して準拠法を考えることができる。

> つまり，出発点としては，問題となっている外国の法律の内容を見ないで準拠法を決定している。実は外国判決の承認についても同様で，出発点としては，問題となっている外国判決の内容を見ないで承認するか否かを判断している（⇒187頁）。このような基本的考え方によることができるのは，国際私法の対象が私法上の問題に限られている（⇒16頁，189頁）からであろう。また，両者につきこのような特徴が共通している理由について⇒9頁も参照。

　もし，各国がこの基本指針を採用すれば，最密接関係地法についての具体的な判断は現在では異なっているかもしれないが，将来的には国際的に一致する可能性があるであろう。

　　以上は，条約などの国際的合意がある場合や，国際私法立法の指針としての国際的判決調和である。これに対して，相続などの具体的問題が訴訟で問題となっている場面において，各国の抵触規則が実際に異なっているので準拠法が異なっている場合，国際的判決調和はもはや達成できないのであろうか。この場合でも，外国の抵触規則の態度を考慮に入れることで，当該具体的事案における判決調和を国際的に達成してはどうであろうか。このような判決調和は，抵触規則の統一による準拠法の一致という抽象的な調和でなく，事案の解決が準拠法の一致により達成されるという具体的な調和である。このような配慮は，反致（⇒第8章）や先決問題（⇒第12章第1節）において主張されることがある。しかし，国際的判決調和をこれらの手段を用いて達成するには限界がありそうである。詳細はそれぞれの該当箇所を参照。

⒝　**国際裁判管轄と外国判決の承認執行**　　以上は，抽象的な法規範が問題となる，準拠法選択のレベルでの国際的判決調和の探求についての説明であるが，具体的な法規範が問題となる裁判の場合に，国際裁判管轄と外国判決の承認執行についてのルールを工夫することによって，国際的判決調和を探求することも可能であろう。

　　国際裁判管轄においては，ある事件について，世界中のどこか1つの国だけでしか裁判されないことにすれば，国際的判決調和が達成できるのではなかろうか。しかしながら，ある事件について国際裁判管轄を1つの国にしか認めないような国際裁判管轄ルールを作ることには，大きなデメリットがある。国際裁判管轄ルールは，ある事件について複数の国に管轄を認め，そのうちから原告に選択することを許すのが通常である。ある事件について審理を行うことが手続法上ふさわしい場所は，必ずしも1つに限られるわけではなく，被告の住所と，不法行為が発生した場所というように，複数の場所のいずれもふさわしいことがあるからである（⇒第15章第2節）。したがって，国際的判決調和を達成するためだけに，管轄が認められる国を1つだけに限定するルールにはデメリットが大きい。また，国際裁判管轄においては，そもそも各国が異なる国際裁判管轄ルールをもっているのであるから，わが国だけが上記のような配慮をすることは，無意味になることが多いであろう。

　　外国判決の承認執行においては，ある国で下された判決が，必ず他の国で承認執行されるようにすれば，いずれの国でも同一の判断が通用することになるので，国際的判決調和が達成されるだろう。しかしながら，これにも大きなデメリットがある。例えば，裁判官が買収された結果下されたような外国判決には，手続保障が欠けているので，国

際的判決調和の要請があるからといって，わが国で承認して効力を認めることはおよそ考えられないだろう（⇒196頁）。

(c)　まとめ　国際裁判管轄と外国判決の承認執行においても国際的判決調和を探求することも考えられる。しかし，そのようにすることは手続法固有の要請を大いに損なう。したがって，国際的判決調和ばかりを重視することはできない。

　また，準拠法選択においても，国際的に準拠法選択ルールが統一されていない以上，わが国だけが国際的判決調和を探求しても，限界がある。それぞれの問題ごとに，わが国との人的・物的交流の度合いが大きい国々の態度を参照しながら，国際的判決調和の探求がどの程度有益であるのかを考慮すべきであろう。

(2)　法的安定性と具体的妥当性

　上記(1)では，準拠法選択の際に，国際的判決調和を達成するための基本指針として，最密接関係地法適用の原則を挙げた。では，問題となっている事案ごとに，最も密接な関係を有する地はどこであるかを，個別具体的に探求するのであろうか。そのような考え方もありうるが，サヴィニー以来の大陸法系国際私法の伝統的な方法論では，そうではなく，物権，相続などの，ある程度概括的な単位を設定し，それぞれの単位ごとに，最密接関係地法を類型的に探求し，例えば物権については目的物の所在地法を準拠法とする（通則法13条）というルールを設定することによって，あらかじめ準拠法を定めている（⇒第5章第2節）。その意味で，法的安定性，予見可能性を重視している。

　もっとも最近では，法的安定性を多少犠牲にしても，具体的妥当性，柔軟性に配慮する抵触規則も増えている。例えば，通則法17条以下は，不法行為の準拠法を定めているが，20条は，17条から19条で定められた準拠法に代えて，具体的な事案においてより密接に関係する法があれば，それを準拠法とすることを認めている。これを例外条項（⇒50頁）と呼ぶが，具体的妥当性に配慮した規定である（なお，ここでの具体的妥当性とは，事案の実質的解決内容の妥当性ではなく，準拠法選択の妥当性である⇒本章第3節）。

　また，手続法である国際裁判管轄と外国判決の承認執行については，別の考

25

慮が必要である。国際裁判管轄は，訴訟要件の1つで，訴訟の入口の問題であるので，法的安定性を重視して明確なルールにより一律に判断することが考えられる。しかしながら，実際の訴訟の帰結に大きな影響を及ぼすので（⇒9頁），個別事案における妥当性の追求も必要であろう。外国判決の承認執行については，すでに手続は外国で終了しており，訴訟の入口の問題ではない。外国での手続を事後的にどのように評価するかという問題であることからするとより具体的妥当性が重視されるべきであるようにも思われるが，それでもなお，外国での訴訟における当事者の行動・対応を間接的に左右するのであるから，法的安定性（予見可能性）も無視できないであろう。

第2節　国際法との関係

　国際私法による規律は，各国の主権の範囲を定めていることなのであろうか。国際私法の機能は，各国の主権の抵触の解決なのであろうか。これは，国際私法は国際法であるべきか，という形でも議論される。

　主権理論と呼ばれる考えは，国際私法による問題の規律の際には，各国の主権が問題となっていると主張し，次のように考える。

　甲国籍で乙国で生活していたAが死亡してその相続が問題となり，東京地裁がわが国の国際私法により，甲国法が準拠法であるとして事案を処理したとする。この場合には甲国法，乙国法，日本法の適用が考えられるが，甲国法が準拠法であり，それが適用されると国際私法が判断することは，この事案が甲国の主権の範囲に属すると判断することである。なぜならば，甲国法は甲国の立法権の行使の結果である。ところで，立法権は主権の一作用である。したがって，この事案が甲国法の適用範囲に属すると判断することは，この事案が甲国の主権に属するとの判断となる。以上から，国際私法が行っていることは，各国主権の範囲の画定である。そして，国際社会は主権平等であるから，そのようなことができるのは各国の上に立つ国際法でしかありえない。したがって，国際私法は国際法であるべきである。主権理論，あるいは国際法説，と呼ばれる考え方は，以上のように考える。

　　通常，準拠法選択についてこのような主権理論は唱えられているが，国際裁判管轄や

外国判決の承認執行についても，同じように考えることができる。国際裁判管轄であれば，わが国がある事案について国際裁判管轄を認めることは，わが国の主権の一作用である裁判権を行使することであるから，その事案がわが国の主権の範囲に属するということを意味する，と。外国判決の承認であれば，甲国判決をわが国で承認することは，甲国の主権の一作用である裁判権の行使の結果である甲国判決を承認することであるから，その事案が甲国の主権の範囲に属するということを意味する，と。

しかしながら，このような見解に対して，国際私法の行っていることは各国主権の範囲の画定などではなく，単に，対立する私人の利益を規律しているにすぎないとの考えがあり（**国内法説**），これが一般的な見解である。上記設例において，甲国法が準拠法となるとの判断は，単に法廷地国における事案の解決の基準として甲国法によるとしただけである。甲国や乙国の上位に立って，これらの国に，それぞれの国の主権範囲の画定についての判断を命じるのであれば，たしかに主権の問題であるが，そうではなく，自国における判断の基準として甲国法によるとしただけである。そこで問題となっているのは，各国の主権ではなく，私人の諸利益の対立にすぎないのである。国際裁判管轄についても，外国判決の承認執行についても，同様であり，その判断を他国に強制しているわけではなく，私人間の紛争のわが国における処理のためだけに，そのように判断したにすぎない。

基本的には後者の理解，すなわち，国際私法が行っていることは各国主権の抵触の処理ではないとの理解が正当であり，今日，この議論には決着がついているといえる。ただ，主権理論は，本書のこの後の様々な箇所で，一定の見解の根拠として登場してくる（例えば，法律関係の性質決定〔⇒第6章〕，反致〔⇒第8章〕）。そこにおいて，そのような見解の前提としている主権理論はそもそも支持できないので，その見解は支持できない，と説明するために，ここであらかじめ主権理論とそれが支持できないことについて説明したのである。

　　以上のように，国際私法が行っていることは，本来的には，各国の主権とは無関係である。では，国際法からの制約は一切ないのであろうか。必ずしもそうではないであろう。というのは，ある問題が原則的には各国の国内管轄事項であるとしても，外在的に，国際法の諸原則からの制約がかかってくる場合はあるからである。例えば，国際人権法上の制約は，民法についてもかつての非嫡出子に対する相続分差別のように問題となりうるが（その後，最大決平成25・9・4により憲法違反とされた），それと同じようなことは国際私法についても問題となりうるであろう（なお⇒　Column 3-1 ）。

Column 3-1 **普遍主義と個別主義**

　狭義の国際私法では，例えば，ある夫婦の離婚の可否について適用される法はいずれの国の法か，という問題を扱う。ところで，国際私法は，国際法ではなく，国際的に統一されていない。したがって，この問題をわが国の立場からみた場合と，外国である甲国からみた場合とでは，見え方が異なっているかもしれない。つまり，わが国の国際私法を前提に考えると，甲国法が準拠法であるのに，甲国の国際私法を前提に考えると，乙国法が準拠法であることはありうる。

　また，国際裁判管轄や外国判決の承認執行の問題を考える場合にも，同じようなことは起こる。例えば，ある契約の当事者の一方が提訴した訴えについて，わが国の国際裁判管轄ルールからみれば，わが国に国際裁判管轄があって甲国にはないのに，甲国の国際裁判管轄ルールからみれば，わが国には国際裁判管轄がなくて甲国にはある，ということはありうる。国際裁判管轄ルールも国際法ではなく，国際的に統一されていないからである（⇒154頁）。

　以上のような状態に対して，国際私法はどのような態度をとるべきであろうか。まず，わが国の国際私法は現実には一国の国際私法にすぎないけれども，その立法・解釈にあたっては，一国の立法者・解釈者であると同時に，各国の上に立つ超国家的な立法者・解釈者であるかのように考え，振る舞うべきであるとの普遍主義的態度が考えられる。わが国においては，田中耕太郎『世界法の理論』の第2巻（岩波書店，1933年）以来，このような考え方が基調として長らく支配的であった。

　これに対して，わが国の国際私法は一国の国際私法にすぎないという現実を見据えて，わが国の国際私法の立法・解釈は，わが国独自の立場から行われるべきであるとの個別主義的態度も考えられる。

　このような対立は，サヴィニーの頃は意識されていなかったように思われる。サヴィニーはキリスト教・ローマ法の伝統に基づくヨーロッパ社会（国際法的共同体）を念頭に置いて，ヨーロッパ全体の普通法（jus commune）として自己の法学を展開していたのであって，国ごとに異なるということは考えていなかったであろう。しかしながら，19世紀後半から各国で法典化が進み，国際私法も成文法となるにつれ，各国独自の国際私法という事実が認識されてきて，以上のような態度の対立が表面化してきた。

　19世紀末から20世紀初頭にかけて，上記のように，国際私法は国際法であるべきであるとの主張も有力になされたが，国際私法は国内法にすぎないとの考え方が多数派となった。しかしながら，国際私法は国内法であるとの多数説の中でも，普遍主義的な態度をとるか，個別主義的な態度をとるかという対立は残った。

　このような見方の対立は国際私法の様々な場面で現れる。例えば，反致，すなわち法廷地国際私法が準拠法として指定した国の国際私法が，別の法を準拠法としている場合にその態度に従うべきか，という場面（⇒第8章），あるいは，国際裁判管轄の決定の際にどのような基本的態度をとるか，という場面（⇒第15章）などである。

　普遍主義的態度は，国際的判決調和（⇒22頁）を目指し，各国法体系の協調が求められる国際私法においては，自らの解決が独善的に陥らないために重要な視点であるが，それにも問題はありうる。普遍主義的な立法・解釈の努力は，自らの解決が普遍的な，あるべき解決であると考えるが，自らの解決の普遍性を強調しすぎると，それ以外の他国の解決は存在すべきでないものとして，それを考慮に入れることに否定的になる。しかし，国際私法を統一する条約が存在していない大多数の場面では，自らのものと異なる他国の解決は現実には存在する。準拠法選択，国際裁判管轄，外国判決の承認執行，いずれの場面においても，個人がそのような他国の規律を受けていることがある。普遍主義的態度で考えることは大切ではあるが，それを強調しすぎることにより，実際には，そのような普遍的であると考えたルールとは異なるルールを他国が採用していて，その規律を受けている個人が，矛盾する義務・命令の狭間で苦境に陥っている現実を見過ごすおそれがあろう。なお⇒
　Column 2-3 も参照。
　以上について⇒中西康「外国判決を承認する義務？――国際私法に対する人権の影響の一側面」徳田和幸先生古稀祝賀論文集『民事手続法の現代的課題と理論的解明』（弘文堂，2017年）425頁も参照。

第3節　憲法との関係

　国際私法は，規範階層的に上位にある憲法から，どのような制約を受けているのであろうか。実体面と手続面に分けて説明する。

1 狭義の国際私法と憲法――国際私法（抵触法）上の正義

> ◁Case 3-1▷　(1)　フィリピン国籍の夫と日本国籍の妻の夫婦について，婚姻の効力の準拠法が問題となった。平成元年改正前法例14条は「婚姻ノ効力ハ夫ノ本国法ニ依ル」と規定していたので，準拠法はフィリピン法となった。この規定は日本国憲法14条違反にならないか？
> (2)　また，夫が日本国籍，妻がエジプト国籍の場合はどうか？

　平成元年改正前の法例（法の適用に関する通則法の前身⇒第4章第1節）には，婚姻や親子の問題について，妻ではなく夫の，母ではなく父の本国法を準拠法とする規定があった。例えば，平成元年改正前法例14条は，「婚姻ノ効力ハ夫ノ本国法ニ依ル」と規定していた。ところが，日本国憲法14条は，法の下の

29

平等を定め，とりわけ，性別による差別を禁止している。そこで，第2次世界大戦後，これらの規定が憲法違反でないのかという議論が生じた。

　この点について，両性平等原則に反せず，憲法違反でないとの見解もあった。この見解は次のように主張する。夫婦のうち夫の本国法を準拠法としているのは，一見，両性平等原則に反するように見えるが，具体的事案において，それが妻に不利であるとは限らない。なぜなら，〈Case 3-1〉の(2)のように，夫の本国法の内容が，妻の本国法の内容よりも，妻を有利に扱っている場合であれば（一般に，伝統的なイスラム法に従っている国の家族法は夫を優位に扱っている），妻ではなく夫の本国法を準拠法として適用することは，妻に有利な結果をもたらすことになる。したがって，夫の本国法を準拠法としている規定は，両性平等原則に反しているとはいえない，と。

　しかしながら，この見解は，国際私法上の正義と実質法上の正義を混同するものであり，やはりこのような規定は両性平等原則に反し，違憲であるとの見解が学説の多数説であった。この見解は次のように主張する。夫の本国法を準拠法とすることは，双方の本国法の内容のいかんにかかわらず，夫にとって有利である。なぜならば，夫にとってその本国法は，自分により近く，よく知っている法であり，さらには国籍を変更することでそれを変更することができるからである。合憲説は，実質法上の正義と**国際私法（抵触法）上の正義**を混同している。例えば，離婚ができるかという問題に対して，実質法は，この要件ではできる，あるいはできないと，直接，実質的に答えるのであり，したがって実質法上の正義は，個別具体的な権利義務についての実質的解決に関するものである。これに対して，国際私法上の正義は，このような実質的解決を離れた，準拠法の決定における正義である。したがって，国際私法上の正義からは，実質法の内容を離れて，夫婦のいずれかに有利となる準拠法の決定を排除することが求められる，と（⇒11頁）。

　この後者の見解が多数説であり，**平成元年法例改正**においては，婚姻および親子の分野において，夫または父の本国法を準拠法としていた規定が改正された（⇒33頁）。

　このようにして，今日では，規定内容自体が憲法違反ではないかとの疑いがある抵触規則はほぼ存在していない（なお，国際私法により準拠法として指定され

た準拠外国法と憲法の関係については⇒第 10 章第 1 節）。

② 国際民事手続法と憲法

　準拠法選択に対して，国際裁判管轄と外国判決の承認執行における憲法上の制約はどのようなものであろうか。これらは実質法であるから，準拠法選択の場合のような，国際私法上の正義と実質法上の正義の違いを考える必要はない。

　これらに関しては国内手続法の場合と同様に，憲法上の，適正手続の保障（憲 31 条，13 条）や裁判を受ける権利（憲 32 条）が問題となろう。例えば，国際裁判管轄については，裁判を受ける権利との関係で緊急管轄（⇒ Column 15-5 ）が議論されている（さらに⇒ Column 15-2 ）。

参 考 文 献

折茂豊『国際私法の統一性』（有斐閣，1955 年）第 1 章
溜池良夫「国際私法と両性平等」民商 37 巻 2 号（1958 年）145 頁

第4章

法　源

第1節　国　内　法
第2節　条　　約

　本章ではわが国の国際私法の法源について，国内法と条約に分けて概説する。

第1節　国　内　法

1 狭義の国際私法

　わが国には，国際私法という名称の法律は存在しない。しかし，1890（明治
23）年の旧法例が旧民法と運命をともにして施行されないままに終わった後，
1898（明治31）年に**法例**（明治31年法律第10号）という名称の法律が制定され
た。これが実質的意義における狭義の国際私法であった。19世紀後半に各国
で，国際私法に関する立法がされるようになったが，わが国の法例もその1つ
であった。

　わが国の法例は，様々な事項について規定していたこと，原則として双方的
抵触規則（⇒46頁）を用いていたことなど，19世紀末当時の諸外国の国際私
法立法と比較しても先進的なものであった。しかしながら，ほとんどそのまま
の形でずっと改正されないままであり，第2次世界大戦後，民主的で基本的人
権に関する規定をもつ日本国憲法が制定され，また国際的な人や物の移動も活
発になるにつれ，ほころびが現れてきた。

　そこで，第2次世界大戦後しばらくしてから，法制審議会国際私法部会において，法例の改正作業が開始され，1961（昭和36）年に「法例改正要綱試案（婚姻の部）」，1972（昭和47）年に「法例改正要綱試案（親子の部）」が公表された。しかし，様々な事情からこの改正作業はストップし，このまま改正法にはならなかった。

　しかし，女子差別撤廃条約の批准（1985〔昭和60〕年）のために，父系血統主義から父母両系主義へと改めた1984（昭和59）年の国籍法改正（⇒68頁）作業終了後，法例改正の動きが本格化した。その作業の結果，1986（昭和61）年8月に「法例改正についての中間報告」が公表され，各界からの意見を参考にさらに審議が進められ，1988（昭和63）年2月に「婚姻及び親子に関する法例の改正要綱試案」が公表された。寄せられた意見も参考にさらに審議が重ねられ，同年12月に「法例の一部を改正する法律案要綱案」が法制審議会国際私法部会で決定され，1989（平成元）年1月に法制審議会総会で原案どおり「法例の一部を改正する法律案要綱」が決定された。これに基づき同年6月に「法例の一部を改正する法律」（平成元年法律第27号）が成立し，改正法は1990（平成2）年1月1日から施行された。

　この**平成元年法例改正**では，婚姻および親子の部分とそれに関連する総則規定の部分のみが改正された。この改正の特色は，婚姻・親子法における両性平等の実現，準拠法指定の平易化，身分関係の成立の容易化，準拠法決定についての国際的統一への配慮と説明されるが，この中で最も重要なものは，両性平等の実現である。上述のように（⇒29頁），改正前は，婚姻関係では夫の本国法を，親子関係では父の本国法を準拠法とする規定があり，男女不平等であったからである。

　しかし，この改正は部分的なものであり，契約や不法行為に関する法例の規定はなお，100年以上前の制定当時のまま残されていた。そこで，2003（平成15）年2月5日の法務大臣から法制審議会への諮問（諮問61号）を受けて，法制審議会国際私法（現代化関係）部会が設置され同年5月から，平成元年改正で改正されなかった部分を中心に，法例の全面改正に向けての作業が開始された。作業の結果，2005（平成17）年3月に「国際私法の現代化に関する要綱中間試案」が「国際私法の現代化に関する要綱中間試案補足説明」とともに公表

され，意見照会手続に付された。寄せられた意見を踏まえて，部会でさらに審議が進められ，同年7月に「国際私法の現代化に関する要綱案」が採択され，同年9月に法制審議会が，「国際私法の現代化に関する要綱」を採択し答申した。これに基づき，2006（平成18）年6月に「法の適用に関する通則法」（平成18年法律第78号）が成立し，2007（平成19）年1月1日から施行されている。

　通則法は，形式面では全体を現代語化している。実質面では，平成元年に改正されなかった，契約などの財産法関係部分を中心に実質的に改正した。契約や法定債権に関しては，従来よりも詳細な規定を設け，さらに準拠法決定の柔軟化を図っている。これに対して，平成元年に改正された部分（婚姻および親子に関する規定と総則規定）は実質改正されていない。したがって，この部分についての規定の立法趣旨は，平成元年法例改正の際の立法過程を検討する必要がある。

Column 4-1　通則法の経過規定

　通則法の附則2条は，通則法の規定は，附則3条による場合を除き，通則法施行日前に生じた事項にも適用すると定める。附則3条に挙げられているのは，通則法制定時に実質改正がされた規定である。したがって附則は，通則法施行前に生じた事実について，①通則法により実質改正がなされた事項については，改正前の規定により，②実質改正がなされていない事項については，内容的に同じであるので通則法による旨を定めている。

　では，例えば，韓国人男と日本人女の夫婦から昭和60年に出生した子の嫡出親子関係の成立について，裁判所で現在問題となった場合はどうすべきか。通則法附則2条だけをみると，通則法制定時には実質改正のない通則法28条によることになり，韓国法と日本法が選択的適用される（⇒331頁）ように思える。しかし，平成元年法例改正時の附則2号は，改正法施行前に生じた事実については旧法によるとしていた。したがって，上記設例が通則法施行前の平成10年に裁判所で問題となったならば，裁判所は平成元年改正前法例17条により，子の父の本国法である韓国法を適用したはずである。通則法の附則2条は，このような扱いを覆す趣旨ではなく，上記設例が現在裁判所で問題となってもやはり，改正前法例17条によるべきであるとするのが通説で（櫻田嘉章＝道垣内正人編『注釈国際私法 第2巻』〔有斐閣，2011年〕376頁［竹下啓介］参照），次の最判令和2年もこの立場を前提としていると思われる。

　最判令和2・7・7の事案では，平成元年法例改正法施行前に出生した嫡出でない子の母との間の分娩による親子関係の成立が問題となったものであるが，改正前法例18条1項は認知による場合の準拠法のみを規定しており，出生による場合の規

定を欠いていた。判決はまず，改正前「法例に明文の規定が欠けていても他の規定の解釈等によってある規範が導かれ，これに代えて通則法の規定を適用してもその結果に変わりがない場合」には，通則法の規定を遡及適用する，と通則法附則2条を解釈した。次に，上記親子関係の成立について平成元年改正前，子の出生の当時における母の本国法によって定めるのが相当であったと解した。これは通則法29条1項と同内容であるから，通則法29条1項を適用すればよいと判断した。

　なお通則法以外にも，民法その他の法律中に国際私法に関する規定が散在している（手形法附則88条〜94条，小切手法附則76条〜81条など）。また，単行法として，後述のハーグ条約を国内法化した，遺言の方式の準拠法に関する法律（昭和39年法律第100号）と扶養義務の準拠法に関する法律（昭和61年法律第84号）がある。

2 国際民事手続法

　国際民事手続法についても，狭義の国際私法である抵触規則とともに1つの法律中で規定するタイプの立法が，とりわけ近時においてはかなりある。しかし，わが国では，法例も法の適用に関する通則法も基本的には，準拠法選択に関する規定である。さらに，国際民事手続法に関するまとまった法律もわが国には存在しない。そこで，国際民事手続法についての規定は散在している。

　国際裁判管轄については，従来は明文の規定がないとされ，判例に基づき判断がなされてきた。しかし，財産関係事件については2011（平成23）年の「民事訴訟法及び民事保全法の一部を改正する法律」（平成23年法律第36号）により民訴法3条の2以下に規定が新設され，人事・家事事件については2018（平成30）年の「人事訴訟法等の一部を改正する法律」（平成30年法律第20号）により人訴法3条の2以下および家事事件手続法3条の2以下に規定が新設された（規定の整備に関する詳細については⇒158頁，177頁）。

　外国判決の承認執行のうち，承認については，民訴法118条に規定が置かれている。1996（平成8）年の新民事訴訟法制定の際に，部分的に修正されて現在のような規定となっている。執行については，民事執行法24条に規定が置かれている。ただ，その要件は基本的に外国判決の承認要件と同一である。

> ▐ Column 4-2 ▐　国際私法に関する各国の立法
>
> 　国際私法は原則として国内法である（⇒第3章第2節）。各国の国際私法に関する制定法は，1804年のフランス民法典3条が初めてといえるが，それが本格化したのは19世紀後半からである。イタリア，ポルトガル，スペイン，ドイツなど，多くの国で国際私法に関する立法がなされた。わが国における1898（明治31）年の法例の制定は，この時代の国際的な動向に位置づけられる。
>
> 　その後，第2次世界大戦後，各国では，従来の規定を改正したり，新規に立法をする動きが再び活発になった。ドイツでは改正法が1986年に，国際民事手続法に関する規定を含むものとしてはスイスで200条に及ぶ国際私法法典が1987年に，イタリアで改正法が1995年に，ベルギーで2004年に国際私法法典が，それぞれ成立している。これ以外に，中東欧諸国，中南米諸国，アフリカ諸国でも様々な国際私法立法がなされている。近隣の東アジア諸国に目を向けると，韓国では2001年に国際私法が改正され，中国では2010年に渉外民事関係法律適用法が制定され，台湾でも2010年に渉外民事法律適用法が改正されている。わが国の1989（平成元）年の法例改正と，2006（平成18）年の通則法制定は，近時のこれらの国際私法立法の国際的な動向に位置づけられる。
>
> 　また，アメリカ合衆国では国際私法は各州の権限に属し，基本的に各州の判例法によっている。しかしながら，民間団体であるアメリカ法律協会（American Law Institute）が各法分野について，判例法を整理し，条文の形に再叙（restate）するリステイトメントを作成しており，国際私法に関しては，1971年に**抵触法第2リステイトメント**（Restatement of Conflict of Laws, Second）が作成されている。これには法的な拘束力はないものの，その高い権威から各州の国際私法の動向に影響を及ぼしている（なお⇒ ▐ Column 2-2 ▐）。

第2節　条　　約

❶ 国際私法統一の動き

　国際私法は国内法であり国際的に統一されてはいないが，できれば国際的に統一されている状態の方が望ましいことはいうまでもない。実質法は無理でも，国際私法を統一することで，跛行的法律関係（⇒ ▐ TERM 3-1 ▐ ）の発生は減少し，各人は安心して国際的な法的交流をすることができるであろう。

　国際私法を統一する動きは，世界的に国際私法を統一しようという動きと，ヨーロッパや中南米などの地域ごとの統一の動きにわけられる。

2 ハーグ国際私法会議

　国際私法の世界的統一の運動を担っているのは，オランダのハーグに常設事務局が置かれている，ハーグ国際私法会議である（以下のハーグ国際私法会議に関するデータはすべて，2021年12月現在のもの）。

　ハーグ国際私法会議（https://www.hcch.net/）は1893年に第1回会議を開催して以来，第2次世界大戦後は原則として4年に1回，国際私法の個別問題について，条約を作成してきた。日本も，1904年の第4回会議から参加している。ハーグ国際私法会議のメンバーは89ヵ国とEUの合計90であるが，メンバーでないがいずれかのハーグ条約の締約国となっている国も60ヵ国以上にのぼっている。

　作成される条約は，準拠法に関するものだけでなく，国際民事手続法に関するものもあり，広義の国際私法全体について国際私法の統一を図っている。さらに最近では，後述の1980年の国際的な子の奪取の民事上の側面に関する条約や1993年の国際養子縁組に関する子の保護及び国際協力に関する条約のように，司法・行政当局間の国際的協力の仕組みを構築しようとする条約も現れている。締結状況をみると一般的には，手続に関するものの方が，締約国が多い傾向がある。

　わが国が締約国となっている条約は，1961年の遺言の方式に関する法律の抵触に関する条約（昭和39年条約第9号），1954年の民事訴訟手続に関する条約（昭和45年条約第6号），1965年の民事又は商事に関する裁判上及び裁判外の文書の外国における送達及び告知に関する条約（昭和45年条約第7号），1961年の外国公文書の認証を不要とする条約（昭和45年条約第8号），1956年の子に対する扶養義務の準拠法に関する条約（昭和52年条約第8号），1973年の扶養義務の準拠法に関する条約（昭和61年条約第3号），1980年の国際的な子の奪取の民事上の側面に関する条約（平成26年条約第2号）の7つである。また，ハーグ条約のうち，多数の国が締約国となっているにもかかわらずわが国が締約国となっていない条約には，1970年の民事又は商事に関する外国における証拠の収集に関する条約（締約国は64），1993年の国際養子縁組に関する子の保護及び国際協力に関する条約（締約国は104）がある。

3 地域的統一

　世界的な国際私法の統一の動きのほかに，ヨーロッパや中南米など，国際私法の地域的統一の動きもある。ただし，日本を含むアジアには，このような動きはみられない。

　中南米では，1878年のリマ会議による初めての国際私法統一の動きの後，1889年に採択され1940年に改訂されているモンテヴィデオ条約がある。また，1928年にハヴァナで採択された条約はブスタマンテ法典と呼ばれており，437条からなる。その後，米州機構の下，国際私法に関する米州間専門会議がこれらの条約の改正を行い，20以上の個別の条約が採択されている。

　ヨーロッパでは，かつてはスカンジナビア諸国やベネルクス諸国で国際私法統一条約が採択されたが，現在ではEUにおいて国際私法統一の作業はなされている。1999年に発効したアムステルダム条約によるEU基本条約の改正以降，国際私法を含む民事司法協力についてはEUに立法権限が認められ，規則（regulation）という立法形式で制定されている。規律対象が，管轄と承認執行についてのもの，準拠法についてのもの，3つすべてについてのものと様々であるが，EU統一ルールにより規律される分野は拡大しつつある。

参 考 文 献

第1節

　　南敏文『改正法例の解説』（法曹会，1992年）：平成元年法例改正についての立案担当者による解説。

　　別冊 NBL 編集部編『法の適用に関する通則法関係資料と解説』（商事法務，2006年）：「国際私法の現代化に関する要綱中間試案」および法務省民事局参事官室「国際私法の現代化に関する要綱中間試案補足説明」などの通則法の立法関係資料がまとめて収録されている。

　　小出邦夫編著『逐条解説　法の適用に関する通則法〔増補版〕』（商事法務，2014年）：通則法についての立案担当者による解説。

　　神前禎『解説　法の適用に関する通則法』（弘文堂，2006年）

第2節

　　「特集　ハーグ国際私法条約と日本」国際法外交雑誌92巻4＝5号（1993年）449頁

　　道垣内正人＝竹下啓介「我が国のハーグ国際私法会議への加盟に関する史料につい

て」国際私法年報 7 号（2005 年）140 頁

道垣内正人「ハーグ国際私法会議の役割と日本の対応」国際問題 607 号（2011 年）
　40 頁

第2編

総　論

契約や相続などの各分野における個別問題を第3編各論で検討する際に共通してみられる一般的な問題を，第2編総論においてはあらかじめ検討する。読者が国際私法を体系的に理解するために役に立つからである。

　準拠法選択については，問題を規律する過程の構造について説明する（⇒本編第1部）。

　国際裁判管轄と外国判決の承認執行については，財産関係事件を主として念頭に置いて，その概要の説明を行う（⇒本編第2部）。この一般的な説明を前提として，それと異なる特別の問題がある場合には第3編各論のそれぞれの箇所でふれる。

第 *1* 部
準拠法選択

　渉外的法律関係から生じる実体法上の特別な問題を規律する狭義の国際私法は，
離婚ができるかというような問題について，判断基準となる法である準拠法を指
定することにより規律するのが通常である（⇒第 1 編）。

　また，準拠法の決定は，法律関係全体を，離婚（通則法 27 条），物権（13 条）
などの，ある程度の大きさの問題群に分割し，それぞれについて連結点を用いて
法域を指定することで準拠法を決定するという方法をとっており，これは法律関
係からのアプローチと呼ばれる。第 5 章から第 12 章では，このような古典的・
伝統的規律方法による，問題の規律過程を説明する。

　しかし，これ以外の方法が採用されている場合もある。

　まず，法規からのアプローチによる場合がある。20 世紀半ば以降，競争法や
通商法など，競争政策などの一定の国家政策の実現のために制定されてはいるが，
私法的法律関係に影響を有する法規が増加しており，国際的な強行法規などと呼
ばれる。特定国に対する経済制裁のために制定された，一定の物資の輸出入を禁
止する法規がその例であるが，この適用については，当該法規は国際的な場面に
おいてどこまでの適用範囲を有するか，と考えていく。

　また，民法などの実質法と同じように，渉外的法律関係から生じる実体法上の
問題を直接，実質的に規律する法規がある。ウィーン売買条約がその例であるが，
これは渉外実質法と呼ばれる。

　第 13 章と第 14 章では，古典的・伝統的な規律方法とは異なる，例外的ではあ
るが今日の国際私法においては重要性が否定できないこれら 2 つの規律方法につ
いて，その特色を説明する。

第5章

古典的・伝統的方法による規律の全体像

第1節　抵触規則の構造および分類
第2節　古典的・伝統的方法における問題処理過程

> 本章ではまず，古典的・伝統的な規律方法において用いられる抵触規則がどのような構造になっているかを説明する。次いで，問題の処理過程を概観し，第6章から第12章で扱う問題の全体像を概観する。

第1節　抵触規則の構造および分類

1 構　造

　渉外的法律関係から生じる実体法上の特別な問題に対して，古典的・伝統的規律方法では，抵触規則を用いて，当該問題に対して，判断基準となる準拠法を指定することで，間接的に規律している（⇒11頁）。

　したがって抵触規則は，どのような問題について準拠法を定めているかという，その対象を定めている部分と，対象について準拠法を指定している部分に分けることができる。例えば，通則法36条は次のように規定する。

　（相続）
　第36条　相続は，被相続人の本国法による。

　この抵触規則は「相続」を対象に，「被相続人の本国法」を準拠法として指定している。例えば，タイ人が死亡した場合，その相続に関する問題については，タイ法が準拠法となる。

(1) 単位法律関係

　この規定は，様々な法律関係のうち，相続を対象とする。つまり，「相続」という概念を用いて，様々な法律関係のうちの一部を切り取って，その対象としている。切り取る際に用いるこの概念を指定概念と呼び，それによって切り取られた法律関係を**単位法律関係**と呼んでいる。

　　　抵触規則の対象である単位法律関係は，民法や商法における法規が細かな事項を対象とする（例えば，民法550条は，書面によらない贈与の解除の問題だけを対象とする）のと違って，行為能力（通則法4条），物権（13条），離婚（27条），相続（36条）など，より広い概括的な単位である。

(2) 連結点と準拠法

　次にこの規定は，「被相続人の本国法」を**準拠法**と定めている。この準拠法は，被相続人の財産が所在する場所でも，被相続人が死亡した時の住所でもなく，被相続人の国籍を基準として，選ばれている（本国法とは，その者が国籍を有する国の法を指す）。このように，準拠法を選択する際に用いられる基準のことを**連結点**（連結素）と呼ぶ。

(3) 抵触規則の構造

　以上から，抵触規則は単位法律関係について連結点を用いて準拠法を指定する，と整理することができる。

2 分　　類

　抵触規則は様々な観点から分類することができる。例えば，通則法38条以下の規定は総論的な規定であり，それ単独で準拠法を指定するわけではない。これに対して，4条から37条の規定は，各論的規定であり，それ単独でそれぞれの単位法律関係について準拠法を指定している自足的な抵触規定である。この各論的規定がどのように準拠法を定めているかの分類は，連結政策の問題として後述することにして（⇒48頁），ここでは，一方的抵触規則と双方的抵触規則の分類について説明する。

　一方的抵触規則は，ある問題について，ある特定の国の法（通常は内国法）が準拠法として指定される場合だけを定めるものである。例えば，「日本人の

行為能力は日本法による」との抵触規則があるとする。この抵触規則は，日本法が人の行為能力の問題に適用される場合だけを定めており，それはその者が日本国民の場合であると規定する。しかしながら，この規定からは，その者がニジェール人の場合には，いずれの法が準拠法になるかについての答えは出てこないので，別途考える必要がある。その際通常は，解釈によって，次の双方的抵触規則の形にすることがなされ，これを**双方化**という。

これに対して**双方的抵触規則**は，ある問題についての準拠法を，内国法であるか外国法であるかを問わず，一般的に規定しているものである。例えば，「人の行為能力は，その本国法による」との抵触規則であれば，連結点はその人の国籍であるが，これが日本であるかニジェールであるかリヒテンシュタインであるかは未定であり，いずれの場合にも答えを出すことができる。つまり，その者が日本国籍であれば日本法，ニジェール国籍であればニジェール法，リヒテンシュタイン国籍であればリヒテンシュタイン法が準拠法となるように，一般的に準拠法を定めている。一方的抵触規則であれば規律に欠けるところがあり，渉外的法律関係全般について準拠法を定めている双方的抵触規則の方が望ましいと一般に考えられている。

③ 各論的規定の概観

通則法は4条以下が準拠法選択に関する規定である。そのうち，38条以下は総論に関する規定であり，4条から37条が各論に関する規定である。4条以下ではどのような連結点が用いられていて，どのような法が準拠法となっているのかを概観しよう。

(1) 客観的な連結

大半の規定は，客観的な何らかの要素を連結点にして，準拠法を定める。これはさらに，法律関係に関与するいずれかの人に着目するものと，法律関係に関係するいずれかの物や行為の場所に着目するものに分けることができる。

(a) **人に着目するもの**　　例えば，相続に関する36条は，被相続人に着目して，その国籍を連結点としている。このように，法律関係に関与する当事者に着目する連結を属人的連結と呼ぶ。

　そのうち，当事者の国籍を連結点としている規定は，行為能力（4条1項），婚姻の成立および方式（24条1項，3項），婚姻の効力（25条），夫婦財産制（26条），離婚（27条），嫡出である子の親子関係の成立（28条），嫡出でない子の親子関係の成立（29条），準正（30条），養子縁組（31条），親子間の法律関係（32条），その他の親族関係等（33条），後見等（35条1項），相続（36条），遺言（37条）と多数ある。

　当事者の常居所（⇒76頁）を連結点としている規定は，法律行為について当事者による準拠法の選択がない場合（8条2項），消費者契約（11条），事務管理・不当利得，不法行為について，明らかにより密接な関係がある地がある場合の例外（15条，20条），生産物責任（18条），名誉または信用の毀損（19条），婚姻の効力（25条），夫婦財産制（26条1項），離婚（27条），親子間の法律関係（32条）がある。

　(b)　場所に着目するもの　　例えば，物権についての13条は，目的物の所在地を連結点としている。このように，法律関係を構成する物・行為に関する場所に着目する連結は属地的連結と呼ぶ。

　ある行為が行われた行為地を連結点としている規定は，行為能力（4条2項），法律行為の方式（10条2項，34条2項），生産物責任（18条），婚姻の方式（24条2項）がある。

　何らかの事実が発生した場所を連結点としている規定は，事務管理・不当利得（14条），不法行為（17条）がある。

　目的物の所在地を連結点としている規定は，物権（13条）がある。

　このほかに，法廷地法（⇒ TERM 1-2 ）である日本法が準拠法となっている規定として，後見開始審判等（5条），失踪宣告（6条），不法行為についての公序による制限（22条），離婚（27条ただし書），後見等（35条2項）がある。

(2)　主観的な連結

　(1)で挙げた，客観的な連結は，最密接関係地法適用の原則（⇒23頁）にそって準拠法を定めているものが大半であると思われる。これに対して，いくつかの抵触規則は，客観的な要素を連結点にして準拠法を定めるのではなく，関係する当事者の意思により主観的に準拠法を定めており，主観的連結と呼ばれる。

　通則法 7 条は法律行為（身分的法律行為や物権的法律行為は別に規定があるので，その対象は債権的法律行為，特に契約）の成立および効力の準拠法について，当事者が合意により準拠法を選択している場合には，その法が準拠法となるとする。例えば，日本企業とブラジル企業がコーヒー豆の売買契約を締結し，契約書の中に，「本件契約はドイツ法により規律される」との条項があれば，この契約の準拠法はドイツ法になる。これは**当事者自治**とも呼ばれるが（⇒第 18 章第 1章），当事者自治を採用している規定はほかに，夫婦財産制（26 条 2 項），事務管理・不当利得（16 条），不法行為（21 条）がある。

４　様々な連結方法──　連結政策

　次に，それぞれの規定の連結方法について分類しよう。抵触規則は，単位法律関係について，連結点を用いて，準拠法を定めている。この単位法律関係：連結点：準拠法の対応関係が，1：1：1でない抵触規則が近時増加している。

⑴　実質法上の結果から中立的な連結方法

　ここに分類されるものは，1 つの単位法律関係に 1 つの準拠法が指定されるものである。したがって，後述の⑵と異なり，例えば，婚姻が成立するか，という法的問題に対して，どのような実質法上の結果がもたらされるかについては，指定された準拠法の内容次第で決まるから，このような連結方法は実質法上の結果からは中立的である（⇒11 頁，29 頁）。このような連結方法は，連結の仕方の複雑さに応じて，さらにいくつかに分類できる。

　(a)　**基本的な連結方法**　　伝統的に用いられてきた抵触規則は，単位法律関係，連結点，準拠法が，1：1：1で対応するものである。例えば，36 条は，相続という単位法律関係について，被相続人の国籍という連結点を用いて，被相続人の本国法を準拠法としており，これにあたる。最近ではこのような単純な連結は少なくなっている。

　(b)　**段階的連結**　　平成元年法例改正（⇒33 頁）で導入され，現在の通則法に引き継がれている，婚姻の効力に関する 25 条は，段階的連結を採用している。25 条において，第 1 段階では，夫の本国法と妻の本国法が同一であればそれが準拠法とされる。しかし，そうでない場合があり，その場合には第 2 段

階に進み，夫の常居所地法と妻の常居所地法が同一であればそれが準拠法とされる。しかし，これも存在しない場合があり，最後の第3段階では，夫婦に最も密接に関係する地の法が準拠法とされる。このように段階的連結においては，当初の連結点で準拠法が決定できないことがあるため，そのような場合に備えて次順位の連結が用意されている。しかし，最後の段階では，必ず準拠法が指定できるようになっている。

　段階的連結は，通常，連結点が複数の要素の組み合わせからなっているため，準拠法の決定がやや複雑であるが，最終的に指定される準拠法は1つであり，1つの単位法律関係に1つの準拠法が指定される。

　　　ただし，後述の補正的連結も段階的に準拠法を定めている点では段階的連結の一種であるが，複数の準拠法が指定され実質法上の結果から中立的ではない。

　段階的連結が用いられる理由は，25条（26条1項，27条でも準用）の場合には，両性平等の理念にかなうように，夫婦に共通の要素を順に探求していくため，というものである。

　　　もっとも，契約についての7条と8条も段階的に準拠法を定めているが，この場合には第1段階の7条は複数の要素の組み合わせで連結を行っているわけではなく，このような考慮はあてはまらない。

　(c)　**配分的連結**　　1つの法律関係を，関係する当事者それぞれに関する部分に分けて，それぞれの部分ごとに準拠法を指定するのが配分的連結（適用）である。婚姻の実質的成立要件に関する24条1項がこれにあたるが，この規定の意味については議論があるので，詳細は後述するところに譲る（⇒299頁）。

　(d)　**最密接関係地法を準拠法とする連結**　　すでに説明したように（⇒23頁），準拠法決定の基本理念の1つとして，最も密接に関係する地の法（最密接関係地法）を準拠法とする原則がある。通常であれば，これを受けて，4条以下の個々の規定において，それぞれの単位法律関係ごとに，最密接関係地法がいずれであるかを熟慮の上で決断して，準拠法が決定されている。ところが，規定の中には，準拠法は最密接関係地法であると，基本理念がそのまま繰り返されているだけのものがある。

　例えば，8条1項は，契約の準拠法について当事者が準拠法を選択していない場合について，準拠法を，契約に最も密接な関係がある地の法と規定してい

る。これは，民法でいえば，信義誠実の原則（民1条2項）などの基本理念があるところ，例えば，錯誤による意思表示の効力（民95条参照）について，信義誠実の原則に従って決定せよと規定するのと同じである。したがって，本来であれば，このような規定では規定として不十分であるし，予見可能性，法的安定性も欠けている。ただ，柔軟に準拠法を決定するため，通則法8条はこのように規定している。また，8条は2項と3項に，1項の最密接関係地法を推定する規定を置くことで，法的安定性にも配慮している。

(e)　**例外条項**　例外条項（回避条項）は(d)の裏返しであり，抵触規則により指定された準拠法よりも，当該事案において，より密接に関係する法がある場合に，本来の連結を覆して，その法を準拠法とすることを可能にする条項である。通則法では，事務管理・不当利得についての15条，不法行為についての20条に例外条項がある。不法行為の場合には，17条から19条のいずれかで本来の準拠法が指定されているが，20条は，そのように指定された法よりも，明らかに密接な関係がある法があれば，それによると規定している。

例外条項は，一応，抵触規則により準拠法が定められているものを，例外的に覆すものであるから，(d)よりは法的安定性・予見可能性に配慮している。もっとも，8条のように，2項と3項に，1項の最密接関係地法を推定する規定をもつ場合，例外条項とほとんど変わりはない。

(2)　実質法的色彩を帯びている抵触規則

(1)のように1つの単位法律関係に1つの準拠法を指定していて実質法的結果からは中立的な抵触規則と異なり，一定の実質法的結果を目指している抵触規則が近時増加している。ここでは，1つの単位法律関係に複数の連結点により複数の準拠法が指定されている。この準拠法を適用した結果を組み合わせることで，法的問題に対する規律を行う。このような連結には，選択的連結と累積的連結があるが，両者は指定された複数の準拠法をどのように組み合わせて適用するかが異なり，そのことにより目指している実質法的結果の方向が異なる。しかし，いずれも一定の実質法的価値を志向している点では変わりはない。

(a)　**選択的連結**　選択的連結（適用。あるいは択一的連結〔適用〕）は，問題となっている法的問題が，複数の準拠法のいずれかで肯定されればそれでよい

とするものである（選択的とあるが，複数の準拠法のいずれを適用するかを当事者に選択させるわけではなく，ましてや当事者の意思で準拠法を選ぶ当事者自治〔⇒48頁〕とは全く異なることに注意）。例えば，嫡出親子関係の成立について28条は，夫の国籍を連結点として夫の本国法，妻の国籍を連結点として妻の本国法と，2つの準拠法を指定する。そして，それぞれを適用した結果，どちらでも嫡出親子関係が成立する場合だけでなく，夫の本国法では成立するが妻の本国法では成立しない場合と，夫の本国法では成立しないが妻の本国法では成立する場合にも，嫡出親子関係の成立を認める。したがって，嫡出親子関係が成立しないのは，夫の本国法でも妻の本国法でも嫡出親子関係が成立しない場合だけとなり，嫡出親子関係が成立するという実質法的結果を目指した連結となっている。

　　なお，嫡出親子関係の成立のような場合には，答えは成立か不成立の二者択一である。しかし，例えば扶養義務の場合，扶養義務が認められるか否かだけでなく，認められる場合にはその金額が問題となる。したがって，この場合には，なるべく扶養義務が認められるように，複数の準拠法を指定してどちらかにより扶養義務が認められたらよいとするだけでは事案の処理に困るため，扶養義務の準拠法に関する法律2条は，複数の準拠法の間の適用順序まで定めている（⇒385頁）。選択的連結とねらいは類似するが，これは**補正的連結**と呼ばれる。

(b) 累積的連結　　累積的連結（適用）は，問題となっている法的問題が，複数の準拠法のいずれでも肯定されなければならないとするものである。例えば，養子縁組の成立について31条1項前段は，養親の本国法を準拠法と定めている。しかしながら同項後段では，養子縁組の成立要件の全部ではなく養子本人の承諾などの一部の要件についてだけではあるが，養子の本国法も準拠法として指定されている。養子本人の承諾などの要件についてのこの2つの準拠法の適用関係は，養親の本国法上の要件も満たしていないといけないし，養子の本国法上の要件も満たしていないといけないということになる。そうでなければ，養子縁組の成立は認められない。すなわち，養子本人の承諾などの後段の定める要件の部分については，養子縁組を成立させない方向を目指した連結となっている。

　選択的連結と累積的連結における，準拠法の適用の仕方を図示すると以下のようになる。

図表 5-1　選択的連結		
準拠法B／準拠法A	成立	不成立
成立	○	○
不成立	○	×

図表 5-2　累積的連結		
準拠法B／準拠法A	成立	不成立
成立	○	×
不成立	×	×

○：最終的結論は成立。　×：最終的結論は不成立。

　なお，注意すべきなのは，両者は裏表の関係であるということである。したがって，選択的連結では，法律関係の成立を否定したい当事者にとっては，否定のためのハードルが高くなっている。例えば，嫡出親子関係の成立を否定したい当事者は，**図表 5-1** の×を目指さなければならない。

第2節　古典的・伝統的方法における問題処理過程

1　問題処理過程の構造

　本章第1節では，抵触規則は，単位法律関係について連結点を用いて準拠法を定めているという基本構造になっていることを説明した。これをより詳細にみていくことで，第6章以下でどのような問題を取り上げるかを概観する。次の〈Case 5-1〉にそって考えてみよう。

> 〈Case 5-1〉　30年間日本で生活してきたドイツ人のAが死亡した。Aの関係者には，日本に住むフランス人で5年前に離婚した元妻B，いずれも日本に住むドイツ人の実子Cと韓国人の養子D，ドイツに住むドイツ人のいとこEがいる。また，Aの遺産には，東京に所在するマンションの1室と，スイスの銀行口座に預けられている定期預金がある。この状況で，Eと，B，C，Dの間で，Aの遺産をめぐる紛争が生じている。この事案にはどのように準拠法が選択・適用されて，事案が処理されるのだろうか。

　前提として，この事案がわが国で問題となった場合，わが国の（狭義の）国際私法に基づいて処理されるのであって，国際私法自体まで，外国の国際私法が用いられるわけではない。また，わが国の国際私法は，当事者がその適用を

主張していなくても，職権で適用されると，一般に考えられている。

(1)　法律関係の性質決定

準拠法決定の基本理念の1つは，最密接関係地法適用の原則である。だからといって，〈 Case 5-1 〉の事案全体をながめて，はたしてこの事案に最も密接に関係するのはドイツか，それとも日本か，あるいはフランスかスイスかと考えるのではない。そのようにするならば，この事案が裁判所にもち込まれて初めて，事案の詳細な事実を検討して準拠法が定まることになるから，適用される準拠法を事前に予見することができず，予見可能性と法的安定性が大きく損なわれる（⇒25頁）。

そこで古典的・伝統的方法では，世の中の生活関係（法律関係）全体を，一定の概括的なまとまった単位に分割し，それぞれについて準拠法をあらかじめ決定しておくという方法を採用している。すなわち，通則法4条以下の規定をみると，行為能力（4条），物権（13条），離婚（27条），相続（36条）などの事項ごとに，それぞれ準拠法が定められている。この事項のことを単位法律関係と呼ぶことはすでに説明した（⇒45頁）。

そこで最初に，法定相続人は誰かというような法的問題，あるいはそれがまとまって構成される法律関係について，相続についての36条や，物権についての13条などのうち，どの規定が適用されるのかを決める必要がある。これは，法律関係の性質決定と呼ばれる（⇒第6章）。

(2)　連結点の確定

このようにして，いずれの抵触規則が適用されるかが決定された。抵触規則は，単位法律関係と連結点を法律要件とし，法律効果として準拠法を指定しているが，要件のうちで単位法律関係は(1)ですでに決定されたから，残るは連結点を確定することである。例えば，相続に関する36条は被相続人の国籍を連結点としているが，もし，死亡した者がドイツとスウェーデンの重国籍であったならば，どのように考えたらよいだろうか。名誉毀損に関する19条が連結点としている，被害者の常居所とはどのような概念なのであろうか。

この過程を，連結点の確定と呼ぶ。もっとも，それぞれの連結点をどのよう

に解釈するかは，基本的に第3編各論の問題である。第2編総論では，連結点のうち，しばしば用いられる，国籍と常居所について，その概念をあらかじめまとめて説明する（⇒第7章）。

(3)　準拠法規範の特定

以上のように，法律関係の性質決定をして適用される抵触規則を決定し，次にその抵触規則における連結点を確定すれば，ドイツ法，フランス法というように，指定される準拠法秩序は決まっているはずである。

しかしながら，例えば，相続についてドイツ法が準拠法だとしても，具体的にどの条文を適用すればよいのだろうか。あるいは，相続について，被相続人がアメリカ国籍の場合はどうすればよいのだろうか。というのは，アメリカ合衆国では相続法について，州ごとに法律内容が異なるので，アメリカ法が準拠法であるというだけではまだ，法定相続人は誰かという問題に適用して解決を導き出すことはできないからである（⇒第9章）。

そこで，当該法的問題に適用される具体的な準拠法規範を特定する必要がある。これが，準拠法規範の特定と呼ばれる段階である。

(4)　準拠法の適用

このように適用すべき準拠法規範が定まると，それを当該法的問題に適用すれば，解決が与えられる。当初，法律関係全体を，相続や物権などの各法律関係に分割していたので，それぞれの事項ごとに指定された準拠法を適用して得られた解決をつなぎ合わせると，事案全体について解決が与えられる。これを，国際私法の**モザイク的構造**と呼ぶ。例えば〈 Case 5-1 〉でそれぞれの準拠法を適用すると，相続人は配偶者と養子を含む子で，いとこは相続人にならない，ＡＢの離婚は有効に成立している，ＡＣの実親子関係は有効に成立しており，ＡＤの養親子関係も有効に成立している，ということであれば，相続人はＣとＤということになる。このようにして，事案全体の解決がなされる。

ところで，この最後の段階である準拠法の適用において問題が生じることがある。そもそも，準拠法が外国法である場合に，わが国の裁判所で外国法が適用されるということがどのようにして行われるのであろうか（⇒第10章）。ま

た，準拠法である外国法を適用してみたところ，一夫多妻婚が認められることになる場合であっても，そのような結果を認めてかまわないのであろうか（⇒第11章）。これらの問題が，準拠法の適用の段階において生じる。

2 次章以下の構成について

　古典的・伝統的方法によると，以上のような段階にそって，実体法上の問題は処理される。以下の第6章から第12章でも，おおよそこの順序にそって説明がなされる。ただし，1つの章の中に複数の問題が含まれ，正確にはそれぞれの問題の位置づけが異なるような場合もあるため，厳密に上記の構造の順序に従っているわけではない（なお，初学者に推奨する読み方の順序については⇒本書冒頭の**本書の使い方**）。

参 考 文 献

澤木敬郎「国際私法上の連結点のあり方について」立教法学1号（1960年）171頁

北澤安紀「選択的連結の趣旨」法学政治学論究24号（1995年）351頁

横山潤『国際家族法の研究』（有斐閣，1997年）第1編第1章，第2編第1章

第 **6** 章
法律関係の性質決定

> 渉外的法律関係について準拠法を決定するためには，まず，具体的に問題となっている法律関係が抵触規則の定めるどの単位法律関係の性質を有するのかを決定しなければならない。本章では，この法律関係の性質決定の問題を扱う。

第 1 節　意　　義

　抵触規則は，一般に，渉外的法律関係（生活関係）をいくつかの**単位法律関係**に分割し，それぞれの単位法律関係ごとに一定の連結点を用いて準拠法を指定している（⇒45頁）。そのため，渉外的法律関係について準拠法を指定するには，まず，それが抵触規則の定めるどの単位法律関係に該当するのかを決定しなければならない。例えば，在日韓国人男性Aが日本に不動産を遺して死亡したとする。Aの財産を妻と子は相続できるのか，また，その相続分はいくらになるのか。この問題は，「相続は，被相続人の本国法による」と規定する通則法 36 条の「相続」という概念に含まれるとされ，それらの問題については，被相続人Aの本国法である韓国法が適用されることになる。

　これは，抵触規則の側からみれば，36 条の規定に含まれる「相続」という単位法律関係を示す概念（**指定概念**ともいう）をどのように解釈・画定するのかという問題である。逆に，Aの財産の妻子による相続の可否およびその相続分

という法律関係の側からみると，具体的に問題となっている法律関係が抵触規則の定めるどの単位法律関係の性質を有するのかという問題である。このように抵触規則中の指定概念の内容を解釈・画定し，問題となっている法律関係の法的性質を決定して，その指定概念に含まれるかどうかを決めることを**法律関係の性質決定**という（略して，性質決定または法性決定ともいう）。この法律関係の性質決定なくして個々の法律関係に適用されるべき抵触規則は決まらず，したがって準拠法も決まらない。その意味で，法律関係の性質決定は，国際私法による準拠法決定のプロセスにおける最初の問題である。

　上記の設例とは異なり，実際には，問題となっている法律関係が抵触規則の定めるどの単位法律関係に該当するのかの判断は必ずしも容易ではない。というのも，準拠法指定の対象となる法律関係の多様性と比べると，抵触規則の定める指定概念が概括的であるために，問題となっている法律関係が，複数の規定の定めるいずれの単位法律関係に該当するのか，一見しただけでは明らかでない場合があるからである。

> ◁ Case 6-1 ▷ 18歳の日本人女性Xと18歳の甲国人男性Yは日本で知り合い婚姻し，現在日本で生活している。日本の成年年齢は18歳で，甲国の成年年齢は20歳であるが，日本では婚姻による成年擬制の制度が存在しないのに対し，甲国法上，婚姻による成年擬制が認められている（日本と甲国の婚姻適齢は男女共に18歳）。未成年者Yが婚姻したことにより成年とみなされるか否かという，婚姻による成年擬制の問題は，通則法4条の「人の行為能力」という概念に含まれる問題なのか，それとも，25条の「婚姻の効力」という概念に包摂される問題なのか。

　これを婚姻の身分的効力に関する問題ととらえ，25条の「婚姻の効力」という概念に含まれると解するならば，25条の段階的連結の第2順位の同一常居所地法である日本法が適用されることになる（⇒305頁）。これに対し，たしかに婚姻の結果生じる問題ではあるものの，婚姻による成年擬制を当事者自身の行為能力に関する問題であると解するならば，4条の「人の行為能力」という概念に含まれることになり，甲国法が適用されることになろう（⇒209頁）。このように，性質決定のいかんによって，適用される抵触規則や事案により指定される準拠法が異なってくる可能性があり，それが渉外事案の解決を左右するという意味では，性質決定は非常に重要な問題である。

　なお，問題となっている法律関係について性質決定を行い，準拠法を指定した後に，その単位法律関係に適用されるのは，当該準拠法所属国のどの範囲の実質法規範かという問題が生じる。これは**送致範囲の画定**と呼ばれる問題である。この点につき，わが国では一般に，単位法律関係の枠が準拠実質法の平面へと投影され，単位法律関係の枠の大きさに従い，送致範囲の大きさを決定することになると解されている。したがって，送致範囲の画定については，独立の問題として議論しないことにする。

第2節　沿　革

　法律関係の性質決定は，19世紀末に，各国で抵触規則が整備されるのに伴い注目されるようになった問題である。たとえ実定法上抵触規則の内容を統一したとしても，抵触規則の示す事項的概念の解釈が国ごとに異なれば，法の抵触を完全に除去することはできないという主張の下で，1891年にまずドイツのカーン（Kahn）が，国ごとに性質決定が異なりうることを指摘した。その後1897年にフランスのバルタン（Bartin）が，この問題についてさらに論じた。バルタンが挙げたのは次のような例である。両者はいずれも，性質決定の判断基準となる法は，法廷地実質法であると主張した。

　　甲国と乙国の抵触規則がいずれも，①法定夫婦財産制は婚姻当時の夫の本国法による，②動産または不動産の相続は，死者の死亡当時の本国法による，という内容の規定を設けていたとする。そして，甲国人の男女が財産関係につき何ら特約をしないで婚姻し，その後，婚姻中に夫が国籍を変更し乙国へ帰化した後に死亡したとする。夫の死後，妻が夫の遺した財産に対して権利を主張した場合，このような妻の権利は，夫婦財産制の問題と性質決定すべきか，相続の問題と性質決定すべきか。甲国国際私法は，甲国実質法がこの問題を相続の問題ととらえていることから，国際私法上も相続の問題と性質決定し，乙国法を準拠法とした。しかし，乙国実質法上，この問題は夫婦財産制の箇所に規定されており，相続の箇所には規定が存在しない。それに対し，乙国国際私法は，この問題が乙国実質法上，夫婦財産制の問題とされていることから，国際私法上も夫婦財産制の問題と性質決定し，甲国法を準拠法とした。しかし，甲国実質法上，この問題は相続の箇所に規定されており，夫婦財産制の箇所にはこの問題に関する規定がない。このように，甲国・乙国の実質法がいずれも夫の遺産に対する何らかの権利を妻に認めているにもかかわらず，国際私法上は，同一の問題に対する両国の性質決定の違いによって，準拠法の欠缺が生じ，妻には何の権利も認められないという結果が生じうる。

第3節 解決方法

1 学説・判例

　それでは，性質決定を行う際に判断基準となるのはどの法か。時系列的にみてゆくと，次のような見解が主張されてきた。

(1) 法廷地法説

　法廷地法説とは，性質決定は，法廷地実質法によって行われるべきであるとする立場である。この立場によれば，先の〈 Case 6-1 〉では，現行の日本民法には成年擬制の規定がないものの，平成30年改正前の日本民法には成年擬制の規定があり，従来から婚姻による成年擬制の問題が婚姻の効力の問題ととらえられてきたことから，国際私法上も通則法25条の「婚姻の効力」と性質決定し，日本法を準拠法とすることになる。前述したカーンやバルタンが支持していたのをはじめ，諸外国の立法例（スペイン，エジプト，ハンガリー，ルーマニア，ロシア，中国）等が採用する立場であり，明文規定がなくとも諸外国の判例の中にもこの立場を支持するものがある（例えば，フランス破毀院の1955年6月22日のCaraslanis判決）。

　この説の根拠として，国際私法の本質を主権理論に求める立場からは，抵触規則により外国法を適用するのは，自国の主権の制限であり，性質決定の基準を自国法ではなく外国法に委ねれば，自国の主権の侵害を招くことになると主張されたが，主権理論自体が妥当ではない（⇒26頁）。また，法秩序における概念の整合性を考えれば，一国の法の解釈として，抵触規則に含まれる指定概念は，特に反対の定めのない限り，法廷地実質法上の概念と同一のものと理解すべきであるとも主張された。しかし，国際私法が規律の対象とするのは渉外的法律関係であり，抵触規則に含まれる法概念は，わが国の実質法上の法制度のみならず，あらゆる国の法制度を内包しうるものでなければならないはずであるとの批判や法廷地法を優先させることは内外法の平等の精神に反する等の批判がある。実際に，わが国の抵触規則の示す「婚姻」概念には，日本民法の

想定する一夫一婦制を前提とする婚姻概念のみが包摂されると解すると，イスラム法諸国の法の下で成立する一夫多妻婚は，わが国の国際私法上は「婚姻」に該当しないことになる。しかし，これを認めないとするとイスラム諸国で婚姻した夫婦が，わが国で離婚する場合，そもそも婚姻していないカップルとして離婚できなくなるし，また，そのようなカップルから生まれた子は常に非嫡出子とされることになり，極めて不都合な結果が生じる。このように抵触規則に含まれる指定概念を法廷地実質法上の概念と同一のものと解することは妥当ではないであろう。

(2)　準 拠 法 説

　法廷地法説に続いて主張されたのが，準拠法説である。これは，性質決定にあたり準拠実質法上の概念を基準とする考え方であり，フランスのデパニェ（Despagnet）やドイツのヴォルフ（Wolff）らによって主張されたほか，諸外国の立法例の中にもこの立場を採用するものがある（ポルトガル）。この説は，準拠法秩序の適用意思を重視するものである。しかし，この説に対しては，性質決定がなされなければ，その法律関係の準拠法は決定されないのだから，その準拠法によって性質決定を行おうとすれば循環論に陥るとの批判がある。

　たしかに，準拠法を指定するために性質決定を行い，抵触規則に含まれる「婚姻」という概念を解釈・画定するのであるから，「婚姻」という概念の中身が決まらなければ，準拠法も存在しない。しかし，個々の法律関係についてその法律関係が準拠すべき法に従って性質決定を行うことは論理的に成り立ちえないとまではいえないであろう。もっとも，この説に立つと，抵触規則の規定の仕方によっては，準拠すべき法が複数生じる可能性があり，概念の重複または概念の欠缺が生じるとの批判もある。

(3)　国際私法自体説

　法廷地法説や準拠法説が特定の国の実質法を性質決定の基準としていたのに対し，この説は，国際私法の実質法からの解放を唱えるものであるといわれる。すなわち，抵触規則に含まれる指定概念の解釈は，国際私法独自の立場から行わなければならないとする立場である。先の〈Case 6-1〉では，例えば，成年

擬制の問題は未成年者の婚姻による一般的な行為能力の取得に関する問題であるから，国際私法上は，通則法4条の「人の行為能力」と性質決定し，甲国法を準拠法とすることが考えられる（ただし，成年擬制を25条の「婚姻の効力」と性質決定する見解もある⇒306頁）。この説は，法廷地国際私法説とも呼ばれ，わが国の通説的見解といえる。国際私法の目的と機能が実質法とは異なることを考慮すれば，抵触規則の解釈を行う際には，実質法上の概念には拘束されず，国際私法独自の観点から自律的にその解釈を行うべきであり，この見解が正当である。この説に立った場合，具体的にどのように性質決定を行うべきか，その基準が問題となるが，この点については後述する（⇒63頁）。

(4)　判　　例

　わが国で性質決定が問題となった裁判例としては，以下のようなものがある。例えば，共同相続人の一部が相続財産を第三者に処分した場合の相続人の処分権の有無は，相続の問題か物権の問題か（最判平成6・3・8［百選1］⇒
◁ 判例 6-1 ▷），離婚の際の親権者指定は，離婚の問題か親子間の法律関係の問題か（東京地判平成2・11・28），債権質は，物権の問題か客体である債権自体の問題か（最判昭和53・4・20［百選37］），不法行為に基づく損害賠償債務の相続は，不法行為の問題か相続の問題か（大阪地判昭和62・2・27［百選67］），契約債権の消滅時効の問題は，債権を発生させた法律行為の問題か手続の問題か（徳島地判昭和44・12・16，東京地判平成14・2・26［百選27］），不貞行為に基づく損害賠償請求の問題は，不法行為の問題か婚姻の効力の問題か（東京地判平成26・9・5），離婚に至るまでの個々の行為を原因とする慰謝料請求は，不法行為の問題か離婚の問題か（東京地判平成17・2・18），前婚の解消が無効であるとした場合の後婚の有効性は，前婚の効力の問題か後婚の成立の問題か（東京高判平成19・4・25［百選46］）などである。

> ◁ 判例 6-1 ▷　**最判平成6・3・8：百選1**
> 【事実】Xら（原告・控訴人・上告人）は，台湾人Aと日本人Bとの間に出生した子である。昭和53年にAが死亡したことにより，XらはA所有の土地建物につき各16分の1の持分を相続によって取得した。Bは昭和60年，Xらの親権者として，相続に係る持分の全部を2000万円でY（被告・被控訴人・被上告人）に売り渡し，

本件不動産の内の一部の土地建物につきYへ持分移転登記がなされた。本件は，Xらが本件売買契約の無効を主張して，持分移転登記の抹消登記手続を請求したものである。この事案では，共同相続人らが相続財産をいかなる形態で承継しており，遺産分割前に相続財産の持分を処分できるか否かという問題と遺産分割前に共同相続人の一部が相続準拠法上の規定を遵守しないで相続財産を第三者に処分した場合に物権変動の効果が生じるかという問題について，これを相続と物権のいずれの法律関係に性質決定すべきかが問題となった。

【判旨】最高裁は，本件の法的問題を，①相続人らが遺産をいかなる形態で承継しているか，また，遺産分割前に相続に係る不動産の持分を処分できるか否かという問題と，②遺産分割前に共同相続人の一部が相続準拠法上の規定を遵守しないで行った第三者への不動産の持分の処分によって，権利移転（物権変動）の効果が生じるか否かの問題の2つに分けた上で，①については，相続の効果に属するものとして，法例旧25条（通則法36条）に従い，台湾法によるとし，②については，Xらが，その相続に係る持分について，第三者であるYに対してした処分に権利移転（物権変動）の効果が生ずるかどうかということが問題となっているのであるから物権の問題であり，法例10条（通則法13条）に従い日本法によるとした。なお最高裁は，②の問題についての準拠法である日本法の解釈として，遺産分割前に共同相続人の一部が相続準拠法上の規定を遵守しないで相続財産の持分の処分をしたとしても，そのような処分も，処分の相手方である第三者との関係では有効であり，処分の相手方は有効に権利を取得するものと解するのが相当であるとしている。その根拠として，「日本法上，そのような相続財産の合有状態ないし相続人の処分の制限を公示する方法はなく，……我が国に所在する不動産について，前記のような相続準拠法上の規定を遵守しないでされた処分を無効とするときは，著しく取引の安全を害することとなるからである。」と述べている。

【コメント】本判決の原審は，本件の問題は「共同相続人相互間の関係に関する問題であるとともに，不動産に関する物権の得喪を目的とする法律行為の効力問題の一環として判断されうる事柄で」，「そこでは，相続関係者の立場にとどまらず，取引の安全すなわち第三者の利益の保護が考慮されなければならない。」として，①②の問題をいずれも物権の問題と性質決定した。学説上は，最高裁の立場を支持する見解，①と同様，②の問題についても相続と性質決定する見解，原審同様，①②の問題をともに物権と性質決定すべきであるとする見解等が対立している。また，最高裁は，取引の安全を尊重すべきものとする見地から，②の問題を物権準拠法によらせたのではないかとの解説もあるが，そこで言われる取引の安全が日本民法上のものであれば，性質決定が法廷地実質法によって行われたとの疑いを生じさせかねないとの批判もある。

2 具体的基準

性質決定について国際私法自体説に立った場合，現在争われている問題は，国際私法上の指定概念の決定を具体的にどのように行うべきかである。

> これについて，国際私法自体説の提唱者の1人であるドイツのラーベル（Rabel）は，国際私法上の概念は普遍的に構成されるべきであり，諸国実質法の比較から得られる世界各国共通の法概念を基準とすべきであるとする，比較法説を唱えた。しかし，この見解に対しては，比較法の現状に鑑みれば，現段階ですべての法制度について共通の法概念を抽出することは困難である，といった批判のほかに，理論的にも，国際私法上の概念が諸国実質法の比較から得られる概念に従属するという点で，なお国際私法独自ではなく他律的であると批判されている。

一般的には比較法説は支持されておらず，性質決定は，抵触規則の解釈問題であり，関連する抵触規則間の事項的な適用範囲の画定の問題として，それらの規定の趣旨・目的を考慮して指定概念を構成すべきであるとする見解が支持を集めている。この方法によれば，性質決定は，わが国の国際私法の体系の中で決められ，個々の抵触規則の解釈を行うことで，規定に含まれる事項的概念の適用範囲がおのずと画定されることになる。さらに，性質決定は，いずれの抵触規則によるべきかの問題であるため，原則として，二重の性質決定は許されず，指定概念の内容が重なり合わないようにしなければならないとされている。具体的には，ある問題が文言上複数の抵触規則のいずれの指定概念にも該当しうるような場合には，その問題にいずれか一方の抵触規則の趣旨・目的がよりよく合致するならば，その抵触規則の指定概念に属するものと性質決定すべきである。もっとも，この方法によっても，個々の抵触規則の事項的適用範囲を画定しうる場合ばかりではないため，その具体的な解釈・適用については，国際私法各論の部分で検討を行う。

参 考 文 献

国友明彦『国際私法上の当事者利益による性質決定』（有斐閣，2002年）

連 結 点

抵触規則は，単位法律関係ごとに連結点を用いて準拠法を指定する。そこで，本章では，抵触規則の解釈として，連結点をどのように確定するのかという問題について説明する。連結点の解釈・確定は，基本的には各論の問題であるが，第1節ではまず，その訴訟上の取扱いに関する問題を取り上げる。続く第2節では，わが国において連結点としてよく出てくる国籍や常居所について，説明の便宜上，あらかじめ総論の部分で取り上げ，最後に第3節では，本来適用されうる準拠法を回避する目的で連結点を故意に変更する，いわゆる法律回避の問題について取り扱う。

第1節　連結点の確定

　抵触規則は，各単位法律関係につき，**連結点**を用いて準拠法を指定する（⇒45頁）。したがって，訴訟において，準拠法を決定するためには，まず抵触規則が定める連結点に該当する事実を確定しなければならない。それでは，国籍や常居所，不法行為地などの連結点については，訴訟上どのように確定すべきか。連結点の確定は，当事者の処分に委ねるのか，つまり弁論主義によるべきか，それとも裁判所が職権で探知すべきかが問題となる。

　この点については，2つの見解が主張されている。1つは，連結点のいかんは抵触規則の適用の一部であり，連結点自体についての主張・立証はもとより，連結点確定の前提となる事実についても，それは準拠法決定のためのものであ

る以上，職権探知の認められている国際裁判管轄と同程度の公益性・重要性を有するものであるとして，すべて職権探知の対象とすべきであるとの立場である（A説）。もう1つは，弁論主義が妥当する通常の財産関係事件においては，連結点確定の前提となる事実といえどもやはり，弁論主義に委ねるべきであるとの立場であり（B説），これが多数説となっている。

　そもそも訴訟手続は，適用される実体法規の要件事実に該当する事実（主要事実）を確定し，それにより，実体法規上の法律効果を確定するという構造をとっている。この点，渉外事件においては，連結点に該当する事実が確定されなければ，たとえある国の実体法規の要件事実が確定されても，求める法律効果は得られない。その意味で，連結点に該当する事実は，実体法上の要件事実と同様，事件の結論としての法律効果を発生させるための要件事実の一部をなしているといえる。そうであれば，連結点に該当する事実は，法律効果発生のための事実をなすものとして，当事者がそれを確定すべきであり，裁判管轄のように特別の公益性を認める必要はなく，B説の方が妥当であると思われる。

　　例えば，次のようなケースを考えてみよう。XがY社製のバイクを甲国で中古で購入し，運転していたところ，バイクの構造上の欠陥によって事故が発生し，重傷を負った。事故後，XがYに対し，生産物責任に基づく損害賠償請求をした場合の準拠法はどうなるか。この場合，準拠法は，原則として，Xによるバイクの取得地である甲国の法による（通則法18条）。準拠法を指定する際に用いられた連結点（法律要件）は，取得地甲国であり，これに対応する事実（以下，aという）が，Xがバイクを甲国で取得したことである。

　　ところで，訴訟において連結点の確定を弁論主義によらせるということの意味は，次の3つのテーゼに集約されるといわれる。すなわち，①当事者が主張しない事実は，証拠調べの結果それが判明したとしても，裁判所は認定してはならない。いずれの当事者も主張しなかった事実は，存在しなかったものとされ，一方当事者の不利に帰する。②当事者間に争いのない事実（自白に係る事実）は，証拠調べをせずに，当然に裁判の基礎としなければならない。③証拠調べは，当事者が申し出た証拠についてのみ行い，裁判所は職権で証拠調べをしてはならない。

　　これらのうち，③のテーゼは，aについて職権による証拠調べは許されないということであり，特に問題はない。②のテーゼについても，XとYの間で，Xが甲国でバイクを取得したことについて争いがなければ，自白を認めることに問題はない。しかし，①のテーゼについては，aについての主張を当事者に要求するものであり，当事者の主張がない場合にはどうなるのかという問題が生じる。①のテーゼをそのまま当てはめれば，通常の場合，主張責任が課されている者に不利になってしまう。しかし，準拠外国法が

65

不明の場合について，請求棄却説をとるべきでない（⇒108頁）のと同様に，連結点に該当する事実について当事者に主張・証明責任を負わせることはできない。そうであるとすれば，当事者の主張はなくとも，裁判所は，提出された証拠に基づいて，連結点に該当する事実を認定しなければならず，つまり，①のテーゼは連結点については修正すべきであるということになろう。

なお，連結点が不明の場合の処理についても，証明責任ルールで責任を負う者に不利な判断をするという処理をすべきではない。各抵触規則についてその趣旨を考慮して補充的な連結点を決定し，準拠法を定めるべきであろう。例えば，通則法36条の下で，被相続人の国籍が不明である場合には（国籍の不明ではなく無国籍の場合には，38条2項で常居所地法による），常居所地法によることになろう。

第2節　国籍・常居所の確定

1 総 説

国際私法上，属人法という概念が用いられることがある。**属人法**とは，人がどこへ行ってもその人に追随して適用される法律を指し，人の身分および能力の問題は，この属人法に従うべきであると伝統的に考えられてきた。

属人法が何であるかについては，諸国の国際私法上，本国法主義と住所地法主義が対立している。**本国法主義**とは，属人法の決定について国籍を連結点とする考え方であり，スイスなどを除いたヨーロッパの大多数の国が採用する立場である。これに対して，**住所地法主義**は，連結点として住所を基準とする立場であり，英米および英米法系の諸国，アルゼンチン，ブラジル，ペルーなどのラテン・アメリカ諸国が，伝統的にこの立場を採用している。人の身分および能力の問題について，固定的で恒久的な法律を適用しようとすると，住所よりもその変更が容易でない国籍を連結点とする本国法主義の方が優れているようにみえるが，人の生活関係の中心地である住所地の法律を適用する方がその人の生活関係に最も密接な関係をもつ法を適用できるというメリットもある。いずれにせよ，属人法の決定基準に関する本国法主義と住所地法主義の対立は，

極めて困難な問題であり，国際私法を統一するための最大の障害であるといわれてきた。

　もっとも，人の身分および能力という概括的な単位について，国籍を連結点とするか住所を連結点とするかを議論しても非生産的で意味がなく，むしろ行為能力，婚姻の成立，嫡出親子関係の成立等の個々の法律関係ごとに国籍と住所のいずれを連結点とするかを議論すべきではないかとして，この属人法という概念自体の有用性について疑問を抱く見解も有力である。

❷ 国　　籍

(1) 総　　説

　通則法36条は，相続という単位法律関係について，国籍という連結点を用いて，被相続人の本国法によるとする。ここにいう国籍とは何であろうか。国籍とは，一般に，個人が特定国家の構成員である資格と定義される。国籍と戸籍との関係についてふれておくと，戸籍とは日本国民の身分登録簿のことであり，戸籍に記載されていれば日本国民と推定される。しかし，これはあくまで推定にすぎない。日本国民であるのに戸籍がなければ就籍手続が必要になる（戸110条1項）。

　国籍の得喪は，国際法上，各国の国内管轄事項に属するため，ある国の国籍の存否は，その国の国籍法で判断することになる。国際私法は，ある問題につき，連結点を用いて，準拠法を選択・指定する。しかし，連結点である国籍の有無については，国際私法がいずれかの国の国籍法を選んでその有無を判断するというのではないことに注意する必要がある。また，ある外国国籍の有無についてわが国の裁判所が裁判管轄を有するか否かについては，一定の問題の先決問題としては判断しうるが，その外国国籍の有無自体の確認はその外国裁判所の専属管轄に属する。これは，特許無効確認（民訴3条の5第3項⇒287頁）などと同様である。最判昭和24・12・20も当事者がアメリカ合衆国の国籍を有することの確認を求める訴えは，アメリカ合衆国の裁判権に専属するものであって，わが国の裁判権に属しないと判示している。

　国籍法は国際私法とは異なる法分野であるが，学習の便宜から，連結点としての国籍について学ぶ前に，わが国の国籍法について，以下で概説する。

(2) わが国の国籍法

(a) 概 説 国籍については，憲法でこれを直接規定している国もあるが，日本国憲法 10 条は，「日本国民たる要件は，法律でこれを定める。」とし，国籍法にその規律を委ねている。1899（明治 32）年に制定された旧国籍法は，血統主義を基本としつつ，婚姻や養子縁組等によって夫婦や親子となった者の国籍を同一とする家族国籍同一主義を採用していた。現行憲法の下では，1950（昭和 25）年に現行国籍法が制定され，家族国籍独立主義が採用された。また 1984（昭和 59）年には，女子差別撤廃条約を批准したことによる父系血統主義から父母両系主義への移行や国籍選択制度の導入等の改正が行われた。

Column 7-1　家族国籍独立主義と家族国籍同一主義

　家族の構成員相互の国籍については，婚姻や養子縁組等によって夫婦や親子となった者の国籍を同一とする家族国籍同一主義がかつては有力であったが，近時は，身分変動によっても自動的に国籍を与えない家族国籍独立主義を採用する国が多くなっている。わが国もかつては家族国籍同一主義を採用していたが，現行国籍法から，家族国籍独立主義へと移行した。もっとも，例外として，日本人父から認知された子，日本人の配偶者および日本人と養子縁組をした子等については，届出による国籍取得や簡易帰化を認めている（国籍 3 条，7 条，8 条 2 号）。他方で，イスラム諸国の中にはいまでもその国民である男性と婚姻した外国人女性に自動的に国籍を付与する国がある。1979 年の女子差別撤廃条約は，締約国が，国籍の取得，変更および保持に関し，女子に対して男子と平等の権利を与えることや，特に，外国人との婚姻または婚姻中の夫の国籍の変更が，自動的に妻の国籍を変更したり，妻を無国籍にしたり，夫の国籍を妻に強制したりすることにならないよう規定を設けている（9 条 1 項）。

(b) 国籍の取得

(i) 出生による国籍の取得 諸国における国籍法上，出生による国籍の取得については，大きく分けて，血統主義と生地主義の 2 通りの立場がある。**血統主義**とは，子が親の国籍を受け継ぐ立場であり，**生地主義**とは生まれた国の国籍を子に取得させる立場である。今日では，世界の多くの国が両主義の折衷的な立場を採用し，血統主義を主とするものと生地主義を主とするものとに分かれている。わが国をはじめ，ドイツ，フランス，イタリア，ベルギー等の国籍法は血統主義に立ち，アメリカ合衆国や中南米諸国などの移民受入国は生地主義の立場に立つ。血統主義を採用する国の国籍法は，父母の国籍が異なる場

合，従来は，父系血統主義に立つものが多かったが，最近では国籍法上の両性平等の要請から父母両系主義へ移行するものが増えている。

　わが国の現行の国籍法は，出生による国籍の取得について，原則として，血統主義の立場に立ち，父母両系主義を採用しているが（国籍 2 条 1 号，2 号），その例外として，補充的生地主義を採用し，「日本で生まれた場合において，父母がともに知れないとき，又は国籍を有しないとき」（国籍 2 条 3 号）は，日本国籍の取得を認めている（国籍 2 条 3 号については，最判平成 7・1・27 [百選110]（アンデレちゃん事件）が，「父母がともに知れないとき」とは，「父及び母のいずれもが特定されないときをいい，ある者が父又は母である可能性が高くても，これを特定するに至らないときも，右の要件に当たる」として，国籍の取得を主張する者の立証責任を軽減している）。

> ### Column 7-2　国籍法の適用と私法上の概念
> 　国籍法 2 条 1 号は「出生の時に父又は母が日本国民であるとき」に子は日本国籍を取得すると規定するが，この「父又は母」と子の関係は法律上の親子関係であることが必要であると解されている。そこで，日本人父または母と子との間の親子関係の有無を決定するために，通則法 28 条，29 条により準拠法が選択・適用されることとなる。
> 　このように，公法上の規定を国際事案に適用する際に当該規定の前提となっている私法上の概念について準拠法選択規則により外国法を参照することは，国籍法だけではなく他の法分野においてもみられる。刑法 244 条 1 項の親族相盗例における「親族」のほか（名古屋高金沢支判昭和 37・9・6，大阪高判昭和 38・12・24 ⇒ Column 24-3），訴訟能力に関する民訴法 28 条，租税法上の「法人」，「相続」などの概念の解釈（「法人」につき東京高判平成 19・10・10）などを例として挙げることができるだろう。

　(ii)　認知による国籍の取得　　認知された子の国籍の取得も認められており，父または母が認知した子で，その子が 18 歳未満なら，認知をした父または母が子の出生の時に日本国民であった場合において，その父または母が現に日本国民であるときまたはその死亡の時に日本国民であったときは，届出により届出時点で日本国籍を取得できる（国籍 3 条）。

> ### Column 7-3　国籍の取得に関する判例
> 　国籍法 2 条にいう子は，嫡出子・非嫡出子を問わない。しかし，国籍法上は 3 条の反対解釈から，認知の遡及効（民 784 条）は認められないため，生後認知により，

出生時に遡って日本国籍を取得することはない（最判平成 14・11・22 は，出生後の認知だけでは日本国籍の生来的な取得を認めないとすることに合理的な根拠があるとして，国籍法 2 条 1 号は憲法 14 条違反ではないと判断した）。これに対して，子の出生前に胎児認知があった場合，国籍法 2 条により，子は出生により国籍を取得する。この点，最判平成 9・10・17 ［百選 109］，最判平成 15・6・12 は，子の母が，子の実の父とは別の男性と婚姻中であったため，子の実の父が胎児認知をすることができなかった場合のような例外的な事情がある場合には，胎児認知に準じて，子の出生後の認知でも，出生時に遡って日本国籍の取得を認めている。

　改正前の国籍法 3 条 1 項は，届出による国籍取得を，日本国民から生後認知を受けた子の中で，父母の婚姻およびその認知により嫡出子たる身分を取得した子にのみ認めていた。最大判平成 20・6・4 ［百選 108］は，フィリピン人母の非嫡出子として生まれ，出生後に日本人父から認知された子が届出により日本国籍を取得しうるかが問題となった事案である。最高裁は，国籍法 3 条 1 項の準正要件は，1984 年の立法当時にはわが国との密接な結び付きを示す指標として一定の合理性を有していたが，①今日では，出生数に占める非嫡出子の割合が増加し家族生活や親子関係の実態も変化し多様化してきていること，②さらに，そのような社会通念および社会的状況の変化に加え，近年，わが国の国際化の進展に伴い日本人父と日本人でない母との間で生まれる子が増加し，両親の一方のみが日本人である場合には，家族生活の実態においても，法律上の婚姻やそれを背景とした親子関係のあり方においても，双方が日本人である場合に比べより複雑な側面があり，その子と日本との結び付きの強弱を両親が法律上の婚姻をしているか否かに応じて測ることはできないことを理由に，準正要件はその合理性を失っており違憲であるとして，届出による日本国籍の取得を原告に認めた。その後改正された国籍法 3 条は，出生後に日本人に認知された子について，届出により日本国籍を取得することを認めている。

(iii)　帰　化　　帰化とは，本人の志望による国籍の取得を指すが，わが国の国籍法は，日本国民でない者が自己の志望に基づき，日本国籍を取得することを認めている（国籍 4 条）。帰化は，その条件に応じて，一般の外国人の帰化である普通帰化（国籍 5 条），一般の帰化に比べて一定の場合に要件を緩和した簡易帰化（特別帰化。国籍 6 条，7 条，8 条），日本に特別の功労のある者についての大帰化（国籍 9 条）とに区別される。帰化の際には，無国籍であることや日本国籍の取得によって元の国籍を喪失すること等の重国籍の防止条件が定められているが（国籍 5 条 1 項 5 号），自国民の自由意思による国籍の離脱を認めない国の国籍を有する者の帰化申請については，状況により，日本国籍の取得によって元の国籍を喪失することという条件を問わない場合がある（国籍 5 条 2

項）。このように帰化の際に重国籍防止条件を課していることや，外国への帰化に基づき日本国籍を自動的に喪失する規定（国籍11条1項）等を設けていることをみると，日本の国籍法は重国籍の発生に関して厳格な立場に立っているものであるといえよう。

(c) 国籍選択制度　国籍の得喪が各国の国内管轄事項であり，各々の国籍法の内容が異なっていることから，1人で複数の国籍をもつ重国籍の場合や無国籍の場合が生じる。無国籍の場合には，個人が国家による保護を受けられない事態が発生しうるし，重国籍の場合には，兵役の義務や外交保護権の衝突の問題等が生じうる。そのため，このような事態は望ましくないとされ，すべての個人が必ず1個の国籍を有し，かつ2個以上の国籍を有しないことという国籍唯一の原則が理想とされ，主張されてきた。

無国籍についていえば，世界人権宣言15条1項や市民的及び政治的権利に関する国際規約24条3項は，国籍をもつことが人権の一内容であるとしており，無国籍の発生を防止しようとしている。たしかに，無国籍の状態では，個人はいずれの国からも保護を受けられないことになり，そのような状態を防止することが望ましい。わが国の国籍法は血統主義を採用しているが，無国籍の発生を防止するために，一定の場合に日本国籍を取得する道を開いている（国籍2条3号）。

一方，重国籍については，わが国では，1984（昭和59）年の国籍法改正によって，父母両系主義を採用することになった結果，重国籍の発生の増加が予想されたことから，それを防止するために国籍選択制度が導入されることになった（国籍14条以下）。それによれば，外国の国籍を有する日本国民は，重国籍となったのが18歳に達する以前の場合には20歳までに，18歳に達した後の場合にはその時から2年以内に，いずれかの国籍を選択しなければならない（国籍14条1項）。外国の国籍を選択した場合には，日本国籍を喪失する（国籍11条2項）。なお，日本の国籍を選択するには，外国国籍の離脱をする方法のほか，かりに外国の国籍法上，外国国籍の離脱が不可能である場合には，日本国籍を選択し，かつ，外国国籍を放棄する旨の宣言（選択の宣言）をするという方法も認められている（国籍14条2項）。

このように重国籍の保持に対して厳格な態度をとるわが国の国籍選択制度に

ついては，個人の立場の配慮の観点から批判があるところである。重国籍については，無国籍の場合と異なり，兵役の義務や外交保護権の衝突という問題が解決されている限りは，複数の国籍を保持することに大きな不都合はないとする流れも近時はみられるところであり，ヨーロッパ諸国の国籍法の中には重国籍に寛容な態度をとるものも見受けられる。

(d)　**国籍の喪失**　　日本国民が自己の希望によって外国の国籍を取得した場合には，日本国籍を喪失する（国籍11条1項）。二重国籍の発生を防止するためである。この場合の外国には，未承認国は含まれないので，例えば，台湾や北朝鮮に帰化しても日本国籍は喪失しないというのが法務省の立場である。

裁判例として，日本人父とロシア人母との間に出生し生来的に日本国籍を有する未成年子らにつき，その父母がロシア国籍の簡易取得の手続を行い子らのロシア国籍を取得した場合には，国籍法11条1項所定の「自己の志望によって」外国籍を取得したものと認められ，日本国籍の喪失が認められた東京地判平成28・6・24およびその上級審である東京高判平成29・4・18がある。

また，日本と外国との重国籍者については，本人の志望により日本国籍を離脱することが認められている（国籍13条1項）。なお，この場合の外国にも，未承認国は含まれないというのが法務省の立場である。基本的人権の1つとして，国籍の得喪についての個人の意思が尊重され，国籍を欲しない者に国籍を強制することは避けなければならないという国籍自由（＝国籍非強制）の原則が認められており，憲法22条2項は，国籍離脱の自由を保障する。国籍法13条1項は国籍離脱権を規定するが，憲法22条2項は，無国籍者となる自由までをも保障したものではないというのが，憲法学の通説である。

出生により外国国籍を取得した日本国民で，外国で生まれた者は，戸籍法の定めに従い，国籍留保の意思を表示しなければ，その出生の時に遡って日本国籍を失う（国籍12条）。もっとも，国籍の不留保による日本国籍喪失の場合には，日本国籍再取得の制度が認められている（国籍17条1項）。

> ┃ **Column 7-4**　**国籍留保制度に関する判例**
> ┃　日本人父とフィリピン人母との間の嫡出子としてフィリピン国で出生し同国籍を
> ┃ 取得した原告Ⅹらが，父母等が日本国籍を留保する意思表示をしなかったため，国
> ┃ 籍法12条により出生の時に遡って日本国籍を失ったとされたところ，同条は憲法

14条1項等に違反し無効であると主張して日本国籍を有することの確認を求めた事案として，最判平成27・3・10がある。出生により日本国籍との重国籍となるべき子で国外において出生した者につき上記の国籍留保の要件等を定める同条の規定が，日本で出生した者等との区別において憲法14条1項等に違反し無効であるとXらが主張したのに対し，最高裁は，出生時に日本国籍を取得して重国籍となるべき子のうち国外で出生した者について，国籍留保の意思表示がなければその出生時から日本国籍を有しないとする国籍法12条は，立法目的に合理的な根拠があり，出生地による区別も合理的理由のない差別には当たらないから，憲法14条1項に違反しないと判示した。本判決は，国籍法12条の合憲性につき公権的解釈を下した最高裁判決として重要な意義を有する。

　また，戸籍法104条1項所定の国籍留保の届出につき，同条3項の「責めに帰することができない事由」の成否を判断した事案として最決平成29・5・17がある。本件は，いずれも中国で出生し中国国籍を取得したA（日本国籍を有する），その子であるX1〜X4，およびX1〜X4の子ら6名（X1の子であるX5を含む。以下「本件子ら」という）について，まずAが市町村長であるYに対し，A自身の出生の届出をし，それが受理された後に，AがX1〜X4の出生の届出を，X1〜X4が本件子らに係る出生の届出および戸籍法104条1項所定の国籍留保の届出等をYにしたところ，Yは，昭和59年の改正国籍法施行（昭和60年1月1日）前に出生したX1〜X4の出生届は受理したものの，改正法施行後に出生した本件子らの国籍留保の届出については，戸籍法104条の定める届出期間を経過しているとして，これを不受理とし，その余の届出についても不受理としたため，Xらが戸籍法121条に基づく不服の申立てをした事案である。原審（福岡高決平成28・9・16）は，国籍留保の届出をしなければ日本国籍を喪失するという重大な結果が生じることからすれば，出生届に父母の本籍および戸籍上の氏名を記載した原則的な届書ができない場合には，戸籍法104条3項の「責めに帰することができない事由」があると解すべきとした。それに対し，最高裁は，戸籍法104条3項にいう「責めに帰することができない事由」の存否は，客観的にみて国籍留保の届出をすることの障害となる事情の有無やその程度を勘案して判断するのが相当であるとし，X1〜X4について，戸籍に記載されておらず，本籍および戸籍上の氏名がないという事情だけでは，客観的にみて本件子らの国籍留保の届出の障害とはならないとし原決定を破棄した。

　その他の国籍喪失事由として，国籍選択制度の下で外国国籍を選択した場合（国籍11条2項），国籍選択を催告されたのに選択しなかった場合（国籍15条），日本国籍を選択したのに外国公務員に就任した場合（国籍16条2項）などがある。

| Column 7-5 | 領土変更に伴う国籍の喪失 |

　領土変更に伴い国籍を喪失する場合もある。第2次世界大戦前，朝鮮半島と台湾

は日本の領土であったが，当時の日本には，内地戸籍のほかに，外地戸籍というものがあり，その中に朝鮮戸籍や台湾戸籍があった。大戦後，サンフランシスコ平和条約の発効に伴い，朝鮮および台湾は日本から分離することになったが，当時の行政解釈によれば，朝鮮人および台湾人は内地に在住する者を含めすべて，平和条約の発効時（1952〔昭和27〕年4月28日）から，日本国籍を喪失することになった。同時に，戦前の内地戸籍，外地戸籍を区別の基準とし，元内地人で条約発効前に朝鮮人または台湾人との婚姻等の身分行為によって内地戸籍から除籍され外地戸籍に入っていた者は，朝鮮人または台湾人として日本国籍を喪失するとされた（行政解釈として，昭和27年4月19日民事甲第438号民事局長通達。この行政実務を支持する判例として，最大判昭和36・4・5など）。もっとも，認知については例外が設けられている。すなわち，行政解釈である昭和25年12月6日付け民事甲第3069号民事局長通達によれば，通達発出日以降の認知による地域籍の変動は廃止され，日本国籍を失わないこととなった。これは，夫婦および親子国籍同一主義を廃止した新国籍法の趣旨に準じた取扱いをするものである。しかし，昭和25年7月1日の新国籍法施行時ではなく昭和25年12月6日の通達発出日を基準としたことについては批判があった。その後に出された判例（最判平成16・7・8）は，親子国籍同一主義を廃止した新国籍法の趣旨や親の一方的な意思表示による認知の特殊性に鑑み，国籍法施行後に朝鮮人父から認知された子は，内地国籍から除籍されず，平和条約の発効によって日本国籍を失わないものとしている。

(3) 重国籍者，無国籍者の本国法の決定

日本でドイツ人Aが死亡し，その相続が問題となったとしよう。この相続の準拠法はいずれの法か。通則法36条を適用すると，被相続人の本国法として，ドイツ法が準拠法となる。しかし，Aが重国籍または無国籍なら相続の準拠法はどうなるだろうか。これは，準拠法選択プロセスのうち，36条における被相続人の国籍という連結点の解釈・確定のレベルの問題であり，その処理については38条1項，2項に定めがある。

(a) 重国籍者の本国法　重国籍者の本国法の決定については，38条1項が規定している。

(i) 内国国籍と外国国籍との重国籍の場合　内国国籍と外国国籍との重国籍の場合には，38条1項ただし書により，日本国籍が優先される（内国国籍優先の原則）。もっとも，この規定については，批判がないわけではない。例えば，重国籍のうち，当事者に必ずしも密接に関連しない法の適用が導かれてしまう可能性がある。

(ii)　**外国国籍同士の重国籍の場合**　　外国国籍同士の重国籍の場合には，まず，常居所のある外国の国籍が優先し，それがない場合には，重国籍のうち最も密接な関係のある国籍による（38 条 1 項本文）。当事者と実効的に関係がある国籍を優先するものであるが，常居所と一致する国籍をまずは優先すると類型的に規定している。

　密接な関係の判断の際に考慮すべき要素としては，国籍取得の経緯や取得の先後，国籍国での居住状況，過去の常居所，国籍国での親族居住などが考えられよう。この点について，戸籍実務の取扱いでは，最密接関連国の認定にあたり，国籍取得の経緯，国籍国での居住状況，国籍国での親族居住の有無，国籍国への往来の状況，現在における国籍国との関わり合いの程度を総合的に勘案するとされている（平成元年 12 月 14 日民二第 5476 号民事局第二課長通知）。

　裁判例として，水戸家審平成 3・3・4［百選 4］は，英仏二重国籍の子について，常居所はフランスにもイギリスにもないとした上で，子の監護は今後イギリス人父が行うことで夫婦間に合意があり，子もそれを了承していること，父と子はいずれ英語圏のケニアに居住する意向であることを根拠に，その本国法をイギリス法と判断している。

　また，甲国と乙国の重国籍者について，甲国と乙国にはほとんど関係がなく，丙国とより密接な関係がある場合にはどうするか。この場合，38 条 1 項本文は，甲国と乙国のうちから，より密接な関係がある国の法を選ぶことを命じている。

> **Column 7-6　実効的国籍論**
>
> 　具体的事件において，国籍を連結点として準拠法を指定したものの，その法が事案に密接に関連しない法である場合には，国籍がもはや実効性を失っているとして，国籍を連結点とすることをやめる実効的国籍論という考え方がある。実効性をもつ国籍のみが連結点となりうるという理論である。しかし，この立場は，準拠法の予見可能性，法的安定性を失わせるため，平成元年法例改正時にも採用されなかった。

(b)　**無国籍者の本国法**　　無国籍者の本国法の決定については，38 条 2 項に定めがある。38 条 2 項本文は，無国籍者について本国法を適用すべき場合には，当事者の常居所地法によるとしている。もっとも，無国籍者の常居所地法を本国法と同視することはできず，25 条ないし 27 条により夫婦の同一本国

法によるべき場合または32条により親子の同一本国法によるべき場合におい
て，当事者の中に無国籍者がいるときは，たとえその常居所地法が他の当事者
の本国法と一致しても，それで当事者の同一本国法がある場合とはいえないと
解されている（例えば，甲国に常居所をもつ無国籍の夫と，甲国人である妻との離婚）。
38条2項ただし書が，この点について定めている。

　なお，無国籍者ではないものの，事実上の無国籍者とされる難民については，
わが国が加盟している「難民の地位に関する条約」（昭和56年条約第21号）12
条1項により，住所地法をその属人法とし，住所がない場合は，居所地法を属
人法とする。

3 常 居 所

(1) 総　　説

　常居所とは，一般に，人が居所よりは長期の相当期間にわたり常時居住する
場所をいう。この常居所という概念が導入された背景は以下のとおりである。
属人法の決定基準としての本国法主義と住所地法主義の対立についてはすでに
述べたが，住所概念については，各国間で様々な違いがある（なお連結点として
の住所について⇒ Column 28-2 ）。とりわけ，英米法上の住所概念は，大陸法上
の住所概念とは大きく異なっている。

> **Column 7-7**　**英米法上のドミサイル**
>
> 　英米法上の住所は，**ドミサイル**（domicile）と呼ばれる。それには，伝統的に，
> 人が出生によって親から取得する本源住所（domicile of origin），人が一定年齢に
> 達した後に，自己の選択によって取得する選択住所（domicile of choice），未成年
> の子が親の住所に従うように，住所が特定の人の住所に依存するかたちで決まる従
> 属住所（domicile of dependence）の区別がある。ドミサイルについては，重住所，
> 無住所は認められないのが原則である。また，ドミサイルは，1つの法域を指すも
> のであり，ロンドンにあるのかバーミンガムにあるのかが問題になるのではなく，
> イングランドにあるのかインドにあるのかが問題となる。また，選択住所の取得は
> 容易ではなく，それを取得するためには，そこを本拠（home）とする意思，すな
> わち永住の意思が必要とされる。

　諸国の実質法上住所概念は極めて異なっているため，条約において住所とい
う概念を用いると解釈上の争いが生じるおそれがある。そこで，第2次世界大

戦後，ハーグ国際私法会議の作成する条約において，住所の代わりに常居所（habitual residence/ résidence habituelle）という概念が用いられるようになってきた。もっとも，ハーグ条約は常居所について定義していない。常居所は事実概念であると解されてきた。

わが国において，連結点としての常居所は，平成元年法例改正前は，ハーグ条約を国内法化した遺言の方式の準拠法に関する法律2条や扶養義務の準拠法に関する法律2条の規定の中に見いだされるだけであった。平成元年法例改正により，婚姻や親子関係等の規定である法例14条〜16条，21条（通則法25条〜27条，32条）において，主として第2順位の連結点として常居所が導入されることとなった。その結果，常居所の決定が実際に重要な問題となるに至った。さらに，通則法の制定により，常居所は，財産法の分野の連結点としても導入され，通則法8条2項，11条，15条，19条，20条などの契約や不法行為の規定においても広く用いられるようになった。なお，法例と異なり，通則法には，住所を連結点とする規定が存在しない。そのため，重住所や無住所の場合について定めた法例29条のような規定を有していない。しかし，難民の地位に関する条約12条1項や遺言の方式の準拠法に関する法律2条3号のように，住所を連結点とする規定もある。

> 常居所概念をどうとらえるかについては，すでに平成元年法例改正時に，ハーグ条約において用いられている常居所概念は多義的・多機能的なものであるとの指摘があった。このような指摘を参考にすれば，通則法において新たに用いられるようになった財産法関係における常居所概念は，従来用いられていた身分関係における常居所概念とは異なるという理解もありえよう。しかしながら，諸外国をみても常居所概念を統一的にとらえる方が一般的であり，また概念の相対性とはいっても，同一の法律中の概念は基本的に同内容と理解するべきであろう。したがって，身分関係における常居所概念と財産法関係における常居所概念は，統一的に理解すべきではなかろうか。むしろ，今後の展望としては，従来身分関係を念頭に置いてやや厳格に解していた常居所概念を，財産法関係をも視野に入れて，全体的により緩やかにとらえるべきとの解釈も十分ありえよう。

(2)　常居所決定の具体的基準

常居所を決定する際の具体的な基準については，通則法に規定がない。常居所があるか否かについては，居住の目的，期間，状況等の諸要素を総合的に考慮して判断しなければならないし，また，常居所の決定においては，住所と異なり，常居所取得のための意思は重視されない。いずれにせよ，この点に関す

る，判例の蓄積や学説による議論の深化が期待される（裁判例として，水戸家審平成3・3・4［百選4］，東京地判平成26・9・5〔財産関係事件〕［百選5］を参照）。

TERM 7-1　基本通達

　平成元年法例改正により婚姻・親子の規定は大幅に改正されたので，法務省は渉外戸籍事務を扱う上での指針として，「法例の一部を改正する法律の施行に伴う戸籍事務の取扱いについて」と題する平成元年10月2日法務省民二第3900号民事局長通達（基本通達。全文は⇒巻末資料）を出した。この基本通達は通則法の下でも効力を有するものとされる。ただし，行政解釈にすぎず，裁判所を拘束するものではない。

　基本通達は婚姻・親子に関する部分全体について行政解釈を示しているが，常居所の認定基準をも示している（「第8　常居所の認定」）。形式的審査権しか持たない戸籍窓口でも，常居所を書面で認定できる基準が用いられている。基本通達によれば，日本における常居所については，日本人の場合は，1年以内の住民票により，それがなくとも特別の場合を除き，出国後1年以上5年以内であれば日本に常居所があるものとして取り扱い，外国人の場合は，出入国管理及び難民認定法による在留資格に応じて，1年以上または5年以上の在留があれば原則として日本における常居所が認められる。また，外国における常居所については，日本人の場合は，通常その外国に5年以上，特別の場合には1年以上居住しているとその外国に常居所があるものとされ，外国人の場合は，上記の基準に準じて考えるものとされる。

　この基準については，明確ではあるものの，弾力性を欠いており，また，全体として，要求する居住期間が長すぎるのではないかといった問題点も指摘されている。

　常居所が不明の場合には，居所地法によるが（39条本文），25条およびそれを準用する規定についてはこの適用がない（39条ただし書）。また，常居所の決定については，住所の決定のように，領土法説（国籍の有無については，各国の国籍法によるのと同様，住所の有無については，住所があるとされる国の実質法によるとする説）はとられていないため，常居所が複数存在する事態は生じないと考えられている。

第3節　法律回避

1　総　　説

　法律回避とは，本来の準拠法を適用すると自分に不利な結果が生じる場合に，連結点自体を故意に変更して，自分に有利な結果をもたらす準拠法の適用を図ることをいう。法律回避の例としては，離婚を禁止するフランス法の適用を回避するために，国籍をフランスからドイツに変更した者についての 1878 年のフランス破毀院のボッフルモン（Bauffremont）事件判決や，イングランド法上，婚姻に際して要求されている父母の同意や一定の儀式を回避するために，スコットランドで婚姻を挙行するグレトナ・グリーン婚などが有名である。このほかにも，登録税などの租税負担を軽くし，船舶に関する公法上の規制を回避するために，リベリアやパナマに船籍を置く便宜置籍船や，アメリカにおいてみられるような，実際にはデラウェア州以外で営業を行う会社であるのにもかかわらず，会社設立に有利なデラウェア州法を会社の設立準拠法とする例（⇒213 頁）などがある。

2　各国における処理

　このような法律回避行為を有効とみとめるべきであろうか。先に述べたフランスのボッフルモン事件に関する 1878 年の破毀院判決は，これを法律回避行為であるとして無効とした。今日でも，フランス，ベルギー，スペイン，ポルトガルなどにおいては，法律回避行為を無効とする立場が支持されている。これに対して，ドイツや英米，近時のイタリアなどでは，法律回避行為を有効とする立場が有力である。

　わが国の通説は，法律回避行為を有効としている。その理由として，当事者に法律回避の意思があったかどうかを知ることは実際に困難であり，もしそれを問題にするとなると準拠法の決定に際して不安定な状態を招くこと，法律回避の意思がなければ，あらゆる場合に準拠法の変更が認められるというのであれば，法律回避の意思がある場合に準拠法の変更の効力を認めても，実際上の

弊害があるとは考えられないこと，などが挙げられている。たしかに，法律回避行為を助長することは問題であるが，その場合には，当事者が変更しにくい連結点を設けることや連結の時点を固定する不変更主義を採用することなどが望ましく，準拠法の決定については，当事者の法律回避の意思までは問題とせずに，客観的になされれば十分であろう。

参 考 文 献

第1節

江川英文「国際私法における連結点の決定について」久保岩太郎先生還暦記念論文集『国際私法の基本問題』（有信堂，1962年）3頁

田中徹「連結素の確定責任」澤木敬郎＝烁場準一編『国際私法の争点〔新版〕』（有斐閣，1996年）68頁

第2節

折茂豊『属人法論』（有斐閣，1982年）第2章

櫻田嘉章「渉外家族法における本国法主義」中川善之助先生追悼『現代家族法大系1』（有斐閣，1980年）202頁

石黒一憲『国際私法の解釈論的構造』（東京大学出版会，1980年）1頁〜240頁

西谷祐子「19世紀ヨーロッパ国際私法における本国法主義の成立と展開(1)・(2・完)」民商116巻4＝5号661頁，6号867頁（1997年）

烁場準一「法例施行百年の軌跡──国際家族法を中心に」国際私法年報1号（1999年）1頁

烁場準一「法例の改正規定と常居所基準説の論拠について」国際法外交雑誌90巻2号（1991年）113頁

山田鐐一「英米国際私法における住所」名古屋大学法政論集2巻2号（1954年）226頁

木棚照一『逐条 国籍法──課題の解明と条文の解説』（日本加除出版，2021年）

反　　致

> 　本章では，各国の国際私法の内容が統一されていないことから生じる不都合を除去
> し，関係国間での準拠法の一致を実現する手段として生み出された反致という制度に
> ついて説明する。

第1節　意義および種類

1 国際私法の国際的不統一

　現段階では，国際私法の統一は完全には実現していない（⇒第4章第2節）。
そのため，国際私法は，各国の立法に委ねられ，相互に内容の異なる各国の国
内法として存在している。その結果，同一の法律関係について，国ごとに指定
される準拠法が異なるという事態が生じる。これには2つの場合がある。

　1つは，同一の法律関係について，甲国の国際私法によれば甲国法が準拠法
となり，乙国の国際私法によれば乙国法が準拠法となる場合である。例えば，
ブラジルに住所を有する日本人がブラジルに財産を遺して死亡したとする。こ
の財産の相続について，日本の国際私法である通則法36条は，被相続人の本
国法である日本法を準拠法として指定するが，ブラジル国際私法は，原則とし

て被相続人の住所地法たるブラジル法を指定する。このような場合に関係国間で準拠法を一致させるためには，国際私法を統一するほかに，解決方法はないとされている。

　もう1つは，甲国の国際私法によれば乙国法が準拠法となり，乙国の国際私法によれば甲国法が準拠法となる場合である。例えば，中国人が日本に不動産を遺して死亡したとする。この不動産の相続について，通則法36条は，被相続人の本国法たる中国法を準拠法として指定するが，中国国際私法によれば，不動産の法定相続は不動産所在地法によるため，日本法が準拠法として指定される。このような場合には，反致という制度が認められることがある。

②　反致の意義

　反致とは，法廷地の国際私法によって指定された準拠法が所属する国の国際私法が，法廷地法または第三国法を準拠法として指定しているときに，その外国の国際私法の立場を考慮して，法廷地法または第三国法を準拠法とするのを認めることである。先の例を用いるならば，中国人が日本に不動産を遺して死亡した場合の不動産相続の問題について，日本の国際私法（通則法36条）が中国法を準拠法として指定し，中国国際私法が同じ問題について不動産所在地法たる日本法を指定する場合には，中国国際私法の立場を考慮して日本法を準拠法とすることを認めるのが反致である。こういった反致を認めることについては，古くから賛否両論がある（⇒本章第2節）。

③　反致の種類

　反致と一口にいっても，その種類は以下のように多様である。ただし，そのすべてがわが国の国際私法で認められているわけではない。

(1)　狭義の反致

　狭義の反致とは，甲国の国際私法によれば乙国法が準拠法となるが，乙国の国際私法によれば甲国法が準拠法となるときに，甲国で甲国法を準拠法とする場合である。例えば，上記 ② の例で，中国人が日本に不動産を遺して死亡した場合に，中国国際私法の立場を考慮して日本法を準拠法とすることを認める

のが，狭義の反致である。

(2)　転致（再致）

転致（再致）とは，甲国の国際私法によれば乙国法が準拠法となるが，乙国の国際私法によれば丙国法が準拠法となるときに，甲国で丙国法を準拠法とする場合である。例えば，ドイツに常居所を有するベルギー人が日本に財産を遺して死亡したとする。この財産の相続が問題となる場合，通則法36条によれば，被相続人の本国法たるベルギー法が準拠法として指定されるが，ベルギー国際私法によれば，2012年のEU相続規則に従い，被相続人の常居所地法によるため，ドイツ法が指定される。この場合に，ベルギー国際私法の立場を考慮しドイツ法を準拠法とするのが，転致（再致）である。

(3)　間接反致

間接反致とは，甲国の国際私法によれば乙国法が準拠法となり，乙国の国際私法によれば丙国法が準拠法となるが，丙国の国際私法によれば甲国法が準拠法となるときに，甲国で甲国法を準拠法とする場合である。例えば，中国に住所を有するアルゼンチン人が日本に不動産を遺して死亡したとする。この不動産の相続が問題となった場合，通則法36条によれば，被相続人の本国法たるアルゼンチン法が指定されるが，アルゼンチン国際私法によれば，相続については，被相続人の住所地法たる中国法が指定される。一方，中国国際私法によれば，不動産所在地法たる日本法が準拠法として指定される。この場合に，法廷地で日本法を準拠法とするのが間接反致である。

(4)　二重反致

二重反致とは，甲国の国際私法によれば乙国法が準拠法となるが，乙国の国際私法によれば甲国法が準拠法となり，かつ乙国の国際私法に反致の規定がある場合には，その反致規定までをも考慮し，甲国で乙国法を準拠法とする場合である。例えば，日本に常居所を有するフランス人が日本に財産を遺して死亡したとする。通則法36条によれば，本件相続については，被相続人の本国法たるフランス法が指定される。フランス国際私法によれば，EU相続規則に従

い，相続は被相続人の常居所地法により，かつ，EU 加盟国でない第三国の国際私法から加盟国法への反致が認められているため，フランス法が準拠法として指定される。この場合に，法廷地において，フランス法を準拠法とするのが二重反致である。結局最初の指定どおりの準拠法を適用するのだが，最初の指定以降，さらに 2 回指定をし直すという意味で二重反致と呼ばれている。

第2節　沿革および各国の立場

反致は，もともと判例によって生成された法理であるが，学界で注目されるようになったのは 19 世紀以降であるといわれている。ドイツやイギリスでも古くから反致を認めた判例があるとされるが，反致の問題が活発に議論される契機となったのは，1878 年 6 月 24 日のフォルゴ（Forgo）事件に関するフランス破毀院判決である。この判決中に反致（renvoi）という言葉は用いられていないものの，この判決以後，反致の問題が国際私法上明らかに認識されるようになり，各国の立法や判例・学説の展開に大きな影響を与えることになった。

> **Column 8-1**　**フォルゴ（Forgo）事件判決**
>
> 　本件では，長年フランスに住んでいたバヴァリア（ドイツのバイエルン）人フォルゴが無遺言のまま死亡し，フランスに遺した動産の相続が問題となった。フランス国際私法によれば，動産相続は被相続人の最後の住所地法による。そして，フォルゴは，当時のフランス法上フランスに住所を有するために必要な許可を得ていなかったため，フォルゴの住所はバヴァリアにあるとされ，バヴァリア法が準拠法として指定されることになった。他方で，バヴァリア国際私法によれば，動産相続に関しては，死者の事実上の住所地法または常居所地法と財産所在地法が一致していればそれによるとされていたため，本件ではフランス法が準拠法として指定されることになる。そこで，フランス破毀院は，バヴァリアの実質法ではなく国際私法の立場を考慮して，フランス法を準拠法とし，遺産の帰属を決定した。

その後今日に至るまで，各国の抵触規則の反致に対する立場は様々である。

　近時の立法例において反致を否定するのは，ギリシャ，オランダ，ブラジル，さらに，デンマーク，フィンランド，スウェーデン等のスカンジナビア諸国などである。しかし，他の多くの立法例は，程度の差こそあれ，外国の抵触規則の立場を考慮し，反致を認めている。わが国の通則法 41 条をはじめ，ハンガ

リー，スペイン等は，いわゆる狭義の反致を認めているし，また，狭義の反致のみならず，転致をも認めるのが，フランスやイギリスの判例，ドイツ，オーストリア，スイス，イタリア等である。

Column 8-2　　**ハーグ条約における反致**

　ハーグ条約においては当初，狭義の反致および転致が認められていたが，「有体動産の国際的売買の準拠法に関する条約」（1955 年）の採択以降，反致は明文上否定されてきた。国際私法の漸進的統一を目的とするハーグ条約において，反致が原則として否定されていることは当然の帰結であろう。

　しかし，最近のハーグ条約の中には，反致を原則として否定しながら，転致を一定の条件の下で認めるものが現れている。すなわち，非締約国間での準拠法の一致を締約国が考慮することで，より広い範囲での準拠法の一致が得られるという理由から，条約の規定によれば非締約国法である甲国法が準拠法となり，甲国国際私法が別の非締約国法である乙国法を準拠法とする場合で，乙国国際私法が同じ問題について自国法である乙国法を準拠法として指定しているときには，その乙国法を準拠法とすること（転致）が認められている（例えば，死亡による財産の相続の準拠法に関するハーグ条約〔1989 年〕4 条，親責任および子の保護措置に関する管轄権，準拠法，承認，執行および協力に関するハーグ条約〔1996 年〕21 条 2 項等）。

　以上について⇒北澤安紀「ハーグ国際私法条約と反致」法学研究 70 巻 12 号（1997 年）453 頁。

第 3 節　根　　拠

1　総　　説

　以上で述べたとおり，反致に対する諸国の立法や判例の立場は多様である。そして，それをめぐる学説も多岐にわたり，この問題をめぐる論争は，国際私法における最も有名な論議の 1 つであるとされている。それでは，反致が認められる根拠とは何か。代表的な見解として，次のようなものが主張されてきた。

2　理論的根拠

(1)　総括指定説

この説は，国際私法が準拠法として外国法を指定する場合には，その国の法

を総括的に指定しているのであるから，指定される外国法には実質法規則だけ
でなく抵触規則も含まれるとする立場である。この立場はドイツで反致が認め
られる際の根拠として用いられているほか，イギリスの判例が採用する外国法
廷法理（foreign court theory）の立場にもつながるものである。しかし，国際私
法による指定の対象になぜ抵触規則も含まれるのかについて，総括指定説は十
分な根拠を示していない。また，この見解によれば，論理的には，準拠法所属
国の国際私法による準拠法指定も抵触規則を含むすべての法への指定となるた
め，法廷地と準拠法所属国との間で無限の循環が生じ（「論理的反射鏡」，「国際
的ラケット競技」などと揶揄されている），準拠法が決まらないという結果に陥る
可能性もある。そのため，この見解は，わが国では採用されておらず，通説は，
法廷地国際私法による準拠法の指定は，実質法への指定であるという前提に立
っている。

(2) 棄 権 説

この立場は，前提として，国際私法は各国法の適用範囲を定めることにより，
各国主権の発動である立法権の範囲を画定するものと理解する。そして，法廷
地国際私法が指定した外国の国際私法が，当該法律関係についてその国の法以
外の法を準拠法として指定している場合には，それは事案に対するその国の管
轄を放棄（棄権）しているということであり，にもかかわらずその国の法を準
拠法として指定することはその国の主権を侵害することになるため，その国の
法を適用すべきではないとする。そして，それによって適用すべき法の欠缺が
生じた場合には法廷地法または第三国法によって補充すべきであると説かれて
いる。しかし，法廷地国際私法が外国法を準拠法として指定するのは，外国法
の適用意思に基づくものではないし，外国法の適用意思を認めないからといっ
て外国の主権を侵害することにもならない（主権理論については⇒26頁）。その
ため，この見解もわが国では支持を得ていない。

③ 実際的根拠

このように，反致を理論的に根拠づけようとした従来の試みは，いずれも十
分な説得力をもっていない。そこで，近時は，むしろ実際的な見地から，反致

の効用について説こうとするものが増えてきている。

(1) 狭義の反致による内国法の適用拡大

反致を認めることで，外国法に代えて内国法が適用されることになれば，外国法の内容の調査・解釈・適用の困難を免れ，勝手知ったる内国法を適用して裁判を行うことができ，裁判の便宜・質という観点からも有益であるという見解である。しかし，このような内国法を優先する考え方は，内外法平等という国際私法の根本精神にもとる発想であるだけでなく，反致を認めることで，却って外国の国際私法を調査・解釈・適用するという煩雑さが生じてしまうとの批判もあり，この立場を一般化して主張することには問題があろう。

(2) 国際的判決調和

国際私法の国際的統一が完全には実現していない現状においては，反致を認める結果として，同一の事案について法廷地と準拠法所属国との間で準拠法の一致がもたらされ，国際的に跛行的な法律関係（⇒ **TERM 3-1** ）の発生を防止できる可能性がある。反致を認めることで，特に，諸国の国際私法の間に存在する本国法主義と住所地法主義の対立が緩和され，ひいては，国際的な判決の調和が達成されるとする主張である。しかし，わが国と同様，準拠法所属国の国際私法が反致を認めるならば，わが国では，日本法が準拠法とされ，準拠法所属国では，その国の法が準拠法とされ，結局準拠法が入れ替わるだけであり，依然として判決の調和は達成されないと批判される。また，反致によって国際的判決調和が達成される場合があるとしても，それは限られた国々の間だけの話であり，広く世界的なものではありえないとされる。

4 評 価

以上のように，反致の理論的・実際的根拠は，すべて厳しい批判にさらされている。その上，反致を認めることは，法廷地国際私法が自ら最も適切なものとして選んだ準拠法を他国の国際私法の態度いかんによって適用しないことにするという矛盾・撞着をおかしているとも非難されている。しかしながら，先に述べたように，国際私法自体の内容が国によって異なるという不幸な現状に

おいては，反致を認める結果として，同一の事案について関係国間で準拠法の一致がもたらされ，国際的に跛行的な法律関係の発生を防止することができる場合もある。たしかに，一般論として広く反致を認めることには問題があろうが，準拠法指定に際していかなる場合にも他国の国際私法の立場を考慮してはならないという理由もない。各国の国際私法は，各種の法律関係の性質に最も適した準拠法を指定しようと努力していると同時に，同一の渉外的法律関係についての規律が国際的に調和することをも目指している。少なくとも国際私法の世界的統一が実現されていない現状においては，画一的に反致を認めるか否かという議論をするのではなく，反致を認めることが合目的であるのかを個別的に検討してゆくべきであろう。

第4節　わが国における反致

1 通則法41条の解釈論

(1) 総　説

通則法41条は反致を認めているが，この規定には，以下の2つの特徴がある。第1に，「当事者の本国法によるべき場合」として，通則法の規定が「本国法」として外国法を指定した場合にその適用を限定していることである。ただし，段階的連結で当事者の本国法によるべき場合には，例外がある（41条ただし書）。第2に，狭義の反致のみを認め，外国国際私法が日本法を準拠法として指定する場合に反致を限定していることである。

通則法41条が認める狭義の反致は，1898（明治31）年の法例旧29条に起源をもつ。その規定が狭義の反致を認めた理由は，①属人法の決定に関する本国法主義と住所地法主義との対立を緩和し，国際的判決調和を実現することや，②法廷地法である日本法の適用範囲を拡張することにあった。法例制定後の学説の多くは，反致に対して否定的な態度をとり，①国際的判決調和の実現は反致という手段によっては必ずしも得られないことや，②内国法の適用機会の拡張という論拠は，国家主義的な考え方であり，国際私法の根本精神である国際主義と矛盾するものであると批判した。しかし，実際に諸外国の国際私法をみ

てみると，反致を認めることにより一定の限度で国際的判決調和がもたらされていることは否定できない。例えば，中国国際私法31条は，法定相続は被相続人の死亡時の常居所地法により，不動産の法定相続は不動産所在地法によると規定しており，また同法9条に反致を否定する趣旨の規定がある。そこで，在日中国人が日本に動産・不動産を遺して死亡した場合には，反致を認めることで，多くの場合，動産相続についても不動産相続についても日本法が準拠法となり，少なくとも日本と中国との間では相続準拠法が一致することになる。このように，国際的判決調和について抽象的に議論するのではなく，諸外国の国際私法の内容を具体的に検討したときに，反致を認めることで調和が得られるメリットは確実に存在し，通則法41条は，一応の評価に値するものといえよう。

(2)　「本国法によるべき場合」

　通則法41条は，法廷地国際私法の指定する外国法が「本国法」の資格を有することを要件としている。

　41条の下で，当事者の「本国法によるべき場合」として反致が認められる可能性があるのは，4条，24条，28条〜31条，33条，35条〜37条が適用される場合，あるいは，それらを類推適用して本国法が準拠法として指定される場合（例えば，通則法に明示の規定のない婚約，内縁のような場合）である。他方で，後述するように，25条，26条1項，27条，32条の段階的連結において当事者の本国法が指定される場合には，反致は認められない（41条ただし書参照）。また，夫婦，親子その他の親族関係から生ずる扶養義務および遺言の方式についても，反致は認められない（43条参照）。26条2項の規定により夫婦財産制の準拠法として「国籍を有する国の法」が指定された場合も，「本国法」にはあたらないため，反致は成立しない。さらに，無国籍者については，常居所地法からの反致はない（38条2項参照）。

(a)　段階的連結と反致

41条ただし書は，25条，26条1項，27条，32条の段階的連結（⇒48頁）の場合に，反致を否定するが，これは平成元年法例改正時に追加された文言である。

　この場合に反致が否定される理由としては，①段階的連結の場合には，関係

当事者に共通する準拠法を厳選・精選しているから，その法律によるのが適当と考えられること，②本国の国際私法が段階的連結を採用し，いわゆる最密接関係地法の指定を認めるような場合には，その認定に困難が伴うこと，③例えば，同一本国法とされた国の国際私法が夫の住所地法としてわが国に反致してくるような場合，これを認めることは両性平等の見地から望ましくないこと，等が挙げられている。

(b)　選択的連結，セーフガード条項と反致　　他方，当事者の「本国法によるべき場合」として解釈論上争いがあるのは，①選択的連結を採用する抵触規定の適用上，反致は認められるのか，②いわゆるセーフガード条項の適用上，反致は認められるのか，という点である。

まず，通則法の選択的連結（⇒50頁）を採用する規定の適用上，反致は認められるのかが問題となる（24条3項本文，28条1項，29条2項，30条1項，34条等）。わが国の学説の多くは，41条ただし書は反致が否定される場合として段階的連結を限定的に列挙したものであり，そのため，選択的連結の場合には，当然反致すると解している。これに対し，41条ただし書は通則法の規定が定める準拠法指定の趣旨に反するときには反致を認めないことをいわば例示的に表明したものであるとして，ただし書を柔軟に運用しようとする見解もある。この見解の中には，選択的連結の場合に反致を認めると，準拠法の選択肢の数が減少するおそれがあるため，それが選択的連結を採用した趣旨に反するとして，反致の適用を一律に否定する立場や，個別具体的なケースごとに，実親子関係の成立等の実質法的目的に適う限りにおいて反致を肯定あるいは否定する立場等がある。しかし，後者の見解のように，反致を認めるか否かを，選択的連結が実現しようとする実質法上の結果の実現に委ねることは，実質法的目的の実現という国際的判決調和とは別の目的を反致にもたせることになるため，そのような解釈には疑問が残る。

このほか，認知や養子縁組の成立について，29条1項後段・2項後段，31条1項後段のいわゆるセーフガード条項（⇒336頁，345頁）の適用上，反致が認められるのかについても争いがある。学説は，反致を全面的に認める説と否定する説とに分かれる。反致肯定説は，41条ただし書で，セーフガード条項が列挙されていないことを根拠とする。他方で，反致否定説は，セーフガード

条項の場合の準拠法指定の趣旨が特定の国の実質法を強行的に適用するところにあることを理由に，反致は認められるべきではないとする。

(3) 「その国の法に従えば日本法によるべきとき」

「その国の法」とは，本国法である外国法上の抵触規則を意味する。

また，「日本法によるべきとき」とは，準拠法所属国の国際私法が日本法を準拠法として指定することを意味する。ただし，外国の国際私法がいかなる資格で日本法を準拠法として指定するかは問わない。外国の国際私法が属人法として日本法を指定するか，財産所在地法として日本法を指定するかは問題ではないとされている。本国の国際私法の解釈にあたり，適用対象となっている法律関係の性質決定，連結点の確定，法律回避，公序則の適用等については，本国の国際私法の立場から行われるべきである。

(a) 間接反致と二重反致　　本国国際私法の解釈にあたり，その反致規定や転致規定までをも考慮すべきか否かで見解が分かれているのが，間接反致と二重反致である。

41条は，狭義の反致のみを認め，転致を認めていない。本国国際私法が第三国法を指定し，第三国の国際私法が日本法を指定する場合に，間接反致が認められるかについては，日本法が直接に準拠法とされていないため，認められない。ではこの場合にさらに，本国国際私法が転致を認めている場合はどうなるか。この場合，まず，本国国際私法の転致規定は考慮せず，わが国の国際私法が当初指定した準拠法を適用するとの見解がある。すなわち，本国国際私法は第三国法を指定し，最初から日本法を指定していないので，日本法への間接反致は認めないとするのである。これに対して，本国国際私法の転致規定までを考慮し，そうすると，本国国際私法は日本法を準拠法としているとして，間接反致の成立が認められるとする見解もある。

41条の解釈論上，本国国際私法の反致規定をも考慮し，いわゆる二重反致の成立を認めるべきかという問題もある。わが国の学説は本国国際私法上の反致規定を考慮する説と考慮しない説とに分かれているが，従来の通説は，本国国際私法の反致規定をみずに，一貫して二重反致を否定してきた。それに対し，41条の「その国の法」である本国の抵触規則の中には反致規定も含まれ，そ

れにより本国国際私法の目からみて日本法から本国法への反致が肯定される場
合には，結局，その国の国際私法によれば日本法によるべきときには該当しな
いため，41 条の反致が成立しないとして，実質的には二重反致と同様の結果
を認める見解もある。

　(b)　**隠れた反致**　　アメリカの諸州の法制においては，養子縁組等の問題に
ついては，裁判管轄規則のみが存在し，準拠法決定規則は存在しない。そこで
は，いわゆる管轄権アプローチが採用されており，当事者の住所（ドミサイル
⇒ Column 7-7 ）等を基準に自州の裁判所に裁判管轄が認められる場合には，
法廷地法を適用するものとしている。そして，通則法の下で，このような管轄
権アプローチを採用する国の法が本国法として指定された場合に，本国の抵触
規則から日本法への反致が認められるのか否かが問題となる。

Column 8-3　管轄権アプローチ

　日本では協議離婚や普通養子縁組は裁判所の決定によらずに成立するのに対して，
英米では離婚や養子縁組の成立には必ず裁判所の決定が必要である。このような前
提の下で，用いられているのが，管轄権アプローチである。
　このアプローチによると，例えば，養子縁組の申立てを受けた A 州裁判所は，自
州に裁判管轄があるかについて判断する。管轄があると判断した場合，A 州裁判所
は，他州法あるいは外国法を適用することはなく，法廷地法である A 州法を直ちに
適用し，準拠法選択については考えない。しかしながら機能的にみると，準拠法を
選択して規律するのと類似したことをしている。つまり，裁判管轄の有無の判断の
中に，準拠法選択の問題が吸収されているとみることもできる。

　反致については，準拠法所属国の国際私法に直接の抵触規則がなくても，そ
の国際私法全体から総合的に判断して，日本法に準拠すべきものと定められて
いると解される場合には，その成立が認められる。隠れた反致とは，上記のよ
うな州法が準拠法として指定された場合，そこに当事者の住所地法主義という
抵触規則が隠されているものと考えて，当事者の住所等が日本に存在する場合
に，日本法への反致の成立を認める立場である。これを認めたわが国の裁判例
は少なくないし（例えば，東京家審昭和 35・2・8，熊本家審昭和 40・9・28，東京
家審昭和 45・8・17，徳島家審昭和 60・8・5，熊本家審昭和 61・12・17，青森家十和
田支審平成 20・3・28 [百選 7] 等），戸籍実務上も隠れた反致を認める処理が行
われている（平成 8 年 8 月 16 日付け法務省民二第 1450 号那覇地方法務局長あて民事

局第二課長回答）。

　学説上は，隠れた反致を認めるべきか否かについて争いがある。特に，当事者の住所（ドミサイル）が自州になければ，そもそもアメリカの裁判所は事案を審理する管轄権をもたず，アメリカの目からみて住所が日本にあるからといって，アメリカの裁判所がドミサイルの法として日本法を適用する事態は考えられないとして反致を否定する見解がある。他方で，例えば，アメリカ国際私法上，わが国にのみ管轄が認められる場合，すなわち，養親および養子の双方の住所がわが国にある場合にのみ，隠れた反致を認め，わが国にも競合して管轄があるにすぎない場合，すなわち，養親または養子の一方のみの住所がわが国にある場合には，隠れた反致を認めない見解も有力に主張されている。

2 通則法以外の反致

　手形法 88 条 1 項後段，小切手法 76 条 1 項後段は，狭義の反致のほか，転致を認めている。また，前述したとおり，夫婦，親子その他の親族関係から生ずる扶養義務，遺言の方式については反致の適用はない（通則法 43 条）。

参 考 文 献

江川英文「若干の反致論について」法学協会雑誌 68 巻 8 号（1951 年）803 頁

折茂豊「反致」国際法学会編『国際私法講座 第 1 巻』（有斐閣，1953 年）188 頁

烞場準一「法例の新規定における反致政策についての小論」川井健ほか編『講座・現代家族法 第 1 巻』（日本評論社，1991 年）103 頁

多喜寛「ドイツ国際養子法における"隠れた反致"」民商 75 巻 5 号（1977 年）774 頁

石黒一憲『国際私法の解釈論的構造』（東京大学出版会，1980 年）41 頁～60 頁

第9章

準拠法の指定

第1節　不統一法国法の指定
第2節　未承認国家・政府の法の指定
第3節　分裂国家の法の指定

　抵触規則により指定された準拠法の所属国内に，複数の私法秩序が併存しているときはどのように準拠法を指定するのか（不統一法国法の指定）。準拠法として指定された国が国際法上承認されていない国家または政府の法であるときはどうするか（未承認国家・政府の法の指定）。中国と台湾，韓国と北朝鮮のように，準拠法として指定された国が2つの国家等に分裂してしまった国であるときは準拠法をどのように指定するのか（分裂国家の法の指定）。本章では以上の問題を扱う。

第1節　不統一法国法の指定

　わが国は単一の法体系を有するが，国によっては，地域が異なるごとに法律も異なり，また，その人が信仰する宗教ごとに適用される法律が異なる。そのような国は**不統一法国**と呼ばれ，それには地域的不統一法国と人的不統一法国の2種類がある。

　地域的不統一法国とは，同一国家内に内容の異なる複数の法規範が場所的に併存している国を指す。例えば，米国，カナダ，オーストラリア等の連邦国家や，イギリス（連合王国であり，イングランド・ウェールズ，スコットランド，北アイルランドの3つの法域を有する），スペイン，中国（中国本土のほか，香港・マカオの法域を有する），戦前の日本等を挙げることができる。このような不統一法国内における法の抵触の処理をするのが，**準国際私法**である。

　人的不統一法国とは，同一国家内で人種・宗教などの人的集団ごとに複数の法規範が併存している国を指す。インドネシア，シンガポール，インド，パキスタン，エジプト等の国々を例に挙げることができる。この一国内部における人的な法の抵触の処理をするのが，**人際私法**である。なお，マレーシアのように，地域的不統一法国であり，かつ人的不統一法国であるような国も存在する。

　ところで，一国内部での法の適用関係が問題となる場面は他にもある。例えば，一国の内部で法改正があった場合，新法と旧法のどちらが適用されるのか。この点については，その国の**時際法**（経過規定）に従う。もっとも，この場合，新法と旧法が別の法律であったとしても，両者の適用関係が統一的に規律されているため，一国に複数の法規範が存在するわけではなく，「時間的不統一法国」という表現が用いられることはない。

　地域的不統一法国には，アメリカのように，準国際私法が統一されておらず，事案に適用される法を決定する規範が法域ごとに異なっている，いわば連邦型の国と，スペインのように，準国際私法が統一されている，いわば地方型の国と呼べるような2つの類型がある。実際には，これらのうちの地方型の地域的不統一法国と人的不統一法国は，ある事案に適用される法規範が国内で統一的に定められており，国内のどこの裁判所で問題になろうとも，同じ法規範が事案に適用されるという点で，法の改正に伴い時際法が適用される場面と共通する部分がある。

> ### Column 9-1　共 通 法
> 　第2次世界大戦以前の日本もいわゆる「地方型」の不統一法国であった。当時，朝鮮では「朝鮮民事令」が，台湾では「台湾ニ施行スル法律ノ特例ニ関スル件」が施行されていたため，わが国の準国際私法として，共通法2条2項が定められていた。この規定は，「民事ニ関シテハ前項ノ場合ヲ除クノ外法例ヲ準用ス此ノ場合ニ於テハ各当事者ノ属スル地域ノ法令ヲ以テ其ノ本国法トス」と定め，法例3条以下の規定を準国際私法として適用するとともに，法例の「本国法」を「各当事者ノ属スル地域ノ法令」と読み替えることで，国内の法抵触問題を処理していた。

1 地域的不統一法国法の指定

(1)　総　　説

　法廷地国際私法により指定された国の中に，複数の異なる法秩序が場所的に併存していることがある。その場合，準拠法をどのように決定するのであろうか。そもそも，国際私法による準拠法の指定は，国家単位でなされるのか，それとも，一国内部の特定の地域に対してピンポイントでなされるのか。

　法廷地国際私法が常居所，目的物の所在地，不法行為の結果発生地等の国籍以外の連結点によって準拠法を指定する場合には，一国内部の特定の地の法をピンポイントで指定するため，ピンポイントで指定された地点に妥当している法を準拠法とすればよい。それに対し，法廷地国際私法により本国法として地域的不統一法国法が国家単位で指定された場合には，準拠法をどのように特定したらよいのであろうか。

(2)　直接指定と間接指定

　このような場合に準拠法を特定する方法として，直接指定主義と間接指定主義という2つの考え方がある。直接指定主義とは，法廷地国際私法が自ら定める連結基準に従って，不統一法国内のどの法域の法を準拠法とすべきかを決定する立場である。それに対し，間接指定主義とは，準拠法として指定された不統一法国自らが，どの法域の法を準拠法とすべきかを決定する立場であり，その国の準国際私法によるとする立場である。

(3)　通則法38条3項

　38条3項は，間接指定を原則とし，第1段階として，まず「その国の規則」により，いずれの地域の法が準拠法になるかを決定する。この理由は，以下の点にあるとされる。まず，①属人法として本国のどの地域の法と当事者およびその法律関係が最も密接に関連しているかは，むしろその本国の立法者が最もよく判断できるし，②直接指定主義を採用し，各国が独自に密接関連法を探求できるとなると，同一の事案について，日本の裁判所はフロリダ州法を，ドイツの裁判所はニューヨーク州法を，フランスの裁判所はカリフォルニア州法を

密接関連法とする可能性があり，どこの国が法廷地国になるかに従い相異なる判決が下され，国際的判決調和に反するおそれがあるからである。各国がこの間接指定主義をとれば，わが国や間接指定主義を採用する国との間で準拠法が一致し，国際的判決調和に役立つといえる。しかし，そのような規則が存在しない場合には，第2段階として法廷地国際私法自らが「当事者に最も密接な関係ある地域の法」を直接指定する。

38条3項をめぐってはいくつかの論点がある。まず，38条3項にいう「その国の規則」とは何か。わが国の通説は，準国際私法全体を指しているのではなく，準国際私法の中でも属人法の決定基準としてその国がどういう処理をしているかというルールを指すものと解している。

> 例えば，以下のようなケースを考えてみよう。甲国人Aが乙国に不動産を遺して死亡したとする。36条に従い，相続準拠法として甲国法が指定されるが，甲国は地域的不統一法国であり，甲国内には，不動産相続は不動産所在地法によるとの準国際私法が存在する。この場合，Aの相続の準拠法はどうなるであろうか。通説のように，38条3項の「その国の規則」を何が当事者の属人法かを決定するルールと考えれば，準拠法は，相続に関する準国際私法により乙国法になるのではなく，甲国が甲国内のいずれの法域を属人法と考えているかというルールを基準にすることになる。もっとも，そもそも属人法という概念の存在意義に疑問を呈する近時の多数説（⇒66頁）を前提にすれば，この「その国の規則」を当事者の身分および能力について何が当事者の属人法かを決めるルールととらえることには違和感を覚える。
>
> このほかに，38条3項の「その国の規則」とはその国の準国際私法ではなく，「その国からみて外国の国際私法によって自国法が本国法として指定されたときに，いずれの地域の法を本国法とするかを定める規則」であるとし，そのような規則は一般に存在しないため，38条3項本文は空文であるとする見解もある。この見解によれば，38条3項については，常にかっこ書のルールに従い直接指定を行うことになる。

そして，通則法38条3項にいう「その国の規則」とは，国内における場所的な法の抵触を解決するための統一的な国内規則を指すと理解すべきである。そのような規則の例として，スペインには，民法典16条1項1号の「属人法は，民籍によって決定される。」という統一的な適用規範決定ルールが存在する。そして，本国法としてスペイン法が指定された場合には，この統一的な適用規範決定ルールに従い，適用規範を定めることができる。ある事案がスペインのいずれの地方の裁判所で問題になったとしても，統一的なルールで同じ規

範が適用され，地方ごとに独自の，適用規範決定ルールがあるわけではない。スペインのこのような統一的適用規範決定ルールこそが，通則法38条3項本文の「その国の規則」にあたるといえよう。

38条3項本文にいう「その国の規則」が米国内に存在するか否かについては争いがある。米国は，その内部に統一的な準国際私法をもたず，州ごとに規則が異なっている。米国の各州は，婚姻・親子等の分野に関して，自州の裁判所に裁判管轄権が認められれば，当然法廷地法を適用するものとしている。そして，裁判管轄権については，当事者のドミサイル（⇒ **Column 7-7**）等を基準とした規則を州ごとに定めており，各州は，合衆国憲法の制約があるとはいえ，ドミサイルの得喪の要件を独自に定めることができる。

従来の通説は，このように米国の各州がドミサイル等を基準とする裁判管轄規則を有し，管轄があれば法廷地法を適用していることを前提に，米国には38条3項本文にいう「その国の規則」が存在するものと解してきた。この説は，米国全体を通じて，当事者がドミサイルを有する地の法が属人法であるという統一的な原則を認めることができるとし，ドミサイルの得喪の要件に関して各州間に相違はあるものの，その概念に関する基本的なルールは米国全体を通じて確固としたものであることを根拠としている。

これに対し，近時の有力説は，米国に「その国の規則」は存在しないと主張する。かりに，「その国の規則」を「本国法として適用できる法を現実に特定できる統一的『規則』」と解するならば，米国内部で，抽象的な概念については一致がみられるものの，ドミサイルの得喪に関する要件は各州で必ずしも一致していないことから，米国にはそのような内部的規則は存在しないと考えるのである。近年の裁判例には，この見解に立つもの（横浜地判平成3・10・31，横浜地判平成10・5・29［百選8］）がある。

地域的不統一法国に統一的な規則が存在しない場合には，第2段階として直接指定による（38条3項かっこ書）。この場合，「当事者に最も密接な関係がある地域の法」を決定する基準として，一律のものは提示できないが，38条1項が重国籍者の本国法の決定について常居所を基準としていることなどを考えあわせると，当事者の常居所を第1次的な基準とし，それがない場合には，他の様々な要素を考慮すべきであろう。

② 人的不統一法国法の指定

(1) 総　説

人的不統一法国に属する者の本国法等の決定については，通則法40条に定めがある。人的不統一法国内部には，人種・宗教などの人的集団ごとに適用される複数の法規範が併存しているが，ある事案に適用される法規範は統一的に定められているはずである。すなわち，人的不統一法国内部のいずれの裁判所で問題になろうとも，ある事案には同一の法規範が適用されるということであり，ある事案に適用される法規範を決定する規範として人際法が複数存在しているわけではない。その意味では，人的不統一法国の状況は，一国内部で法の改正があった場合と似ている。

(2) 通則法40条

人的不統一法国に属する者の本国法の決定について，40条1項は，地域的不統一法国法が指定された場合と同様，間接指定を原則とし，直接指定を補則としている。40条1項の「その国の規則」とは，国内の人的抵触を解決するための人際法を指すものと解されている。また，人的不統一法国については，国籍以外にも常居所や夫婦の最密接関係地等を連結点とする場合にも準拠法を特定できない可能性があるため，その場合にも同様の処理を行う（40条2項）。

しかし，国際私法は法の場所的抵触の解決を任務とするものであるため，いずれの法域の法を選択すべきかが問題となる地域的不統一法国の場合と一国内部で人的に異なる内容をもった規定のどれを適用すべきかが問題となる人的不統一法国の場合とを同列には扱えず，人的抵触の解決は，人的不統一法国内部の実質法秩序内の解釈問題であるとするのが近時の有力説である。すなわち，人的不統一法国の法が指定された時点で法廷地国際私法の役目は終了し，その先の具体的な法適用は，準拠実質法秩序内の処理に委ねられることになる。そして，この見解によると，人的不統一法国においては，何らかの形で人的抵触の解決が図られているのであり，人際法が存在しないという事態は想定しえないから，人的不統一法国法が指定される場合には，40条の「その国の規則」によること，すなわち，間接指定主義による以外の方法は考えられず，地域的

不統一法国の場合のように法廷地国際私法が直接指定を行うことは疑問である
とされる。

　　なお，このように人的不統一法国が，先に述べた地域的不統一法国のうちの地方型と
　同じ状況であると解すると，40条1項本文の「その国の規則」ですべての問題が処理さ
　れることになるため，40条1項かっこ書が空文化するおそれがある。しかし，同条が人
　的不統一法国の現状をとらえていない以上，このような解釈も仕方がないと思われる。

Column 9-2　**不統一法国法と反致**

　　当事者の本国法として不統一法国法が指定された場合に，41条の反致の成否を
　どの段階でチェックするかという問題がある。例えば，甲国人であるAが死亡し，
　甲国が不統一法国であるというケースを考えてみよう。まず，36条に従い，相続
　準拠法として甲国法が指定される。次に，①甲国に相続についての統一国際私法が
　あれば，その国際私法から日本法への反致の成否を検討する。かりに反致が成立す
　れば，準拠法は日本法となる。しかし，反致不成立の場合には，甲国法が準拠法と
　なるが，甲国が地域的不統一法国であれば38条3項により，人的不統一法国であ
　れば40条により，準拠法を指定する。これに対して，②甲国に相続についての統
　一国際私法がない場合には，まず，38条3項で，いずれかの法域の国際私法を選
　択し，その上で反致の成否を判断することになる。
　　神戸家審平成6・7・27は，インド人を被相続人とする相続放棄申述事件であ
　る。裁判所は，かつての法例31条1項（通則法40条に相当）に従い，人的不統一
　法国の法であるインド法の中のどの法律によるべきかを決定した上で，法例32条
　（通則法41条に相当）の反致の成否について判断した。そして，インド国際私法は，
　動産相続については被相続人の死亡時の住所地法によるとしているとして，インド
　法から日本法への反致を認めた。しかし，この審判に対しては，人的不統一法国に
　おける人的抵触の問題は一国の実質法秩序内の解釈問題であるとの立場からは，反
　致の成否は，法例31条1項よりも前の段階，すなわち，インド法が本国法として
　指定された段階で，直ちに判断すべきではなかったかと批判されている。この神戸
　家審と同様の判断を下したものとして，東京家審平成13・9・17がある。

第2節　未承認国家・政府の法の指定

1　総　　説

　通則法に従い準拠法として指定された法が，わが国が承認していない国家や
政府の法である場合には，これを準拠法として適用できるであろうか。例えば，

革命によって新政府が樹立されたり，かつてのソヴィエト連邦のように，新国家が形成された場合に，そのような国際法上承認されていない政府や国家の法律を準拠法として適用しうるのかが問題となる。

❷ わが国の判例・学説の立場

　わが国の判例・学説上は，国際私法は事案と最も密接な関係を有する法域の法律を適用して問題を解決することを目的としており，一定の権力・領土・国民が存在する限り，それが未承認国，あるいは未承認政府の支配領域であっても，国際私法上の準拠法適格はあると解している。それゆえ，中華民国法や朝鮮民主主義人民共和国法の準拠法適格性は認められている。判例も同様の立場に立つものとみられる（当時未承認であった中華人民共和国法が準拠法となりうることを肯定したものとして最判昭和 34・12・22，台湾法の適用可能性を認めたものとして最判昭和 59・7・6，台湾法を適用したものとして最判平成 6・3・8 ［百選 1］ （⇒ ⟨判例 6-1⟩），北朝鮮法を指定したものとして仙台家審昭和 57・3・16 等がある）。これに対して，未承認国・政府の法は法律上存在しないため準拠法としての資格を有しないとする見解もかつてはあったが，国際私法の本質について主権理論 （⇒ 26 頁） をとらない限り，この説を支持するのは困難であろう。

第 3 節　分裂国家の法の指定

❶ 総　　説

　通則法に従い当事者の本国法が準拠法として指定された場合に，その本国法が元来 1 つの国であったものが第 2 次世界大戦後に 2 つの国家に分裂してしまった国 （分裂国家） の法であるときは，準拠法をどのように特定するのであろうか。分裂国家として現在考えられるのは，中華人民共和国と中華民国，大韓民国と朝鮮民主主義人民共和国であり，それぞれの国が分裂前の全領域について領域主権を主張している。この問題が難しいのは，未承認政府・国家の法律の適用と重国籍者の本国法の適用，または不統一法国法の適用の問題とが複雑に絡み合っているからである。

2 わが国の判例・学説の立場

　分裂国家については，国籍が連結点としての実効性を失っているとして，この問題を本国法主義の枠組みの中でとらえずに，住所地法によるべきであるとする少数説もあったが，わが国の多数説は，この問題を本国法主義の枠組みの中でとらえようとする。この点について，中華人民共和国と中華民国，大韓民国と朝鮮民主主義人民共和国を，それぞれ2国の併存とみて，2つの国籍をもつ重国籍者の本国法の決定の問題として，38条1項により処理を行う見解（A説）と，一国内における2つの法域の併存とみて，不統一法国に属する者の本国法の決定の問題として，38条3項に従い事案を処理する見解（B説）とに分かれている。しかし，平成元年法例改正後は，A説とB説のいずれの立場に立っても結論はほぼ同じである。というのも，38条1項によれば，重国籍者の本国法の決定については，まず常居所を考慮し，それが存在しない場合には，国籍をもっている国中，密接に関連する国家の方が優先する。38条3項によれば，分裂国家の中に準国際私法は存在しないため間接指定にはよりえず，直接指定を行い，密接に関連する国家の方が優先する。かりに，当事者の常居所がいずれかの国にある場合，A説は常居所を考慮するし，B説でも常居所は密接関連性の判断で考慮されるため，結局は常居所がある国が当事者の本国法となるであろう。また，当事者がいずれの国にも常居所をもたない場合（例えば，在日朝鮮人や在日中国人である場合）には，いずれの説でも，密接に関連する国家の方が優先され，諸要素を総合的に考慮すれば，同一の結論が導かれることになろう。

　裁判例の立場は分かれており，A説とB説のいずれに立つものもある。また，いずれの立場をとるのかを明らかにはしていないものの，相続事案における被相続人の死亡時の本国法の決定につき，被相続人の死亡時および過去の住所，常居所，親族の住所，常居所，居所や，本人の意思等を考慮し韓国法を準拠法とした裁判例（東京地判平成23・6・7［百選3］）もある。

参 考 文 献

第 1 節

　　　　炊場準一「法例新規定第 28 条第 3 項について」一橋論叢 108 巻 1 号（1992 年）19 頁

　　　　神前禎「法例と不統一法国」学習院大学法学会雑誌 32 巻 2 号（1997 年）31 頁

　　　　道垣内正人『ポイント国際私法総論〔第 2 版〕』（有斐閣，2007 年）168 頁～207 頁

　　　　森田博志「地域的不統一法国の国籍を有する者の本国法の特定と同一本国法」千葉大
　　　　　学法学論集 25 巻 3 号（2010 年）1 頁

第 2 節，第 3 節

　　　　桑田三郎「外国法の正統性について」民商 34 巻 3 号（1956 年）329 頁

　　　　溜池良夫『国際家族法研究』（有斐閣，1985 年）271 頁～317 頁

　　　　青木清「北朝鮮公民の韓国国籍」名古屋大学法政論集 227 号（2008 年）827 頁

第 *10* 章
外国法の適用

　本章では，抵触規則に従い外国法が準拠法として指定された場合の，外国法の法的性質，外国法の確定や解釈はどのように行われるべきか，外国法の内容が欠缺または不明である場合はどうするか，外国法の適用違背は上告理由となりうるかという問題について扱う。

第1節　外国法の性質

　抵触規則により，渉外的法律関係について準拠法が選択・指定される場合，そのように選択された準拠法を事案に適用することで，具体的な権利義務関係の規律を行うことになるが，事案によっては，内国法が指定されることも外国法が指定されることもありうる。特に準拠法が外国法である場合には，内国裁判所において，それをどのように取り扱うかという問題が生じる。具体的には，準拠法として選択された外国法の内容を確定し，それを解釈・適用する過程において内国の裁判所がいかなる役割を果たすかが問題となる。

　このような問題を論じるにあたり，まず外国法の性質について論じ，それを事実とみるか法律とみるかによって，訴訟上の扱いを決めようとする議論もある。しかし，外国法の訴訟上の扱いは司法政策の問題であり，外国法の性質に

応じてその訴訟上の扱いを決める議論は演繹的に過ぎる。現在では，外国法も準拠法としての資格において内国法と何ら差異はないとして，外国法が内国においても法としての性質を有するとする外国法法律説が支持されており，後述する，外国法の訴訟上の扱いともより整合的である。

では，外国法が法としての性質を有するとしても，本来，内国においては内国法だけが法であるはずなのに，外国法に法としての資格を付与しうる根拠は何か。それは，抵触規則が外国法に適用の根拠を与えるためである。この点については，抵触規則に従い準拠法とされた外国法は，その準拠法指定によって内国の法秩序または法体系の中に編入され，内国法の一部を構成すると考える外国法変質説（外国法編入説）と，外国法は外国法そのものとして適用され，内国法には変質しないとする説があり，後者の狭義の外国法法律説が通説である。

通説は，この学説の対立が実際上の結論の違いをもたらすと主張する。すなわち，かりに外国法が内国法に変質するとすれば，準拠外国法は日本の憲法の下位に位置づけられることになるから，内国の上位規範である憲法が適用されることになり，内国憲法違反の外国法が常に適用できないことになるのではないかと，通説は外国法変質説を批判するのである。例えば次のようなケースを考えてみよう。甲国法は，婚姻後，夫婦は夫の氏を名乗るものとしている。わが国では，戦前の同内容の規定は，憲法24条の定める両性の平等の要請に反するとして，現行民法750条のように改められた。そして，いずれも甲国人のA男とB女が日本で婚姻しようとした場合，婚姻後の夫婦の氏についての甲国法の適用は，内国の憲法違反として直ちに退けられるべきであろうか。

この点に関連して，わが国の裁判例（東京地判平成3・3・29［百選10］）は，エジプトの法令について，「単に異教徒間の婚姻であるというだけの理由で，日本人である原告とエジプト人である被告の婚姻を無効とすることは，信教の自由，法の下の平等などを定め，保障する我が国の法体系のもとにおいては，公序良俗に反するものと解さざるを得ない」と判示した。これに対し，わが国の通説は，憲法などの基本権保護規定に反する外国法は，直ちに無効としてその適用が排除されるわけではなく，あくまでも，国際私法上の公序を通してこれを排斥すべきか否かを判断するとしている。しかしながら，内国憲法規範が準拠外国法に対して直接に適用されるとしても，内国憲法規範も，事案の国際性を考慮するから純粋国内事案と同じように準拠外国法を違憲として適用を排除するわけではないとも考えられる。もし，そうだとすれば，この見解の対立は，実際上の結論の違いをもたらさないことになる。

第 2 節　外国法の確定および解釈

1　外国法の確定

　国内の通常の財産関係訴訟においては，請求や抗弁を基礎づける事実については，当事者が主張・立証を行うのに対して，適用される法規については，「裁判官は法を知る」との法諺にもあるように，裁判官が職権で内容を確定すべきとされ，裁判官は，適用される法規の内容がわからないからといって裁判をしないということはできない。では，抵触規則にしたがい，準拠法として指定された法が外国法である場合に，裁判官は準拠外国法の内容を職権で調査しなければならないのか，それとも，外国法については，当事者が主張・立証しなければならないのであろうか。

　この点については，外国法も判断基準という意味では通常の法規と全く同じである。また，外国法の適用が比較的多く問題となる人事訴訟では，職権探知主義がとられていて，そもそも事実についても裁判所は職権で探知すべき権能と義務がある（人事訴訟法 20 条）。外国法についても，抵触規則にしたがいそれが準拠法として指定されている以上，その内容の確定は，裁判官の義務であり，当事者の主張・立証がないからという理由で請求を棄却することは許されないであろう。ただし，外国法については，通常の国内法規と全く同一の扱いがなされているわけではない。例えば，後述するように，外国法の内容不明の場合の処理といった問題が起こりうる。

　なお，準拠法がいずれの国の法であり，当該準拠法の内容がどのようなものであるかについては，裁判官があらかじめこれを当事者に示しておくことで，不意打ちにならないようにすべきであろう。

2　外国法の解釈

　外国法は，その外国で解釈されるのと同じように解釈・適用すべきであるといわれる。したがって，外国法の規定だけをもってきて，わが国の法観念などの流儀で解釈することは許されない（例えば，不法行為の準拠法であるアルゼンチ

ン民法について，同法の条文のみを翻訳して日本法の解釈により適用することは許され
ないとした福岡高判平成21・2・10がある）。最判平成20・3・18［百選105］は，
親子関係の存否の準拠法たる韓国法を日本法の基準で解釈・適用したものでは
ないかと学説から批判されている。

　外国法とは，制定法に限られない。条理，判例，学説などの法源性の問題に
ついても，その外国の法秩序の観点から判断されなければならない。したがっ
て，外国のある法令が当該外国の憲法に違反する疑いが極めて濃く，しかもそ
の外国の裁判所ではいまだ違憲であるとの判断を下していないようなときに，
内国でそれが法としての効力を有するか否かの問題についても，当然その外国
法秩序の立場から決められることになる。例えば，その外国が，日本のような
違憲審査制度を有していれば，当該外国の通常の裁判所もその法令を違憲であ
るとして適用しないことがありうるから，わが国の裁判所も同じような処理を
行うことができる。これに対して，法律公布前の事前審査しか行っていない国，
あるいは，憲法裁判所の判断がない限り，通常裁判所はそのままその法律を適
用しなければならないという国の場合，内国の裁判所はその外国裁判所と同じ
ようにそのままその外国法を適用しなければならない。

　準拠外国法の規定に欠缺がある場合の欠缺補充の仕方についても，当該外国
における処理に従う。例えば，その外国では規定がないなら条理で補うことに
なっているような場合，補充されるのは，その外国の条理であって，わが国の
条理ではない。

第3節　外国法の不明

1　総　　説

　抵触規則に従い準拠法として指定された外国法の内容が判明しない場合，ど
のようにすべきか。いかなる法に準拠して渉外事件の解決を図るべきかが問題
となる。なお，ここにいう準拠外国法の内容不明の場合とは，その外国法上，
当該事項についての成文法規が欠缺している場合とは区別する必要がある。法
規の欠缺の場合には，その外国の判例・学説上，その事項がその国においてど

のように規律されているかを調査すべきことになる。

　ところで，渉外事件において外国法が準拠法となる場合には，当事者等の協力を得て，裁判所の職権として外国法の調査が行われたとしても，なお外国法の内容を十分に確定できない場合が生じる。

2　学説の状況

　準拠法として指定された外国法の内容が判明しない場合の処理については，様々な見解が主張されている。すなわち，請求棄却説，条理説，近似法説，補助連結説，法廷地法説などである。

　まず，請求棄却説によれば，準拠外国法の不明とは，原告が自らの請求の原因事実，例えば，相手方の過失の存在の証明に失敗した場合と同視し，請求を棄却（抗弁事由の場合には，その抗弁を棄却）すべきものとされる。しかし，このような見解は，準拠外国法の主張・立証が弁論主義に属するとの考え方にでも立たない限り，その理論上の根拠を見いだし難い。また，実際には，裁判拒否と同様の結果をまねくおそれがあり，妥当ではない。

　これ以外の学説は，外国法の内容が不明の場合には，何らかの判断基準によって，とにかく裁判しなければならないという考え方に立っている。様々な見解が主張されているが，それらの見解の対立の根底には，何をもって外国法の「不明」とするかという点についての認識の相違がある。

　まず，外国法は内国法とは異なり，ある程度内容を確定できるとしても100％確実にその内容を確定できるわけではないとの前提に立ち，外国法の内容を100％確実に確定できない場合を「不明」と認識する立場がある。そして，その場合には，外国法の内容を推認しなければならないとするのである。具体的には，当該外国の他の法制度やその外国の一般的な法原則などを参照しながら，条理によって解決を図るべきとの見解がある（札幌地判昭和59・6・26［百選104]）。これは，いわゆる条理説の一部であるが，準拠外国法上の条理を用いる立場であり，世界共通の普遍的な条理や，準拠法所属国ではなく内国の条理による見解とは立場を異にする。これ以外にも，外国法が不明の場合に準拠外国法と比較法的に最も近似しているとみられる法内容を参考とする近似法説も主張されている。いずれの説も本来の準拠外国法が一見「不明」であるが，

何とかその内容を推認する手段として主張されている。したがって，正確には，代替的な別の判断基準を提唱しているわけではないといえよう。

それに対し，外国法の内容の調査費用や時間には限度や制約があるため，相当な手段を尽くしてもそれでもその外国法の内容を推測することさえできない場合があるとして，準拠外国法の内容がどうしても分からない場合を「不明」の場合と認識し，準拠外国法とは別の代替的な判断基準を導き出そうとする考え方がある。その場合，準拠外国法に代わる基準として，当該外国法上の条理ではなく，世界共通の普遍的な条理を用いるべきとの見解もあるが，そのような条理を認識することがはたして可能であるのか疑わしい。また，外国法の内容が不明の場合とは，その連結が失敗したということであり，その連結をやり直すために，本来の連結の次順位の連結に移行して，再度準拠法を指定し直そうとする立場（補助連結説）もある。例えば，いずれも日本に常居所を有する甲国人夫婦の離婚については，通則法27条本文の段階的連結の第1順位の連結により，夫婦の同一本国法である甲国法が準拠法とされる（⇒313頁）。この場合に，甲国の離婚法の内容が「不明」とされるときには，夫婦の同一本国法が存在しない場合と同視して，27条本文の次順位の連結である夫婦の同一常居所地法としての日本法によって判断するとの立場である。しかし，すでに裁判所としても準拠外国法の内容を推認する手段を尽くした上で，さらにもう一度はじめから連結をやり直して，外国法の調査をやり直すのは適切ではない。そこで，判断基準の不在を避けるために，手続法上，やむをえない手段として，その外国法の代わりに内国法（法廷地法）を適用しようとする立場（法廷地法説）も主張されている。相当な努力をしても合理的な期間内に外国法の内容を推定できないような極めてまれな場合には，内国法で補充することを認めざるをえないであろう。

第4節　外国法の適用違背と上告

下級審において準拠外国法の適用に誤りがあった場合，そのことが上告理由となるか否かが問題となる。例えば，甲国人夫が妻子に遺した財産の相続について，高等裁判所は，被相続人の妻と子との間の相続割合を1対2として判決

を下したが，甲国法上の実際の相続分は1対1であった。このような場合に，外国法の適用違背を理由として，妻は最高裁判所に上告できるであろうか。

わが国の学説の多くは，従来から外国法の適用違背も上告理由になるとしてきた。すなわち，外国法であっても，事案に適用される判断基準という意味では内国法となんら変わるところはないとして，平成8年改正前民訴法394条が定める上告理由としての判決に影響を及ぼすことが明らかな法令違背には外国法の適用違背も含まれると解してきた。これに対し，司法制度論的観点から，事実審による外国法の適用に関する実体的審査の負担を上告審に課すことに反対し，手続的統制のみを主張する見解もあったが少数説にとどまっていた。現行民訴法318条1項の下でも，学説は，上告受理申立理由の「法令」に外国法が含まれることで一致している。

判例も，従来から学説の多数説と同様の立場に立っている（改正前民訴法394条の下での判例として，最判昭和56・7・2，最判平成9・2・25，現行民訴法318条1項の下での判例として，最判平成20・3・18［百選105］）。

それでは，外国法が適用される場合で，現行民訴法318条1項にいう「法令の解釈に関する重要な事項」とは何を意味するのか。これについては，今後の事件処理一般についての重要性を意味するものと考えられるが，さらに個々の事件処理における重要性を斟酌する余地を認める見解も主張されている。

参 考 文 献

多喜寛「国際私法における外国法適用の法的意味について——国際私法と憲法の関係，及び国家主権との関係も含めて」『国際私法の基本的課題』（中央大学出版部，1999年）3頁

烞場準一「渉外事件における外国法の取り扱いについて——『隠れた』反致論に関する疑問を契機に」戸籍時報626号（2008年）1頁

三ヶ月章「外国法の適用と裁判所」澤木敬郎＝青山善充編『国際民事訴訟法の理論』（有斐閣，1987年）239頁

石黒一憲「外国法の適用と裁判所」三ヶ月章先生古稀祝賀『民事手続法学の革新（上）』（有斐閣，1991年）441頁

山本克己「外国法の探査・適用に伴う民事手続法上の諸問題——（西）ドイツ法の素描」法学論叢130巻1号（1991年）1頁

神前禎「準拠外国法の『不明』をめぐって」法学協会雑誌107巻6号（1990年）999頁

第11章

外国法の適用排斥——公序

　本章では，抵触規則によって準拠法として指定された外国法を事案に適用した結果がわが国にとって受け入れ難い場合に，例外的にその外国法の適用を排除する公序について説明する。

第1節　公序の意義

　抵触規則による準拠法の指定は，一般に，当事者の国籍，常居所，目的物の所在地等の一定の連結点を用いて抽象的に行われ，準拠法として指定されるべき個々の具体的な法律の内容を問題としない（⇒第5章第1節）。したがって，場合によっては，わが国の法秩序とは相容れないような内容をもった外国法が準拠法として指定されることが起こりうる。例えば，以下のように宗教上の理由によって異教徒同士の婚姻が全く認められない外国法が適用されるような場合である。イスラム教徒女性が非イスラム教徒男性と婚姻することを認めない国の女性Xと，非イスラム教徒の日本人男性Yが日本で婚姻しようとしたとする。本件婚姻については，通則法24条1項に従い，Xの本国法とYの本国法が配分的に適用されることになる。しかし，Yの本国法である日本法は婚姻の

成立を認めているが，Xの本国法はXと非イスラム教徒であるYとの婚姻を禁じている。そうするとXとYは婚姻できないことになってしまう。このような外国法を事案に適用することは，わが国の私法秩序の維持を危うくするおそれもある。そこで，各国の国際私法においては，内国の法秩序を守るために，準拠法として指定された外国法の適用を例外的に排斥しうることが認められている。このように，抵触規則によって指定された準拠外国法をわが国で具体的な事案に適用した結果，わが国の私法秩序の中核部分をなす法原則や法観念が破壊されるおそれがある場合に，例外的にその外国法の適用を排斥することは**国際私法上の公序**と呼ばれ，それをするのが**公序則**（**公序条項**）である。この公序則は，国際私法の国際的統一を目的とした条約においても認められている。わが国では，通則法42条，扶養義務の準拠法に関する法律8条1項および遺言の方式の準拠法に関する法律8条に定めがある。

　公序条項と例外条項（⇒50頁）との違いは，例外条項が抵触規則により指定された準拠法よりも，当該事案において，より密接に関係する法がある場合に，本来の連結を覆して，その法を準拠法とするのに対し，公序条項は，本来準拠法とされるべき外国法を事案に適用した結果，わが国が維持する基本的私法秩序を著しく害するおそれがある場合に，例外的にその外国法の適用を排斥するものである。

　公序は，本来準拠法とされるべき外国法の適用を排斥するものであるから，これを濫用すれば，国際私法の一般原則を無意味にしてしまうおそれがある。したがって，国際私法上の公序の発動には慎重であるべきで，公序による外国法の適用排斥は，必要やむをえない場合に限られねばならない。

第2節　公序条項の名称および種類

　外国法の適用を排除する規定である公序条項には，立法形式上，排斥条項と呼ばれるものと留保条項と呼ばれるものがある。前者は，単純に外国法を排斥する規定であり，後者は，外国法の適用を排斥した後に内国法の適用可能性を留保する規定である。わが国では，実際には，両者を区別せずに留保条項と呼ぶことが多い。なお，本則として外国法が適用されることを認めつつも，内国

の法秩序を守るために，特定の法律関係について必ず内国法を適用する規定がある。22条1項，2項のような規定であり，これらの規定は，42条の一般的留保条項に対して，**特別留保条項**と呼ばれる。

42条の「公の秩序又は善良の風俗」とは，国際私法上の公序であり，民法90条が定める実質法上の公序とは区別される。しかし，いずれの公序も，一国の国家的立場から決定される公序であるという点で共通しており，これは，国家的公序と呼ばれる。

> 国家的公序に対しては異論もある。すなわち，各国が外国法の適用排斥の基準を自国の立場から決定するならば，国際私法を統一しても，個別具体的な事案において，指定された準拠法が，ある国では適用され，他の国ではその適用が排斥されることが起こりうる。しかし，それでは，国際私法の統一の効果が減殺されてしまう。したがって，国際私法上の公序の基準は，少なくとも文明諸国を通じて共通であるべきとする見解である。これは，いわゆる，普遍的公序論といわれる。しかし，何が文明諸国一般を通じての公序かを決定することは困難であり，今日の国際社会において人の私法的生活関係が一般に国家単位で営まれているという現状に鑑みれば，公序則発動の基準は各国が自国の国家的立場から決定していくべきであろう。

第3節　公序則発動の要件

通則法42条の適用要件として挙げられるのは，**1** 外国法の適用結果の反公序性，**2** 内国関連性の2つである。

1 外国法の適用結果の反公序性

まず，準拠外国法を事案に適用した結果，わが国が維持しようとしている国際私法秩序を著しく害するおそれがあることが必要になる。公序が発動されて準拠外国法の適用が排斥されるのは，外国法の抽象的な規定の内容がわが国の法と内容を著しく異にするというだけでは足りず，その外国法の規定に基づいて一定の請求・抗弁を認容しまたは斥けるという具体的な解決・処理をすることがわが国の私的社会生活の秩序を現実に害するからであるとされる。この点については，平成元年法例改正の際に，「其規定力」を「其規定ノ適用力」に改め，この趣旨が法文上明らかにされた。例えば，男女ともに10歳から婚

姻できるという児童婚を認める規定が甲国法上存在するとする。いずれも20歳である甲国人のA女およびB男が婚姻しようとした場合，これは公序違反となるであろうか。たしかに，甲国法上の婚姻適齢の規定は，日本法の目からみると大いに異質なものであるが，それを事案に適用した結果，すなわち，いずれも20歳である男女の婚姻を認めることに問題はない。

> 判例もこのような公序の要件を踏まえており，例えば，最判昭52・3・31では，離婚の際の親権者指定について韓国法が準拠法として指定されたが，韓国民法が離婚に際して父のみを親権者としている点が問題となった（ただし，1990年の法改正により，現在では母も親権者になることが認められている）。この点について，最高裁は，「本件離婚にともなう未成年の子の親権者の指定に関する準拠法である大韓民国民法909条によると，右指定に関しては法律上自動的に父に定まっており，母が親権者に指定される余地はないところ，本件の場合，大韓民国民法の右規定に準拠するときは，扶養能力のない父……に子を扶養する親権者としての地位を認め，現在実際に扶養能力のあることを示している母……から親権者の地位を奪うことになって，親権者の指定は子の福祉を中心に考慮決定すべきものとするわが国の社会通念に反する結果を来たし，ひいてはわが国の公の秩序又は善良の風俗に反するものと解するのが相当」であるとし，韓国法を事案に適用した具体的な結果が妥当であるか否かを審査している。

　通則法42条の公序は，民法90条の公序とは区別される。民法90条の公序に違反するか否かは，実質法の立場から判断されるものであり，わが国の実質法中の強行規定に違反することが一般に公序違反となる。それに対し，通則法42条の公序に反するか否かは，国際私法の立場から判断されるものであり，わが国の実質法上の強行規定に違反したからといって，必ずしも国際私法上の公序に違反したことにはならない。このような実質法上の強行規定違反を直ちに通則法42条の公序違反としてしまうならば，結果的に，わが国の実質法の強行規定に反する外国法の適用を一切排斥しなければならないことになり，国際私法による準拠法の指定自体が無意味になってしまうからである。このように，通則法42条の公序発動の基準は，民法90条にいう公序の基準に比べると，より厳格なものであり，その発動の範囲はより狭いものと解されるし，国際私法上の公序の発動基準はわが国の実質法上の強行法規とイコールではなく，わが国の法秩序の中核部分に反するか否かを問題とすることになる。

2　内国関連性

　外国法の適用結果の反公序性の要件に加え，事案がわが国と密接な関連性を
有していることが要求される。たとえ，外国法の適用結果がわが国の法秩序の
中核部分に反する場合であっても，抵触規則により当該外国法を準拠法として
指定したからには，事案がわが国と関連性のない場合にまで，その外国法の適
用を排斥してしまうと，本来の準拠法指定自体を無意味なものとするおそれが
ある。また，そのような場合には，わが国の法秩序の中核部分への衝撃の度合
いが弱まるので，その外国法の適用を排斥する必要性が弱くなる。したがって，
準拠外国法の適用結果が反公序性を帯びていても，問題となっている事案と内
国との関連性が低い場合には公序が発動されない場合があるし，内国との関連
性が高ければ公序が発動されることになる。例えば，フィリピン人男女の離婚
について，両者が日本で婚姻し，婚姻生活を営んでいたような場合には，夫婦
の同一本国法としてのフィリピン法の離婚禁止規定の適用が公序により排斥さ
れる可能性が高いのに対し，夫婦がもともとフィリピンで婚姻し，婚姻生活を
営んでおり，来日して数ヵ月後に離婚しようとした場合には，フィリピン法の
適用が排除される可能性は低くなるであろう。

　もっとも，反公序性がない場合には，事案の内国関連性が高くても，そもそ
も公序違反とはならない。

　　公序判断の対象は，本問題であり，先決問題が対象となることは少ない。例えば，一
　夫多妻制を認めるイスラム法の適用が明らかに公序に反する場合でも，わが国でそれが
　本問題としてではなく，先決問題として扱われるようなときには，これを公序違反とし
　て排除する理由はないと考えられる。婚姻の成立という一夫多妻婚の有効性そのものが
　わが国で問題となる場合には，明らかに公序違反となりうるが，一夫多妻婚から生まれ
　た子が，わが国にある父の財産について，嫡出子として相続権を主張する場合のように，
　相続の先決問題として嫡出親子関係の成立が問題となり，さらに子の嫡出性の先決問題
　として，婚姻の有効性が問題となるときは，内国との関連性が薄いため，わが国の公序
　に反するとまではいえないからである。

第4節　公序則発動の効果

1 学説および裁判例

　通則法42条は，公序則発動の効果として，文言上は，外国法を適用しない
と述べるにとどまり，そのため，外国法の適用排斥後に，事案を処理すべき法
規範が欠缺してしまうのではないかという問題が生じる。この点については，
公序則の発動により欠缺が生じるとする欠缺肯定説と欠缺は生じないとする
（欠缺否認説）とが対立している。欠缺肯定説は，準拠外国法の適用が排斥され
たことによって法規範の欠缺が生じたとみて，その欠缺を補う必要があるとす
る見解であり，従来の通説・判例の立場である。これに対し，近時の多数説で
ある欠缺否認説は，準拠外国法の適用を排斥することにした段階ですでに具体
的な結論が出ており，法規範の欠缺は生じていないとみて，改めていずれかの
国の法を適用するなどして法規範の補充をする必要はないとする見解である。
例えば，離婚請求事件において，離婚を全く認めない準拠外国法を事案に適用
した結果が公序に反するとされた場合，離婚を認めるという渉外実質法的判断
がすでに下されており，さらに補充すべき法規範の欠缺はないと考えるのであ
る。裁判例の中にもこの欠缺否認説を支持するものが散見される。

　欠缺肯定説は，準拠外国法の適用排斥後に法規範の欠缺が生じるとみる立場
であるが，その欠缺補充の仕方に応じて，さらに，内国実質法（法廷地法）に
より補充する説（内国法適用説），本来の準拠法であるべき外国法秩序内の法規
の欠缺に準じて補充すべきであるとする説，一般的な条理により補充するとす
る説，改めて準拠法の指定をし直し，排除された法の次に当該事案と密接な関
係を有する地の法によるとする見解（補充的連結説）等に分かれ，このうち内
国法適用説が従来の通説の立場である。

　判例は，内国法適用説に立ち，例えば，前述した最判昭和52・3・31は，
「法例〔旧〕30条〔通則法42条〕により，父の本国法である大韓民国民法を適
用せず，わが民法819条2項を適用して，被上告人を親権者と定めた原審の判
断はもとより正当」であるとし，また，最判昭和59・7・20［百選13］は，

朝鮮人と韓国人との間の離婚に伴う財産分与請求について，離婚に伴う財産分与請求を認めていない大韓民国民法を事案に適用することが公序に反するか否かを検討する際に，傍論部分で，かりに公序が発動されれば，「この場合，右の財産分与請求について，法例〔旧〕30 条〔通則法 42 条〕により，大韓民国民法の適用を排除し，日本民法 768 条を適用し，財産分与の額及び方法を定めるべきである。」として，外国法の適用を排斥した後に内国法を適用すべきことを明らかにしている。このほか，下級審裁判例の中には，補充的連結説を採用するものもある（東京地判平成 2・11・28 参照）。

2 諸学説の評価

　内国法適用説も欠缺否認説も，離婚の可否を決めるときのように，二者択一的な判断が求められるような場合には，結論に差異は生じない。両者の結論が異なるのは，離婚給付や損害賠償の金額などを決める場合のように，二者択一ではなく量的判断が求められるときである。欠缺否認説だと，例えば，離婚を認めない準拠外国法の適用を公序で排除したときのように，二者択一的な判断が求められる場合には，離婚を認めるという結論を導くことができる。しかし，例えば，離婚に伴う財産分与を認めない外国法を排除したときのように，具体的な財産分与の額をいくらにするのかというような量的判断が求められる場合には，欠缺否認説では，法規範の欠缺が生じてしまうのではないか。そのため，内国法適用説の側から欠缺否認説は，何らかの具体的な法規範に基づいて額を決定する方が現実的なのではないかと批判されている。

　　しかし，例えば，日本の実質法上は離婚給付の額が 1000 万円ほどになる事案において，準拠外国法が 400 万円未満の請求しか認めないために公序が発動され，外国法の適用が排斥されたと仮定する。準拠外国法として，300 万円の請求を認める甲国法が指定された場合と 500 万円の請求を認める乙国法が指定された場合とを考えてみる。甲国法が準拠法として指定された場合に公序が発動されると，内国法適用説では，日本法が適用され，1000 万円の請求が認められることになる。これに対して，乙国法が準拠法として指定された場合には，公序は発動されないため，500 万円の請求がそのまま認められる。そこで，欠缺否認説の立場から，内国法適用説に対して，もともと少ない請求金額しか認めていなかった甲国法が準拠法とされるときの方が，乙国法が準拠法とされるときよりも多額の請求が認められる結果となり，逆転現象が起きてしまうのではないかと批判されている。

他方で，内国法適用説は，公序を理由に外国法の適用を排除するのは，その外国法が絶対に強行すべき内国法（法廷地法）に反するからであり，この場合の外国法の適用の排除はそのまま法廷地法の適用に他ならないという点を強調する。しかし，公序に反するということは，当該外国法の準拠法としての資格を奪うものではあるが，必ずしも内国実質法に準拠法としての資格を付与するものではない。この点，準拠外国法の適用を排除する基準となっているのは，わが国の公序観念であるが，内国実質法上の公序観念ではなく，抵触法上の公序観念であり，わが国の私法秩序の中核部分をなす法原則や法的観念に基礎を置くものである。したがって，準拠外国法が排除された後は，この抵触法レベルでの実質的判断である渉外実質法上の公序観念に従って，具体的な法律関係についての評価を行うべきであり，欠缺否認説の立場は正当であると考える。

第5節　裁 判 例

1 家 族 法

わが国の裁判例で公序が発動された事案はかなり多い。

まず，婚姻，離婚関係では，異教徒間の婚姻を禁止するエジプト法の適用を排除したもの（東京地判平成 3・3・29［百選 10］），重婚を無効とする外国法の適用を排除したもの（フィリピン法について，熊本家判平成 22・7・6，朝鮮民事令について，高松高判平成 3・7・30），離婚の可否について，離婚を禁止するフィリピン法の適用を排除したもの（東京地判昭和 33・7・10，東京地判昭和 35・6・23，東京地判昭和 60・6・13 など多数）や，夫からの一方的宣言による離婚であるタラーク離婚を認めるミャンマー法（イスラム法）の適用を排除したもの（東京家判平成 31・1・17［百選 51］），離婚を求めるには，裁判所による離別決定を得た上で，さらに 3 年間経過することを要するブラジル法の適用を排除したもの（東京地判昭和 59・8・3），離婚に伴う親権者の指定について父のみを親権者とする旧韓国法の適用を排除したもの（最判昭和 52・3・31），離婚に際して財産分与を認めない中華民国法の適用を排除したもの（東京高判平成 12・7・12）などがある。

　次に，親子関係では，嫡出否認を認めないブラジル法の適用を排除したもの（大津家審平成12・1・17），死後認知の規定を欠く外国法の適用を公序違反としたもの（リヒテンシュタイン法について，東京地判昭和47・3・4，イラン法について，東京地判昭和45・9・26），親子関係存在確認の出訴期間を1年とする旧韓国法の適用を排除したもの（大阪高判平成18・10・26），養子縁組を認めないイラン法の適用を排除したもの（宇都宮家審平成19・7・20），養子縁組の成立について養子を1人に限定する中国法の適用を排除したもの（神戸家審平成7・5・10），養子縁組の成立につき養親となる者の嫡出子の同意を要件とするフィリピン法の適用を排除したもの（水戸家土浦支審平成11・2・15［百選60］），離縁を認めない米国テキサス州法の適用を排除したもの（那覇家審昭和56・7・31），父からの親権者変更を認めないイラン法の適用を排除したもの（東京家審平成22・7・15［百選9］）などがある。

　また，相続関係では，不動産の相続を認めない北朝鮮法の適用を公序に反するとしたもの（名古屋地判昭和50・10・7）などがある。

　反対に，公序を発動しなかったケースとしては以下のものがある。

　まず，婚姻関係では，婚姻を破綻させた者の責任を問わない完全な破綻主義を認める米国テキサス州法の適用は公序に反しないとしたもの（東京地判平成17・2・18），朝鮮人と韓国人との間の離婚に伴う財産分与請求について，離婚に伴う財産分与請求を認めていない旧韓国法の適用が公序に反する可能性があることを認めながらも，同法に基づき慰藉料として支払われるべき額が，慰藉料および財産分与を含む日本の離婚給付についての社会通念に反して著しく低額であるとは認められないとして，公序を発動すべき場合であるとはいえないとしたもの（最判昭和59・7・20［百選13］）などがある。

　次に，親子関係では，死後認知の訴えの出訴期間を父または母の死亡を知った日から1年に限定する旧韓国民法864条について，これを3年とする日本民法787条の規定と比較してみても，その適用結果がわが国の公序に反するとは認め難いとしたもの（最判昭和50・6・27。それに対し，前述の大阪高判平成18・10・26は，親子関係存在確認の出訴期間を1年とする旧韓国法の適用についてこれを公序に反するとして排除している），パキスタンに養子縁組法が存在しないことは公序に反しないとしたもの（東京家審平成15・3・25），韓国人子による，死亡し

た父の配偶者であった韓国人女性との間の親子関係不存在確認請求（本件第 1
の訴え）および他の韓国人女性との間の親子関係存在確認請求（本件第 2 の訴
え）について，実親子関係存否確認につき出訴期間を 2 年とする韓国民法 865
条 2 項の適用は公序に反しないとしたもの（京都家判平成 25・11・25。それに対
し，控訴審の大阪高判平成 26・5・9［百選 11］は，本件第 2 の訴えでは親子関係が
確認されすでに確定していることを踏まえ，かりに本件第 1 の訴えの提起が不適法とさ
れると，子には実母が 2 名存在することになり，そのような二重の実母子関係の存在は，
わが国の法制度上許容することができず公序に反するとして，韓国民法の適用を排除し
た）などがある。

　また，相続関係では，相続放棄の期間を一定の場合に 6 ヵ月とするドイツ法
の規定の適用は公序に反しないとしたもの（東京高決昭和 62・10・29）がある。

2　財　産　法

　財産法関係の判例で公序を発動したケースとしては，交通事故の損害賠償の
範囲につき不法行為地法であるアルゼンチン法を適用して損害賠償額を算定す
ることが公序に反するとしたもの（福岡高判平成 21・2・10），子の交通事故に
基づく両親固有の請求権を認めない米国サウスダコタ州法の適用を排除したも
の（岡山地判平成 12・1・25），米国特許権の侵害を積極的に誘導するわが国内
での行為の差止請求およびわが国にある侵害品の廃棄請求は，特許権の効力の
問題として，登録国法である米国特許法によるとしながら，米国特許法の域外
適用規定を適用し，差止めまたは廃棄を命ずることが公序に反するとしたもの
（最判平成 14・9・26［百選 41］⇒　判例 22-1　），等がある。

　それに対し，公序を発動しなかったケースとして，労働契約を理由なしに解
約できるとしている米国ニューヨーク州法の適用は公序に反しないとしたもの
（東京地判昭和 44・5・14），米国ネヴァダ州法上認められている賭博契約に関連
し，日本での集金に際して恐喝未遂，外為法違反の容疑で集金を依頼した日本
人が逮捕され，回収金の一部が日本の国庫に編入されたことから，国に対して
不当利得等を理由とする返還請求訴訟が提起された事件で，本件における本問
題は，原告が国に対して不当利得の返還請求権を有するかどうかであり，賭博
契約関係は内国牽連関係において間接的かつ希薄であるとして，賭博契約を有

効とするネヴァダ州法の適用は公序に反しないとしたもの（東京地判平成5・
1・29［百選12］）等がある。

参 考 文 献

折茂豊『国際私法研究』（有斐閣，1992年）99頁以下

山内惟介『国際公序法の研究——牴触法的考察』（中央大学出版部，2001年）

松岡博「機能的公序論」『国際私法における法選択規則構造論』（有斐閣，1987年）
275頁

西谷祐子「国際私法における公序と人権」国際法外交雑誌108巻2号（2009年）173
頁

先決問題・適応問題

> 本章では，まず，渉外事件において当面解決を求められている問題が属する単位法律関係に先立って解決されなければならない独立の単位法律関係がある場合に，その問題の準拠法をいかに決定するかという先決問題の準拠法について扱う。次に，抵触規則に従い複数の単位法律関係について準拠法を指定する場合には，関係する複数の準拠法間で矛盾・不調和が生じる可能性があることから，それら複数の準拠法間の調整をどのように行うのかという適応問題について説明する。

第1節　先決問題

1 意　　義

例えば，次のようなケースを考えてみよう。

> ⟨ **Case 12-1** ⟩　甲国に居住する乙国人Ａが同国に居住する丙国人Ｂを養子にしたとする。後にＡは，甲国に帰化し（これによりＡは乙国籍を喪失した），その後死亡した。Ａが甲国に遺した財産の相続をめぐり，ＢがＡの相続人となるかが問題となり，その前提として，ＡＢの養子縁組が有効に成立しているか否かが問題となった。この点については，いずれの国の法を準拠法とすべきであろうか。

一見すると，この⟨ **Case 12-1** ⟩は次のように処理されるようにみえる。まず，当面解決を求められている問題は，①Ａの相続人は誰かという問題であり，こ

れは，相続の問題と性質決定され，通則法 36 条により，被相続人 A の本国法
である甲国法が準拠法となる。そして，②甲国民法は，「養子」は相続人とな
ると規定している。そこで，甲国民法に従い，B が A の遺産を相続できるか否
かを決めるためには，そもそも，③B が A の「養子」であるか否か，すなわち，
AB 間の養子縁組が有効に成立しているか否かが問題となる。このような場合
に，A の遺産の相続の問題は**本問題**，それに対し，AB 間での養子縁組の成立
の問題は**先決問題**と呼ばれ，国際私法上，先決問題の準拠法をどのように決定
するかについては議論がある。

2 解 決 方 法

　先決問題の準拠法をどのように決定すべきかについて，学説は分かれており，
法廷地の国際私法によるべきであるとする説（法廷地国際私法説），本問題の準
拠法の所属する国の実質法によるべきであるとする説（本問題準拠実質法説），
本問題の準拠法の所属する国の国際私法によるべきであるとする説（本問題準
拠法所属国国際私法説），場合により解決を異ならせる説（折衷説），等が主張さ
れている。なお，先決問題についての議論が実益をもつのは，本問題の準拠法
が外国法であり，先決問題について法廷地国際私法と準拠法所属国国際私法が
異なる準拠法を指定しており，かつ，これら 2 つの実質法の内容が相互に異な
るような場合，または本問題の準拠法が外国法で，先決問題について法廷地国
際私法が指定した準拠法と本問題の準拠実質法の内容が互いに異なる場合であ
る。これらの条件がそろわなければ，実際には，いずれの説に立とうと結論に
差異はない。

(1) 本問題準拠実質法説および本問題準拠法所属国国際私法説

　本問題準拠実質法説とは，先決問題については本問題の準拠法所属国の実質
法により判断すべきとする立場である。この説によれば，先決問題とは，準拠
法規範の適用の際の問題であるととらえられ，③の「養子」概念とは，本問題
たる相続の準拠法，すなわち，甲国の相続法の適用に際して出てきた概念であ
るから，甲国民法が考えている「養子」概念ということになる。この説は，本
問題準拠法所属国が考えているように先決問題を処理すべきであるとし，本問

題準拠法所属国における，先決問題と本問題との解決の調和を目指すものである。しかし，この説に対しては，本問題の準拠法所属国においては，それが純粋の国内的法律関係であれば，たしかに「養子」は甲国民法（本問題準拠実質法）上の概念であるが，それが渉外的法律関係である場合には，甲国も国際私法を用いてその概念を判断するのではないかとの疑問が生じる。

　そこで出てきたのが本問題準拠法所属国国際私法説である。この説は，先決問題については，本問題準拠法所属国の国際私法により指定される法に従うとの立場である。前述の本問題準拠実質法説同様，この説も，先決問題については，本問題の準拠法の適用の際に生じた問題であるから，本問題準拠法所属国が考えているように処理すべきであるとする。しかし，本問題準拠実質法説と異なり，この説は，問題となっているのは渉外事案であるから，本問題準拠法所属国では，同一の問題について，当該国の国際私法により準拠法を指定して判断するはずであるとする。例えば，③の問題については，相続の準拠法所属国である甲国の国際私法が養子縁組の成立についてかりに養親の住所地法によるとしていれば，甲国法によって判断することになる。この説は，わが国と本問題の準拠法所属国である甲国との間で，同一の問題について国際的判決調和（⇒22頁）が達成される，というメリットがあるとする。

　しかし，この説によると，わが国で，③の養子縁組の有効性が，先決問題として提出された場合と，それ自体が本問題として提出された場合とで，結論が異なる可能性があり，同一の法律関係について国内での判決の不調和が生じるというデメリットがある。また，この説の主張する国際的判決調和といっても，関係する諸国のうち，わが国と本問題の準拠法所属国である甲国との間で調和が達成されるだけであり，他の関係諸国（例えば〈 Case 12-1 〉では，乙国・丙国等）との間で調和が達成されるわけではない。そもそも，本問題の準拠法所属国の法（甲国法）を適用するというのは，どういうことまでを意味するのであろうか。ここでの問題は，準拠法規範の適用の際に，本問題準拠実質法説や本問題準拠法所属国国際私法説が主張することまでしないといけないのか，という問題でもある。

(2)　法廷地国際私法説

　法廷地国際私法説は，わが国の多数説であり，先決問題の準拠法については，本問題の準拠法と同様，法廷地の抵触規則に従い準拠法を決定すべきであるとする立場である。例えば，養子縁組の成立という問題については，それが本問題として提起される場合も先決問題として提起される場合も，同一の法秩序内で解決を違える必要はないことを根拠とする。〈Case 12-1〉では，③の養子縁組の有効性の問題は，通則法31条1項の問題と性質決定され，原則として養親の本国法により（前段），一定の事項については，セーフガード条項としての養子の本国法が累積的に適用される（後段）。したがって，原則として，乙国法により，養子の同意等の要件については，丙国法が累積的に適用されることになる。この説は，本問題であろうと先決問題であろうとわが国の抵触規則に従い淡々と処理する立場である。

　これまで述べてきたように，双方主義的な古典的・伝統的国際私法の仕組みとは，渉外的法律関係を，相続，物権等の単位法律関係に分割してそれぞれについて準拠法を選択・適用して，その結論を持ち寄って，全体を規律するという**モザイク的構造**をとっている（⇒54頁）。そのように考えるならば，③の養子縁組の有効性という先決問題は，実は，本問題の準拠法の適用に際して初めて生じたものではなく，はじめから生じていた問題ということになり，その問題に関するわが国の抵触規則に従って淡々と判断すればよいだけということになる。また，この説によれば，同一の法律関係について，法廷地国内で，それが本問題として問題になろうとも，先決問題として問題になろうとも，同一の準拠法が指定されるという意味で，裁判の国内的調和を実現することができる。したがって，ここでは，法廷地国際私法説を是とすべきであろう。

　　なお，本問題の前提となる法律関係の多様性に鑑み，先決問題を部分問題や先行問題と区別する議論がある。例えば，先の養子の相続権の前提としての養子縁組の有効性のケースや，妻の相続権の前提としての婚姻の有効性は，先決問題であり，離婚の前提としての婚姻の存在は，先行問題であるとされる。両者の違いは，先決問題たる婚姻の有効性が否定されても本問題たる相続問題は存在するが，先行問題たる婚姻が存在しなければ離婚問題の生ずる余地がない点にある。また，不法行為の成立の前提となる不法行為能力は，本問題である法律関係の一部を構成しているとして，部分問題と呼ばれ，先決問題とは区別される。もっとも，これらの区別は，本問題準拠法所属国国際私法説を

採用するならば必要な議論であるが，法廷地国際私法説に立てば，常にわが国の国際私法により準拠法を指定することになるのであるから，こういった議論にこだわる必要はない。

Column 12-1　**再婚の可否の先決問題としての，前婚の離婚の有効性**

　例えば，わが国の裁判所が通則法 27 条に従い A B 夫婦について離婚判決を下したとする。A は C と再婚しようとしているが，A の本国（甲国）はこの離婚判決を承認していない。この場合に，A は C と再婚できるであろうか。この設例では，再婚の可否が本問題で，その前提として，前婚の離婚の有効性が先決問題となっている。本問題たる再婚の成立要件の準拠法については，通則法 24 条 1 項による。

　学説の中には，この問題を，2 つの場合，すなわち，①わが国における離婚判決が当事者の本国で承認されないといっても，そもそもその国が外国の離婚判決を一切承認しないというわけではなく，特に当該場合において，外国判決の承認要件を欠くとして承認しない場合と，②再婚当事者 A の本国が離婚禁止国であるため，外国における離婚判決を承認しない場合とに分け，両者で解決を違えるものがある。

　まず，①の場合には，A C の再婚に対して A の前婚の解消は先決問題であり，先決問題たる婚姻の解消は離婚の準拠法により，本問題たる再婚の成立要件のみが再婚の成立要件の準拠法によるべきであるから，離婚の準拠法により前婚が有効に解消されている以上，再婚の成立要件の準拠法所属国がこれを承認するか否かに関係なく，わが国での A の再婚は可能であるとする。この点についてはそのとおりであろう。

　これに対し，②の場合には，再婚当事者 A の本国では少なくとも自国民について外国における離婚が禁止されているのであるから，外国で離婚した自国民については再婚能力を認めていないものと考え，そのような場合には，本国法上の婚姻の成立要件を満たしていないものとして再婚の成立を否定する（ただし，公序違反の可能性はあるとする）。しかし，この場合も，A C の後婚の成立という本問題に対する，A の前婚の解消という先決問題は，わが国の立場から考えれば，離婚判決が下されている以上，すでに解決済みである。これを前提とすると，後婚の成立要件の準拠法である甲国法は婚姻可能と答えるはずである。したがって，②の場合でも A は再婚できるのではなかろうか。

---

(3) 折 衷 説

　折衷説は，問題を機械的かつ画一的に処理するのは妥当性を欠くため，原則として，法廷地国際私法説に立ちながら，事案に応じて，例外的に本問題準拠法所属国国際私法説によるという見解であり，近時の有力説である。しかし，どういう基準でこの 2 つの説を使い分けるのかとの疑問が生じる。その具体的な利益衡量については今後検討の余地があるとしながらも，この説の論者の中

には，国際私法的利益衡量として，例えば，①先決問題に含まれる事実関係と法廷地との牽連関係がほとんどないしは全く存在しない場合，②本問題について法廷地国と準拠法所属国の間で裁判の国際的調和が実現する場合，③法廷地国で裁判の国内的調和が乱されるおそれのない場合，④本問題たる法律関係の性質に照らして，当事者の利益保護や取引の安全等の見地から合理性が認められるような場合には，例外的に本問題の準拠法所属国の国際私法が適用されると説くものもある。

たしかに，一般論としては，折衷説のような考え方はありえないものではない。というのも，国際私法の構造上，準拠法決定の際に例外的な考慮を払い，場合により外国の抵触規則を考慮に入れて準拠法決定を行うことは，許されないことではないからである。換言すれば，ここでの問題は，常に，わが国の国際私法による判断を貫徹すべきなのかということになる。同様の問題は反致についても生じうる。

しかし，現行の双方主義的抵触規則による国際私法の立場からすれば，わが国の抵触規則による見方が唯一のものとなるのが筋であり，通則法41条の反致以外の局面で外国の抵触規則を考慮することは本来ありえないはずである。それとは異なる折衷説のこのような考え方は，一国の国家法にすぎない抵触規則の不備を補うために，場合によってはわが国の抵触規則が，他国の抵触規則に席を譲るというものであり，法の抵触を，異なる国から異なる義務を命じられる個人の立場を中心に考える一方主義と親和性がある見方ともいえる。しかし，両者の立場をどのように組み合わせるかの判断はなかなか困難であるといえよう（なお⇒ Column 3-1 ）。

(4) 裁判例

過去には，先決問題について本問題準拠法所属国国際私法説に立つ裁判例もあったが（相続の先決問題としての婚姻の有効性および嫡出親子関係の成立について，被相続人の本国法たるロシア国際私法によって判断した事案として，東京高判昭和54・7・3がある），最判平成12・1・27［百選2］［百選54］（⇒ 判例 24-1 ）は，相続の先決問題としての親子関係の成立について，「本問題の準拠法によるのでも，本問題の準拠法が所属する国の国際私法が指定する準拠法によるのでもなく，法廷地である我が国の国際私法により定まる準拠法によって解決すべきである。」と判示し，法廷地国際私法説に立つことを明らかにした。

同じく法廷地国際私法説に立つ裁判例として，東京地判昭和48・4・26がある。このケースでは，相続の先決問題としての婚姻の有効性が問題となった。すなわち，中華民国人A男と中華民国法上認められた儀式婚を日本で行った日本人Y女が，A死亡による相続問題において，Aより後に死亡したAの父Bの養子Xから，婚姻無効を主張された

事案において，裁判所は，先決問題について法廷地国際私法説に立ち，婚姻の方式を平成元年改正前法例旧13条1項但書に従わせ，婚姻挙行地法である日本法による届出がなかったことから婚姻の有効性を否定してYの相続権を認めなかった。なお，本件事案については，通則法の規定の下でも，先決問題の法廷地国際私法説に立てば，婚姻の方式については24条3項ただし書の日本人条項（⇒302頁）が適用され，Yの相続権は否定されることになろう。かりに，本問題準拠法所属国国際私法説に立てば，本問題の準拠法所属国で当時認められていた中華民国国際私法に従い中華民国法が準拠法とされ，本件婚姻は方式上有効となり，YはAの相続人となる。そのため，折衷説の論者の中には，本件は，本問題準拠法所属国の国際私法によるべき場合であったと主張するものもある。しかし，かりに折衷説をとるにしても，事案の実質的解決の具体的妥当性（例えば，判旨の結論では，Yにとって「深刻」で「悲劇的」な事態をもたらすなど）について論じるべきではないであろう。本件では，わが国と事案との牽連関係が十分に存在したため，折衷説に立ったとしても，原則が適用される場面であり，法廷地国際私法説に従って婚姻の有効性について判断すべきであったと思われる。

第2節　適応問題

1 意　　義

　一国の法秩序における法律関係の規律は体系的なものであり，各国法は全体として整合性があるように作られている。ある問題についてはAという解決を採用しているので，別の問題についてはそれに応じた解決Bを採用するということである。例えば，日本は婚姻適齢と成年年齢が同じ18歳であるが，国によっては婚姻適齢が成年年齢よりも低い場合があり，婚姻した未成年について婚姻の効力として成年擬制が認められているのであれば，親権については，それに服する必要がないということになる。ところが，渉外的法律関係が問題となる場合には，国際私法は，物権については甲国法，相続については乙国法というように，単位法律関係ごとに準拠法の指定を行う。その結果，準拠法となる複数の法律間で整合性がとれず，一種の矛盾あるいは不調和が生じることがある。このような矛盾あるいは不調和をどのように解決すべきかという問題は，**適応問題**または調整問題と呼ばれている。適応問題は，準拠法規範の適用の際に生じる問題である。

2 解 決 方 法

　この問題を解決する際には，まず，適応問題とされているもののうち，①適応問題が生じているようにもみえるが，実際には，法律関係の性質決定を正確にすることで問題を回避できる場合と，②性質決定でも不整合が回避できない場合とを厳密に区別する必要がある。

　1つ目の①問題が生じているようにもみえるが法律関係の性質決定を正確にすることで回避できる場合の例としては，行為能力と親権の準拠法の関係などを挙げることができる。行為能力の準拠法と親権の準拠法とはしばしば一致しないことがある。婚姻適齢が成年年齢より低い場合に，婚姻した未成年者について成年擬制の制度をもつ国もあれば，そういった制度をもたず未成年者は婚姻後も親権に服するとの立法例もある。かりに行為能力の準拠法上成年擬制が認められているのに，親権の準拠法上それが認められていないとなると，未成年者は親権を脱していないことになり，2つの準拠法間で矛盾が生じる。このような場合には，未成年者が婚姻した場合に親権に服するか否かという法律関係の問題であるとして，4条か32条のいずれかに性質決定を行い，処理すればよい。

　また，親権の準拠法と後見の準拠法が矛盾することもある（⇒371頁）。親権の準拠法によれば親権が存在するのに，後見の準拠法によれば後見が開始する場合であるとか，あるいは，親権の準拠法によれば親権が消滅するのに，後見の準拠法によれば後見が開始しないような場合である。この場合にも，性質決定の段階で，32条が，35条に優先して適用されると考えれば問題はないであろう。

　問題となるのは，②の性質決定の段階で調整を行っても準拠法間の不整合が回避できないような場合である。古典的な例として，夫婦財産制の準拠法と相続の準拠法が矛盾する場合を挙げることができる。遺言を残さずに死亡した夫の財産に対する寡婦の権利について，夫婦財産制の準拠法は，これを相続の問題ととらえているため，妻は夫婦財産法上何ら保護を受けられない。他方，相続準拠法は，これを夫婦財産制の問題ととらえ，妻に財産分与を認めているから，妻に対し相続法上何ら保護は与えられていない。その結果，寡婦はいずれ

の準拠法によっても財産的保護を受けられないことになる。このような場合に救済を与えようとすれば，適応問題として処理すべきことになろう。具体的な処理方法として，夫婦財産制の準拠法と相続準拠法のいずれかによることはせずに，個別具体的な事案において生存配偶者に適切な額の財産を付与する方法や，抵触法的解決として，夫婦財産制の準拠法を相続にも適用する，あるいは相続準拠法を夫婦財産制の問題に適用するなどの解決が主張されている。

> ところで，そもそもなぜ適応問題が生ずるのか。それは，準拠法相互間の解決が矛盾し調和していないからである。そうであるならば，この点について，事前に予防しておくことも考えられる。例えば，養子縁組に関する31条のように，あらかじめ明文の規定で，縁組の成立の準拠法（1項）とその後の離縁の準拠法（2項）とを一致させておくというのも1つの解決方法であろう。養子縁組には大きく分けて，実方の血族との親族関係が終了する断絶型の養子縁組と親族関係が存続する存続型の養子縁組があるが，このような規定を設けることで，断絶型で成立させた養子縁組が，存続型の養子縁組を解消する際に設けられている緩やかな要件で解消されることがないよう，十分な配慮がなされているといえる。

③ 外国実体法と内国手続法の不調和

以上の他に，外国実体法と内国手続法との間で不調和が生じることがある。

一般に，体系性を保っている一国の法秩序内部では，実体法が定める実体的権利や制度の実現を図るための手続が用意されており，実体と手続の両者は整合している。それに対し，渉外的法律関係の場合には，実体については，国際私法により外国法が準拠法となり，手続については，**「手続は法廷地法による」の原則**（⇒ TERM 2-1 ）により，常に法廷地法である日本法にそって手続が行われる。その結果，例えば，離婚の準拠法である外国法上，離婚ができない代わりに法定別居の制度が認められているような場合には，わが国の実体法上法定別居制度がなく，手続法上それを実現する手続も存在しないことから，これをわが国の裁判所でどのように実現するのかが問題となる。これは，離婚準拠法の内容をわが国のどの手続で実現するのが最もふさわしいかという，手続の代行可能性の問題ともいえる。この点については，わが国の離婚手続を別居手続に適応させて，日本の裁判所に別居の判決を請求することができると解すべきであろう（⇒ Column 23-4 ）。

Column 12-2　代　用

　本問題の準拠法と先決問題の準拠法との間で生じる矛盾あるいは不調和の調整に関する「代用」と呼ばれる問題がある。これを適応問題と区別する立場もあるが，ここでは適応問題として扱う。代用とは次のようなケースである。例えば，相続の前提としての養子縁組の有効性が問題となる事案において，養子縁組の成立の原則的準拠法であった甲国法上，養子には相続権が認められておらず，そのつもりで当事者は養子縁組をしたとする。しかし，相続の準拠法である乙国法は養子に相続権を認めている。このような場合に，甲国法に従い有効に成立した養子縁組による養子は，乙国法に従い相続権をもつか否かが問題となる。「養子」概念が甲国法と乙国法とで異なっているため，このような問題が生じる。これは，先決問題の準拠法上の養子概念が，本問題の準拠法上の養子概念の代用となりうるか否かが問題となるという意味で「代用」の問題と呼ばれている。そして，この問題については，本問題たる相続の準拠法（乙国法）上の「養子」概念（これは，「養子」というものの枠を定める概念という意味で，「枠概念」と呼ばれることがある）と先決問題たる養子縁組の有効性の準拠法（甲国法）上の「養子」概念とを比較し，後者の概念が前者より広い場合には，相続準拠法上認められている養子の相続権を認めるべきではないとする見解がある。

　しかし，これを言い出すと，そもそも国際私法のモザイク的構造が成り立たないことになってしまう。「養子」についての各国法の等価性を前提に，各国法上の養子概念の細部についてはとやかくいわず，単位法律関係ごとに準拠法を選択・適用し，各準拠法の適用結果を接合して全体を解決するのが国際私法の役目である。そうであるとすれば，このような不整合は気にするべきではなく，相続準拠法たる乙国法上，養子にも相続権があるとされていれば，養子縁組の成立の準拠法たる甲国法上，養子縁組が有効に成立している限り，養子も相続権をもつと解すべきであろう。

参 考 文 献

第1節
　　久保岩太郎「国際私法上に於ける先決問題(1)(2・完)」国際法外交雑誌 35 巻 5 号
　　　　401 頁，7 号 668 頁（1936 年）
　　桑田三郎「先決問題の準拠法」『国際私法研究』（文久書林，1966 年）125 頁
　　金汶淑「国際家族法上の先決問題について(1)(2・完)」民商 124 巻 3 号 359 頁，4 =
　　　　5 号 646 頁（2001 年）
第2節
　　江川英文「親子間の法律関係を定むる国際私法規定の適用に関する若干の問題(1)
　　　　(2・完)」国際法外交雑誌 36 巻 6 号 510 頁，7 号 619 頁（1937 年）
　　三浦正人『国際私法における適応問題の研究』（有斐閣，1964 年）

国際的な強行法規

　　今日，公的な利益の実現のための法規ではあるが，私法上の法律関係に影響するものがある。このような法規については，前章までで説明した古典的・伝統的な方法によるのでは，法規の目指す政策が実現できないおそれがある。本章では，このような国際的な強行法規の適用について考える。

第1節 定　　義

1 問題の所在

　次の〈Case 13-1〉に関して，契約に適用される法規について考えてみよう。

> 〈Case 13-1〉　日本企業Aがブラジル企業Bからコーヒー豆を購入する契約を締結した。契約書には，「本契約は，ドイツ法により解釈され，規律される」という条項が入れられている。
> 　その後，日本とブラジルの外交関係が非常に悪化した。そこで，日本はブラジルに対して経済制裁を行うことにして，ブラジル産のコーヒー豆の輸入を禁止し，その旨の契約を締結することを禁止し，締結されたとしても無効とすることを内容とする法律を制定した。

　通則法は7条以下で，契約の準拠法を定めている。7条によると，契約当事者が契約に適用される法を合意で選択した場合には，その法が準拠法となる。

したがって，〈Case 13-1〉では契約の準拠法はドイツ法となる。契約準拠法であるドイツ法は，別に単位法律関係が設定されている行為能力（通則法4条）や方式（通則法10条）の問題を除き，契約の成立および効力の問題一般に適用される。また，ドイツ法が契約準拠法であるということは，任意法規も強行法規も含めて，契約に関するドイツ法の全体が契約に適用されるということである（⇒223頁）。したがって，準拠法ではない，例えば日本法の規定は，たとえそれが強行法規であっても，もはやこの契約に適用されることはないのが原則である。例えば，契約に基づく代金債権の消滅時効期間は，契約の効力として，契約準拠法であるドイツ法により3年であり（ドイツ民法195条，199条1項），5年の時効期間を定めるわが国の民法166条1項1号は強行規定ではあるが，この契約に適用されることはない。

　しかしながら，契約準拠法であるドイツ法以外の規定がこの契約に適用されることは全くないのだろうか。〈Case 13-1〉における，ブラジルに対する禁輸措置を定めるわが国の法規が，日本法が契約準拠法でないから適用されないということではたして，この禁輸措置法規の趣旨，その目的とするわが国の政策を実現できるのであろうか。

　このように考えてみると，ここで問題となっている禁輸措置法規のように，通常の強行法規よりも強行性の度合いの高い法規の中には，たとえ事案が渉外的であり，通則法などの通常の抵触規則が指定する準拠法が別の国の法であろうとも，なお強行的に適用されるべきではないか，と思われるものがある。このような法規のことを，さしあたり**国際的な強行法規**と呼ぶことにし，その性質などをさらに詳しく検討してみよう。

2 性　質

　この国際的な強行法規と通常の強行法規との違いについて考えてみよう。まず，この国際的な強行法規も，通常の強行法規と同じように，私法上の法律関係に影響を及ぼす。〈Case 13-1〉においては，私人間におけるコーヒー豆の売買契約を無効にしたり，あるいは，その履行を妨げたりする効果をもたらす。その意味では，国家が私人に税金を課す租税法や，違法行為を行った私人に対して国家が刑事罰を科す刑法などの，いわゆる公法とは異なっている。

　しかしながら，この国際的な強行法規は，通常の強行法規よりも，国家による**公権力性**が反映している度合いがはるかに高く，外交関係や経済関係に対する国家の政策的意図を実現するためのものとなっている。そのために，通常の抵触規則により準拠法となった法秩序以外の国のそのような国際的な強行法規であっても，なお，適用されるべきではないかと感じられたのである。

　上記のような法規は，それを遵守することが，ある国の政治的，社会的，経済的構造のような，公的利益を保護するためにその国にとって決定的に重要であるような強行法規であり，通常の抵触規則が指定する準拠法がいずれの国の法であろうとも，自己の適用範囲に入る事案には常に適用されるべきであると要求する。このような強行法規は，通常の強行法規と区別して，国際私法においては，**絶対的強行法規**，**国際的強行法規**，**強行的適用法規**，**介入規範**，**直接適用法**などと呼ばれる。また，このような強行法規が，通常の抵触規則が指定する準拠法とは別枠で事案に適用されることを，**強行法規の特別連結**と呼ぶ。

3 名　　称

　以上のように，このような国際的な強行法規は様々な名称で呼ばれているのであるが，それは，このような法規の特殊性のうち，どこに着目しているかが異なっているからである。このことを説明することは，このような法規の性質をより明らかにすることに役立つ。3つの観点からみてみよう。

　第1に，このような法規は，国家の，政治的，社会的，経済的構造のような公的利益の保護に不可欠なものである。高度の公権力性に着目する名称として，フランス語の loi de police がある。訳すと，police の法律になるが，ここでの police は警察というよりは，公権力一般を指している。

　第2に，このような法規は，通常の抵触規則を介することなく，通常の抵触規則により指定された準拠法とは別枠で，当該事案に直接に適用される。このような法規の適用のされ方に着目すると，直接適用法や介入規範という名称になる。強行法規の「特別連結」もそうである。「特別」というのは，例えば契約について，通常の抵触規則が指定する準拠法とは別に，このような強行法規が要求する問題についてだけ別枠で適用されることを示している。

　第3に，このような法規は通常の強行法規とは異なり，たとえ国際的な事案

であり，準拠法が別の国の法になろうとも，強行的に適用される。〈 Case 13-1 〉について，消滅時効期間に関する日本の民法 166 条のような通常の強行法規は，国内的事案においては，これと異なる当事者の意思には優先するので強行法規であるが，国際的事案において，準拠法が日本法ではなくなるともはや適用されることはなくなり，その意味では相対的な強行法規である。これに対して禁輸措置法規のような強行法規は，国内的事案だけでなく国際的事案においても強行法規である。このことを示すためには，国際的強行法規，絶対的強行法規，強行的適用法規という名称になる。

　以上のように，このような強行法規については様々な名称が用いられているのであるが，本書では便宜上，**国際的な強行法規**と呼ぶことにする。

第 2 節　国際的な強行法規の適用

1 特別連結の必要性

　このような国際的な強行法規について，特別連結のような，特別な適用の仕方を考える必要があるのはなぜだろうか。前提として通常の連結はわが国の国際私法では，他の大陸法系諸国と同様に，いわゆる法律関係からのアプローチによる，双方主義的な国際私法の考え方によっている（⇒第 2 章第 2 節）。そこでは，契約や相続などの大まかないくつかの単位法律関係ごとに，国籍や行為地などの連結点を用いて，法域単位で準拠法を定めている。したがって個々の法規に着目するわけではなく，もちろん，その法規が国際的にどこまで適用されることを欲しているかという適用意思は考慮に入れない。通常の場合にはこのような準拠法の決定方法であるため，強行性の度合いの非常に高い国際的強行法規については特別に考慮すべきではないかとされるのである。

　ここでは例外的に，法律関係からのアプローチではなく，**法規からのアプローチ**がとられている（⇒18 頁）。この法規自体の適用意思，すなわち，通常の抵触規則が指定する準拠法がいずれの国の法であろうとも，自己の適用範囲に入る事案には常に適用されることを要求するという意思を出発点に，その適用を考えているからである。これは，この種の法規により当該国家が目指す政

策的意図を実現するためである。

② 特別連結の法律構成

　国際的な強行法規について，特別連結を考えなければならない必要性は上記のように感じられるのであるが，解釈論として可能であろうか。通則法の立法過程において，このような国際的な強行法規について，特に法廷地法であるわが国のものについては，準拠法のいかんにかかわらず強行的に適用される旨の規定を設けるべきではないかとの意見も出された。しかし，どのような規定がこのような国際的な強行法規に該当するかを明確に規定するのは困難であることなどを理由に，通則法には規定は設けられていない。にもかかわらず，解釈論として，国際的な強行法規を特別連結することは可能であろうか。

　まず，法廷地であるわが国の強行法規については，通則法に明文の規定がなくても，解釈論として特別連結することは可能であるとの見解が多数説であり，このことが通則法に特段の規定が設けられなかった理由の１つである。このような解釈は，次のように説明することができるだろう。〈Case 13-1〉では，通則法７条は契約準拠法をドイツ法とする。しかし，上記のような目的と内容のわが国の禁輸措置法規は，それ自身が適用される場合について明文で定めていることも考えられるし，そうでなくても，ブラジルに対する経済制裁というこの法規の目的・趣旨から，契約準拠法のいかんにかかわらず〈Case 13-1〉のような場合には強行的に適用されなければならないと自己の適用範囲について考えていると解釈できる。禁輸措置法規における，このような明文規定ないしは解釈から導かれる，自己の適用範囲に関する意思は，契約に適用される法を一般的に定める通則法との関係では，特別法であるから，一般法である通則法に優先して適用される。

　このように法廷地であるわが国の国際的な強行法規の場合には，通常の抵触規則である通則法に対して特別法の関係に立つと考えればよいので，特別連結することに解釈論上問題は生じない。しかしながら，問題となっている国際的な強行法規が，わが国のものではなく，本来の準拠法所属国以外の第三国の強行法規の場合には，このような説明は困難である。したがって，そのような第三国の国際的な強行法規については，特別連結を認める明文の規定を有するス

イス国際私法 19 条のような規定をもたないわが国では，特別連結は解釈論的には困難ではないかとの見解が多数である（アルゼンチンが発行した円建て債券〔準拠法は日本法〕につき，同国が国家緊急事態法を制定して債務の支払延期措置を行ったところ，債券の償還を求めて提訴された事案において，東京地判平成 30・3・26〔百選 15〕も，特別連結によるアルゼンチンの上記法律の適用を否定）。

> **Column 13-1**　外国の国際的な強行法規の「考慮」か，直接適用か？
>
> 　第三国のこのような国際的な強行法規は，わが国で全く無視されるわけではない。例えば，〈Case 13-1〉とは逆に，日本ではなくブラジルが日本への経済制裁のために，日本へのコーヒー豆の輸出を禁止する法規を制定した場合を考えてみよう。契約準拠法はドイツ法であるから，このブラジルの輸出禁止法規は契約準拠法として適用される余地はない。しかし，契約準拠法であるドイツ法を適用する際に，このブラジルの法規の存在は「考慮」される。すなわち，このブラジルの法規があるために，売主のブラジル企業はコーヒー豆を輸出できず，買主の日本企業に引き渡すことができず，このことにより買主が売主に対して損害賠償を求めたとする。これは契約の効力に関する問題であるから，契約準拠法であるドイツ法が適用される。ドイツ民法によると，債務者が「義務違反について責めを負わないとき」は損害賠償責任を負わない。ところで，ブラジルがこのような輸出禁止法規を制定したことは，ドイツ法上，このような場合に当たると評価され，売主は免責されるであろう。つまり，第三国であるブラジルの輸出禁止法規は，法として適用されているのではないが，契約準拠法であるドイツ法の解釈適用にあたり，事実として考慮されている。東京高判平成 12・2・9，東京地判平成 30・3・26〔百選 15〕も参照。
>
> 　しかしながら，このように，第三国の国際的な強行法規を本来の準拠法の解釈適用にあたって「考慮」するというやり方では，本来の準拠法が第三国の国際的な強行法規の存在をどのように考えているかによって，結論が左右されるという難点がある。また，国際的な強行法規の適用の問題は，性質決定などと同様，国際私法の全体的な構造に関わる問題であり，そうである以上，外国の国際的な強行法規の適用に際し明文規定がないからといって現行法の解釈として難しいということはできないという見解もある。この見解によれば，国際社会におけるアクターの一部である外国国家およびその法秩序の存在を認める限り，当該外国国家による私人間の国際的法律関係への介入をわが国国際私法においても一定限度で評価すべきである。また，その方が国際社会の現実により合致するという点で，国際的に活動する当事者にも資する。そこで，管轄・関係当事者に関する手続保障・公序を基軸とした要件の下，外国の国際的な強行法規の適用を認めるべきであると主張する。
>
> 　この問題について⇒櫻田嘉章＝道垣内正人編『注釈国際私法 第 1 巻』（有斐閣，2011 年）34 頁〔横溝大〕。

3 国際的な強行法規の範囲

　特別連結が考えられる国際的な強行法規には，具体的にはどのようなものがあるのだろうか。ここでは法規からのアプローチがされているのであり，労働法，消費者保護法などという，法分野を問題とするのではない。さらには，労働組合法などの法律単位で考えるのでも，まだ少し広すぎる。特定の法規に着目し，その目的・性質を考えなければならない。

　上記の定義では（⇒134頁），その法規を遵守することが，政治的，社会的，経済的構造のような，公的利益を保護するためにその国にとって決定的に重要であるような強行法規がこれにあたるとされていた。〈Case 13-1〉の禁輸措置法規は，まさに，わが国が対外政策を実行するためにその遵守が不可欠な法規であるから，これにあたる。

　このほかにも，労働組合法7条1号は，組合員であることなどを理由として労働者を解雇するなどの行為を不当労働行為として禁止している。わが国では，労働者が使用者との交渉において対等の立場に立つことを促進することにより労働者の地位を向上させるため，憲法上も労働者の団結権（憲28条）が認められており，この団結権を，労働組合を組織化するため労働組合法により具体化している。つまり，わが国はこのような経済・社会体制を実現しようとしているのであり，そのために不当労働行為を禁止する必要があるとして，労働組合法7条1号が設けられている。このように考えると，労働組合法7条1号も国際的な強行法規であると考えられる（東京地決昭和40・4・26［百選14］参照）。

　これに対して，同じ労働法の分野でも，労働契約法16条に明文化された解雇権濫用の法理は，このような強行法規とはいえず，通常の強行法規として通則法12条1項に定める特則により適用されるべきであろう（東京地判平成28・5・20。なお⇒241頁）。

> **Column 13-2　当事者の意思と強行法規の優劣**
>
> 　国際的な強行法規は，通常の強行法規と異なり，国際的な事案においても準拠法のいかんにかかわらず，いわば絶対的に，強行的に適用されると説明した。当事者はこのような国際的な強行法規の適用から免れることが，全くできないのであろうか。今まで説明してきたわが国の（狭義の）国際私法だけを前提に考えると，不可

能であるように見える。

　しかし，わが国で裁判しないことにしたらどうであろうか。つまり，当事者が将来この契約から生じる一切の紛争を，フィンランドの裁判所のみで解決することにするという，専属的な国際裁判管轄の合意（⇒ 167 頁）をすれば，この事件はフィンランドのみで裁判されることになる。あるいは，この契約から生じる一切の紛争を，ニューヨークを仲裁地としてアメリカ仲裁協会による仲裁で解決するとの仲裁合意をすれば，この事件は国家裁判所で裁判されずに仲裁廷のみで判断されることになる。いずれの場合にも，わが国の裁判所では，審理されなくなる。

　仲裁合意を有効なものと認める傾向は，1958 年の外国仲裁判断の承認及び執行に関する条約（昭和 36 年条約第 10 号。ニューヨーク条約）に代表されるように，国際的に一般的である。外国裁判所に専属管轄を認める国際裁判管轄の合意を有効なものと認める傾向も，国際的に一般化している。それでは，法廷地の強行法規が関係している場合でも，外国裁判所への専属的国際裁判管轄の合意や仲裁合意は，有効なものと認められるのであろうか。仲裁の場合についてアメリカ連邦最高裁の 1985 年の Mitsubishi Motors Corporation v. Soler Chrysler-Plymouth, Inc. 判決（473 U.S. 614（1985））は，仲裁適格性を肯定している。このように，上記のような管轄合意や仲裁合意が直ちに効力を否定されるわけではないならば，国際的な強行法規の強行性は後退するかもしれない。なお，外国裁判所を指定する専属的管轄合意の有効性について，わが国独禁法の適用との関係から論じた裁判例として東京高判平成 29・10・25 参照。

参 考 文 献

折茂豊『当事者自治の原則』（創文社，1970 年）186 頁～231 頁

横山潤「外国公法の適用と"考慮"——いわゆる特別連結論の検討を中心として」国際法外交雑誌 82 巻 6 号（1984 年）681 頁

佐藤やよひ「強行法規の特別連結理論」渡辺惺之＝野村美明編『論点解説 国際取引法』（法律文化社，2002 年）11 頁

渉外実質法・統一法

> ウィーン売買条約のような法規は，民法と同じように実質法であるが，もっぱら渉外的な法律関係を規律する。このような渉外実質法も，渉外的法律関係から生じる実体法上の問題の規律に際して，見過ごすことはできない。本章では，渉外実質法，統一法について，その適用に関する問題を概観する。

第1節　意　　義

　外国人と日本人の夫婦が日本で離婚しようとしている場合における離婚の可否や，日本人同士が外国で婚姻する場合における婚姻の方式という，渉外的法律関係から生じる実体法上の問題に対して，狭義の国際私法では，原則として，抵触規則により準拠法を選択するという方法で間接的に問題を処理している。そして，抵触規則による準拠法の選択からその適用に至るまでの過程について，第12章までで説明した。

　しかしながら，渉外的法律関係も，そこから発生する実体法上の法律問題も非常に様々であるから，常にそのような準拠法選択による規律方法が適切であるとは限らない。第2章で説明したように，場合によっては，もっぱら渉外的法律関係を扱う実質法が存在し，そのような実質法により問題を直接に規律するという方法がとられる場合もある。その例として，ウィーン売買条約を挙げ

た（⇒12頁）。このように，渉外的法律関係をもっぱら規律することを目的としている実質法を，**渉外実質法**と呼ぶ。本章では，この渉外実質法について，どのようなものがあり，どのように適用されるのかを概観する。

> ただし，渉外的法律関係だけではなく国内的な法律関係にも適用されるので，渉外的法律関係を「もっぱら」規律することを目的としている実質法，という渉外実質法の定義にあたらないが，渉外実質法と密接に関係している実質法にもふれる。すなわち，各国の私法を統一する条約のうち，後述するように（⇒142頁），万民法型は渉外実質法であるが，世界法型は渉外実質法とはいえないけれども，あわせて説明するのが便宜であるので，世界法型統一法にもふれることとする。本章第2節では条約に基づく統一実質法を，第3節では国内法による渉外実質法を扱う。

第2節 統 一 法

1 意 義

渉外的法律関係を直接，実質的に規律する実質法の例として，**ウィーン売買条約**（国際物品売買契約に関する国際連合条約）が挙げられる。ウィーン売買条約は，国際物品売買契約に関する実質法の内容を統一している。このように，各国の実質法を国際的に統一することを目的とする条約を**統一法条約**と呼び，そのようにして統一された法を，**統一私法**あるいは単に**統一法**と呼ぶ。

渉外的法律関係においては，各国の法の内容が異なっているために，いずれの国の法を適用するべきか，という問題が生じていた。そのような状況に対して，常に法廷地法によるという処理で対応することには不都合があるので，（狭義の）国際私法が必要となると説明した（⇒6頁）。しかし，各国の法の内容の相違という状況に対する対応策としては，各国の法の内容を統一することも考えられる。このような統一法の可能性について19世紀末からヨーロッパを中心に議論がなされ，実際に条約により実質法の統一を実現しようとする運動も行われるようになった。

TERM 14-1 **国連国際商取引法委員会と私法統一国際協会**

法の統一・調和に関して，次の2つの国際組織の役割が今日では重要である。

国連国際商取引法委員会（United Nations Commission on International Trade

Law, **UNCITRAL**）は，1966 年の国連総会決議により設立された，国際商取引法の段階的な調和と統一の促進を主たる目的とする国連総会直属の委員会であり，6 つの作業部会がテーマごとに作業を行っている。この委員会による作業の成果として下記の条約のほかに，1958 年の外国仲裁判断の承認及び執行に関する条約（ニューヨーク条約。わが国は 1961〔昭和 36〕年に批准）などがある。また，条約だけではなく，1985 年の国際商事仲裁に関するモデル法や 1997 年の国際倒産モデル法などのモデル法も作成している。**モデル法**とは，条約と異なり，各国が立法時にモデルとして参照するだけで，必ずしもすべての条項に従う必要はない。わが国の 2003（平成 15）年の仲裁法と 2000（平成 12）年の外国倒産処理手続の承認援助に関する法律は，それぞれ上記の各モデル法にならうものである。

　私法統一国際協会（International Institute for the Unification of Private Law, **UNIDROIT**）は，ローマに本拠を置く，私法，とりわけ取引法の統一を目的とする独立の国際組織である。私法統一国際協会の最近の注目すべき成果として，ユニドロワ国際商事契約原則（⇒ **TERM 18-2** ）がある。

2 種　類

統一法は万民法型統一法と，世界法型統一法の 2 種類に分けられる。

(1) 万民法型統一法

ウィーン売買条約は，物品売買契約のうち，「営業所が異なる国に所在する当事者間の物品売買契約」（1 条），すなわち国際物品売買契約のみを規律し，その限りにおいて，締約国の売買法の内容を統一している。他方，ウィーン売買条約は，国内的な売買契約についてはふれていないから，それについては各締約国の法内容は統一されていないままである。つまり，ウィーン売買条約の締約国であるわが国を例に説明すると，国内物品売買契約については民法第 3 編第 2 章「契約」などの規定が規律するのに対し，国際物品売買契約についてはウィーン売買条約が規律する。このように，国際的な法律関係に限定して，締約国の実質法の内容を統一するタイプの統一法を，万民法型統一法と呼ぶ（万民法型という表現は，ローマ帝国における万民法（jus gentium）に由来する⇒ 13 頁）。

　万民法型統一法条約でわが国が締約国であるものとしては，1910 年の「船舶衝突ニ付テノ規定ノ統一ニ関スル条約」と「海難ニ於ケル救援救助ニ付テノ規定ノ統一ニ関スル条約」（わが国はいずれも 1914〔大正 3〕年に批准），1924 年

の「船荷証券に関するある規則の統一のための国際条約」(ヘーグ・ルールズ。わが国は 1957〔昭和 32〕年に批准し，国際海上物品運送法として国内法化されている。その後，1968 年改正議定書により改正され〔ヘーグ・ウィスビー・ルールズ〕，同議定書はわが国は 1993〔平成 5〕年に批准)，1929 年の「国際航空運送についてのある規則の統一に関する条約」(ワルソー条約。わが国は 1953〔昭和 28〕年に批准。その後，1999 年の同名の条約〔モントリオール条約〕により改正され，同条約はわが国は 2000〔平成 12〕年に批准)，1980 年のウィーン売買条約（わが国は 2008〔平成 20〕年に加入）などがある。

　　　万民法型統一法でわが国が批准していないもののうち，国連国際商取引法委員会の成果として，1974 年の国際物品売買における時効に関する条約，2001 年の国際取引における債権譲渡に関する国連条約，2008 年のその全部または一部が海上運送である国際物品運送契約に関する条約（ロッテルダム・ルールズ）などがある。私法統一国際協会の成果として，1964 年の有体動産の国際的売買についての統一法に関する条約と有体動産の国際的売買契約の成立についての統一法に関する条約（両者をあわせてハーグ統一売買法条約と呼ぶ）などがある。

(2) 世界法型統一法

　国際的な法律関係に限定して統一を図る万民法型統一法に対して，国内的な法律関係についても各国の法を統一するタイプの統一法があり，これを世界法型統一法と呼ぶ。その典型は，手形法・小切手法の分野にみられる。ジュネーブにおいて，1930 年に「為替手形及約束手形ニ関シ統一法ヲ制定スル条約」が，1931 年に「小切手ニ関シ統一法ヲ制定スル条約」が作成され，わが国は前者を 1932（昭和 7）年に，後者を 1933（昭和 8）年に批准した。両条約は，国際的な手形・小切手だけでなく，国内的な手形・小切手にも適用される。そこで，従来，旧商法第 4 編に手形および小切手に関する規定が置かれていたが，両条約を国内法化した手形法と小切手法の制定に伴い，削除された。このようにして，ドイツ，フランス，イタリアなど，この両条約の締約国との関係では，国内的な手形・小切手についても法の統一が実現している。

　　　世界法型統一法でわが国が批准していないもののうち，私法統一国際協会の成果として，2001 年の可動物件の国際担保権に関する条約（ケープタウン条約）と航空機議定書などがある。

3 統一法と国際私法の関係

(1)　法統一の現状

　各国の法の相違という状況に対して，各国の法の内容を統一することで対応すれば，国際私法による準拠法選択という処理は不要ではないかとも考えられる。しかしながら，法統一の現状は国際私法を不要とするにはほど遠い。

　まず，統一されているのは，すべての法分野ではなく，各国の風俗・慣習の影響をそれほど受けていない取引法の分野の一部に限られている。次に，統一されている国の範囲であるが，手形法・小切手法条約であっても大陸法系諸国に加盟国は限定され，英米両国は加盟していない。多くの国が締約国であるウィーン売買条約ですら，約90ヵ国にとどまっている。したがって，統一法が存在しない大多数の場面においては，国際私法の必要性は否定できない。

(2)　統一法条約が存在する場合における国際私法との関係

　しかしながら，一部ではあるが，条約による統一法が存在し，わが国がその統一法条約の締約国である場合がある。この場合に，わが国の裁判所に解決が求められたとき，裁判所は直ちに統一法条約（またはそれを国内法化したわが国の法律）を適用すべきであろうか。それとも，まず国際私法により準拠法選択を行い，そのようにして指定された準拠法が統一法条約の締約国法である場合には条約を適用する（その場合には，準拠法として指定された国の解釈に従って統一法条約を適用する）というステップを踏むべきであろうか。これが，統一法と国際私法の関係として議論されている問題である。

　条約による法の統一といっても，例えば作成から約90年経った手形法・小切手法条約の場合を考えればわかるように，統一法条約についての解釈を統一する機関が用意されている場合でもなければ，時間の経過とともに現実には各締約国で解釈は分かれていってしまう。そうだとすると，現実には法の統一は完全ではなく，法の抵触が各締約国法の間に存在するとも考えられる。他方で，条約は国際法上の国家間の合意であり，条約の解釈については，条約法に関するウィーン条約（昭和56年条約第16号）31条以下のような，国際法上の原則が存在し，それに従う国際法上の義務を統一法条約の各締約国は負っている。そ

うすると，解釈の相違の可能性は，国際私法がまず介入することの理由とはならないともいえる。

　いずれにせよ，統一法条約は条約であって，法律である通常の国際私法に優位する。したがって，統一法が国際私法の介在なしに直接に適用されることを要求しているならば，それに従わなければならない。つまり，この問題には一般的に答えることはできず，問題となっている統一法条約がどのように考えているかによって決まると考えられる。

　　統一法条約には，自らの場所的適用範囲を定める明文規定を置いているものがある。例えば，ウィーン売買条約1条1項は，「この条約は，営業所が異なる国に所在する当事者間の物品売買契約について，次のいずれかの場合に適用する。(a) これらの国がいずれも締約国である場合　(b) 国際私法の準則によれば締約国の法の適用が導かれる場合」と規定している。これは，いわば通則法7条以下の一般の抵触規則に対して，特別の抵触規則であり，特別法は一般法を破るから，このウィーン売買条約1条1項の規定が優先し，もっぱらこの規定によって同条約がいかなる場合に適用されるかは決まると考えられる（ただし，同項b号は，再び，国際私法を参照している）。もっとも，ウィーン売買条約は国際物品売買に関する法律問題のすべてを規律しているわけではなく，その事項的適用範囲は限定されている（2条〜5条）。さらに，同条約は任意規定であって，強行規定ではない（6条）。そのため，ウィーン売買条約が同条約1条で適用される場合でも，通常の抵触規則により契約の準拠法を決定する必要がある（これについて⇒
　Column 18-1 ）。
　　また，統一法条約に，自らの場所的適用範囲を定める明文規定が置かれていなくても，条約の趣旨，目的，内容等から通常の抵触規則を介さずに直接に適用すべきものと考えられる場合もある。例えば，モントリオール条約については，同条約49条の解釈からそのように考えられている。

第3節　国内法による渉外実質法

1 総　説

　国際的な法律関係の規律を目的として特別に規定されたものであって，かつ，規律内容を直接・具体的に規定しているもの，すなわち抵触規則ではなく実質法であるものとして，わが国では国際海上物品運送法などがある。ただし，これは上述のように（⇒143頁），万民法型統一法条約に基づいてそれを国内法化

したものである。

　これに対して，条約に基づかずにその国が自発的に制定した，渉外的法律関係専用の実質法もある。法律全体がそのような渉外実質法である国内法の例として，かつて，中国では，1999年に中華人民共和国契約法が制定されるまでは，経済契約法，技術契約法と並んで，1985年の渉外経済契約法が存在していた。わが国の場合には，外国人土地法（大正14年法律第42号）などがある。また，法律の中に存在している渉外実質法の規定としては，わが国では，民法3条2項，35条，37条，741条，801条，会社法817条以下などがある。

2　通常の抵触規則との関係

　渉外実質法と通常の抵触規則の関係について，従来，外人法と抵触規則の関係という問題設定で議論されてきた。**外人法（外国人法）**とは一般には，内国における外国人の私法上の地位，権利享有を定める法規範のことであり，上記の外国人土地法や民法3条2項がこれにあたる。

　この問題について当初，外国人に一定の私権の享有を認めるとの外人法による判断が前提としてあって初めて，次に，抵触規則による準拠法選択の問題が生じうるとして，外人法が先であるとの見解が主張された。これに対して，事実上はそのように見えるが，論理的には抵触規則が先であるとの反論がなされ，この見解が通説となった。この通説によると，外国法による権利の享有を制限するような外人法が設けられることはほとんどなく，そのような制限のためには，公序条項（⇒第11章）の適用で十分であるから，抵触規則により内国法が準拠法として指定されて初めて，外国人土地法や民法3条2項が適用されるとする。

　　当初の議論はこのようなものであったが，議論状況に変化が生じている。第1に，外人法に限定せずに，より広く，渉外的法律関係に適用される実質法と抵触規則との関係として，議論がされるようになっている。第2に，現在では国際的な強行法規について特別連結が考えられており（⇒第13章），国際私法上の公序とは別とされていることである。第3に，抵触規則との関係という場合の「抵触規則」として，通則法などの通常の抵触規則だけを考えるのではなく，上記のような実質法自体がもっている，自己の適用範囲を定める特別の抵触規則も含めて考える議論もされている。そこで，対象を外人法に限らず，渉外的な法律関係を規律するために特別に制定された渉外実質法一般として，渉外実質法と通則法に代表される通常の抵触規則との関係，と問題を設定し直して

検討することにしよう。大きく分けると2つの場合がある。

　第1に，渉外的法律関係を対象としている実質法の中には，**国際的な強行法規**（⇒第13章）と考えられるものがある。例えば，禁輸措置，外為管理などに関する法律はそうであろうし，外国人土地法などもそうであろう。このように，国際的な強行法規と考えられるものについては，通常の抵触規則による準拠法指定とは別枠で直接に適用されることが考えられている。したがって，これらは，通常の抵触規則よりも優先する。

　これに対して第2に，渉外性という，国内的法律関係との違いを考慮して，規律内容を変えているにすぎない規定がある。民法741条は，外国に在る日本人間で婚姻をしようとするときは，その国に駐在する日本の大使，公使または領事にその届出をすることができると規定する。通常の国内における婚姻に対して，外国に所在する日本人の婚姻の場合の便宜という特別な事情を考慮して，特別の方式を認めたものである（養子縁組に関する民法801条も同様）。これらの規定は，一見すると自ら国際的な適用範囲を決定しているが（渉外的な場合にのみ限定しているように見えるので，**自己制限的実質法規**とも呼ばれる），国内的な場合と渉外的な場合とで規律内容に差異を設けているにすぎない（民法566条とは異なり，商事売買の場合に商法526条が買主に目的物の検査義務を課しているのと同様である）。したがって，このような規定がわが国にあっても，通常の抵触規則によって日本法が準拠法と指定された場合にのみ，適用される。また，このような規定が例えば準拠法として指定された外国法にあったときに，その外国の抵触規則であると誤解して，反致（⇒第8章）の場合以外にはそのようなものは考慮されないとしてこの規定を無視するのは，その外国法を正しく適用しないことになり許されない。

参 考 文 献

炳場準一「渉外実質法・直接適用法」澤木敬郎＝炳場準一編『国際私法の争点〔新版〕』（有斐閣，1996年）19頁

曽野裕夫ほか『私法統一の現状と課題』（商事法務，別冊NBL144号，2013年）

高桑昭『国際取引における私法の統一と国際私法』（有斐閣，2005年）2頁～81頁

奥田安弘『国際取引法の理論』（有斐閣，1992年）2頁～125頁

溜池良夫「国際私法の概念について──私法秩序の構造と国際私法」法学論叢70巻2号（1961年）28頁

横山潤「地域的に条件づけられた外国実質法規の適用」獨協法学14号（1980年）1頁

第 *2* 部
国際民事手続法

　狭義の国際私法が実体法上の問題を扱うのに対して，国際民事手続法は国際民事紛争から生じる手続法上の特別な問題を扱う。国際民事手続法で取り扱われる問題には，外国人の訴訟法上の地位（当事者能力，訴訟能力など），国際司法共助（送達と証拠調べ⇒ Column 16-3 ），訴訟における外国法の扱い（⇒第 10 章），国際仲裁，国際倒産など様々な問題がある。しかしながら，狭義の国際私法との密接なつながりを考慮して（⇒第 1 章第 3 節），ここでは国際裁判管轄と外国判決の承認執行のみを扱う。

第 **15** 章

国際裁判管轄

第1節　総　　説
第2節　各　　論
第3節　人事・家事事件における国際裁判管轄総説

　本章では，国際裁判管轄について，裁判権免除や国内土地管轄と対比しながらその基本的概念について説明した後，財産関係事件における国際裁判管轄ルールについて，民訴法3条の2以下の規定の概要を説明する。なお，人事・家事事件における国際裁判管轄については，平成30年人訴法等改正による規定の整備に至る経緯と規定の構造の概要のみ第3節で説明し，その適用の詳細は第23章以下のそれぞれの箇所で説明する。

第1節　総　　説

1 民事裁判権に対する各種の制約

(1)　国際法上の制約

　わが国の裁判所，例えば東京地裁に民事訴訟が提起された場合，東京地裁は必ずしも本案について審理をして，請求認容や請求棄却といった本案判決を下すとは限らない。例えば，司祭の地位確認を求める訴えは，宗教上の地位であって具体的権利義務にあたらないから，訴訟要件の1つである，訴えの利益を欠き，訴えは却下される。ところで，当事者の住所など，訴訟中の何らかの要素が外国と関連する国際民事訴訟の場合に，訴訟が国際的であるために訴えが却下される場合は，2つに分けることができる。

　例えば，横田基地周辺の住民が在日米軍機の夜間飛行により騒音被害を被っているとして，米国を被告として，夜間の航空機の離発着の差止めと損害賠償を求めて，わが国の裁判所に提訴したとする（最判平成 14・4・12 参照）。

　この場合，わが国の裁判所は訴えを却下するであろうが，これは外国国家の**裁判権免除**（**主権免除**）と呼ばれる。外国国家は，その主権的行為については他国の民事裁判権から免除され，他国の裁判所で被告として訴えられないという慣習国際法が存在する。したがってこの場合に，わが国の裁判所が裁判権を行使して，本案審理を行うことは国際法上許されない。もしすれば，国際法違反となるだろう。

> **Column 15-1**　**外国等に対する我が国の民事裁判権に関する法律**
>
> 　外国国家に対する民事裁判権の行使に関して，わが国の判例は従来，大決昭和 3・12・28 以来長らく，いわゆる絶対免除主義を採用し，外国国家の行為がどのようなものであるかを問わず，裁判権から免除されるとの立場を採用してきた。しかし，最近になってようやく，最判平成 18・7・21 [百選 75] により判例が変更され，外国国家は，主権的行為以外の私法的ないし業務管理的な行為については，原則として，わが国の民事裁判権から免除されないとの，制限免除主義が採用された。しかしながらなお，外国国家の行為を，免除が認められる主権的行為と，認められない私法的ないし業務管理的な行為にどのように区分するのかなど，不明確な点が残っていた。
>
> 　そこでわが国は，2004 年 12 月に国連総会において採択された，国及びその財産の裁判権からの免除に関する国際連合条約（未発効。わが国は 2010〔平成 22〕年に受諾書寄託）を踏まえて，外国を当事者とする民事裁判手続ならびに外国の財産に対する保全処分および民事執行に関する我が国の裁判権の範囲等について規定を整備することにした。これが，外国等に対する我が国の民事裁判権に関する法律（平成 21 年法律第 24 号）である。
>
> 　この法律によると，外国がわが国の民事裁判権から免除されず，外国に対して民事裁判手続ができる場合が，商業的取引，労働契約，人の死傷または有体物の滅失等などに関する裁判手続について規定されている（8 条〜16 条）。このほかに，外国がわが国の民事裁判権に服することに同意した場合にも，外国に対して裁判が行える（5 条〜7 条）。
>
> 　さらに，この法律は 17 条以下で，外国の有する財産に対して保全処分または民事執行をすることができる場合についても規定している。

(2)　自発的な制限

これに対して，トルコで婚姻してトルコにずっと住んでいるトルコ人夫婦が，

結婚 25 周年の記念旅行として 1 ヵ月の予定で訪れていたわが国で，たまたま大げんかをして非常に険悪な仲になったので，妻が離婚を求めてわが国の裁判所に提訴したとする。この場合にも，わが国の裁判所は訴えを却下するであろう。しかし，上記(1)の裁判権免除（主権免除）の設例と異なり，この設例では**国際裁判管轄**が問題となっている。この場合，わが国の裁判所が訴えを受理して本案審理を行ったとしても，国際法違反となるわけではない。しかし，わが国の裁判所としては，このようなわが国とほとんど関係のない事案を扱うことにはメリットがない。そこで，このような場合には，わが国は国際裁判管轄がないと判断して，訴えを自発的に却下するのである。

> **Column 15-2**　　**国際裁判管轄に対する憲法上の制約は存在するか？**
>
> 　例えば，上記(2)の設例において，わが国の裁判所が国際裁判管轄を肯定して本案審理をすれば，適正手続の保障（憲 31 条，13 条）に反すると，被告が主張した場合には，どのように考えればよいか。逆に，裁判所が国際裁判管轄を否定して訴えを却下しようとしたところ，自らの，裁判を受ける権利（憲 32 条）が侵害されると，原告が主張した場合には，どのように考えればよいか。
>
> 　国際裁判管轄は法律のレベルで規律されるのであるから，より上位の規範である憲法上の制約があることは当然である。しかしながら，憲法違反が問題となりうるほどまでに，国際裁判管轄を広く立法・解釈することも，狭く立法・解釈することもわが国ではほとんどない。したがって，上記のような主張から直ちに，国際裁判管轄に関する結論が導かれるということは，考えにくい。
>
> 　これに対して，アメリカ合衆国では，国際裁判管轄に対応する，裁判管轄権（jurisdiction）については，連邦最高裁によって，連邦憲法第 14 修正の適正手続条項（due process clause）に照らして，各州の裁判管轄権の行使への憲法上の制約という形で判例が展開している。裁判管轄権の問題は基本的には各州法の問題であるが，州の裁判所で裁判管轄権を認める判断がなされても，当事者はさらに連邦最高裁に連邦憲法違反を主張して上訴するため，各州の裁判管轄権の行使に対する，連邦憲法上の制約という形で判例が展開しているのであり，アメリカの司法制度特有の理由に基づくものである。

2　総　　論

(1)　基 本 概 念

(a)　国際裁判管轄と国内土地管轄　　国際裁判管轄は，国内土地管轄と類似する点もあるが，様々な点で異なっている。設例に基づいて説明しよう。

> ＜Case 15-1＞ 札幌に住むＸが旅行中に名古屋で，名古屋在住のＹが運転する自動
> 車と接触して負傷した。Ｘは札幌に帰ってから，Ｙに対する損害賠償を求める訴え
> を札幌地裁に提起した。

　この ＜Case 15-1＞ においては，札幌地裁は本案審理をする前に，国内土地管轄を有するか，確認しなければならない。**国内土地管轄**とは，ある訴訟事件について，国内の特定の場所の裁判所に審理する権限があるかという問題であり，民訴法4条以下の規定が定める。土地管轄がないと判断すれば，それを有する裁判所に事件を移送しなければならない（民訴16条）。

> ＜Case 15-2＞ 日本に住むＸが旅行中にスイスで，スイス在住のＹが運転する自動
> 車と接触して負傷した。Ｘは日本に帰ってから，Ｙに対する損害賠償を求める訴え
> を札幌地裁に提起した。

　この ＜Case 15-2＞ において，札幌地裁は本案審理をしないであろう。しかし，それは国内土地管轄がないからではなく，わが国に国際裁判管轄がないからである。**国際裁判管轄**とは，ある訴訟事件について，全体としてのある国の裁判所が審理する権限を有するかという問題である。札幌地裁は，自分自身がというよりも，自分を含んだ全体としての日本の裁判所が，この事件を審理する権限，すなわち国際裁判管轄を有しているのか，という形で考える。この ＜Case 15-2＞ においては，わが国には国際裁判管轄は認められないだろう（詳しくは⇒本章第2節）。その場合には国内土地管轄と異なり，単に訴えを却下する。

　このように国内土地管轄と国際裁判管轄は，いずれも，裁判所の場所的な管轄の問題であるという点では同様である。しかし，一国内のいずれの管轄区域へ事件を配分するかという問題にすぎない国内土地管轄と異なり，国際裁判管轄では，一国内にとどまらず，わが国に管轄があるのか，わが国ではなく遠くの別の国に管轄があるのではないかという形で問題となるので，距離的なことだけを考えてもその重要性の度合いは桁違いである。さらに，それだけにとどまらず，国際裁判管轄の有無が及ぼす影響は，国内土地管轄の有無が及ぼす影響とは質的に異なっている。国内土地管轄の場合にはいずれにしても日本国内で裁判がされる。これに対して国際裁判管轄の場合には，わが国に国際裁判管

轄が認められればわが国で裁判がなされるが，わが国に国際裁判管轄がなければ他の国で裁判がされることになる。司法制度は国ごとに異なるので，手続で用いられる言語，必要な費用その他の，手続の進め方は全く異なることになる。それだけでなく，抵触規則（狭義の国際私法）が国ごとに異なっているため，訴訟の本案の解決までも直接左右される（⇒9頁）。

(b)　**国際裁判管轄に関するルールは国際的に統一されているか？**　　国際裁判管轄は，基本的に国家主権とは別問題である（⇒第3章第2節）。したがって，条約がない限り，国際法で規律されておらず，各国はそれぞれの国内法において独自の国際裁判管轄に関する規律を行っている。したがって，国際裁判管轄に関するルールは国際的に統一されていない。

　　もっとも，国際裁判管轄に関する規定を含む条約が締結されている場合には，その限りで国際的にルールが統一されている。わが国は，国際裁判管轄について一般的に規定する条約には締約国とはなっていないが，特定の事項に関する条約で，国際裁判管轄に関する規定を含むものについて締約国となっているものが若干ある。例えば，国際航空運送についてのある規則の統一に関する条約（モントリオール条約）33条，油による汚染損害についての民事責任に関する国際条約9条，原子力損害の補完的な補償に関する条約13条は，国際裁判管轄に関する規定である。

(c)　**直接管轄と間接管轄**　　本章では，国際裁判管轄のうち，〈Case 15-2〉のように，わが国の裁判所に訴えが提起されており，これから判決手続を進めるかどうかという段階において，わが国に国際裁判管轄があり本案審理を行ってよいかという問題を扱う。これは**直接管轄**と呼ばれる。

　これに対して例えば，日本企業がフランス企業によりフランスで訴えられて，フランスの裁判所によって損害賠償を命じる判決が下され確定し，この判決がわが国で承認執行されるかが問題となっているとする。この場合には，外国判決の承認執行要件の1つとして，判決を下した外国が国際裁判管轄を有していたかが審査される（民訴118条1号）。これは**間接管轄**と呼ばれる。

　両者の関係，特に間接管轄の判断基準が直接管轄の判断基準と同一であるかについては，外国判決の承認執行の箇所で詳しく検討する（⇒191頁）。

　　国際裁判管轄についてわが国が決めることができるのは，日本の裁判所に国際裁判管轄があるかだけであり，外国に国際裁判管轄があるかを決めることはできない。そのため，民訴法3条の2以下の規定も，そのような表現となっている。しかしながら，間接

管轄の判断の場合や，専属管轄の効果（民訴3条の10）を考える場合には，抵触規則について一方的規定を双方化する（⇒46頁）のと同じように，国際裁判管轄ルールも双方化して考えることが必要となる。また，民訴法145条3項，146条3項ただし書は，このことを前提としている。

(2) 国際裁判管轄総論に関する従来の判例

従来，国際裁判管轄に関する明文の規定は存在しないと考えられていた。そのため，どのようにして，具体的な国際裁判管轄ルールを導き出すかという方法論に関して，様々な学説の対立があり，判例の展開があった。この点，民訴法3条の2以下に国際裁判管轄に関する明文規定が設けられて（⇒158頁），従来の議論の直接の意義は失われた。しかし，従来の議論は例えば国際裁判管轄の決定における法的安定性と具体的妥当性のバランスなどについて考えさせるものであり，かつ，3条の2以下の規定の内容に継承されている部分がある。そこで，従来の議論を判例の展開を中心に簡潔に整理しておく。

(a) 最高裁昭和56年判決

国際裁判管轄に関する最高裁判所の判決は，離婚事件に関する昭和39年の2つの判決（最大判昭和39・3・25［百選86］，最判昭和39・4・9）と，合意管轄に関する判決（最判昭和50・11・28［百選81]）がすでにあった。しかし，財産関係事件の国際裁判管轄の方法論に関する議論の出発点となったのは，最判昭和56・10・16［百選76］（⇒〈判例 15-1〉）である。

〈判例 15-1〉　**最判昭和56・10・16：百選76**　　　　〈**マレーシア航空事件**〉

【事実】日本人駐在員のAは，昭和52年にマレーシアでY（マレーシア航空）の国内線航空機に搭乗したが，航空機が同国で墜落し死亡した。そこで日本在住の，Aの妻子Xらは，Yに対して損害賠償の支払いを求める訴えを名古屋地方裁判所に提起した。最高裁は，わが国の国際裁判管轄を肯定した。

【判旨】「国際裁判管轄を直接規定する法規もなく，また，よるべき条約も一般に承認された明確な国際法上の原則もいまだ確立していない現状のもとにおいては，当事者間の公平，裁判の適正・迅速を期するという理念により条理にしたがって決定するのが相当であり，……民訴法の規定する裁判籍のいずれかがわが国内にあるときは，これらに関する訴訟事件につき，被告をわが国の裁判権に服させるのが右条理に適うものというべきである。」

【コメント】第1に最高裁は，「国際裁判管轄を直接規定する法規もな」いと判示した。国内土地管轄に関する民訴法現4条以下の規定は，国際裁判管轄についても定めているとの考え方もあったが，このような立場を最高裁は採用しなかった。

　　第2に最高裁は，国際裁判管轄に関する法規が欠缺しているので，条理に従って判断するとした。**条理**とは事物の本性などとも呼ばれるが，ここでは法の欠缺を補充する裁判上の基準である。最高裁は，抽象的な物事の道理や正義・衡平から直接判断したのではなく，もし立法者であれば作るであろう，妥当なルールと具体化した上で，それを事案に適用して結論を導いた。その際，最高裁は，「当事者間の公平，裁判の適正・迅速を期するという理念」を考慮に入れながら，あるべき規範としての条理の内容を考えるとした。

　　第3に最高裁は条理の具体的内容について，「民訴法の規定する裁判籍のいずれかがわが国内にあるときは，これらに関する訴訟事件につき，被告をわが国の裁判権に服させる」ことであるとした。これを裁判籍概念を使わずに言い換えると，民訴法の定める国内土地管轄ルールをそのまま国際裁判管轄ルールとして転用したものが，あるべき国際裁判管轄ルールである条理である，というのが最高裁の示した条理の具体的内容である。民訴法の土地管轄規定の役割に関して，国内土地管轄と国際裁判管轄は類似しているが利益状況が異なるので，国内土地管轄規定に修正を加えた上で類推して国際裁判管轄ルールとして用いるべきであるとの学説も有力であったが，本判決は，国際裁判管轄ルールは土地管轄規定と同一であるとの立場に立った。

　　事案への当てはめにおいては，Yが日本に営業所を有していることからわが国の国際裁判管轄が肯定された（民訴現4条5項参照）。Yのマレーシア国内線での事故という，Yの日本における営業所の業務とは関連がなさそうな事件について，Yが日本に営業所を有していることだけからわが国の国際裁判管轄を認めた結論に対しては，賛否が分かれた。

(b)　**最高裁平成9年判決**　　最判昭和56・10・16［百選76］（⇒ 判例 15-1 ）の後の下級審裁判例は，条理の具体的内容についての最高裁の判示に修正を加え，例外的に，わが国で裁判を行うことが当事者間の公平，裁判の適正・迅速を期するという理念に反する特段の事情があると認められる場合には国際裁判管轄を否定する余地を認めるようになった。これは**特段の事情論**と呼ばれたが，最高裁も次の平成9年判決で，この考えを是認した。

判例 15-2 　**最判平成9・11・11：百選83**
【事実】日本法人Xは昭和62年に，昭和40年頃からドイツに居住して営業活動を行ってきたYと，XがYに欧州各地からの自動車の買い付け等の業務を委託することを内容とする契約を締結した。Xは，自動車の買い付け資金として，9000万円余りをYに送金した。しかし，その後，Yによる預託金の管理に不信感を募らせ，Xは，預託金の返還を求める訴えをわが国で提起した。Xは預託金返還債務の義務履行地がXの本店所在地の日本であるとして，義務履行地に基づく国際裁判管轄が

わが国にあると主張した。

　最高裁は以下のように判示して，わが国の国際裁判管轄を否定した。

【判旨】「我が国の民訴法の規定する裁判籍のいずれかが我が国内にあるときは，原則として，我が国の裁判所に提起された訴訟事件につき，被告を我が国の裁判権に服させるのが相当であるが，我が国で裁判を行うことが当事者間の公平，裁判の適正・迅速を期するという理念に反する特段の事情があると認められる場合には，我が国の国際裁判管轄を否定すべきである。」

　「本件契約は，ドイツ連邦共和国内で締結され，Yに同国内における種々の業務を委託することを目的とするものであり，本件契約において我が国内の地を債務の履行場所とすること又は準拠法を日本法とすることが明示的に合意されていたわけではないから，本件契約上の債務の履行を求める訴えが我が国の裁判所に提起されることは，Yの予測の範囲を超えるものといわざるを得ない。また，Yは，20年以上にわたり，ドイツ連邦共和国内に生活上及び営業上の本拠を置いており，Yが同国内の業者から自動車を買い付け，その代金を支払った経緯に関する書類などYの防御のための証拠方法も，同国内に集中している。他方，Xは同国から自動車等を輸入していた業者であるから，同国の裁判所に訴訟を提起させることがXに過大な負担を課することになるともいえない。右の事情を考慮すれば，我が国の裁判所において本件訴訟に応訴することをYに強いることは，当事者間の公平，裁判の適正・迅速を期するという理念に反するものというべきであり，本件契約の効力についての準拠法が日本法であるか否かにかかわらず，本件については，我が国の国際裁判管轄を否定すべき特段の事情があるということができる。」

　最判平成 9・11・11［百選83］（⇒　**判例 15-2**　）は，条理の具体的内容に修正を加えた。この判決が示した判断枠組みは，次のような 2 段階のテストからなる。

　第 1 段階では，民訴法の国内土地管轄ルールから転用された国際裁判管轄ルールに照らして，管轄の有無を判断する。ここで管轄なしと判断されると，管轄なしとの結論が確定する。しかし，管轄ありと判断されても，最判昭和 56・10・16［百選76］（⇒　**判例 15-1**　）と異なり，次の第 2 段階のテストがなされる。

　第 2 段階では，当事者間の公平，裁判の適正・迅速を期するという理念に反する特段の事情がないかをチェックする。特段の事情がなければ，管轄ありとの結論が確定するが，特段の事情がありとされれば，管轄なしとの結論になる。

　最高裁は特段の事情の判断において，「特段の」事情の有無を検討するとし

ながらも実際には，当該事案特有の事情だけでなく，一般化できるような事情までも考慮している点に問題があった。例えば，「本件契約において我が国内の地を債務の履行場所とすること又は準拠法を日本法とすることが明示的に合意されていたわけではない」というような事情である。このような事情は，義務履行地の国際裁判管轄ルールを定立する段階で，必要な要件としてルールに組み込むことが可能であるのにそれがなされずに，特段の事情の判断にすべてが委ねられているために，特段の事情の判断が肥大化し，その結果，法的安定性が損なわれているという問題点が生じていた。

(3)　国際裁判管轄に関する規定の整備

特段の事情に頼りすぎているという，判例のこの問題を解消するには，特段の事情の判断に放り込まれていた事情のうち，一般化できる事情を抽出して，適切な個々の国際裁判管轄ルールを定立することが必要であった。そこで，法制審議会国際裁判管轄法制部会が設置されて，2008（平成20）年10月から審議が重ねられた。その結果，2009（平成21）年7月に「国際裁判管轄法制に関する中間試案」が取りまとめられ，法務省民事局参事官室「国際裁判管轄法制に関する中間試案の補足説明」とともに公表され，意見照会手続に付された。寄せられた意見を踏まえてさらに審議が進められた結果，法制審議会総会は2010（平成22）年2月に，「国際裁判管轄法制の整備に関する要綱」を採択し法務大臣に答申した。これに基づき作成された，「民事訴訟法及び民事保全法の一部を改正する法律」が2011（平成23）年5月に成立し，2012（平成24）年4月1日から施行されている。

第2節　各　　論

本節では，民訴法3条の2以下の，財産関係事件における国際裁判管轄に関する規定の概要を説明する。人事・家事事件における国際裁判管轄については⇒第3節。

1 被告に対する一般的な管轄

3条の2は，被告に対するどのような種類の訴えであっても，わが国に国際裁判管轄が認められる場合を定めており，国内土地管轄における普通裁判籍（4条）に相当する。この場合にわが国に国際裁判管轄が認められる理由は，法廷地国であるわが国との間に被告が，どのような種類の訴えであっても提訴された場合には裁判を受けて立つことを要求されても仕方ないほどの関連をもっているからである。そのようなことがいえるのは，法廷地が被告側の国である場合である。このことは「原告は被告の法廷に従う」との法諺で示されることがあるが，訴えに対して能動的な原告と受動的な被告とでは，防御する側の被告を重視するという手続的な公平の理念にも合致する。

被告側の国とは具体的には，被告が自然人の場合には，原則として，被告の住所が日本国内にあるときである（3条の2第1項）。

被告が法人の場合には，原則として，その主たる事務所または営業所が日本国内にあるときである（3条の2第3項）。例えば，トヨタ自動車はもちろんこの要件を満たすが，最判昭和56・10・16［百選76］（⇒ 判例 15-1 ）の被告であるマレーシア航空は，本社はマレーシアにあり日本にあるのは従たる営業所にすぎないので，この要件を満たさない。

2 事件類型ごとの管轄

準拠法と異なり，国際裁判管轄は一般的には，いずれか1国だけでなく，複数の国に同時に認められてもかまわない。そこで，3条の2に加えて，3条の3以下はわが国に国際裁判管轄が認められる場合を定めている。この場合，3条の2（⇒ 1 ）と異なり，特定の事件類型ごとに，特定の内容の訴えに限って，わが国の国際裁判管轄が認められる。この場合に国際裁判管轄が認められるのは，当該類型の事件が法廷地であるわが国と客観的に関連しているからである。以下では，重要なものだけを取り上げて説明する（3条の3第2号，6号，7号，9号，10号は省略し，12号，13号については⇒403頁）。

(1)　契約債務履行地

(a)　趣　旨　　1 号は，契約上の債務の履行の請求を目的とする訴え等について，当該債務の履行地が日本国内である場合に，わが国に国際裁判管轄を認める。契約上の債務の債務者は，当該債務について実体法上，履行地で履行義務を負っているので，履行地が日本国内である場合に，わが国で提訴されることを予想しており甘受すべきであるというのが，この規定の出発点である。ただし，手続法的な観点から管轄が認められる場合を一定の範囲に限定している。

(b)　適用範囲　　まず，適用範囲は契約上の債務に限定し，不法行為などの法定債務は除外している。不法行為については 8 号が別に用意されているし，損害賠償債務の履行地が法律上日本国内となる場合にわが国での管轄を認めることまで，債務者である加害者は予想しているとはいえないからである。これに対して，売買契約の目的物引渡し債務の不履行に基づき発生した損害賠償請求等については，本号の対象となる。

(c)　基準となる債務　　次に，契約からは通常複数の債務が発生するが，訴訟で履行を求められている債務が基準となる。したがって，売買契約において売主が不払い代金の支払いを求めて買主を訴える場合には，当該代金支払債務の履行地が基準となる。なお，目的物引渡し債務の不履行に基づき買主が損害賠償を求めて売主を訴える場合には，損害賠償債務の履行地を基準とするのではなく，その不履行の結果，損害賠償債務を発生させた，目的物引渡し債務が基準となる。債務者はこの債務の履行地が日本国内であれば，わが国で提訴されることを予想していると考えられるからである。

(d)　履行地の決定方法　　さらに，この債務の履行地の決定方法についてであるが，契約中でその履行地を合意している場合には（黙示の合意でもよい），その履行地が日本国内の場合に国際裁判管轄が認められる。

　次に，当事者が履行地について別段の合意をしていなければ，任意規定で補充されて履行地は決まるが，ここで問題となっているのは国際的な契約であるから，まず契約準拠法を決定する必要がある。契約準拠法は後述するように（⇒第 18 章第 2 節，第 3 節），第 1 段階として，「本契約はブラジル法により解釈され規律される」というように当事者が契約準拠法について合意していれば，通則法 7 条により，選択されたブラジル法が契約準拠法となる。このように選

択された契約準拠法であるブラジル法の任意規定によって履行地が日本国内となる場合にも，国際裁判管轄は認められる。しかし，第2段階として，当事者が契約準拠法を合意していなければ，契約準拠法は通則法8条により客観的に決定される（かりに，同条により日本法が契約準拠法になるとする）。このようにして決定された契約準拠法である日本法の任意規定によって，履行地は最終的には必ず決まるのであるが，それが日本国内となる場合にはもはや，債務者はわが国で提訴されることを予想しているとはいえないであろう。そこで，本号は，このような場合にはわが国に国際裁判管轄を認めないことにしている。

(2)　財産所在地

(a)　3号前段　　財産権上の訴えについて，3号前段は，請求の目的が日本国内にあるときにわが国に国際裁判管轄を認めている。売買契約において買主が目的物の引渡しを求める訴えを提起する場合に，目的物が現在日本に所在する場合などがこれにあたる。したがって，この規律には合理性がある。

(b)　3号後段　　これに対して3号後段は，金銭支払請求の訴えは，差し押さえることができる被告の財産が日本国内にあるときには，わが国に国際裁判管轄を認めている。つまり，売買契約における代金の支払いを求める訴えについて，その契約とは無関係な被告の財産，例えば被告の貴金属が日本に所在する場合にも，わが国に国際裁判管轄が認められるのであり，事件と法廷地であるわが国との関連は不十分であるように思われる。本来であれば判決手続についての管轄と執行は別問題と考えられている。したがって，原告は事件と十分に関連する外国（例えば債務の履行地国）で提訴して勝訴判決を得た上で，その判決に基づいて敗訴被告のわが国に所在する財産に執行することが求められるはずである。しかし，外国判決の承認執行制度の現状では（⇒第16章），必ずしも外国判決がわが国で承認執行できるとは限らない。そのような可能性に配慮して，この規定は，わが国が財産所在地である場合に国際裁判管轄を認めて原告の権利の実現を確保する趣旨である。そのため，第1に，例えば確認の訴えは除外され，金銭の支払いを請求する場合に限定されている。第2に，日本に所在する財産の価額が著しく低いときを除外している。

(3)　事務所・営業所所在地および事業活動地

(a)　4　号　被告が法人の場合，マレーシア航空のように主たる事務所または営業所が外国にあるときには，どのような性質の訴えかを問わずにわが国に国際裁判管轄を認めることはしていない（3条の2第3項⇒159頁）。しかしながら，3条の3第4号は，日本にある事務所または営業所の業務に関連する訴えについてであれば，わが国に国際裁判管轄を認める。マレーシア航空事件（最判昭和56・10・16［百選76］⇒ 判例 15-1 ）において，マレーシア航空の東京に所在する営業所から，日本での航空券の販売に関して業務を委託された日本の旅行代理店が，手数料をマレーシア航空に対して請求する訴えのような事例であれば，わが国に国際裁判管轄が認められる。しかし，実際には，死亡したＡはチケットをマレーシアで購入した。日本にある営業所の業務に関するという要件を相当広く抽象的に解釈しない限り，わが国に国際裁判管轄を認めることはできないだろう。

(b)　5　号　企業の外国への進出形態は様々であり，事業所等を設置せずに，別法人格の日本子会社を通じてわが国で事業活動を行う外国法人も考えられる。5号は，このような場合にも実質的に4号と類似することから，訴えが被告の日本における業務に関するものであれば，わが国に国際裁判管轄を認めている。また，物理的拠点を設けず，インターネットを通じて日本で事業活動を行っている場合も5号に該当する（日本国内で閲覧可能な日本語のサイトのサーバー管理等の業務を行っている米国法人に対する，サーバー管理業務についての業務委託料の前払金の返還請求につき，本号で日本に国際裁判管轄を認めた事例として，東京高判平成31・4・25)。

(4)　不法行為地

(a)　趣旨および適用範囲　8号は，不法行為に関する訴えについて，不法行為があった地が日本国内にあるときに，わが国に国際裁判管轄を認めている。不法行為地には通常，証拠が所在していることで事案との十分な関連が認められることや，被告である加害者もその地での提訴は十分に予想できることから，管轄が認められる。国際的にも一般的に認められている。なお本号は，不法行為に基づく損害賠償請求に限られず，差止請求に関する訴えも対象とする。

(b) 要 件 8号は，不法行為地（「不法行為があった地」）を管轄原因とする（なお，予防的差止請求の場合，不法行為が生じるおそれのある地もこれに含まれる。最判平成26・4・24［百選92］⇒〈判例 16-3〉）。ところで，国際的な不法行為においては，加害行為地とは別の国で結果が発生することがあり，**隔地的不法行為**と呼ばれる。この場合に，加害行為地と結果発生地のいずれが不法行為地かは，準拠法選択の場合と同様に，国際裁判管轄の決定においても問題となる。ただ，国際裁判管轄の場合には，加害行為地も結果発生地もいずれも不法行為地として国際裁判管轄を認めることができ，本号もそのような立場を採用している。いずれの地も，不法行為に関する訴えを審理するのに十分な関連を有していると考えられるし，もし加害行為地だけに限定すると，それは加害者＝被告の住所地・本店所在地と一致することも多く，そうすると不法行為地管轄を3条の2とは別に規定する意味が薄れることになってしまうだろう。

ただし，A国でしか販売されていない製品をたまたまA国への旅行中に購入して日本に持ち帰った被害者が，日本で当該製品を使用中に製品の欠陥から事故が発生して負傷したような場合，日本は結果発生地ではあるが，A国でしか販売されていないこの製品から，事故という結果が日本で発生することは予見困難であり，加害者も日本での提訴を予想できないであろう。そのため，このような場合にはわが国に管轄を認めない（本号かっこ書）。ここで問題とされているのは，A国ではなく日本で，結果が発生することについての予見可能性である。事故の発生自体，についての予見可能性は，本案の問題であり，ここでの予見可能性の対象ではない（通則法17条についても同様である⇒247頁）。

米国法人がインターネット上に掲載した英文記事による，日本法人とその取締役の名誉信用毀損の事例において，結果が日本国内で発生したとして，最判平成28・3・10［百選84］は本号に基づきわが国に管轄が認められるとした（当該ウェブサイトへのアクセス可能性があれば結果発生地と認める立場。ただし，最高裁は後述の民訴法3条の9により，結論としては国際裁判管轄を否定。詳しくは⇒〈判例 15-3〉）。

> ┃ Column 15-3 ┃ **不法行為地管轄における管轄原因事実と請求原因事実の符合**
> 　原告が，日本国内で不法行為が発生したとしてわが国に国際裁判管轄があると主張し，被告に対して損害賠償を求める訴えをわが国の裁判所に起こしたとする。この場合，不法行為の存在は，国際裁判管轄を基礎づける事実でもあり，かつ，請求を基礎づける事実でもある。管轄の有無の判断の段階で不法行為の存在まで完全に

審理すると，本案審理の先取りになってしまわないか。

最判平成 13・6・8［百選 79］は，下級審裁判例と学説の立場が分かれていたこの問題について，判断を示した。事案は，日本法人 X（円谷プロ）と，X から，昭和 51 年に日本以外の国でウルトラマン・シリーズについての配給権等の許諾を受けたと主張するタイ人 Y との間の紛争である。ウルトラマン・シリーズの利用をX から許諾されている日本法人 A 社に対して，Y が警告書を日本に送りつけた行為が，不法行為であるとして X が Y をわが国で提訴した。これに対して Y は，契約書は真正であり，警告書の送付は正当な行為であり不法行為は存在しないと主張した。

最高裁は，わが国に不法行為地の国際裁判管轄を肯定するためには，「原則として，被告が日本国内でした行為により原告の権利利益について損害が生じたか，被告がした行為により原告の権利利益について日本国内で損害が生じたとの客観的事実関係が証明されれば足りる」（最判平成 13 年の判示を，不法行為地には加害行為地，結果発生地のいずれも含むとの理解に基づき，より一般的な表現にした，最判平成 26・4・24［百選 92］⇒ 判例 16-3 の判示による）との立場を示した。最判平成 13 年では，真正な許諾契約書があれば Y の行為の違法性が阻却されるが，このような違法性阻却事由といった法的評価は，故意・過失といった主観的要素とともに，客観的事実関係でなく，不法行為に基づく国際裁判管轄の原因としては証明不要とされ，わが国の国際裁判管轄が肯定された。

本判決は，不法行為地管轄の場合には，従来漠然と考えられていた不法行為の成立要件全般ではなく，不法行為地管轄の制度趣旨から考えて，そのうちの客観的事実関係だけで，法廷地との法的関連が認められ，十分であるとしたものと理解できよう。管轄原因事実と請求原因事実の符合は，契約債務履行地管轄など他の場合にも生じる。しかし，契約債務履行地などの他の管轄原因にも，その制度趣旨を考えずに，本判決の「客観的事実関係が証明されれば足りる」との判示を転用する裁判例が，東京地判平成 21・11・17 など現れているが，適切ではなかろう。

(5)　不動産所在地

11 号は，不動産に関する訴えについて，不動産が日本国内にあるときに，わが国に国際裁判管轄を認める。不動産に関する訴えについての証拠調べにとって，登記簿や不動産自体が所在するので便宜的であるからである。

不動産に関する訴えには，所有権などの物権の確認請求，所有権に基づく返還や妨害排除請求のほか，不動産の売買契約に基づく不動産の引渡し請求も含まれるが，不動産の売買代金請求や賃料請求は含まれない。このうち，物権的な請求については，不動産所在地国の専属管轄（専属管轄については⇒(6)）とすべきとも主張されたが，物権的か債権的かいずれの法律構成かで規律が異なる

のは不合理などの理由から，このような考えは採用されていない。

(6) 専 属 管 轄

3条の5は，法人の設立無効の訴えなど主に法人の組織内部関係に関する訴え，登記または登録に関する訴え，知的財産権のうち設定の登録により発生するもの（特許権や商標権）の存否または効力に関する訴えという3つの事件類型について，専属管轄の定めを置いている。例えば，第1の類型については，その法人が日本法により設立された場合には，わが国の裁判所の専属管轄としている（1項）。

専属管轄は，他の管轄原因を排除する（3条の10）。したがって，上記の場合に，外国裁判所について国際裁判管轄の合意（⇒167頁）をしても効力を有しない。また，例えば韓国法上の特許権の無効確認の訴えについては，3項の規律は，登録国である韓国に専属管轄があることを含意しているので，被告が日本に住所を有する者であったとしても，3条の2の適用は排除され，わが国の裁判所に国際裁判管轄は認められない。なお，間接管轄の場面における効果については⇒192頁。

(7) 併 合 管 轄

(a) **趣 旨**　単独で提訴されたならば，わが国に国際裁判管轄が認められない請求aが，単独でもわが国に国際裁判管轄が認められる別の請求bと併合して提訴されたとする。このとき3条の6は，一定の要件を満たす場合に国際裁判管轄を認めている。これには，同一被告に対する複数の請求の客観的併合と，異なる被告に対する複数の請求の主観的併合の2つがある。

(b) **客観的併合**　客観的併合の場合，国内土地管轄については，7条本文は2つの請求aと請求bの間に何の関係がなくても，客観的併合に基づき管轄を認めている。しかし国際裁判管轄の場合，本来わが国に管轄の認められない請求aについて，それと無関係の請求bについてわが国に管轄がありそれと併合して提訴するだけで，わが国に請求aについて国際裁判管轄を認めて被告に応訴することを求めるのは被告の利益を著しく損なうことになる。そこで，最判平成13・6・8［百選79］（⇒ Column 15-3 ）は，客観的併合に基づきわ

が国の国際裁判管轄を肯定するためには，請求間に密接な関係が認められることを要するとしていた。3条の6もこの判決に従い，両請求間に，密接な関連があることを，客観的併合に基づく国際裁判管轄を認めるための要件とする。

反訴についての146条3項も同趣旨である。単独ではわが国に国際裁判管轄が認められないはずの反訴請求について，本訴の目的である請求または防御方法と密接に関連することを要件として，わが国に国際裁判管轄を認めている。

(c)　**主観的併合**　　これに対して主観的併合の場合，国内土地管轄として7条ただし書は，38条前段の場合に限って，主観的併合に基づく土地管轄を認めている。国際裁判管轄については，かつては，本来単独ではわが国に国際裁判管轄のない請求aの被告にとっては，請求bと併合されて提訴されることで自分と関係のないわが国で訴えられることになるとして，主観的併合に基づく国際裁判管轄を全面的に否定する見解が多数であった。しかし最近では，請求間に一定の関連性があれば肯定する見解が有力になりつつあった。裁判例でも，間接管轄の事例ではあるが，最判平成10・4・28［百選94］（⇒ 判例 16-3 ）は，「同一の実体法上の原因に基づく訴訟であって，相互に密接な関連を有しているから，統一的な裁判をする必要性が強い」として，7条の規定の趣旨に照らして，国際裁判管轄を肯定した。このように主観的併合に基づく国際裁判管轄を一定の場合に肯定する最近の傾向に従い，3条の6は，客観的併合と同様に，請求間に密接な関連があることを要件として管轄を肯定している。なお，ただし書では国内土地管轄と同様に38条後段の場合（訴訟の目的である権利義務が同種で事実上および法律上同種の原因に基づく場合）を除外して，請求間に密接な関連性が認められない場合をあらかじめ排除している。

3　当事者の意思に基づく管轄

被告または事件と法廷地との場所的な関連性を根拠とする以上の管轄原因に対して，合意管轄と応訴管轄は当事者の意思を根拠とする。

(1)　合意管轄

(a)　**意　義**　　国際的な契約を締結する場合，紛争が生じた場合に備えた条項を挿入するのが一般的である。「この契約から生じる一切の紛争は，ニュー

ヨークにおいてアメリカ仲裁協会の仲裁規則に基づいて行う仲裁によって解決する」というような**仲裁条項**が用いられることが多い。こうすると，国家裁判所ではなく，私人である仲裁人により判断がされ，その判断が確定判決と同様に終局的なものとして紛争が処理される。仲裁が好まれるのは，国家裁判所よりも，仲裁人の方が中立的で，特許など紛争の特殊性に応じた専門家であること，仲裁手続は非公開であることなどの理由による。また，1958（昭和33）年の「外国仲裁判断の承認及び執行に関する条約」（昭和36年条約第10号。**ニューヨーク条約**）についてわが国も含めて約170ヵ国が締約国となっており，国家裁判所の判決よりも仲裁判断の方が，他国での執行が確保されているということも大きな理由である。

　しかしながら，仲裁条項が用いられない場合もある。この場合，当事者が何も契約で決めていなければ，わが国の裁判所の国際裁判管轄の有無について，民訴法3条の2以下の規定に基づいて判断されるが，なお不明確な点もある。契約当事者としては，紛争が生じた場合にいずれの国の裁判所で処理されるのかを，自分達であらかじめ決めておきたいと考えることも多い。そこで，「この契約から生じる一切の紛争については，ドイツのベルリン地方裁判所を専属的な管轄裁判所とする」というような条項が用いられる。このような合意を**国際裁判管轄の合意**，このような条項を**管轄合意条項**と呼ぶ。

　　　国際裁判管轄には，次の2つの側面がある。第1に，合意がなければ本来は管轄のない裁判所に，当事者の合意によって管轄を付与・創設する側面である。第2に，合意がなければ本来管轄のある裁判所から，管轄を排除する側面である。以下の議論においては，いずれが問題となっているかに注意する必要がある。ただし，第1の側面だけ，あるいは第2の側面だけしか有さない国際裁判管轄の合意もあることに注意。例えば，ドイツにも日本にも本来，国際裁判管轄が認められる事例において，わが国の裁判所に専属的な国際裁判管轄を合意する場合には，本来あるはずのドイツの管轄を排除するという第2の側面しかない。

　(b)　要　件　　国際裁判管轄の合意について，最判昭和50・11・28［百選81］が判断を示している。国際海上運送の事案であり，ブラジルから日本までオランダの運送会社が運送した荷物に損害が生じていたため，日本の会社である荷主に対して日本の損害保険会社が保険金を支払った。この保険会社が保険代位に基づき，運送会社に対してわが国の裁判所に損害賠償を求めて提訴した

ところ，運送会社が船荷証券の裏面記載の約款に，オランダのアムステルダムの裁判所のみを専属的管轄裁判所とする条項が含まれているとして，わが国の国際裁判管轄を争った事案である。最高裁は，わが国の国際裁判管轄を否定して，訴えを却下したが，国際裁判管轄の合意の有効要件について，いくつかの点を判示している。3 条の 7 は，基本的にこの最高裁の判示にそっている。

まず 1 項は，国際裁判管轄の合意が原則として許容されることを定めている。少なくとも外国の裁判所への専属的な国際裁判管轄の合意については許容しないとの態度を示す国は，最近まではなかったわけではないので，このような規定には意味がある。

次に，実質的要件として，当事者間の一定の法律関係に基づく訴えに限定することを要求している（2 項）。国際裁判管轄の合意は，例えば外国への専属的な合意であれば，わが国裁判所で訴えられないという大きな意味を持つので，裁判を受ける権利が不当に奪われないように，合意の対象を認識して慎重になされる必要があるからである。

さらに，形式的成立要件である方式について，書面性を要求している（2 項。電磁的記録についての特則は 3 項）。上記のような重大性をもつ管轄合意につき，後に紛争が生じた際に，合意の有無についての争いを防ぐためである。この書面性につき最判昭和 50・11・28［百選 81］は，「少なくとも当事者の一方が作成した書面に特定国の裁判所が明示的に指定されていて，当事者間における合意の存在と内容が明白であれば足りると解するのが相当であり，その申込と承諾の双方が当事者の署名のある書面によるのでなければならないと解すべきではない」と判示しており，引き続き同様に解釈されよう。

4 項は，外国の裁判所に対する専属的な国際裁判管轄の合意について，指定された裁判所が法律上または事実上裁判権を行使できないときは，合意に反してわが国で提訴された場合に合意を援用して訴えの却下を求められないとする。これは，最判昭和 50・11・28［百選 81］も判示するように，当事者がいずれの国の裁判所においても裁判を受ける機会を喪失することになってしまうのを避けるためである（なお⇒31 頁）。

このほかに最判昭和 50・11・28［百選 81］は，国際裁判管轄の合意がはなはだしく不合理で公序法に違反するときには無効とする余地を認めていたが，

3条の7にはこの点に関する規定はない。しかし，管轄合意についても，合意の不成立，錯誤などを理由とする合意の無効・取消し，合意内容が著しく不合理で公序違反を理由とする無効などの余地は当然にあり，この判示を変更する趣旨ではない。

> 従来，この公序法違反の点は，消費者や労働者との管轄合意について主に争われたが，裁判例は当初，公序法違反による管轄合意の無効を容易に認めない傾向だった（労働契約について，東京高判平成12・11・28など）。しかし，平成23年民訴法等改正による弱者保護のための特則（特に3条の7第5項，6項。⇒ **4**）が議論されて具体化した頃から，この規定による弱者保護の結論を先取りして実現するためか，外国への専属的な国際裁判管轄の合意をこの公序法違反要件によって無効とする裁判例が多くなってきた（例えば，大阪高判平成26・2・20，東京高判平成26・11・17［百選82]）。もっとも，改正法の施行日である平成24年4月1日以降に締結された管轄合意には3条の7が適用されるから，今後は，消費者や労働者との紛争発生前の管轄合意は，3条の7第5項，6項でただちに効力が認められないことになる。上記の裁判例が公序法違反要件をふくらませて対応したのは過渡期のものであり，今後も同様に運用すると，管轄合意の効力に関する予見可能性を害するおそれがあろう。これに関して，日本の中小企業が米国巨大IT企業を訴えたという，交渉力格差のある事例であるが，米国裁判所への専属的管轄合意につき，被告がその優越的な地位を不当に利用したもので，公序法違反で無効との原告の主張を退けて，管轄合意を有効とした東京高判令和2・7・22も参照。

(2) 応訴管轄

本来であれば，提起された訴えについてわが国が国際裁判管轄を有しない事件であっても，被告が応訴してわが国での本案審理に応じる意思を示したならば，わが国に国際裁判管轄を認めても被告保護の観点からは問題がない。後の段階になって被告が国際裁判管轄について争えるとすれば，それまでの訴訟活動・審理が無駄となるなど，原告や裁判所にとって不利益が生じる。

そこで3条の8は，被告が日本の裁判所が管轄権を有しない旨の抗弁を提出しないで本案について弁論をしたとき，または弁論準備手続において申述をしたときは，わが国は国際裁判管轄を有すると規定する。これを応訴管轄と呼ぶ。

4 弱者（消費者および労働者）保護のための特則

(1) 意　　義

消費者契約においては，消費者と事業者との間に，一般的に大きな力の差が

存在している。労働契約における，労働者と事業主との力関係も同様である。

　このような力の差があるため，準拠法選択において，弱者である消費者・労働者を保護する必要性が認識され，通則法 11 条，12 条に特則が設けられた（⇒第 18 章第 6 節）。国際裁判管轄についても，弱者保護のための特則を設けない場合，次の 2 点において不都合が生じる。

　第 1 に，当事者が管轄合意をしていない場合の法定管轄について，被告側の国に管轄を認める原則（⇒ 159 頁）のままでは，弱者が原告として提訴する場合，強者側の国である外国での提訴が求められるが，法的知識，費用負担（弱者側の請求額は，特に消費者の場合，一般に少額であるから経済的に費用倒れにもなろう）などから，実質的には権利保護の途を閉ざす結果になりかねない。

　第 2 に，当事者が契約中において管轄合意をする場合，力関係のアンバランスから，強者側から弱者側に対して，一方的に強者側に有利な国での管轄を定める条項を押しつけられるおそれがある。

　そこで，弱者の**裁判所へのアクセス権**の保障のため，第 1 点については 3 条の 4 に，第 2 点については 3 条の 7 第 5 項，6 項に，それぞれ特則が設けられている。

　なお，特則の対象となる消費者契約とは，消費者と事業者の間で締結される契約である（3 条の 4 第 1 項）。ここでいう消費者は，個人に限られるが，個人であっても，事業としてまたは事業のために契約の当事者となる場合は除かれる。また，事業者とは，法人その他の社団または財団と，事業としてまたは事業のために契約の当事者となる場合における個人を指す。同項の対象となる消費者契約は，物品の売買でなければならないなどの限定はないので，別に特則のある労働契約以外の契約がすべて対象となる。

　また，特則の対象となる個別労働関係民事紛争とは，労働契約の存否その他の労働関係に関する事項について個々の労働者と事業主との間に生じた民事に関する紛争である（3 条の 4 第 2 項）。労働者といっても専門的技能を有しており高額の賃金を得ている者もいるのは確かであるが，事業主の指揮命令に労働者が服するという労働契約の特性は変わりないから，このような場合でも特則の適用対象となる。

(2) 管轄合意がない場合の法定管轄についての特則

　法定管轄の特則の基本構造は，消費者契約についても個別労働関係民事紛争についても同様である。

(a) 弱者が原告の場合
　　3条の2以下に定める管轄原因に加えて，3条の4第1項，2項はさらに管轄原因を定める。ただし，何を基準として国際裁判管轄が認められるかは，消費者と労働者とで異なっている。

　消費者が原告で，事業者が被告の場合には，消費者の住所が契約締結時または訴え提起時のいずれかに日本国内にあるときには，わが国に国際裁判管轄が認められる（3条の4第1項）。契約締結時に消費者の住所がわが国にあることを事業者は認識しうるので，その場合にわが国で訴えられることは予想して甘受すべきである。これに対して，契約締結後にわが国に転居した場合にもわが国に管轄を認めることは，事業者からは予想できるとはいえないが，本項は原告として提訴することについて消費者の保護を重視し，そのことで事業者にとってあまりに不利益が生じる場合には，3条の9（⇒173頁）により例外的に管轄を否定することで調整を図ることを前提としていると思われる。なお，消費者が原告の場合にはこれ以外にも，3条の2や3条の3に基づいて，わが国に国際裁判管轄が認められることも排除されない。例えば，事業者が当該消費者契約と関連する営業所をわが国に有する場合には，消費者はわが国で提訴できる（3条の3第4号）。

　労働者が原告で，事業主が被告の場合には，当該労働契約における**労務提供地**が日本国内であるときには，わが国に国際裁判管轄が認められる（3条の4第2項）。労務提供地の裁判所は労働者にとってアクセスが容易であり，事業主にとってもそこで提訴されることは予測の範囲内であるからである。なお，労務提供地が定まっていない場合には，労働者を雇い入れた事業所の所在地が日本国内にあるときには，わが国に国際裁判管轄が認められる。

　　準拠法は1つに絞らなければならないが，管轄は複数の国に認められてもよいことと，労働者の裁判所へのアクセス権の保障という規定の趣旨から，労務提供地は現実に労務を提供している地であり，1つに限られない。通則法12条2項（⇒242頁）とは異なる概念であり，条文における文言も異なる。東京高判平成12・11・28のような国際線の航空機の客室乗務員の事例でも，わが国に離発着地があれば労務提供地がわが国にあるとされよう。したがって，労務提供地が定まっていないとされるのは，雇入れの直後で労

務の提供地が定まっていない等の例外的な場合に限られる。

(b)　**弱者が被告の場合**　　事業者／事業主が原告で，消費者／労働者が被告の場合には，3条の3の適用は排除される（3条の4第3項）。すなわち，この場合には，被告である消費者／労働者の住所が訴え提起時に日本国内にある場合（3条の2第1項）にしか，わが国に国際裁判管轄が認められず，これによって消費者／労働者の裁判所へのアクセス権を実質的に保障している。

(3)　国際裁判管轄の合意の効力を制限する特則

消費者／労働者と事業者／事業主との間の国際裁判管轄の合意のうち，紛争が発生した後になされた合意は，交渉力格差が問題とならず，弱者側も管轄合意の意味を理解していると考えられる。したがって，通常どおり扱われる。応訴管轄についても同様である。これに対して，紛争発生前の事前の管轄合意は，双方の交渉力格差を考慮して，原則として効力を認めない。効力が認められるのは以下の場合のみである（3条の7第5項，第6項）。

第1に，事前の管轄合意ではあるが，紛争発生後に，消費者／労働者が同意した，あるいは同意したとみなせる場合である（5項2号，6項2号）。消費者／労働者が当該合意に基づき合意された国の裁判所に訴えを提起したとき，または事業者／事業主が日本もしくは外国の裁判所に訴えを提起した場合において，消費者／労働者が当該合意を援用したときである。

　　後者に該当する事例として考えられるのは例えば，事業者が外国で消費者を提訴したのに対して，わが国の裁判所に対する専属的な国際裁判管轄の合意が消費者契約中にあったため，消費者が当該合意を援用して，外国で訴えが却下された後に，事業者がわが国で消費者を提訴した場合である。この場合，消費者はもはや，この管轄合意が効力を有しないと主張することはできない。

第2に，消費者契約，個別労働関係民事紛争についてそれぞれ1つ，紛争発生前の国際裁判管轄の合意の効力が認められる場合が規定されているが（なおいずれも，専属的な管轄合意であっても，付加的な管轄合意とみなされる），その内容および趣旨は両者で異なっている。

消費者契約の場合には，消費者契約締結時の消費者住所地国に管轄を認める合意の効力は認められる（3条の7第5項1号）。消費者と事業者が契約締結時

には同一国に居住していたが，その後消費者が他国に転居したような場合であっても，契約締結時の消費者の住所地国を管轄合意しておけば，事業者はそこで消費者を訴えることができる。このような管轄合意の効力を認めないと，3条の4第3項により，事業者が消費者の転居先の国で提訴しなければならないことになるが，それは事業者にとって不合理な負担となるからである。

個別労働関係民事紛争の場合には，労働契約終了時にされる合意であって，その時点における労務提供地国に管轄を認める合意の効力は認められる（3条の7第6項1号）。外国の労働者が日本で労務を提供していたが，退職後に本国に帰国し，退職時に会社と合意した競業避止義務に違反して，会社に損害を与えたというような場合を念頭に，このような管轄合意を退職時にしていればわが国で会社が提訴することを可能とする趣旨である。労働契約終了時であれば，労働者と事業主の交渉時の力の差も小さく，その時点の労務提供地であれば労働者もそこで提訴されることは予期していると考えられる。

Column 15-4　特則の適用除外──通則法11条6項との比較

　消費者契約の準拠法に関する通則法11条は，5項までの特則による保護が適用されない場合を定める（6項⇒240頁）。これに対して，民訴法3条の4には，そのような規定がない。

　そうすると，日本に居住する消費者が外国に観光旅行した際にその国の事業者から物品を購入する契約から生じた紛争についても，消費者はわが国で事業者を提訴することができることになる。この事例は，外国での提訴についての消費者の困難という点では，3条の4第1項が適用される通常の事例と変わりはないが，事業者側の負担からすると疑問がある。場合によっては，3条の9（⇒ **5**）により例外的に管轄を否定することで調整を図らざるをえない。

---

5 個別事案における例外的調整

　従来の判例においては，当事者間の公平，裁判の適正・迅速を期するという理念に反する特段の事情がある場合には，例外的にわが国の国際裁判管轄を否定するとの処理がなされていた（⇒156頁）。このような例外的調整は，引き続き認められている（3条の9）。すなわち，3条の2から3条の8までの規定に基づき，本来であればわが国が国際裁判管轄を有する場合でも，わが国で審理および裁判することが，当事者間の衡平を害し，または適正かつ迅速な審理の

実現を妨げることとなる特別の事情があるときには，裁判所は訴えを却下することができる。その際の考慮要素として，事案の性質，応訴による被告の負担の程度，証拠の所在地が例示列挙されている。

> ⟨ 判例 15-3 ⟩　**最判平成 28・3・10：百選 84**
>
> **【事実】**日本法人X₁は子会社Aを通じて，カジノの運営を主たる業務とする米国ネバダ州法人Yの発行済株式の総数の約 20％を保有し，またX₁の取締役会長であるX₂はYの取締役でもあった。ところが，Yのコンプライアンス委員会からの指示を受けて調査を行った米国の法律事務所が作成した，X₂及びその関係者がフィリピン等において賄賂を供与するなど海外腐敗行為防止法に違反する行為を繰り返してきたとみられること等を記載した報告書に基づき，Yの取締役会は平成 24 年 2 月 18 日，X₂を除く取締役の全員一致で，A及びXらはYの定款にいう不適格である者と判断し，Aが保有するYの株式を強制的に償還することを決議した。Yは翌日，そのウェブサイトに，これに関する英語で作成されたプレスリリースを掲載した。
>
> 　Yは，同日，ネバダ州裁判所に対し，A及びXらを被告として，Yが合法的にかつ定款等に忠実に行動したことの確認請求及びX₂の信認義務違反に関する損害賠償請求に係る訴訟を提起した。これに対してA及びX₁は，同年 3 月 12 日，Y及びその取締役らを被告として，Yの上記取締役会決議は無効であるとして，その履行の差止めと損害賠償等を求める反訴を提起した（以上をあわせて「別件米国訴訟」）。
>
> 　Xらは同年 8 月，Yがインターネット上のウェブサイトに掲載した本件記事によって名誉および信用を毀損されたなどと主張して損害賠償を求める訴えを，東京地方裁判所に提起した。最高裁は以下のように判示して，わが国の国際裁判管轄を否定した。
>
> **【判旨】**「Yが上記記事をウェブサイトに掲載することによって，日本法人とその取締役であるXらの名誉及び信用の毀損という結果が日本国内で発生したといえることから，本件訴えについては日本の裁判所が管轄権を有することとなる場合に当たる（民訴法 3 条の 3 第 8 号）。」
>
> 　「本件訴訟の本案の審理において想定される主な争点は，本件記事の摘示する事実が真実であるか否か及びYがその摘示事実を真実と信ずるについて相当の理由があるか否かである。本件訴訟と別件米国訴訟とは，事実関係や法律上の争点について，共通し又は関連する点が多いものとみられる。」
>
> 　別件米国訴訟は上記のような訴訟であるところ，「本件訴訟は，Xらが，……本件記事によって名誉及び信用を毀損されたなどと主張して，Yに対し，不法行為に基づく損害賠償を求めるものであるから，別件米国訴訟に係る紛争から派生した紛争に係るものといえる。そして，事実関係や法律上の争点について，本件訴訟と共通し又は関連する点が多い別件米国訴訟の状況に照らし，本件訴訟の本案の審理において想定される主な争点についての証拠方法は，主に米国に所在するものといえ

る。さらに，XらもYも，Yの経営に関して生ずる紛争については米国で交渉，提訴等がされることを想定していたといえる。実際に，Xらは，別件米国訴訟において応訴するのみならず反訴も提起しているのであって，本件訴えに係る請求のために改めて米国において訴訟を提起するとしても，Xらにとって過大な負担を課することになるとはいえない。加えて，上記の証拠の所在等に照らせば，これを日本の裁判所において取り調べることはYに過大な負担を課することになるといえる。」

「これらの事情を考慮すると，本件については，民訴法3条の9にいう『日本の裁判所が審理及び裁判をすることが当事者間の衡平を害し，又は適正かつ迅速な審理の実現を妨げることとなる特別の事情』があるというべきである。」

【コメント】本件は，インターネット上に掲載した記事による名誉・信用毀損の事例であり，民訴法3条の3第8号の結果発生地が日本に所在するとしている。当該ウェブサイトへのアクセス可能性があれば結果発生地と認める立場であろう。

しかし，本判決は3条の9により，結論としてはわが国の国際裁判管轄を否定した。本判決は，証拠の所在等を理由とする適正かつ迅速な審理の実現，当事者の予測等を理由とする当事者間の衡平（管轄を否定して訴え却下することにより米国で提訴せざるをえなくなるXらの負担と，日本における訴訟追行についてのYの負担）を挙げており，3条の9の文言にそって，日本で審理，裁判することに対する特別の事情を問題としている。しかし，実際には，本件訴えについては，関連する別件米国訴訟の存在を理由に，日本より米国で審理する方がよいという判断が裏にあるのではないかという疑念を拭いきれない。⇒ Column 15-6 。

なお，わが国を専属管轄とする合意に基づく訴えの場合には，このような例外的な訴えの却下はできない（3条の9かっこ書）。国際取引において，専属的な国際裁判管轄の合意をすることによって，当事者は紛争発生時のリスクに関して計算を行っているはずであるのに，合意されたわが国での紛争解決を裁判所の裁量で否定すると，このようなリスク計算が不確実になり，社会全体に対して余分な取引費用を負わせることになる。また，国際裁判管轄の合意は，今日では国際的に一般的に尊重されているので，かりに当事者の一方が他国で提訴してもその国はわが国を専属管轄とする合意の効力に基づいて訴えを却下するであろう。にもかかわらず，わが国で提訴された場合にわが国が3条の9により訴えを却下すると，裁判を受ける権利が侵害されることになろう。

ところで，従来の判例における特段の事情判断は，肥大化していて法的安定性を損なっていたのではないかと指摘した（⇒ 158 頁）。今後も3条の9は特別の事情による訴えの却下を認める。しかし，従来，特段の事情として考慮されていたもののうち，ルー

ルとして一般化できる事情のいくつかは，国際裁判管轄規定の整備において要件として書き込まれた。例えば，最判平成 9・11・11［百選 83］（⇒ 判例 15-2 ）では，履行地についての合意がないこと，準拠法の合意もないことという事情を特段の事情の判断で考慮したが，3 条の 3 第 1 号では，この場合には要件を満たさず，3 条の 9 によるまでもなく，国際裁判管轄は認められない。この結果，今後は，法的安定性にも配慮して，相当程度の「特別の事情」がある場合にのみ，3 条の 9 により国際裁判管轄が例外的に否定されるように運用するべきであろう。

　ただし，立法過程における議論をみると，3 条の 2 から 3 条の 8 までにおける規律は，ルール化できるはずの事情を要件として組み込みきれておらず，場合によると 3 条の 9 による調整を前提として広めに管轄を認めているものがある。財産所在地管轄や消費者に関する特則がそうであり，このような場合にも 3 条の 9 の発動をあまりに抑制的に運用すると，不合理に広く国際裁判管轄を認めることとなるおそれもあろう。

> **Column 15-5　緊急管轄**
>
> 　特別の事情がある場合の国際裁判管轄の例外的な否定とは逆に，本来の国際裁判管轄ルールによればわが国に管轄が認められないはずであるが，本来であれば管轄があると考えられる外国での裁判が戦乱や災害などの特別な事情があるために不可能な場合に，裁判拒絶を回避するために，わが国に国際裁判管轄を認めることを緊急管轄と呼ぶ。民訴法には規定は設けられなかったが，憲法 32 条の裁判を受ける権利の保障からすれば，規定がなくても認めざるをえない場合もあるだろう。もっとも，緊急管轄を考えることに実際上の意味があるのは，本来の国際裁判管轄ルールが明確かつ厳格で個別事案の事情を考慮して管轄を認める余地がないものであり，かつ，本来の国際裁判管轄ルールによればわが国に管轄が認められる場合が過度に広すぎないことが前提となる。3 条の 2 以下の規定の下では，緊急管轄が実際に問題となることはそれほど多くはないであろう。以上について⇒横溝大「国際裁判管轄における緊急管轄について」法曹時報 64 巻 8 号（2012 年）1985 頁。

> **Column 15-6　国際訴訟競合**
>
> 　例えば，売買代金の支払いを求めてタイで買主をすでに訴えている売主が，わが国でも同一内容の訴えを提起したとする。このように，外国の裁判所とわが国の裁判所に事件が重ねて係属している状態を，国際訴訟競合と呼ぶ。国際訴訟競合には上記設例のように，外国訴訟と内国訴訟の原告と被告の関係が同一である場合のほか，外国訴訟で損害賠償請求をされている被告が，わが国でそのような債務が存在しないことの確認を求める訴えを起こす場合のように，両者の関係が外国訴訟と内国訴訟で逆転している場合もある。
>
> 　このような国際訴訟競合についても，一定の場合には規制すべきであるとの考えが有力であるが，どのように規制するかについて，理念的には以下の 2 つの考え方に分けることができる。

　第1の考え方は，国内における訴訟競合は142条で二重起訴の禁止として規制されているので，国際訴訟競合にもこれを類推していくという考え方である。ただし，わが国内の他の裁判所とは異なり，外国裁判所の判決はわが国で効力をもつとは限らない。そこで，外国訴訟から将来下される判決のわが国における承認（⇒第16章）が予測されることを要件として，142条を類推する方向で考えていくもので，**承認予測説**と呼ばれる。

　第2の考え方は，わが国と外国で競合する訴訟が行われている場合，いずれがより適切な法廷地であるかと考えていくものであり，**プロパー・フォーラム説**と呼ばれる。具体的には，外国の方がより適切であると考えられる場合には，わが国の国際裁判管轄を例外的に否定すべき特別の事情があるとして，例外的にわが国の国際裁判管轄を否定する（3条の9）ことになる。

　国際裁判管轄規定の整備過程においては，この問題に関する明文の規定を設ける可能性も中間試案段階では考えられていたが，最終的には断念され，従来どおり解釈に委ねられることとなった。なお，最判平成28・3・10［百選84］（⇒判例 15-3），知財高判平成29・12・25［百選102］も参照。

　以上について⇒道垣内正人「国際的訴訟競合(1)〜（5・完）」法学協会雑誌99巻8号1151頁，9号1348頁，10号1471頁，11号1666頁，100巻4号715頁（1982年〜1983年）。

第3節　人事・家事事件における国際裁判管轄総説

1 従来の状況および国際裁判管轄規定の整備

　従来，人事訴訟事件および家事関係非訟事件については，後見開始審判等および失踪宣告に関する通則法5条，6条（⇒第26章）を除けば，国際裁判管轄規定は存在しなかった。民訴法3条の2以下は，財産関係事件に関するものであり，人事訴訟事件に適用はない。判例においては，離婚事件については最大判昭和39・3・25［百選86］と最判平成8・6・24［百選87］の2つの最高裁判決があり，一定のルールが示されていたものの，ルールの細部には不明確な点があり，また両判決の関係をどう捉えるかにも議論があった（⇒320頁）。離婚事件以外の分野については，最高裁判決もなく，管轄ルールが確立していたとはいえなかった。

　しかし，積み残されていたこの問題について，ようやく規定の整備がなされ

た。法制審議会国際裁判管轄法制（人事訴訟事件及び家事事件関係）部会が設置されて，2014（平成26）年4月から審議が重ねられた。その結果，2015（平成27）年2月に「人事訴訟事件及び家事事件の国際裁判管轄法制に関する中間試案」が取りまとめられ，法務省民事局参事官室「人事訴訟事件及び家事事件の国際裁判管轄法制に関する中間試案の補足説明」とともに公表され，意見照会手続に付された。寄せられた意見を踏まえてさらに審議が進められた結果，法制審議会総会は2015（平成27）年10月に，「人事訴訟事件及び家事事件の国際裁判管轄法制の整備に関する要綱」を採択し法務大臣に答申した。これに基づき作成された，「人事訴訟法等の一部を改正する法律」が成立し，2019（平成31）年4月1日から施行されている。

2 規定の概要

　平成30年人訴法等改正により，人事訴訟事件については人訴法3条の2以下に，家事事件（非訟）については家事事件手続法3条の2以下に，国際裁判管轄に関する明文規定が新設された。

　人事訴訟事件についての人訴法3条の2は，離婚事件や嫡出否認などの親子関係事件など類型ごとに区別することなく，すべての人訴事件に共通の規定となっている。同条の1号から7号までの管轄原因の多くは，従来の判例ですでに示されていたものであるが，6号のように新たに認められたものもある。

　人事訴訟事件についてと異なり，家事非訟事件については事件類型ごとに家事事件手続法3条の2から3条の12までに，個別の管轄規定が設けられた。管轄規定の内容は，非訟であるが実質的には争訟性が高く手続上対立する当事者が想定される事件と，そうではなくて国家による後見的な配慮による事件とで，異なっているように思われる。なお，家事調停事件については合意管轄も認められる（3条の13）。

　人事・家事事件のいずれについても，民訴法3条の9と同様に，特別の事情による訴え・申立ての却下の余地がある（人訴3条の5，家事3条の14）。

　人事訴訟事件共通の管轄規定を定める人訴法3条の2が離婚等の個別の事件類型においてどのような意味を有するかと，家事事件手続法3条の2以下の個々の家事事件についての管轄規定の内容については，第23章以下のそれぞ

れの箇所で説明する。

参 考 文 献

国際裁判管轄

　　池原季雄「国際的裁判管轄権」鈴木忠一＝三ヶ月章監修『新・実務民事訴訟講座 7』
　　　（日本評論社，1982 年）3 頁

　　法制審議会国際裁判管轄法制部会の議事録と配付資料および「国際裁判管轄法制に関
　　　する中間試案」と法務省民事局参事官室「国際裁判管轄法制に関する中間試案の補
　　　足説明」（平成 21 年 7 月）ならびに法制審議会国際裁判管轄法制（人事訴訟事件及
　　　び家事事件関係）部会の議事録と配付資料および「人事訴訟事件及び家事事件の国
　　　際裁判管轄法制に関する中間試案」と法務省民事局参事官室「人事訴訟事件及び家
　　　事事件の国際裁判管轄法制に関する中間試案の補足説明」（平成 27 年 3 月）につい
　　　ては，法務省ウェブサイト（http://www.moj.go.jp/）に掲載されている。

　　佐藤達文＝小林康彦編著『一問一答平成 23 年民事訴訟法等改正──国際裁判管轄法
　　　制の整備』（商事法務，2012 年）

　　内野宗揮編著『一問一答平成 30 年人事訴訟法・家事事件手続法等改正──国際裁判
　　　管轄法制の整備』（商事法務，2019 年）

　　中西康「国際裁判管轄──財産事件」新堂幸司監修『実務民事訴訟講座（第 3 期）第
　　　6 巻』（日本評論社，2013 年）305 頁

　　小林秀之編集代表『国際裁判管轄の理論と実務』（新日本法規出版，2017 年）

　　道垣内正人『ハーグ国際裁判管轄条約』（商事法務，2009 年）

第 15 章・16 章の参考文献（国際民事手続法の教科書）

　　石黒一憲『国際民事訴訟法』（新世社，1996 年）

　　小林秀之＝村上正子『新版 国際民事訴訟法』（弘文堂，2020 年）

　　古田啓昌『国際民事訴訟法入門』（日本評論社，2012 年）

　　本間靖規ほか『国際民事手続法〔第 2 版〕』（有斐閣，2012 年）

第 *16* 章

外国判決の承認執行

第 1 節　総　　説
第 2 節　承　認　要　件

> すでに外国で判決が下されている場合，一定の要件を満たすならば，わが国でもその効力は認められる。これが外国判決の承認である。また，外国判決に基づきわが国で強制執行することも可能であり，これは外国判決の執行と呼ばれる。本章では，外国判決の承認執行について，準拠法選択との関係などの基礎的な理解を押さえてから，その要件について概観する。

第 1 節　総　　説

1　準拠法選択との関係

　外国で締結された契約など，外国で発生した出来事を，わが国において法的に評価するには，本編第 1 部で説明した準拠法選択という方法だけでなく，外国判決の承認という方法もある。設例を 3 つ挙げて説明しよう。

> ⟨Case 16-1⟩　フランスのパリでAとBが売買契約を締結した（「本契約はニューヨーク州法により規律される」との準拠法条項が契約中に含まれていた）。その後，この契約が有効であるかについて，わが国の裁判所で判断されることになった。

　⟨Case 16-1⟩では，裁判所は，例えば契約の実質的成立要件については通則法 7 条により，準拠法をニューヨーク州法とし，ニューヨーク州法を適用して

判断する（⇒第18章第2節）。つまり，準拠法選択の方法による。

> ⟨ Case 16-2 ⟩　韓国のソウルでいずれもポルトガル国籍の男女 CD が婚姻届をし
> て，韓国の官庁が当該届を受理した。その後，この婚姻が有効に成立しているかに
> ついて，わが国の裁判所で判断されることになった。

　この ⟨ Case 16-2 ⟩ でも，裁判所は，例えば婚姻の実質的成立要件については
通則法24条1項によりポルトガル法を準拠法とし，ポルトガル法を適用して
判断する（⇒299頁）。つまり，準拠法選択の方法による。

　それでは次の ⟨ Case 16-3 ⟩ はどうだろうか。

> ⟨ Case 16-3 ⟩　ブラジルのサンパウロ州の地方裁判所がいずれもエクアドル国籍の
> 夫婦ＥＦに対して離婚判決を下した。その後，離婚が有効に成立しているかについ
> て，わが国の裁判所で判断されることになった。

　この ⟨ Case 16-3 ⟩ でも，⟨ Case 16-1 ⟩ と ⟨ Case 16-2 ⟩ のように準拠法選択の方
法によって，具体的には通則法27条によりエクアドル法を準拠法と定め（⇒
313頁），エクアドル法を適用して判断するのだろうか。そうではない。この
⟨ Case 16-3 ⟩ においては，すでにブラジルの裁判所が判決を下している。そこ
で，わが国の裁判所は民訴法118条により，この外国判決がわが国で承認され
るかを判断する。承認されるのであれば，その判決に基づいて離婚が成立して
いると扱われるのであって，一から準拠法を適用して判断するわけではない。
これが，**外国判決の承認**である。承認の対象となる外国判決を下した国を**判決
国**，その判決の承認が問題となっている国を**承認国**と呼ぶ。

　⟨ Case 16-1 ⟩，⟨ Case 16-2 ⟩ と，⟨ Case 16-3 ⟩ の違いはどこにあるのだろうか。

　⟨ Case 16-1 ⟩ では，私人により契約が締結されており，フランスの国家機関
は何ら関与していない。⟨ Case 16-2 ⟩ では，たしかに韓国の官庁は婚姻届を受
理して，関与はしている。しかし，日本の戸籍窓口と同様にほとんどの国の官
庁は，婚姻届を受理したことで，婚姻を有効に成立させるという決定は下して
いないだろう。無効事由があれば後に裁判所で争う余地を認めているだろう。

　これに対して ⟨ Case 16-3 ⟩ で問題となっているのは，外国裁判所の判決であ
る。ここでは，ブラジルの裁判所は判決という形で具体的な決定を下している。

そこで，それを承認するかという，外国判決の承認の方法がとられている。

　では，準拠法選択と外国判決の承認は，どのような関係にあるのだろうか。前訴判決があればそれが実体法上かりに間違っていたとしても，訴訟の世界では，実体法上の問題についての再度の判断がなされることなく，前訴判決の既判力によって物事が処理されてゆく。ところで，前訴判決が日本国内の裁判所ではなく外国の裁判所の判決である場合には，日本の訴訟法の世界の外にある。したがって，それがわが国で効力を有して日本国内の他の裁判所の前訴判決と同様に扱われるか，という段階が付け加わる。これが，外国判決の承認である。訴訟法上は，両者は以上のような関係にあると説明できる。

> 訴訟の世界を離れた説明についてはすでにふれたが（⇒9頁），重要なのでもう一度説明しよう。外国判決がまだ下されていない場合，ある実体法上の問題について，「もし3年間の別居があれば（法律要件），離婚請求は認められる（法律効果）」というような外国の抽象的・仮定的な法規範（**準則**）が，複数考えられる候補のうちからいずれかの国の準則が選択され，適用されることで，具体的結論が得られて処理される。これが準拠法選択である。これに対して，すでに外国判決がある場合，問題に対してすでに外国において，抽象的・仮定的な法規範（準則）を適用することによって，「当該夫婦を離婚する」というような具体的で断定的な**決定**がなされている。そこで，この場合には選択ではなく，この決定を承認するかしないかが問題となり，これが外国判決の承認である。このように両者の方法は，外国での決定があるかないかによっていずれが使われるか異なるが，いずれも，外国の法規範をわが国に受け入れる制度という意味では共通する。

2 外国判決承認制度の根拠

　わが国が外国判決承認制度を設けている（民訴118条）のはなぜか。

　まず前提として，外国判決は外国の主権である司法権の作用の結果である。したがって，当然にはわが国では効力をもたない。

　では，外国判決を承認しなければならないという，慣習国際法上の義務はあるだろうか。これについては，一般には，存在しないと考えられている。

　ということは，わが国は国際法上，命じられているからではなく，自発的，主体的な判断として，外国判決の承認制度を設けていることになる。関係する各当事者の立場を考えてみよう。

　まず，外国訴訟で勝訴した当事者の立場を考えると，せっかく外国で裁判に勝ったのにもう一度わが国で裁判をやらないといけないのでは，外国での訴訟

活動が無駄となり，時間と労力の点で酷であると思われる。

　これに対して，外国訴訟で敗訴した当事者の立場はどうだろうか。たしかに敗訴当事者にとっては，もう一度，わが国で最初から同じことを争うことができるのであれば都合がいいであろう。しかし，外国ですでに攻撃防御を尽くして敗訴したのであれば，にもかかわらずもう一度わが国ではじめからやり直しができるとするのは虫が良すぎるのではなかろうか。

　さらに，社会ないし国家からすると，次のようにいえる。まず，ある国の判決が別の国でも効力を認められるとすると，国際的な法的交流が安心できて，活発になるだろう。また，外国判決を承認するわが国の立場からすると，外国判決を承認することにより，自国で本案審理を再度行う必要がなくなり，わが国裁判所の人的・物的資源を節約できる。

　以上のような理由から，わが国は自発的に，外国判決承認制度を設けている。しかし，上の説明からも明らかなように，無条件に承認するのではなく，一定の要件を課している（民訴118条1号〜4号）。

③ 基 礎 理 論

　外国判決の承認執行について，いくつかの基礎理論をあらかじめ説明する。承認要件などの個々の解釈問題を，これらの基礎理論を通して整理することができるからである。

(1) 実質的再審査の禁止

　外国判決の承認要件として例えば，外国判決の事実認定および法適用が間違っていないこと，という要件を課すことは妥当だろうか。このような審査をすることは，まるで，国内の上級審裁判所が，下級審裁判所の判決を再審査するのと同様である。このようなことをすれば，外国判決を承認しないのと実質的に変わるところがない。

　そこで，**実質的再審査の禁止**が基本原則となっている。この原則は，外国判決を承認するか否かの審査の際に，実質的再審査，すなわち，外国裁判所の事実認定や法適用について外国判決が間違っていないかをチェックすることを禁止するという原則である。沿革的理由から（⇒187頁），これについては外国判

決の執行に関する民事執行法24条4項に規定されているが，当然のこととして外国判決の承認についてもあてはまる。

Column 16-1　実質的再審査の禁止の意義と射程

実質的再審査の禁止の原則から，準拠法選択と外国判決の承認の関係についてもう一度考えてみると，両者の使い分けの理由がよりよく理解できる。準拠法選択の方法による〈Case 16-1〉と〈Case 16-2〉では，外国でまだ国家機関による具体的・断定的な決定は下されていない。したがって，わが国で評価するに際して，準拠法を選択してそれを適用することで一から評価することに十分な理由がある。これに対して〈Case 16-3〉では，外国で裁判所による判決という，具体的・断定的な決定が行われている。そうだとすれば，準拠法を選択，適用することで，すでに外国で行われたことと同じことを繰り返して（実質的再審査），一から評価するのではなく，すでに下された具体的決定を承認するか否かという，外国判決の承認の方法で評価するのが望ましいと思われる。

もっとも，具体的に何が実質的再審査にあたって許されないかは，明確ではない。

この禁止に違反したとされる裁判例として，東京地判平成3・2・18がある。この判決は，最判平成9・7・11［百選96］（⇒〈判例 16-1〉）の第1審判決で，懲罰的損害賠償を命じるカリフォルニア州判決の承認執行を拒絶したのであるが，問題はその理由づけである。東京地裁は，本件外国判決の認定事実から懲罰的損害賠償を命じる要件である意図的不実表明などを認定するのは，経験法則および論理法則に照らしていかにも無理があり，薄弱な根拠に基づき巨額の懲罰的損害賠償を命じる外国判決を承認することは，民訴法118条3号の公序違反であるとした。この判旨は要するに，カリフォルニア州裁判所と同じ観点から，カリフォルニア州法に関するその法適用が間違っていたといっていることになる。したがって，実質的再審査の禁止にふれると考えられる。

これに対して，承認要件の1つである，判決を下した国が国際裁判管轄を有していたことという間接管轄（民訴118条1号⇒191頁）を判断するに際して，外国判決の事実認定に拘束されず，新たな証拠の提出を認めることは，実質的再審査の禁止にふれるであろうか。考えは分かれるが，承認要件の審査のために事実を認定することは，外国裁判所の行ったことの繰り返しではない。なぜなら，外国裁判所はその国の国際裁判管轄ルールに照らして管轄があるかを判断するために，事実認定を行ったのであるからである。そうだとすると，実質的再審査の禁止にふれないのではなかろうか。

以上については⇒中西康「外国判決の承認執行における révision au fond の禁止について(1)～(4・完)」法学論叢135巻2号1頁，4号1頁，6号1頁，136巻1号1頁（1994年）。

---

(2)　外国判決承認の効果

　承認された外国判決は，わが国でどのような効果を有するのだろうか。また，判決は様々な効果を有するが，それらがわが国で効力を有するかについての判断方法は同じなのだろうか。順にみていこう。

　(a)　既判力　　既判力は外国判決の本来的効力であるから，外国判決承認制度を通してわが国での効力の有無が判断される。既判力について問題となるのは，例えば判決理由中の判断に対して，判決国法上認められる既判力の範囲と，承認国法上認められる範囲が異なる場合に，どの範囲の既判力が承認国で認められるかである。承認自体についての理解として，判決国で判決に認められる効力が承認国に拡張されて及ぶと理解するか，外国判決に対して承認国で内国判決と同一の効力を付与すると理解するかによって，結論が異なってくる。一般的には前者の理解がとられており，したがって基本的に判決国法上の効力が承認国でも与えられると考えられている。ただし，あまりに広すぎる場合に公序などにより調整する余地は認められる。

　(b)　法律要件的効力（構成要件的効力）　　これは既判力の対極にある。法律要件的効力とは，債権の消滅時効が確定判決により 10 年に延長される（民 169条）のが典型例で，実体法が，判決の存在を実体法上の法律効果発生のための要件としている場合である。これは，外国判決の本来的効力の承認の問題ではない。なぜなら，外国判決は消滅時効の延長の点については，具体的決定を下しているわけではないからである。したがって，準拠法選択の問題である。まず，債権準拠法を決定し（契約債権であれば通則法 7 条以下），それが日本法であるならば，民法 169 条の「確定判決」に，外国判決も該当すると解釈されるかと考えていくことになる。

　(c)　形成力　　形成力は，既判力と法律要件的効力の中間にある。例えば，離婚判決によって発生する離婚という効果は，離婚判決自体の本来的効力と考えるべきなのであろうか。そうだとすれば，既判力と同じように外国判決承認の問題となる。これに対して，離婚判決が存在することが，実体法が定める要件に該当して，離婚という身分変動が生じると考えると，法律要件的効力と同様に，通則法 27 条により定める離婚準拠法の問題となる。かつては争いがあったが，現在では形成力は既判力と同様に，判決の本来的効力として民訴法

118 条による外国判決の承認の問題として処理する考え方が一般的である（なお⇒323 頁）。

> **Column 16-2　外国判決に記載のない利息の承認執行**
>
> 　以上をまとめると，それぞれの効力が外国判決の本来的効力なのか，すなわち，外国判決がすでに具体的に決定していることなのかがここでも，外国判決の承認か，準拠法選択かの区別の基準となっている。このような観点から考えると，最判平成 9・7・11（⇒ 190 頁）で問題となった，外国判決に記載のない利息の承認執行の可否の問題も処理することができる。そこでは，執行が求められたカリフォルニア州判決には判決言い渡し日からの遅延利息について，日本と異なり，明文の記載がなかったが，カリフォルニア州法上は利息が発生することになっていた。最高裁は，外国判決に記載されていなくても，判決自体に記載するか，判決には記載せず法律の規定によってこれについても執行力を認めることにするかは，技術的な事柄であるとして，記載されていない利息についても執行を認めた。本件利息は黙示的ではあるが，カリフォルニア州では利率も一義的に確定しているので，わが国では判決主文に明文で記載されている利息と同等であると考えられ，したがってその点の決定が判決国でなされていると考えられるので，承認執行の対象としてよいだろう。

(3)　自動承認の原則

　外国判決の承認のためには，あらかじめ裁判所での特別の手続を必要とする国もある。そのような国では，承認要件を満たす外国判決であっても，その種の特別な手続が行われるまでは承認国で効力がないものと扱われる。しかし，わが国では外国判決の承認についてそのような特別な手続は不要である。したがって，わが国での後訴において，前訴外国判決の既判力に基づきそれにふれる攻撃防御方法を却下することは，その外国判決が承認要件を満たしていれば可能である。これを，**自動承認の原則**と呼ぶ。

　もっとも，「自動」承認とはいっても，外国判決は無条件で承認されるのではなく，民訴法 118 条各号の承認要件は審査される。承認のための特別な手続は不要であるという，単なる手続の問題にすぎない。

　自動承認の原則の意味が問題となるのは，外国判決承認要件審査の基準時である。外国での判決確定時と，現在わが国でその外国判決が裁判で実際に問題となっている時点との間に，事情の変化があった場合に問題となる（東京高判平成 5・11・15［百選 95］⇒ **判例 16-6**）。

　承認に対して，外国判決に基づきわが国で強制執行する**外国判決の執行**の場

合には，あらかじめ**執行判決**という執行許可を得ることが必要である（民執22条6号，24条）。これは，裁判機関と執行機関が分離されており，執行機関は債務の存在について実質的判断はできないので債務名義が必要であるところ，内国判決とは異なり外国判決の場合には，承認されないと効力がなく，その執行力の有無の判断は執行機関には複雑であるから，あらかじめ裁判所による執行判決を必要としたものである。

　　1890（明治23）年制定の民事訴訟法には，514条，515条に外国判決の執行の規定が置かれているのみで，外国判決の承認に関する規定はなかった。しかしながら，例えば債権者が外国で提訴したが敗訴し，にもかかわらず同一事件についてわが国で再度提訴した場合において，外国で提訴した債務者が，外国前訴判決の既判力に基づいて債権者の攻撃防御方法の却下を求める場合を考えると，外国判決の執行は問題とならないが承認が問題となるという場合がある。そこで，1926（大正15）年の改正で，外国判決の承認に関する規定も200条に設けられ，これが現在の118条に至る。

第2節　承　認　要　件

1　総　　説

　外国判決の承認要件は民訴法118条に規定されているが，外国判決承認制度の根拠から逆に導き出すことができる。全体像は以下のとおりである。

　まず前提として，承認対象となる判決は何かという承認適格性の問題があり，民訴法118条柱書に規定されている（⇒188頁）。

　個々の承認要件は民訴法118条1号から4号に規定されているが，以下のように分類できる（⇒191頁）。

　すでに外国で下された決定である外国判決を，実質的再審査をせずにわが国に受け入れるのであるから，その際の審査は，外国判決が下されるに至った手続が適正なものであったのかの点が中心となる。このうち，よく問題となる点は括り出して個別に規定されている（間接管轄〔1号〕と訴訟手続開始文書の送達〔2号〕）。しかし，これら以外にも手続面で問題となる場合はありえるので，そのような審査の受け皿となる規定が必要となり，それは3号のうちの手続的公序である。

　これに対して，外国判決の内容面の審査は原則として行われない。しかし，準拠法選択における国際私法上の公序（通則法 42 条⇒第 11 章）と同様に，承認国として，渉外事案であっても譲ることのできない基本的秩序・価値を守るための安全弁は必要である。これが，民訴法 118 条 3 号のうちの実体的公序である。

　最後の 4 号の相互の保証は，外国判決承認制度の根拠（⇒182 頁）から考えると位置づけが困難な，政策的な要件である。

2　承認適格性

　外国判決承認の対象となりうるのは，「外国裁判所の確定判決」である（民訴 118 条柱書）。これについて，「外国」（未承認国の判決も含まれるかなど），「裁判所」（行政裁判所であっても民事事件について裁判する権限があれば含まれるなど）についても問題となりうるが，以下では，「確定」，「判決」，民事性について説明する。

(1)　確　　定

　外国判決は未確定状態では承認の対象とならない。未確定段階で承認すると，その後に上級審で判決が覆った場合に混乱するからである。確定しているとは，一般に，判決国法上，もはや通常の不服申立てができない場合をいう。婚姻関係が破綻している夫婦間で，子を妻の監護に付するイタリアの命令が，暫定的であることを理由に未確定であるとした最判昭和 60・2・26 があるが，暫定的，すなわち将来的に判断が変わりうるからといって，未確定とはいえないのではないかとの批判がある。

(2)　判　　決

　最判平成 10・4・28 ［百選 94］（⇒ **判例 16-3**）の事案では，香港高等法院の訴訟費用負担命令の承認執行が問題となったが，名称が命令であり，また具体的な費用を確定したのは裁判所書記官であった。最高裁は，外国裁判所の判決とは，「外国の裁判所が，その裁判の名称，手続，形式のいかんを問わず，私法上の法律関係について当事者双方の手続的保障の下に終局的にした裁判を

いうものであり，決定，命令等と称されるものであっても，右の性質を有する
ものは，……『外国裁判所の判決』に当たる」と判示して，承認対象となるこ
とを認めた。

> 平成30年人訴法等改正の法制審議会においては，外国離婚判決などの人事訴訟におけ
> る外国判決について，民訴法118条の対象となり同条がそのまま適用されるとの了解で
> 議論がなされた。これに対して，日本において非訟事件で処理される子の監護処分など
> の，家事事件についての外国非訟裁判の承認については，家事事件手続法79条の2に規
> 定が新設され，承認要件は，その性質に反しない限り民訴法118条の規定が準用される。
> それぞれの承認要件も含めて議論の詳細については⇒第23章第3節 **5**，第24章第6節。

(3) 民事判決

「外国裁判所の確定判決」という文言には現れていないが，最判平成10・
4・28［百選94］（⇒ **判例 16-3** ）も，「私法上の法律関係」と述べているよ
うに，民事判決に限られ，刑事事件で罰金を課すような判決は民訴法118条の
対象とはならない。なぜか。

> **Case 16-4** 甲国の税務当局が税金を滞納しているYに対して，租税の支払いを
> 求める訴えを甲国裁判所に提起して勝訴判決を得た。甲国税務当局はこの判決に基
> づき，Yの日本所在の財産に対する強制執行をわが国裁判所に求めている。

この **Case 16-4** のように，租税の支払いを命じる外国判決の承認執行がわ
が国で求められても，民訴法118条による承認適格性はない。ただし，外国の
非民事判決をわが国が自発的に承認しても，わが国の主権侵害になるわけでは
ない。むしろ問題なのは次の点である。

対等な私人間の民事紛争に与えられる解決は，判決国のものとわが国のもの
とで異なることがありえるが（例えば，相続人が誰になるか），基本的に国家とし
ては直接の利害関心（公益）を有する問題ではないために，互換可能なもので
ある。このことを前提にして，外国の民事判決を原則的には手続面のチェック
だけで承認するという，外国判決承認制度は成り立っている。これに対して，
租税や刑事などの非民事事件では，各国が高度の利害関心を有し，各国の利害
関心に互換性がない。したがって，ある国からその利害関心の実現を求められ
た国は，通常，自らの利害関心の実現にも相手が協力することを見返りとして

要求する。例えば犯罪人の引渡に関する条約や，二重課税の回避などに関する租税条約であり，これが**共助**のルートである。このような仕組みになっているため，外国の非民事判決を外国判決承認制度のルートに乗せることは，共助ルートのバイパスにつながるのでしないのである（なお⇒15頁）。

　この点は，懲罰的損害賠償の支払いを命じる外国判決の承認執行に関する，次の最高裁判決の事例で問題となった。

〈判例 16-1〉　**最判平成 9・7・11：百選 96**

【事実】日本法人Y₁は米国子会社Aを通じてオレゴン州への工場進出を企画したがトラブルとなり，Y₁とその社長Y₂が，カリフォルニア州裁判所により，補償的損害賠償約42万ドルに加えて，懲罰的損害賠償として約112万ドルの支払いを命じられた。勝訴した原告は，このカリフォルニア州判決に基づきわが国で執行することを求めたが，第1審から最高裁までいずれも，懲罰的損害賠償の部分については承認執行を認めなかった。

【判旨】懲罰的損害賠償制度は，「悪性の強い行為をした加害者に対し，実際に生じた損害の賠償に加えて，さらに賠償金の支払を命ずることにより，加害者に制裁を加え，かつ，将来における同様の行為を抑止しようとするもので……，その目的からすると，むしろ我が国における罰金等の刑罰とほぼ同様の意義を有するものということができる。これに対し，我が国の不法行為に基づく損害賠償制度は，被害者に生じた現実の損害を金銭的に評価し，加害者にこれを賠償させることにより，被害者が被った不利益を補てんして，不法行為がなかったときの状態に回復させることを目的とするものであり……，加害者に対する制裁や，将来における同様の行為の抑止，すなわち一般予防を目的とするものではない」。したがって，本件外国判決のうち，懲罰的損害賠償の支払いを命じる部分は，わが国における不法行為に基づく損害賠償制度の基本原則ないし基本理念と相いれず，現行民訴法118条3号の公序違反である。

　なお，最高裁はこの事件について同一年月日の別判決（民集51巻6号2530頁）で，カリフォルニア州判決に記載のない判決言い渡し日からの遅延利息についても執行を認めている（これについては⇒ Column 16-2 ）。

【コメント】第2審の東京高判平成5・6・28は，「懲罰的損害賠償は，むしろ我が国の法制度上は罰金に近い刑事法的性格を持つものとみるべき」として，承認適格性を認めなかった。これに対して最高裁は，承認適格性についてはふれずに，民訴法118条3号の公序違反として承認しなかった。公序違反と判断する前提として承認適格性を認めているとして，最高裁は承認適格性は認めたとの理解が有力である。ただ，判決の読み方としては，同じ承認拒絶という結論が3号違反で得られたからそうしただけであって，承認適格性については何も判断していないとの読み方もできると思われる。なお，3号の公序違反の点については⇒200頁。

---

③ 承認要件

(1)　間接管轄（1号）

判決国が訴訟当事者および事件と何ら無関係であるような外国判決を考えてみるとわかるが，判決を下した裁判所が，当該事件における裁判機関として適格であったことを確保することが，外国判決を承認するための要件として必要である。これを定めているのが，1号であり，間接管轄と呼ばれる（直接管轄との違いについては⇒154頁）。なお，1号は裁判権という用語を用いているが，これは狭義の裁判権だけでなく，国際裁判管轄も含む。

1号に関しても最も問題となるのは，その判断基準である。まず，判決国が間接管轄を有することを，判決国からみて審査するのか，承認国であるわが国からみて審査するのかが問題となるが，判決国自身の国際裁判管轄ルールに照らして審査するのでは，判決国は自国のルールに照らして国際裁判管轄を肯定したはずであるから1号要件が無意味となるし，判決国がしたことの繰り返しになり実質的再審査の禁止に反する。間接管轄の趣旨から考えても，わが国からみて適切な判決国でなければならないから，わが国の基準によって審査するというのが通説である。最高裁も1号は，わが国の国際民訴法の原則からみて，当該外国裁判所の属する国がその事件について国際裁判管轄を有すると積極的に認められることと判示している（最判平成10・4・28［百選94］〔⇒ 判例 16-3 〕，最判平成26・4・24［百選92］〔⇒ 判例 16-2 〕）。

次に，間接管轄の審査基準が，わが国の**直接管轄の基準と同一か**が問題となる。従来，直接管轄と間接管轄は裏表の関係にあるから，両者の基準は同一であるとする同一説が多数であった。これに対して，すでに外国判決が存在する間接管轄の審査については，直接管轄よりも緩やかな審査でよいとして，両者の基準は必ずしも同一ではないとの非同一説も有力であった。

> 判例 16-2 **最判平成 26・4・24：百選 92**
> 【事実】カリフォルニア州法人であるXは，眉のトリートメントを扱うサロンの経営等を行う会社であり，眉のトリートメント技術および情報を保有している。
> 　Xは，平成15年12月，日本法人である訴外Aとの間で，日本国内における本件技術等の独占的使用権等をAに付与する契約を締結し，平成16年4月，カリフォ

ルニア州内のＸの施設において，当時Ａの従業員であったＹ₁らに対し，本件技術等を開示して指導をした。

ところが，Ｙ₁らは，平成 18 年にＡを退職し，株式会社Ｙ₂を設立して同社の取締役に就任し，Ａの従業員であったＹ₃らも退職して，Ｙ₂に雇用された。Ｙ₁らおよびＹ₃らは，Ｙ₂が日本国内において開設・開講した，眉のトリートメントのサロンおよび技術指導をする教室において，眉のトリートメント技術を使用した。

Ｘは，本件技術等の不正な開示および使用を理由に，カリフォルニア州の連邦地方裁判所に対し，Ｙらを被告として，損害賠償および差止めを求める訴えを提起し，同裁判所は，平成 20 年 10 月，Ｙらに対し，損害賠償のほか，日本国内および米国内における本件技術等の不正な開示および使用の差止めを命ずる旨の判決を下した。

Ｘは，本件米国判決のうち懲罰的損害賠償を命じた部分を除く部分についてわが国での執行を求めた。原審は，本件米国判決のうち損害賠償を命じた部分および差止めを命じた部分のいずれについても間接管轄を認める余地はないとした。これに対して最高裁は，以下のように判示して，原審に差戻しを命じた。

【判旨】「人事に関する訴え以外の訴えにおける間接管轄の有無については，基本的に我が国の民訴法の定める国際裁判管轄に関する規定に準拠しつつ，個々の事案における具体的事情に即して，外国裁判所の判決を我が国が承認するのが適当か否かという観点から，条理に照らして判断すべきものと解するのが相当である。」

違法行為により権利利益を侵害され，または侵害されるおそれがあるとして差止請求を認めた外国判決について間接管轄の有無を判断する場合において，「民訴法 3 条の 3 第 8 号の『不法行為があった地』が判決国内にあるというためには，仮に被告が原告の権利利益を侵害する行為を判決国内では行っておらず，また原告の権利利益が判決国内では現実に侵害されていないとしても，被告が原告の権利利益を侵害する行為を判決国内で行うおそれがあるか，原告の権利利益が判決国内で侵害されるおそれがあるとの客観的事実関係が証明されれば足りる」。

【コメント】間接管轄の審査基準に関する本件判旨第 1 段落の前段につき，最判平成 10・4・28［百選 94］（⇒◀**判例 16-3**▶）では，「基本的に我が国の民訴法の定める土地管轄に関する規定」に準拠して判断するとしていた。平成 23 年民訴法等改正を受けて，本判決はこの部分を，「民訴法の定める国際裁判管轄に関する規定」，すなわち民訴法 3 条の 2 以下の規定に準拠して判断すると修正した。なおそこには，3 条の 9 も含められるべきであろう（なお⇒173 頁）。

この判断枠組みが同一説であるか非同一説であるかについて，評価は分かれている。もっとも，同一説でも非同一説でも，まずはわが国の直接管轄に関する基準に照らして判断する点では変わりはない（例えば，日本の特許権の移転登録等を命じる韓国判決について，専属管轄に関するルールに照らして間接管轄を否定した，名古屋高判平成 25・5・17［百選 93］参照）。また，直接管轄の場合にも 3 条の 9 による個別調整の余地があるので，同一説，非同一説のいずれによっても，結局は間接管轄において個別調整が行われる点で違いはない。ただ細かく見ると，直接管轄

　の場合は3条の2以下による第1段階で管轄が肯定された場合にそれを3条の9で例外的に否定することしか定められていないのに対して，間接管轄については判示後半部分からすると，第1段階で管轄が否定されても個別事情に照らして第2段階で例外的に肯定することも可能であり，その点で違いがあるといえるかもしれない。

　なお最高裁は間接管轄の具体的判断においては，予防的差止請求の場合の不法行為地（3条の3第8号）には不法行為が生じるおそれのある地も含まれる（なお⇒163頁）とし，また不法行為地管轄における管轄原因事実と請求原因事実の符合のときの直接管轄の場合の処理（⇒ Column 15-3 ）と同一の処理を間接管轄の場合にも行うとすることで，予防的差止請求を認めた部分について間接管轄を認める可能性があるとし，したがって，それとの客観的併合（3条の6）に基づき，損害賠償を認めた部分についても間接管轄を認める可能性がある，と判断している。

(2)　訴訟手続開始文書の送達（2号）

　外国判決承認制度の根拠を考えた際に，敗訴当事者としては，判決国で十分に争って負けたのだから，という点を指摘した。逆にいうと，自分の知らない間に訴えられて防御できずに敗訴した被告は保護しなければならない。そこで2号は，訴訟開始時における被告に対する手続保障をはかる規定であり，訴状の送達がなされていることを要件とする。もっとも手続保障のうち，この規定では保護されない場合として，訴訟開始時点ではなくそれ以降の訴訟期日に呼び出されなかった場合などが考えられ，これは3号でカバーすることになろう。

　送達のやりかたは国によって異なる。また，外国へと送達を行う場合には司法共助に基づく手続がとられ，そのことからも問題が生じる。

> ### Column 16-3　国際司法共助
>
> 　甲国裁判所で訴えが起こされたが，被告が別の乙国に居住している場合に，訴状を被告にどのように送達すればよいだろうか。また，この訴えの審理のために必要な証拠が乙国に所在している場合に，どのように証拠を収集すればよいだろうか。このような場合に裁判所が行う行為は，裁判権の行使であって，他国である乙国領域内で甲国裁判所が直接行うことは許されない。しかし，訴状の送達などが行えなければ裁判を進行させることができない。そこで各国は，訴訟手続に関して相互に協力しあう仕組みを構築している。これを国際司法共助と呼ぶ（なお⇒189頁）。上記の場合には，甲国で裁判が行われ，乙国に送達の実施などへの協力が甲国から嘱託されるので，甲国を嘱託国，乙国を受託国と呼ぶ。
>
> 　国際司法共助に関しては各国間で条約が締結されている。わが国は，ハーグ国際私法会議で作成された，1954年の民事訴訟手続に関する条約（昭和45年条約第3号）と1965年の民事又は商事に関する裁判上及び裁判外の文書の外国における送

達及び告知に関する条約（昭和 45 年条約第 7 号）という 2 つの多国間条約を締結
しているほか，多くの国と二国間での取決めを結んでいる。なお，わが国から外国
に嘱託する場合にどのような手続で行われるかと，外国からの依頼をわが国が受託
した場合にどのように訴状の送達などを実際するかについては，民訴法 108 条，
184 条，外国裁判所ノ嘱託ニ因ル共助法，民事訴訟手続に関する条約等の実施に伴
う民事訴訟手続の特例等に関する法律などに規定されている。

　2 号前段の，訴状の送達がなされたかについて，次の最高裁判決が判断枠組
みを示している。

> **判例 16-3**　**最判平成 10・4・28：百選 94**
> 【事実】日本在住の Y₁（その妻が A）が取締役を務める Y₂ 会社が Z 銀行から融資を
> 受けるにあたり，香港在住の X₁（Y₁ の兄弟）とその妻 X₂ が保証人となった。
> 　香港で，Z が X らに保証債務の履行を請求した第 1 訴訟を発端に，Y らと X らとの
> 間で第 4 訴訟までの一連の訴訟から起こされたが，この本案では実質的には，X
> らが全面勝訴した。
> 　本案判決後，X らは Y らに対する訴訟費用負担命令の申立てを行った。申立書は
> 香港高等法院の許可の下，X らの依頼に基づき日本の弁護士を通じて Y らに直接交
> 付された。Y ら代理人の聴聞手続を経て（ただし，Y らは，国際裁判管轄が存在し
> ないと主張していた），訴訟費用全額の償還が Y らに命じられて確定した。この訴
> 訟費用負担裁判について，日本での執行が求められ，最高裁は執行を認めたが，民
> 訴法 118 条 2 号につき，次のように判断した。
> 【判旨】2 号前段の「訴訟の開始に必要な呼出し若しくは命令の送達」は，①「被
> 告が現実に訴訟手続の開始を了知することができ」，かつ，②「その防御権の行使
> に支障のないものでなければならない」。のみならず，訴訟手続の明確と安定を図
> る見地からすれば，③「裁判上の文書の送達につき，裁判国と我が国との間に司法
> 共助に関する条約が締結されていて，訴訟手続の開始に必要な文書の送達がその条
> 約の定める方法によるべきものとされている場合には，条約に定められた方法を遵
> 守しない送達は，同号所定の要件を満たす送達に当たるものではない」。本件では，
> 上記③を満たさないので，2 号前段の所定の送達と言えない。
> 　他方，2 号後段の被告が「応訴したこと」とは，「いわゆる応訴管轄が成立する
> ための応訴とは異なり，被告が防御の機会を与えられ，かつ，裁判所で防御のため
> の方法をとったことを意味し，管轄違いの抗弁を提出したような場合もこれに含ま
> れる」。本件では Y らはこのような応訴をしているので，2 号の要件を満たす。
> 【コメント】2 号前段につき③の要件が必要な理由として，送達が行われた国の主
> 権侵害を挙げる見解もある。しかし，この見解では，被告の応訴があれば 2 号後段
> で要件は満たされることが説明しづらい。主権侵害が，私人の行為により不問に付

されることになってしまうからである。判決は，「訴訟手続の明確と安定を図る見地」を理由として挙げるが，判決国と承認国との間の，司法共助に関する条約の遵守の実効性確保のためと思われる。つまり，送達に関する条約に違反して送達がなされた時点で，それ自体を問題とすることは実際上困難であるので，下された判決がわが国で承認されるかという後の時点において，その承認を拒絶することによって，違反に対して制裁を加え，そのことで遡って条約にのっとった送達をさせるというねらいなのであろう。また，このようにすると，送達を受けた被告はどのように対応すべきか明確に判断できるので，訴訟手続の明確と安定が図られる。

なお，2号後段に関する判示については後述（⇒ 196頁）。

最判平成10・4・28［百選94］（⇒ 判例 16-3 ）の事案では，原告側から依頼された日本の弁護士によって，訴状が被告に直接手渡された。これは，送達を裁判所が職権で行う日本などと異なり，英米法系では当事者間で行われるものとされているからである。当時香港につき主権を有していた英国と日本の間に司法共助に関して日英領事条約と1965年のハーグ送達条約が締結されていたが，いずれにも，本件のような，訴状の直接交付の方法は規定されていなかった。したがって，上記判旨中の③が満たされていないとして，それだけで，2号の送達とはいえないとされた。

③のテストを満たしている場合もなお，①と②による審査が残る。およそ訴状の送達とは思われないような形での送達や，被告が全く理解できないような言語で書かれている訴状は，①のテストをクリアできない。また，送達された日と期日との間にあまりに短い期間しかなければ，②のテストをクリアできない。

米国に居住する日本人被告に対する同国内での送達であるため③の要件が問題とならないが，①と②の要件を個別の諸事情（被告の語学力等）を考慮に入れて審査して，2号の要件を満たすと判断した事例として，東京高判平成27・9・24。

Column 16-4　アメリカからの直接郵便送達

直接交付のほかに問題となるのは，アメリカなどから訴状が直接郵送されてくる場合である（例えば，東京地八王子支判平成9・12・8）。従来は，次のように考えられていた。まず，③のテストに関して，アメリカと日本との間には，1965年のハーグ送達条約があり，その10条「この条約は，名あて国が拒否を宣言しない限り，次の権能の行使を妨げるものではない」とし，a号からc号まで定めるが，日本はa号（「(a)外国にいる者に対して直接に裁判上の文書を郵送する権能」）につ

いて拒否宣言をしていなかった。にもかかわらず，直接郵送はハーグ送達条約の定
める送達方法ではないとして上記③のテストで一律に２号の送達といえないとする
のは難しいのではないか。そうだとすると，あとは，①と②のテストで判断される
ことになる。

　しかし，2018（平成30）年12月に日本政府は，ａ号についても拒否宣言を行っ
た。したがって今後は，このような送達は上記③のテストでただちに２号の送達と
いえないとされることになる。

　以上の場合のほか２号前段は，公示送達その他これに類する送達は，２号の
送達とはいえないとする。類型的に手続保障として不十分と考えたものである。

　もっとも，以上のように送達がなされていないとしても，被告が訴訟の開始
を知って，応訴した場合には，２号の要件は満たされる（２号後段）。このよう
な場合には，被告の手続保障というこの規定の趣旨から，もはや被告を保護す
る必要はないからである。なお，ここでの応訴は応訴管轄が生じるための応訴
とは異なり，最判平成10・4・28［百選94］（⇒ 判例 16-3 ）が判示するよう
に，国際裁判管轄を争った場合でもよい。

(3)　公序（３号）

　３号は「判決の内容及び訴訟手続」が日本における公序に反しないことを要
求する。この規定は，２つの側面をもっており，これを区別して整理すること
が必要である。

　(a)　手続的公序　　外国判決の承認は実質的再審査をしないことを前提とし
ているので，原則として，外国判決は一定の手続的な要件の審査のみで承認さ
れる。手続的な要件のうちで，よく問題となる間接管轄と訴訟手続開始文書の
送達は，括り出されている（１号，２号）。しかし，それ以外にも手続的に問題
となる外国判決はありうる。例えば，裁判官が買収されていた場合であり，１
号と２号から漏れた手続チェックの受け皿となる規定が必要である。これが３
号のうちの，「訴訟手続」が公序に違反しないことという部分である。これを
手続的公序と呼ぶが，以上の説明からわかるように，手続的公序は外国判決承
認要件の本来的な中核部分と考えられる。

　平成８年改正前の旧民訴法200条３号では「訴訟手続」の部分は存在してい

なかった。しかし，学説では同号に手続的公序も含むとの理解が一般的であった。判例も，最判昭和 58・6・7 ［百選 98］がこの理解に立った。このような判例学説を現行の民訴法 118 条 3 号は明文化した。

　訴訟手続は国によって異なるから，日本の手続制度と異なるだけで，手続的公序に反するわけではない。問題とすべきなのは，訴訟手続である以上は最低限遵守されるべき，司法制度あるいは手続上の基本原則ないしは基本理念とわが国が考えるものである。具体的には，裁判官の独立性・中立性の保障，当事者に対する審問請求権の保障，対審構造などが問題となる。

> ◀ **判例 16-4** ▶　**最判平成 31・1・18：百選 97**
>
> **【事実】**　X らは，米国カリフォルニア州の裁判所に，Y ほか数名を被告として損害賠償を求める訴えを提起した。日本在住の Y は，弁護士を代理人に選任して応訴したが，訴訟手続の途中で弁護士が裁判所の許可を得て辞任した。Y がその後の期日に出頭しなかったため，X らの申立てにより，手続の進行を怠ったことを理由とする欠席（デフォルト）の登録がされた。
>
> 　本件外国裁判所は，X らの申立てにより，2015 年 3 月，Y に対し，損害賠償の支払を命ずる欠席判決（デフォルト・ジャッジメント）を言い渡し，当該判決は，同月，本件外国裁判所において登録された。
>
> 　X らの代理人弁護士は，同月，Y に対し，本件外国判決に関し，判決書の写しを添付した判決登録通知を，日本の誤った住所を宛先として普通郵便で発送した。上記通知が Y に届いたとはいえない。
>
> 　Y は，控訴期間内に控訴せず，その他の不服申立ても所定期間内にしなかったことから，本件外国判決は確定した。
>
> 　X らは本件外国判決の懲罰的損害賠償を除く部分について，日本での執行を求めて提訴した。原審の大阪高裁は民訴法 118 条 3 号の公序違反として X らの請求を棄却したので，X らは上告受理申立て。
>
> **【判旨】**　民訴法 118 条には承認要件として，「訴訟の開始に必要な呼出し若しくは命令の送達」を受けたことが掲げられている（同条 2 号）のに対し，「判決の送達についてはそのような明示的な規定が置かれていない。」「さらに，以上のような判決書の送達に関する手続規範は国ないし法域ごとに異なることが明らかであることを考え合わせると，外国判決に係る訴訟手続において，判決書の送達がされていないことの一事をもって直ちに民訴法 118 条 3 号にいう公の秩序に反するものと解することはできない。」
>
> 　「もっとも，我が国の民訴法は，上記の原則的な送達方法によることのできない事情のある場合を除き，訴訟当事者に判決の内容を了知させ又は了知する機会を実質的に与えることにより，当該判決に対する不服申立ての機会を与えることを訴訟

法秩序の根幹を成す重要な手続として保障しているものと解される。」

「したがって，外国判決に係る訴訟手続において，当該外国判決の内容を了知させることが可能であったにもかかわらず，実際には訴訟当事者にこれが了知されず又は了知する機会も実質的に与えられなかったことにより，不服申立ての機会が与えられないまま当該外国判決が確定した場合，その訴訟手続は，我が国の法秩序の基本原則ないし基本理念と相いれないものとして，民訴法 118 条 3 号にいう公の秩序に反するということができる。」

【コメント】原審判決は，判決の送達があることが手続的公序の内容であるとして，その送達がなかったことのみからただちに公序違反とした。これは上記の手続的公序に関する基本的考え方からしても行き過ぎで，最高裁がこの点を改めたことには賛成できる。

ただ最高裁はこれに続けて，外国訴訟手続で，「当該外国判決の内容を了知させることが可能であったにもかかわらず，実際には訴訟当事者にこれが了知されず又は了知する機会も実質的に与えられなかったことにより，不服申立ての機会が与えられないまま当該外国判決が確定した場合」は，公序違反とする。一見すると，もっともであるように思え，本件評釈の多くは賛成している。しかし，不服申立ての機会の有無だけを切り取って，手続的公序違反かの評価をすべきではなく，本件で問題となっているデフォルト・ジャッジメントにかかる米国の手続の仕組みを全体としてみるべきであろう。この判決は，当事者の一方が期日に出頭しない等の懈怠（default）をした場合に制裁として出される敗訴判決（懈怠判決とも訳される）であり，例えば，訴状の送達を受けているにもかかわらず，応訴せず期日に欠席することにより，自己の防御権を放棄した被告に対して下される。そのような被告に対して下された判決につき，必ずしも判決書の送達を要しないことにしているのは合理的であるし，判決書の送達がされなくても，被告は自ら判決登録システムによりオンラインで判決内容を確認することもできる。本件の米国の手続法の仕組みは，全体として見れば，なんらわが国の手続的公序に反するとは言えないのではないか。

Column 16-5　内外判決の抵触

国際訴訟競合（⇒ Column 15-6 ）と関連する問題に，内外判決の抵触がある。内国判決と矛盾する外国判決を承認することは，わが国の手続的公序に違反するのでできないと一般に考えられている（関西鉄工事件・大阪地判昭和 52・12・22［百選 103］）。もっとも，例えば外国判決が 2010 年に確定した後の 2012 年に内国判決が確定し，2013 年に当該外国判決の執行が求められているような事例を考えると，東京高判平成 5・11・15［百選 95］（⇒ 判例 16-6 ）と同様に，内外判決の抵触の有無をどの時点を基準に考えるかが問題となる。

さらに問題を複雑にしているのは，国際訴訟競合の規律が，この問題に影響を及ぼすかである。**プロパー・フォーラム説**を突き詰めていくと，わが国と外国のうちプロパー・フォーラムである方にのみ国際裁判管轄があると考えることになりうる。

そうだとすると，国際訴訟競合の段階でわが国がプロパー・フォーラムであると判断してわが国の訴訟を進行させたにもかかわらず，外国も訴訟を進行させて判決が下されて，後にその外国判決の承認執行がわが国で問題となった場合，判決国はプロパー・フォーラムではなかったから間接管轄を欠くとして，当該外国判決は承認されない，という結論になりうるのではなかろうか。これに対して**承認予測説**では，このような処理にはならないが，訴訟競合の規律からすると本来はわが国の手続が優先されるべきであって，外国の手続は本案判決に至るべきではなかったと考えられる場合（例えば，わが国での提訴の方が先の場合）に，それに反して下された外国判決であるから承認しないとまで考えるべきかについて議論されている。

　以上について⇒道垣内正人「内国判決との抵触」高桑昭 = 道垣内正人編『国際民事訴訟法（財産法関係）』（青林書院，2002 年）365 頁。

　(b)　実体的公序　　実体的公序と呼ばれるものも 3 号には含まれている。原則としては一定の手続的な要件のチェックのみで外国判決を承認し，外国判決の内容は問われないが，わが国の法秩序として譲れない線を超える実体的結果が生じる場合がある。例えば，一夫多妻婚を認める外国判決を承認する場合である。このような例外的場合に備えるための安全弁として，実体的公序が必要となる。3 号のうちの，「判決の内容」が公序に違反しないことという部分である。したがって，実体的公序は，準拠法選択における**国際私法上の公序**（通則法 42 条）に対応する。

　このため，審査の枠組みも国際私法上の公序と同一である（⇒第 11 章第 3 節）。つまり，判決内容に基づく承認結果の反公序性と，事案の内国関連性の 2 つの要件に照らして審査され，またこの 2 つは相関関係にある。

　反公序性について，わが国の強行規定の違反が直ちに反公序性とはならないのは，国際私法上の公序と同様である。この点，最決平成 19・3・23［百選 57］（⇒ 判例 16-5 ）の表現はやや疑問である。

> 判例 16-5 **最決平成 19・3・23：百選 57**
> **【事実】**日本に住む日本人夫妻は，アメリカのネバダ州に住む女性に，代理出産を依頼し子供が生まれた。ネバダ州裁判所は，依頼者の日本人女性が子の血縁上・法律上の母であることを確認する命令を下した。この裁判の，わが国での承認が問題となった。第 2 審の東京高決平成 18・9・29 は，その承認は公序に違反しないとして承認したが，最高裁は次のように判示して公序違反として承認しなかった。
> **【判旨】**「我が国の身分法秩序を定めた民法は，同法に定める場合に限って実親子関

係を認め，それ以外の場合は実親子関係の成立を認めない趣旨であると解すべきである。以上からすれば，民法が実親子関係を認めていない者の間にその成立を認める内容の外国裁判所の裁判は，我が国の法秩序の基本原則ないし基本理念と相いれないものであり，民訴法118条3号にいう公の秩序に反する」。

【コメント】この表現では，民法の実親子関係の成立に関する規定すべてが，民訴法118条3号の公序にあたるように読めてしまうが，実際にはそうではない。例えば，子の出生から2年後に提訴された嫡出否認の訴えについて，出訴期限を子の出生を知ってから3年とする外国法を適用して訴えを受理して嫡出否認を認めた外国判決は，わが国では出訴期限は1年（民777条）であるけれども，公序違反になるはずはない。したがって，最高裁の表現の仕方は不適切である。もっとも，本件で問題となった，母＝分娩者とのルールは，わが国の法秩序の中核部分であり公序にあたる（なお⇒ Column 24-1 ）。

また，懲罰的損害賠償を命じるカリフォルニア州判決の承認執行に関する最判平成9・7・11［百選96］（⇒ 判例 16-1 ）は，加害者に制裁を加え，将来における同様の行為を抑止しようとするカリフォルニア州の懲罰的損害賠償の制度は，被害者が被った不利益を補てんして，不法行為がなかったときの状態に回復させることを目的とするわが国の不法行為に基づく損害賠償制度の基本原則ないし基本理念と相いれず，公序違反であるとした。

　　関連して最判令和3・5・25は，外国判決が懲罰的損害賠償と補償的損害賠償を命じている場合に，この債権につき一部弁済がされたとき，たとえその弁済が外国での強制執行手続でされたとしても，懲罰的損害賠償部分はわが国において効力を有しないからその部分の債権に充当されることはない〔外国判決の補償的損害賠償部分は公序違反でないので承認執行可能だが，その部分に弁済は充当されるので，全額でなく減額された分しか執行できない〕と判断している。

実体的公序の第2のテストは，事案の**内国関連性**である。国際私法上の公序と同様に，わが国の法秩序の根幹部分に対して衝撃的で，インパクトがあるから，例外的に安全弁である公序を発動して外国判決の承認を拒絶するのだが，反公序性があっても内国との関連性が薄ければ最終的な衝撃の度合いは弱まるので，公序を発動する必要がないからである。

　　最判平成9・7・11［百選96］（⇒ 判例 16-1 ）も最決平成19・3・23［百選57］（⇒ 判例 16-5 ）とも，この点には文言上はふれていない。しかし，それらの事案においては，内国関連性は十分に高度であったのでふれる必要がなかったともいえる。内

国関連性を問題とすると，最判平成9・7・11［百選96］（⇒ 〈判例 16-1〉）のような事案と異なり，アメリカ企業同士のアメリカでの紛争のような，わが国との関連性のほとんどない事案で下された，懲罰的損害賠償を命じる判決であれば，公序違反にならないとしてわが国で承認される可能性がある。なお，懲罰的損害賠償を命じる判決について承認適格性（⇒ 190 頁）がないとする理解では，このような事案でもわが国で承認される余地はない。

(c) **審査の基準時**　公序要件の審査の基準時はいつだろうか。具体的には，外国判決の確定時以降の事実が考慮されるのかが問題となる。子の引渡しに関してこれが争われた事例がある。

〈判例 16-6〉 **東京高判平成 5・11・15：百選 95**

【事実】アメリカ人男性Ｘと日本人女性Ｙはテキサス州で婚姻し，子Ａが生まれたが離婚し，Ｙが単独支配保護者に定められた。ところが，1989 年 5 月にＹはＡを連れて日本に移り住んだ。同年 11 月にＸの申立てに基づき，テキサス州裁判所は，Ｘを単独支配保護者に変更し，ＡをＸに引き渡すことを命じる判決を下して確定した。Ｘは 1991 年に，この判決に基づく執行（ＡのＸへの引き渡し）を求めて東京地裁に提訴した。東京地裁が認容したので，Ｙが控訴。

【判旨】東京高裁は，「Ａが日本に居住してから既に 4 年余を経過しており，……〔Ｘに引き渡して〕いま再びＡをしてアメリカ合衆国において生活させることは，……Ａの福祉に適うものでないばかりでなく，かえって，Ａの福祉にとって有害である」から，公序違反とし執行を否定した。

【コメント】この事例で問題となったのは，外国判決が確定した 1989 年から 1993 年までに 4 年間が経過して，Ａが日本での生活になじんだという事実である。東京高裁は，外国判決の承認要件の審査時である 1993 年を基準とし，この事実を考慮することができるとした。本判決に批判的な見解も有力であり，外国判決の**自動承認の原則**（⇒ 186 頁）の下では，外国判決が確定した時点で民訴法 118 条の要件を満たして承認は発生しているから，その時点を基準とすべきであると主張する。これに対して，判決を支持する見解は，自動承認の原則は，承認のために何ら特別の手続を必要としないことを意味するにすぎず，要件の審査時点までは外国判決が承認されている（あるいは承認されていない）という状態は確定していないのだから，要件審査時点が基準となるとする。

　もっとも，この判決に反対する見解も，本件のような場合，外国判決確定後の事情は請求異議事由（民執 35 条）となって執行が認められない可能性があり，結論はあまり変わらないことが多いであろう（なお⇒第 24 章第 7 節）。

(4) 相互の保証（4 号）

甲国の判決がわが国で承認されるか問題となっているが，甲国はおよそ外国

判決を承認しないので，わが国の判決も承認しないとする。このような場合に，甲国判決の承認は，4 号の相互の保証を欠くとして拒絶される。このように，相互の保証とは，判決国もわが国の判決を承認することを求める要件である。

　なぜ，相互の保証が必要なのだろうか。一見すると，わが国が外国の判決を承認するのに，外国がわが国の判決を承認しないのは不公平である。たしかに，租税や刑事に関する共助の場合にはそのとおりであろう。なぜなら，共助は国家間での相互の助け合いであるからである。しかし，外国判決の承認制度の対象は，民事判決である（⇒ 189 頁）。ここでは，各国の公的関心の度合いは低く，各国の判断に互換性がある。そこで，私人の生活関係の規律に適切であれば，外国ですでに下された判断を承認してそれを基準として規律するのである。国家間の相互の問題ととらえるべきではないのに，相互の保証を承認要件にすることには疑問があるとするのが，多数説である。

　相互の保証があるとは，判決国において「我が国の裁判所がしたこれと同種類の判決が同条各号所定の条件と重要な点で異ならない条件のもとに効力を有するものとされていること」（最判昭和 58・6・7 ［百選 98］）である。判決国の承認要件が，わが国の要件と厳密に一致することや，明らかにより緩やかであることは，必要でない。外国判決を一切承認しないあるいは条約がなければ承認しない国との間には，相互の保証はないであろう。

　　中国との間に相互の保証がないとした裁判例として，大阪高判平成 15・4・9 がある（東京高判平成 27・11・25 ［百選 99］も結論同じ）。中国も相互の保証に類似する互恵関係を要件としているところ，その解釈として中国は，日本との間に互恵関係はないとして，日本の判決を承認しないというのがその理由である。

参 考 文 献

鈴木正裕＝青山善充編『注釈民事訴訟法(4)』（有斐閣，1997 年）354 頁［高田裕成］
釜谷真史「外国判決『自動承認』制度の意義（上）（下）」西南学院大学法学論集 37
　巻 2＝3 号 1 頁，4 号 47 頁（2005 年）
高桑昭＝道垣内正人編『国際民事訴訟法（財産法関係）』（青林書院，2002 年）所収
　の，河野俊行「間接管轄」326 頁，早川吉尚「手続的公序」351 頁，同「実体的公
　序」358 頁
渡辺惺之「外国判決承認に関する新民訴法 118 条 2 号について」阪大法学 47 巻 4＝

5 号（1997 年）869 頁

芳賀雅顯『外国判決の承認』（慶應義塾大学出版会，2018 年）

第3編

各　論

第3編各論においては，渉外的法律関係から生じる問題を契約や婚姻などの各分野ごとに検討する。第1部では財産法分野における問題を検討し，第2部では家族法分野における問題を取り上げる。

　検討の際には，準拠法選択のみならず，国際裁判管轄と外国判決の承認執行についても，当該分野特有の問題がある場合には取り上げる。具体的には，第1部「国際財産法」においては，国際裁判管轄と外国判決の承認執行については基本的に第15章と第16章における概説に譲るが，第22章「知的財産権」については当該分野特有の問題にふれる。第2部「国際家族法」については，いずれの章においても国際裁判管轄と外国判決の承認執行についてふれる。

第 *1* 部
国際財産法

　国際財産法とは，一般に，取引や不法行為といった一定の財産関係に基づく，あるいはこれに関わる法律関係を規律する領域を指す。

　2006（平成18）年の通則法制定においては，財産関係に関する準拠法選択規則に大幅な変更が加えられた。これらの変更の特徴として，①個別化（18条，19条），②柔軟化（15条，20条），③当事者自治の原則の拡張（9条，16条，21条），④弱者保護規定の導入（11条，12条）の4つを指摘することができよう。

　本書では，これら財産関係に関する準拠法につき，自然人・法人（第17章），契約（第18章），法定債権（第19章），債権法上の諸問題（第20章），物権（第21章）の順で説明する。そして最後に，明文規定はないものの近時国際民事紛争が急増している知的財産権に関して述べる（第22章）。

第 *17* 章

自然人・法人

　国際的な法律関係を形成する主体としては，自然人と法人その他の団体が挙げられる。このうち，自然人に関しては，通則法には行為能力（4条），後見開始の審判等（5条），および失踪の宣告（6条）について明文規定が置かれている。これに対し，法人その他の団体に関しては明文規定が置かれておらず，法人の従属法の決定は解釈に委ねられている。その上，外国法人の認許に関する民法35条や外国会社に対する監督規定である会社法817条以下の規定等のように，実質法において外国法人を対象とした規定が置かれており，これらの規定を国際私法上どのように理解するかもまた問題となる。

　以下では，まず自然人に関する通則法上の規定について（第1節），次に法人その他の団体に関する法の適用関係について（第2節），順にみていくことにしよう。

第1節　自　然　人

1 総　　説

　通則法は，自然人に関して，行為能力の準拠法に関する規定（4条）および，後見開始審判等と失踪宣告という，裁判所の関与による能力の制限に関して国際裁判管轄と準拠法についての規定（5条，6条）を置いている。ここでは，行為能力を中心に述べる（後見開始審判および失踪宣告については⇒第26章）。

　なお，人が権利義務の主体となることを認められるための法律上の資格であ

る権利能力の準拠法は，以下のような場面で問題となる。例えば，出生後数時間で死亡した子が相続人となりうるかどうかという問題について，相続準拠法が相続人の範囲を人格の有無により決定している場合に，問題となった子に人格が認められるか，といった場面である（なお，相続準拠法が人格を有しない者にも相続能力を肯定していれば，そもそも人格の有無は問題とはならない）。この場合，この問題を規律する準拠法を相続準拠法と区別して決定すべきであるとする立場に立てば，一般的権利能力という単位法律関係に関する準拠法選択規則が必要となる。法例3条の「能力」という文言を変更し「行為能力」とした通則法4条が一般的権利能力に関する問題にも適用されると主張する見解はないが，条理または4条の類推適用により本国法の適用を主張する見解はある。ただし，上述の問題は相続の問題と密接不可分の個別的権利能力の問題であり，相続準拠法により決定されるべきであるとするのが学説上の多数説である。

② 行為能力——原則

(1) 準拠法の決定

　人が単独で有効な法律行為を行うことができるかどうかという行為能力の問題は，通則法の下では，その人の本国法によって決定される（4条1項）。人の身分・能力の準拠法につき本国法主義（⇒66頁）をとる大陸法の伝統に従った法例の規定を通則法においても維持しているのである。また，本人が変更しやすい住所・常居所などの他の連結点に比べると，国籍は，取引の相手方を確認することが一般的には容易であり，一定の合理性を有している。他方で，もちろん住所・常居所に比べれば，取引が行われる地の法と行為能力に関する準拠法が異なる場合は増えざるをえないが，この点は後述の4条2項が取引保護について配慮しており，特に問題はない。

(2) 準拠法の適用

　行為能力のうち，身分的行為能力や不法行為能力についてはそれぞれの準拠法選択規則が定めていると解されており，したがって本条に含まれるのは，財産的行為能力に関する法的問題である。具体的には，成年・未成年に関する問題であり，成年年齢，未成年者の能力補充（法定代理人の同意や追認），未成年

者による瑕疵がある法律行為の効力，営業を許可された未成年者の行為能力などが挙げられる。婚姻による成年擬制も本条の適用範囲に含まれることについては異論がないが（⇒306頁），婚姻による行為能力の制限に関する問題については争いがある。なお，手形・小切手能力の準拠法については特別規定が置かれているが，やはり本国法によるとされている（手形法88条1項，小切手法76条1項）。

3 取引保護

(1)　趣　　旨

　婚姻などの身分関係の形成と異なり，取引などの財産関係では迅速さが要求されるが，行為能力について本国法主義の原則を貫けば，当事者が取引相手の行為能力を調査する時間が不足することにより契約の相手方や第三者にとって不利益な結果が生じ，取引の安全が害される可能性がある。したがって，能力制限者の保護という利益と取引の安全という利益とのバランスをどこにとるのかが問題となる。

　この点につき，通則法は次のような解決を図っている。すなわち，後述する場合を除き，法律行為をした者がその本国法によれば行為能力の制限を受けた者となるときであっても，行為地法によれば行為能力者となるべきときには，当該法律行為の当時そのすべての当事者が法を同じくする地に所在していた場合に限って，その者を行為能力者とみなす，と規定しているのである（4条2項）。

　法例3条2項においては，その文言上外国人が日本において法律行為をした場合に対象が限定されており，この規定は立法当時においては内国取引秩序を保護するための規定と考えられていた。これに対し，通則法4条2項は，取引保護の要請は国内での取引に限られるものではなく世界のいかなる場所で行われる取引にも及ぶという考えに基づき，その対象を国内での取引から世界で行われる取引に拡張している。そこで，例えば成年年齢が17歳とされている国において17歳の日本人が取引をした場合には，その者は行為能力者とみなされることになる。

　この規定により保護が与えられる取引は，締結当時契約の当事者が同一の法

域に所在していた場合に限定されている。これは，異なる法域に所在する者の間での取引については，取引の相手方の行為能力の有無に特別の注意を払ってしかるべきであるという判断に基づいている。

　なお，取引保護に関し類似の規定を有する諸外国においては，相手方が善意であるという主観的要素が要件とされている場合もある。これは，保護されるべき取引は誠実な取引のみであって，相手方が悪意の場合にまで取引を保護する必要はないという考えに基づいている。これに対し，通則法4条2項は，法例3条2項と同じく，主観的要件を採用していない。これは，故意・過失といった主観的要件を問題とすることによって準拠法の明確性が害され，訴訟が遅延するなどの弊害が懸念された結果であると説明されている。

(2)　取引保護規定の適用

　4条2項の規定は，「親族法又は相続法の規定によるべき法律行為」と「行為地と法を異にする地に在る不動産に関する法律行為」については適用されない（4条3項）。前者は，4条1項の法律行為に身分的法律行為も含まれうるという解釈の可能性を考慮して法例3条3項の文言が残されたものであるが，前述のように通則法4条1項の法律行為に含まれるのは財産的法律行為だけであるとする立場からは，この部分は確認規定にすぎないということになる。後者の適用除外は，不動産取引における不動産所在地の重要性を考慮したものである。

第2節　法　　人

1　総　　説

　法人をめぐる国際的法律関係については，国際私法上の問題と実質法上の問題とを区別して論じるのが一般的である。前者は，適用される法の決定についての問題であり，これまで，法人の成立，社員間の権利義務，法人の代表資格，法人の解散事由といった法的問題が論じられてきた。最近では，いわゆる法人格否認，株主間契約，合併，社債管理会社設置強制など，個々の具体的問題に

関しその法適用関係が議論されている。これに対し，後者は，内国法人と区別された外国法人に関する各国法における特別規定がどのように適用されるのかという問題である。日本の会社法に関していえば，会社法817条以下の規定，とりわけ擬似外国会社に関する規定（821条）がこれまで議論されてきたが，会社法が外国会社についての定義規定を設けたことに伴い，新たに生じた問題もある。以下では，双方の問題について順に説明しよう。

2　国際私法上の問題

(1)　総　　説

法例においては，法人に関する規定はなく法の欠缺があると一般には考えられていた。通則法制定においても，法人の準拠法についての規定の導入は見送られた。これは，準拠法選択による規律の要否，法人の従属法の決定基準，法人の従属法の適用範囲の諸論点について，立法の基礎とできるほどの議論の蓄積がいまだ十分でないとの理由による。

このように，立法が法人の準拠法に関する明文規定を置くことに慎重なのは，法人に関する国際私法上の判断枠組み自体が，時代とともに変遷していることにもよる。すなわち，明治期の立法者は，法人設立の問題が各国の公益と深く結びついており，法人は各国法によって初めて存在するようになるのであって，ある国の法律によって法人格が与えられれば，他の国にはその法人格を認めるか認めないかという選択が残されるだけだと考えていた。そのような考慮から，公益保護のため，原則として外国法人は認許しないが，当時の各国の交通および貿易に関する状況を考慮し，例外的に国およびその行政区画，外国の商事会社の法人格を認許し，わが国に成立する同種の者と同一の権利を有することを認めるという方法が民法36条（現35条）により採用された。またその例外として，外国において設立する会社で日本に本店を設けるかまたは日本において商業を営むことを主たる目的とするものについて，いわゆる擬似外国会社の規定（商法旧258条〔平成17年改正前商法482条〕）が置かれたのである。

だが，その後法人と国家の公益との関係は否定され，法人の国際的存在という問題が，婚姻の締結や物権の取得と同様に私法的な問題として理解されるようになった。それに伴い，国際私法と外人法との区別が前提とされた上で，**法**

人の従属法という準拠法選択の問題につき，法人が設立された地の法によるとする**設立準拠法主義**と，法人の主たる事務所の所在地法によるとする**本拠地法主義**との対立が，議論の枠組みを形作ることになったのである。

　以上のような対立図式に疑問を呈し，この問題を，国家機関による法人格の付与という外国国家行為のわが国での承認という問題として再び把握すべきであるとする見解も近時登場しており，注目される（外国法人の訴訟能力につき法人格の承認を問題とした事例として，東京高判平成12・2・3）。だが以下では，一般的な議論枠組みに従い，法人の準拠法について述べることにしよう。

(2)　準拠法の決定

　法人については，その内部関係において，法人内部の機関の種類や権限，株主総会の権限と株主権の内容，取締役会の権限と取締役の会社に対する責任，株式会社と株主との関係など，様々な法的問題が生じるが，関係当事者が多数であることから，これらの問題に適用される法人の準拠法（従属法）は単一である必要性が高い。

　法人の従属法については，学説上，なお本拠地法主義も主張されてはいるものの，現在は，**設立準拠法主義**が主流となっている。ただし，その根拠は必ずしもはっきりしていない。かつては，法人の本質はあくまでも法技術的手段であることにあり，法人に人格を付与するものがやはり一定の国の法律であるということが根拠とされていたが，法人に人格を付与する可能性をもつ法は設立準拠法に限られないと批判された。最近では，契約における当事者自治の原則と同様に，法人を設立する地に関する当事者の選択の尊重という観点から説明されることが多い。

　法人の従属法に関する数少ない裁判例が，設立地と本店所在地の双方に言及しており，その態度を明確にしていない（最判昭和50・7・15，東京地判平成4・1・28［百選19］。ただし，東京地判平成26・8・26は設立準拠法主義によることを明確にしている）。

(3)　準拠法の適用

　法人設立の実質的・形式的要件，設立の無効原因といった法人の設立に関す

る問題，また，法人の機関の種類，性質，員数，選任，解任や対内的職務権限
および責任，社員の資格，法人と社員との関係，社員の権利義務，社員権の譲
渡性および相続の可否といった法人の内部組織・内部関係に関する問題，さら
に，法人の解散時期，解散事由，清算などの法人の消滅に関する問題について
は，法人の従属法が適用されることに争いはない。

　法人の機関や法人の設立前における発起人が，第三者との間でした行為の効
果が，法人に帰属するかについては，法人の従属法によるべきであるとする見
解もあるが（最判昭和50・7・15），行為地での取引保護の観点から4条2項を
類推適用する見解が有力である。また，行為地の取引秩序との密接な関係から
行為地法によるべきであるとする見解や，この問題を対外関係の問題ととらえ
て当該取引に適用される準拠法によるべきであるとする見解もある。

> **Column 17-1　代理の準拠法**
>
> 　法人の代表が第三者との間でした行為の効果が法人に帰属するかという上記の問
> 題は，代理人が第三者（相手方）との間でした行為の効果が本人に帰属するかの問
> 題と類似している。上記の諸見解のうち，法人の従属法のみによるべきとの見解以
> 外は，代理と法人の代表をパラレルに扱うべきであると考えている。
>
> 　代理の三面関係のうち，本人と相手方との関係について，学説は大きく2つに分
> かれる。第1の見解は，原則としては本人と代理人との間の代理権授与行為の準拠
> 法によって判断するが，この準拠法上，代理人の行為の効果が本人に帰属しないと
> しても，取引の安全のため4条2項を類推し，代理行為地法上効果が帰属するので
> あればよいとする。第2の見解と比べると，効果が帰属する方向に，相手方を実質
> 法的に保護している。
>
> 　第2の見解は，代理行為地法によるとするもので，比較法的にも有力な立場であ
> り，わが国の多数説である。相手方にとって不意打ちにならない代理行為地法を準
> 拠法とすることで相手方を保護するが，第1の見解と異なり，実質法的結果からは
> 中立的である。
>
> 　なお，代理人と相手方の当該取引の準拠法によるべきとの見解もあり，英米法に
> おける「隠れた本人（undisclosed principal）」のような，代理が問題となる場合の
> うちの一定の場合には合理性がある。しかし，多くの場合には，代理人と相手方と
> の合意で決定することができる（7条）この準拠法が，本人への効果帰属の基準と
> なるという難点がある。
>
> 　以上に対していわゆる法定代理の場合には，代理権の発生原因である法律関係
> （親権や後見）の準拠法によるとするのが通説である。

　法人の従属法の適用範囲に関して近時論じられている問題としては，まず第1に，国

際的な会社の合併がある。合併の可否やその要件の準拠法につき，国際的な婚姻の成立
に関する準拠法選択規則の類推から，それぞれの会社の従属法による配分的適用を主張
する見解がある。ただし，この見解には，合併に関する要件のうち，どれが一方的要件
でどれが双方的要件であるかがはっきりしないという問題がある。これに対し，合併を
切り離すことのできない1つのプロセスとしてとらえ，合併自体の準拠法を考えるべき
であるとする見解もある。

　第2に，法人格否認についてである。かつては，法人格が否認される会社の従属法に
よるとする見解もあったが，近時では，法人格否認の法理が果たす機能によってその準
拠法も異なるとする見解が多数である。この見解によれば，例えば，過小資本の会社か
ら生じた損害に関する出資者の責任が問題となる場合には，法人格が否認される会社の
従属法によるが，契約における当事者の地位の承継に関する外観信頼の保護を法人格否
認の法理の適用を認めるべき実質的理由としているような場合には，当該契約に適用さ
れる準拠法によることとなる（東京地判平成22・9・30参照）。

　第3に，社債の発行についてである。社債の発行や性質，社債管理者については，法
人の従属法によるが，社債契約については契約準拠法が適用される。問題は，社債管理
者の設置強制に関する規定（会社法702条）である。従来は，これを国内投資家保護に
関する規定としてとらえ，社債契約の準拠法いかんにかかわらず，社債がわが国で発行
されるなど，わが国と一定の関連を有する場合に常に適用される（⇒第13章）とする見
解が多数であった。だが，「会社」と「外国会社」とを明確に区別し，前者が発行するも
のだけを「社債」とする会社法の下，702条について同様の見解を維持することができ
るかどうか，疑問を呈する見解も示されている。

3　実質法上の問題

　明治期の立法者の理解とは異なり，法人に関する国際的法律関係を法人の従
属法という準拠法選択の問題としてとらえる現在の一般的見解の下では，民法
35条の意味合いも当然異なってくる。現在では，民法35条1項にいう**認許**と
は，法人格の承認を意味するのではなく，内国において法人として活動するこ
とを認められること，言い換えれば，内国において法人として活動するために
法人格を承認されること，といわれている。

　実質法上の問題としては，公益保護の観点からなされる外国会社に対する規
制という国際的な強行法規の適用の問題（⇒第13章），また，法人の従属法と
して選択される実質法の解釈の問題がある。以下では，外国会社に対する規制，
また，とりわけこれまで議論されることが多かったいわゆる擬似外国会社につ
いて論じる。

(1)　外国会社に対する規制

　会社法 817 条から 823 条および 827 条に規定される外国会社に対する規制は
わが国における取引秩序の保護など公益を目的とした**国際的な強行法規**であり，
対象団体の従属法いかんにかかわらず，日本において継続して取引を行おうと
する場合には常に適用される。例えば，代表者・登記の規制（会社法 817 条 1 項，
818 条 1 項），貸借対照表の公告等による開示（会社法 819 条），日本における全
代表者の退任（会社法 820 条），営業所閉鎖の規制（会社法 827 条），在日外国会
社の清算規制（会社法 822 条）などに関する規定がある。なお，外国会社は，
他の法律の適用については，日本における同種の会社または最も類似する会社
とみなされる（会社法 823 条）。他の法律の例としては，金融商品取引法，民事
訴訟法，独占禁止法，破産法，外国為替及び外国貿易法，租税法，労働法があ
る。

(2)　擬似外国会社に対する規制

　(a)　**趣　旨**　　いわゆる**擬似外国会社**に対する規制は，外国において設立す
る会社で日本に本店を設けるか，または日本において営業をなすことを主たる
目的とするものは，事実上内国会社であって，わが国の法律の適用回避のため
に設立されたものであるということを理由に，民法 36 条（現 35 条）にいう外
国法人の認許の例外として，日本において設立される会社と同一の規定に従う
ことを要すると定められていた（改正前商法 482 条）。そして，判例上，そのよ
うな規定の中には会社の設立に関する規定も含まれ，擬似外国会社は日本法に
準拠して再設立されない限り法人格が認められないと解されていた（大決大正
7・12・16，東京地判昭和 29・6・4［百選 21］）。

　会社法の下では，日本に本店を置き，または日本において事業を行うことを
主たる目的とする外国会社は，日本において取引を継続してすることができず
（会社法 821 条 1 項），それに違反して取引をした者（代表者等）は，相手方に対
し，外国会社と連帯して責任を負い（会社法 821 条 2 項），また，会社設立の登
録免許税額に相当する過料に処せられることとなった（会社法 979 条 2 項）。こ
れは，制定過程において，わが国の会社法制の潜脱防止を目的とした何らかの
擬似外国会社に関する規定は維持されるべきであるという意見が一方で有力に

主張されるとともに，他方で，擬似外国会社の法人格を否定してしまうという改正前商法482条の内容には法的安定性の点から問題があるとして見直しが行われた結果である。

(b) **規定の内容** この規定では，改正前商法482条と異なり，擬似外国会社にも法人格が認められ，擬似外国会社が外国会社の登記をすることも可能である。また，この規定は擬似外国会社がわが国における継続性のない取引を行うことを許容した点でも改正前商法482条と異なっている。

これは，主として資産流動化スキームの一環として擬似外国会社が用いられることを許容するためであるとされる。

この規定の解釈に関しては，立案担当者から非常に限定的な解釈が示されている。例えば，同条1項にいう「日本において事業を行うことを主たる目的とする外国会社」については，同条の趣旨が外国会社を利用した日本の会社法制の脱法・潜脱を防止することを目的としていることから，「日本における事業がその存立に必要不可欠であることを前提として設立された外国会社であり，もっぱら日本において事業を行うことを目的として設立された会社」のみがこれにあたるとされ，外国会社が日本国内で資産購入および証券の発行を行う場合があっても，海外で資産を購入したり，海外で証券を発行したり，海外に所在する資産を日本の支店を通じて購入したりしている場合には，擬似外国会社にあたらないとされる。また，取引の「継続」性の解釈についても，資産流動化の実務が不当に制限されるような狭い解釈を行うべきではなく，例えば，擬似外国会社の設立時に，プログラムされた範囲で資産の買取りや資金調達が行われる場合には，そのプログラムのみが「取引」にあたり，個々の資産の買取り・資金調達は，その当初の取引の履行行為にすぎないため，会社法821条1項には違反しないと解するのが妥当であるとされ，さらに，外国会社が同時に複数のオリジネーターなどと契約を締結する場合にも，1個の集団的な契約が締結されたと評価できるから，継続取引にはあたらないとされる。

このような解釈指針に対し，学説からは，「字義からは相当に離れた」「明らかに会社法821条の文言に反する」解釈であり，事案ごとに判断する裁判所の裁量の余地を増大させ，長期的には予測可能性を失わせる危険性があるという批判がなされている。

Column 17-2　外国会社についての定義規定

　a）趣旨

　平成17年改正前商法は，外国会社についての定義規定を有していなかったが，会社法2条2号は，外国会社につき，「外国の法令に準拠して設立された法人その他の外国の団体であって，会社と同種のもの又は会社に類似するものをいう」と定めた。

　立案担当者の説明によれば，民法36条（現35条）1項が商事会社以外の外国法人の成立を認許していないこと，また，諸外国の中には会社に相当するものであっても法人格がないものを認めている例があることを考慮し，外国会社の定義においては，日本・外国において法人格が認められるかどうかは問わないことを明らかにすることが目指された。また，改正前商法52条1項の「会社」の定義に外国の商事会社も含まれうるような表現になっていたことや，改正前商法第2編第6章以外の章に規律されている事項の中には，政策的に外国会社に対してもその規律を及ぼすべきであると考えられうるものがあることを考慮し，特に明文を置かない限り（会社法5条参照），会社法上の「会社」には，外国会社は含まれないことを明らかにして，会社法全体の規律の整理が試みられた。これらの結果，現在の定義規定が置かれたのである。

　このような規定により，例えば，会社法における親会社・子会社の中には，外国会社も含まれうることとなった。

　b）外国会社に関する定義規定の適用

　実質法と狭義の国際私法との峻別という点からすれば，これらの定義規定が会社ないし法人に関する特定の準拠法選択規則を導くものではないことはいうまでもない。だが，国際私法上次のような理論的問題を生じさせる。すなわち，外国会社についての定義規定は，会社法中の個々の規定の適用範囲を，対象となる会社が内国のものか外国のものかに従って限定づけるものであるが，準拠法として日本法が選択された場合の会社法の適用にこのような定義規定がいかなる影響を及ぼすのかが問題となるのである。

　この点につき素朴に考えるのであれば，会社法によればその規律が及ばない事項ではあるが，国際私法によれば日本法が準拠法とされるような場合には，準拠法である日本の会社法の当該規定は適用されないことともなろう。ただし，会社法の解釈として，会社に関する規定が外国会社に類推適用される可能性もあるという見解もある。

　だが，これらの定義規定がどのように作用するかは，それが結びつく会社法上の規定の国際私法上の性質ごとに異なるのではないだろうか（なお⇒146頁）。

　わが国会社法上の各規定が準拠法選択により日本法が選択された結果適用される場合には，これらの定義規定の果たす機能としては2つの可能性があるように思われる。1つは，会社法の規定を内国会社の適用に限定し，外国会社については一般法である民法その他の規定に委ねるという意味で会社法の適用を限定する，**自己制**

限的実質法規を構成するという可能性である。例えば，外国会社の代表者の行為が当該外国会社に帰属するか否かが（行為地法であるなどとして）日本法により判断される場合，会社法 354 条は日本の株式会社への適用に限定され，外国会社については民法の表見代理に関する規定が一般として適用されるべきであるということであれば，当該定義規定の作用をこのように考える余地がある。だが，会社法上の各規定が国際的な強行法規でない場合に，対象が内国会社か外国会社かで規律に差異を設けることにつき，実質法上合理的な根拠がある場合は，極めて限定されているように思われる。したがって，当該定義規定がこのように作用する場合は，かりに存在するとしても非常に例外的であるといえよう。

　むしろ，前述の立案担当者の説明からすれば，これらの定義規定は，日本の社会的・経済的政策を実現するという観点から会社法の一定の**国際的な強行法規**の国際的適用範囲を画するために置かれたと考える方が説得的だろう。そこで，もう 1 つの可能性としては，会社法 2 条にいう内国「会社」や「外国会社」という定義規定を会社法内の一定の国際的な強行法規の国際的適用範囲を定める一方的抵触規定とみなすことが考えられる。このように考えるならば，わが国会社法上の各規定が準拠法選択の結果適用される場合には，これらの定義規定は抵触規則として，その送致範囲に含まれず適用されないということになろう。したがって，会社に関する国際的法適用関係を会社（または法人）の従属法の問題として準拠法選択規則に委ねる通説的立場においては，これらの定義規定はその意味を大部分失うことになりうる。これに対し，これらの定義規定が結び付く会社法上の規定が国際的な強行法規とみなされる場合，これらの定義規定は，各法規の国際的適用範囲を画する機能を果たすことになるだろう。

　以上について⇒櫻田嘉章 = 道垣内正人編『注釈国際私法　第 2 巻』（有斐閣，2011年）449 頁 ［横溝大］。

参 考 文 献

第 1 節
　　河野俊行「法適用通則法における自然人の能力」ジュリ 1325 号（2006 年）40 頁
第 2 節
　　横溝大「法人に関する抵触法的考察——法人の従属法か外国法人格の承認か」民商135 巻 6 号（2007 年）1045 頁
　　高杉直「外国会社をめぐる準拠法問題と外国会社に対する規制」日本国際経済法学会編『国際経済法講座 II 取引・財産・手続』（法律文化社，2012 年）123 頁
　　神前禎「法人の設立準拠法とその適用範囲・外国会社規制」須網隆夫 = 道垣内正人編『国際ビジネスと法』（日本評論社，2009 年）97 頁
　　日本私法学会シンポジウム資料「国際会社法」商事法務 1706 号（2004 年）4 頁

第*18*章

契　約

　通則法7条から12条は，法律行為についての準拠法を定める。婚姻や養子といった身分上の法律行為については24条以下に個別の規定が設けられているので，これらの規定が対象にしているのは債権的法律行為であり，主として契約である。

　かつての法例においては，これらの法律行為の準拠法は当事者の意思に従うこととされ（当事者自治の原則。7条1項），その意思が明らかでない場合には，行為地法（契約であればその締結地の法）によることとされていた（7条2項）。また，法律行為の方式については，物権などの場合を除き，7条で定まる法律行為の準拠法と行為地法との選択的連結が認められていた（8条）。

　通則法の下では，法律行為に関する規定は大幅に変更されている。すなわち，当事者自治の原則は維持されたものの，当事者による準拠法の選択がない場合には最密接関係地法が適用されることとされ，その際には，不動産を目的物とする法律行為を除き，特徴的な給付を行う当事者の常居所地法が最密接関係地法であるという推定がなされることとなった（特徴的給付の理論。8条）。また，消費者契約と労働契約には特則が導入された（11条，12条）。

　以下では，契約の場合を念頭に，まず当事者自治の原則について，その根拠と準拠法決定の際に生じる具体的問題を論じる（第1節および第2節）。次に，当事者の選択がない場合の契約準拠法の決定について述べる（第3節）。さらに，準拠法の事後的変更について述べた上で（第4節），契約準拠法の適用について論じ（第5節），最後に，消費者契約・労働契約に関する特則について説明する（第6節）。

第1節　総　説

1 沿　革

(1)　初期の議論

　19世紀後半，民法における契約自由の原則が国際私法にも影響を及ぼし，契約準拠法に関して**当事者自治の原則**が主張されるようになった。当初は，権利義務関係の創出には，当事者の意思の合致だけで十分なのであって，当事者はいかなる国家法にも拘束されない，という極端な主張もなされた。だが，当事者の意思そのものを法源として認めるこのような見解は，国家法のみが法源であるという考え方が主流になっていく中で，確固とした支持を得るには至らなかった。そして，国際私法における当事者自治の原則とは，準拠法選択において，当事者の意思を連結点として用いることを意味し，選択された準拠法は，当該国の強行法規も含めて関連法規がすべて適用されることを意味すると理解されるようになった。

(2)　客観主義の提唱

　その後の各国における議論においては，国際私法における当事者自治の原則を上記のように理解した上で，他の準拠法選択規則同様，契約準拠法についても客観的な連結を目指すべきであるという主張がなされた。すなわち，契約準拠法とは契約が場所的に位置づけられる地の法であるとした上で，そのような地を探求する際，「本契約の解釈は甲国法による」といった準拠法条項や契約締結地，また債務の履行地といった当事者の意思に基づいた諸要素が事実として考慮されるべきである，という見解である。わが国においても，解釈論上，当事者意思を密接関連性に関する様々な諸要素のうちの一要素とみなした上で，客観連結を極力貫くべきであるという主張が現在でもみられる。また，立法論としてではあるが，当事者意思により準拠法を決定するのではなく，一定の契約類型ごとに，必然的な結びつきをもった法秩序を連結することがかつては主張されてもいた。

(3) 現　状

だが，1980年に成立した契約債務の準拠法に関する条約（ローマ条約）が，契約準拠法について当事者自治の原則を正面から導入したこともあり（3条1項），客観連結を主張するこれらの見解も各国の判例・学説上主流となるには至らなかった。また，これらの見解が懸念していた，契約と客観的に密接に関連する法秩序の国際的な強行法規が当事者の準拠法選択により潜脱されるという点については，いわゆる**強行法規の特別連結**により別途対処する（⇒第13章）という考えが広く受け入れられるに至っている。

通則法も，法例を受け継ぎ，契約の成立および効力につき，当事者が準拠法を選択することを認めている（7条）。

❷ 当事者自治の原則の根拠

当事者自治の原則の根拠としては，消極的根拠と積極的根拠とが挙げられる。

(1) 消極的根拠

消極的根拠としては，様々な類型が存在する契約一般について適切な，客観的な連結点を見いだすことの困難さが挙げられる。もしも契約につき客観連結を貫こうとすると，それぞれの契約に応じてケース・バイ・ケースで準拠法を決定せざるをえないが，そうなると契約当事者は準拠法を予測できず不都合が生じる。当事者自治の原則は，客観連結がもたらすこのような準拠法の不明確さを回避し予測可能性を確保する手段を当事者に与えるための連結点だと説明されるのである。

(2) 積極的根拠

他方，積極的根拠としては，まず理論的根拠として，実質法上の契約自由の原則の国際私法への投影という点が挙げられることがある。けれども，国際私法上の当事者自治は，強行法規をも含めた法秩序全体の選択を可能にするという点で，実質法上の契約自由の原則とは質的に異なっており，契約自由の原則を当事者自治の原則の直接の根拠とすることには問題がある。契約自由の原則そのものではなく，むしろその背後にある私的自治という考え方に，当事者自

治の原則の根拠を見いだすことができるだろう。

また，当事者自治の原則がもたらす実際上のメリットとして，選択された法の内容が通常は両当事者にとって都合がよいこと，選択する法について両当事者が通常は十分な知識を有していること，選択される法が両当事者にとって中立的なものになりうること，通常は選択される法が契約と一定の関連性を有していること，裁判にならずとも準拠法が定まり当事者の予測可能性が保障されること，などの点が指摘されている。

3 当事者自治の原則の意味

当事者による契約準拠法の選択は，通常契約全体を規律する準拠法秩序を決定するものであって，当事者が甲国法を準拠法に選択したならば，甲国法における任意法規だけではなく，例えば虚偽表示や詐欺，強迫といった契約の無効や取消しに関する甲国強行法規もまた当該契約を規律することとなる。この点で，任意法規についてだけ当事者による排除や変更を認める実質法（民法）上の契約自由の原則とは意味が異なる。

ただし，当事者は，当該契約に対して法廷地の国際的な強行法規（輸出入管理法や外為法，競争法など）の適用を排除することはできない。また，法廷地でも契約準拠法国でもない第三国の国際的な強行法規が当該契約を適用の対象としている場合，このような法規が考慮または適用されることもある（⇒ Column 13-1 ）。

なお，上述のような通常の準拠法選択（**抵触法的指定**）に対して，当事者が，契約内容を細かく定める代わりに，例えば損害発生時の責任についてある国の法を参照するという形で，当該国の法の個々の規定の内容を契約の中に組み込む条項を置く場合もある（**実質法的指定**）。このような指定は，貿易条件についてインコタームズ（⇒ TERM 18-1 ）を利用する場合と同じように，別途決定される契約準拠法における任意法規の枠内でなされるものであり，強行法規の制約に服する。

> **TERM 18-1** インコタームズ（Incoterms）
> インコタームズは，国際商業会議所（International Chamber of Commerce, ICC）が制定した貿易用語であり（最新版は 2020 年度版。2020 年 1 月 1 日発効），①運

送手段，②運送費用を負担する当事者，③引渡しがなされる時期および場所，④運送期間中のリスクの負担，⑤物品に保険をかけ，かつ割増金を支払う当事者，⑥引渡しが完了したとされる時期および引渡しの証明手段，⑦運送および引渡しに関し各当事者が準備する書類および通知，⑧ライセンスの取得，その他公的な規則に従い手続を行う当事者，に関する売主・買主の権利義務について運送条件を定めている。各貿易条件が課している運送義務に照らし，2種類（海上輸送と内陸水路運送のみで使える条件と，すべての輸送で使えるもの）11条件に分類される。例えば，「FOB 神戸」というと，売主は神戸港で本船上に物品を置き，それまでの費用を支払い，他方，買主は運送費を支払い，物品が本船上に置かれたときに，物品に対する権原を取得し，損失のリスクを負うことを意味する。これらの貿易条件は，例えば FOB 神戸とインコタームズ 2020 によるとすることにより，契約の内容を構成する。

　なお，このように援用することが可能な統一規則として，他に，国際商業会議所による「荷為替信用状に関する統一規則および慣例（Uniform Customs and Practice for Documentary Credits）」（信用状統一規則）などがある。

　抵触法的指定と実質法的指定を区別する基準は，一般的にいえば，当事者の指定がある国の法全体に言及しようとしたものなのか（法秩序の選択），それとも単に特有の法規定を契約に挿入しようとしたものなのか（法規の選択），という点にある。例えば，引渡しなどの履行や損害発生時の責任についてのみ特定の国の法によるという条項の場合には，その国の特定の法準則を対象にしており，したがって通常は実質法的指定だと考えることができるだろう。

第2節　当事者の選択による準拠法の決定

　通則法 7 条は当事者自治の原則を認めており，契約の成立および効力について当事者が契約締結当時に選択した地の法によることを定めている。したがって，「本契約は，ニューヨーク州法により規律され解釈される」というような条項を契約中に入れておけば，当該契約の準拠法はニューヨーク州法となる。このような条項を**準拠法条項**と呼ぶ。以下では，選択の対象となる法，および選択の方法について順にみていく。

1 選択の対象となる法

(1) 契約と指定される法との関連

　契約当事者は，契約と全く関係のない法秩序を指定することができるだろうか，それとも，契約と一定以上の密接関連性を有する法秩序の中から1つを選択しなければならないのだろうか。

　契約準拠法の客観連結を志向する観点からは，契約と指定される法との間に一定以上の密接関連性が要求されることになる。このような考えは当事者自治の原則の**量的制限論**といわれ，わが国でもかつて主張されたことがある。だが，当事者の選択を連結点として積極的に評価する近時の傾向からは，そのような限定は必ずしも要求されない。すなわち，当事者が自らの取引にとって適切であると考えるか，或いは両当事者にとって中立的であると考え，契約と関連がない法を選択することも許される。通則法7条についても，夫婦財産制に関する26条2項とは異なり，当事者が選択できる法秩序を契約と客観的に密接な関係にあるものに限定していないと考える見解が一般的である。

(2) 非国家法の適用

　次に，例えば国際取引において商人の自治的な社会が形成する法規範といわれるレークス・メルカトーリア（Lex mercatoria）や，私法統一国際協会（UNIDROIT）という民間団体が作成したユニドロワ国際商事契約原則といった，国家法以外の規範（いわゆる非国家法）を当事者が選択することは認められるだろうか。

> **TERM 18-2**　**レークス・メルカトーリア，ユニドロワ国際商事契約原則，ヨーロッパ契約法原則**
>
> 　**レークス・メルカトーリア**は，国際取引において商人の自治的な社会が，国家の枠組みを超える規範を形成しており，それが国家法とは異なる法を形成していると主張される際の，それらの規範の総称である。その内容には，様々な商慣習のほか，援用可能統一規則，標準契約条件が含まれるとされる。ただし，その内容の不明確さや体系性のなさから，その存在に否定的な見解も根強い。
>
> 　そのような批判も踏まえ，私的な団体であるユニドロワ（UNIDROIT，私法統一国際協会）が作成した商事契約に関する準則が，**ユニドロワ国際商事契約原則と**

呼ばれるものである。1994年に第1版が，2004年に第2版が，2010年に第3版，2016年に第4版が作成された。国際仲裁での仲裁判断において，この原則に言及する事例もみられる。

　さらに，EU加盟国の法律家で構成される私的研究グループであるヨーロッパ契約法委員会（ランド委員会）がヨーロッパ契約法の統一を目指して起草したものとして，**ヨーロッパ契約法原則**があり，第1部および第2部が1999年に，第3部が2003年に公表されている。

　この点については，主として実務上の要請という観点から，レークス・メルカトーリアなどの適用が早くから提唱されてきたが，従来学説は，各主権国家の国家法秩序が並存する国際社会における国家法の抵触を国際私法がその任務としているという点や，非国家法の定義や内容などが不明確であるという点を根拠として，これを認めない見解が多かった。

　だが，ユニドロワ国際商事契約原則，ヨーロッパ契約法原則など体系性を備えた準則が作成・利用され，また，電子商取引やインターネットの進展に伴いlex informatica，または，lex electronicaといったネットワーク共同体固有の法の存在が主張されるようになった。さらに，手続的にも，非国家法に従って紛争解決を行うことのできる国際仲裁（仲裁法36条1項参照）の利用が増大し続けている。このように，非国家法の存在意義は実務においてますます高まっており，また，各国の動向としても，1994年の国際契約の準拠法に関する米州条約は，「国際的組織によって承認されている国際取引法の一般原則」の適用を認めている。さらに，国際的動向として，2015年にハーグ国際私法会議において採択された国際商事契約の準拠法選択に関するハーグ原則3条は，国家法以外の法を当事者が選択することを認めている。

　このような動向を反映し，わが国においても，当事者が契約準拠法として非国家法を選択する可能性を認めない多数説に疑問を呈する見解が次第に増加している。ただし，通則法制定においては，法例7条の「何レノ国ノ法律」という文言が「当事者が……選択した地の法」と改められたものの，これは実質的な改正ではないとされ，この点はなお解釈に委ねられている。なお，抵触法的指定としてではなく実質法的指定として，契約当事者がこれらの非国家法を指定する条項を契約に置いて利用することは認められている。

また，国家契約において，契約当事者である国家が契約準拠法を自国法としておきながら，後日それを修正しようとすることを妨げる目的で，選択された準拠法が契約締結時の内容で適用されるべきであるということを契約当事者が決定する条項が置かれることがある（**化石化条項**）。このような条項も，非国家法の指定の場合と同じく一般的には実質法的指定と解されている。

2 選択の方法

(1) 当事者の合意

通則法7条による準拠法決定においては，準拠法条項のように当事者の**明示的な合意**がある場合には，通常はそれに従う。これに対し，準拠法条項がない場合には，何が当事者の合意にあたるのかが問題となる。

従来わが国においては，準拠法条項など明示の指定がない場合でも当事者の**黙示意思**を探求すべきであるとされていた。そこでは，当事者が準拠法に関する現実の意思を有していなかった場合でも，客観的な諸事情から，もし準拠法について考えたならば選択したであろうと合理的に考えられるものを当事者の意思として解釈するという仮定的意思を探求する中で，実際には準拠法の客観的連結を図ろうとする見解が示されていた。そのための基準としては，管轄合意条項，契約書で使用されている言語，当事者の国籍などのほか，あらゆる諸事情が考慮されるべきであるといわれていた。これは，当事者の意思が不分明な場合に関する法例7条2項の「行為地」（契約締結地）という連結点が，必ずしも密接関連地を示しておらず適切でないという点や，黙示意思の探求が最密接関連法の客観的連結を実現する場となりうるという点が考慮されたためである。

通則法制定において，当事者の選択がない場合に関して法例7条2項が通則法8条に変更されたものの，当事者の選択に関する通則法7条自体には実質的な変更が加えられていない。したがって，黙示意思に関しては従来どおりの解釈が可能であるという考えもある。だが，「行為地」という連結点が排除され，最密接関係地法の探求というこれまで黙示意思に求められてきた役割が今後は通則法8条に委ねられるという点を重視すれば，黙示意思の探求は，契約の態様から明確に導かれる場合などに限定されることになろう（ただし，通則法制定

前と同じように黙示の意思を緩やかに探求して7条で処理している裁判例も東京地判平成30・10・25［百選26］などみられる）。

例えば，契約中の条項が特定国の法制度を前提としている場合や，国際取引の慣行上特定国の準拠法が標準になることがほとんどである場合（運送契約中に「アクトオヴゴッド」「キングスエネミー」などのイギリス法固有の記載があることや，運送契約に関しイギリスが旗国法を標準とする事実から，運送契約に関し英国法によるべき黙示の合意があったとした事例として，横浜地判大正7・10・29），当該契約には準拠法条項が置かれていないものの，当事者間に枠組みとなる基本契約がありその契約に明示の準拠法選択がある場合，さらに，契約当事者が継続的に取引を行っている場合においてかつての契約に準拠法条項が挿入されていた場合などでは，黙示意思が認められるだろう。これに対し，ある国に専属管轄を認める国際裁判管轄の合意がある場合については，争いがあるが，管轄合意が手続的観点からなされることを考えるならば，このような合意だけで当事者間に準拠法選択についての黙示の合意があったとみなすことは困難だろう。

(2)　分 割 指 定

契約当事者は通常1つの契約につき1つの準拠法を選択する。では，1つの契約につき部分ごとに，実質法的指定としてではなく抵触法的指定として準拠法を選択する（分割指定）ことが当事者には許されるのだろうか。

従来の裁判例では，後述の英国法準拠約款を実質法的指定とみなしつつ契約準拠法を別途決定したものが少なくない（例えば，大判昭和13・8・31）。ただし，最近では，分割指定を認めた裁判例も登場している（東京地判平成14・2・26［百選27］⇒ 判例 18-1 ）。通則法制定の際には，中間試案において分割指定に関する導入の有無が諮られていた。しかし，意見募集の結果，分割指定について規定を設けるべきであるという実務上の強い必要性は示されず，また，分割された準拠法間の矛盾・抵触を避けるために分割の限界を画すべきであるが，その明確な基準を定立することが困難であると考えられたため，結局規定の導入が見送られ，依然として解釈に委ねられることとなった。

ここでも，当事者自治の原則に消極的な立場からすれば，当事者の意思にそのような権能までも付与することは認められないことになるだろう。だが，国際的な強行法規の回避の問題をいわゆる特別連結に委ね（⇒第13章），当事者自治の原則を積極的に評価する近時の傾向に従えば，当事者が自らの便宜や利益のために分割指定を行うことを否定する根拠は特にない。このように考えれば，例えば，契約においてある国の消滅時効に関する強行法規を利用するため，

債権の消滅につき他の部分と異なる準拠法を選択するといったことが認められることになるだろう。とはいえ、契約の一貫性が損なわれないようにするためには、現実的な実現可能性という観点から一定の限界が画されねばならない。例えば、代金の支払義務と目的物の引渡し義務といった、相互的な権利義務関係を切り離しそのそれぞれに準拠法を選択することは困難だろう。

〈 判例 18-1 〉　東京地判平成 14・2・26：百選 27

【事実】 売却委託を受けた絵画を運送中に横領された古美術の売買を主たる業務とする日本法人 X およびその代表取締役 X₁・取締役 X₂ が、貨物海上運送契約を締結していた日本法人 Y に対し、保険契約に基づく保険金および遅延損害金の支払いを求めた。

【判旨】 請求一部認容・一部棄却。

「本件保険証券には、『この保険は、一切の請求に対する責任及びその決済に関しては（as to liability for and settlement of any and all claims）、イングランドの法及び慣習に準拠するものであることを、了解し、かつ約束する。』との条項（英国法準拠条項）が存在する。本条項は、本件保険契約に関する法律問題のうち、『一切の請求に対する責任及びその決済に関して』は英国法を適用し、それ以外の事項・法律問題については、法例 7 条〔2 項。通則法 8 条は内容変更〕により、行為地法である日本法を適用する旨のいわゆる準拠法の分割指定を認めたものと解される。」

【コメント】 貨物海上運送保険契約の約款には、本件と同様の英国法準拠約款が置かれることが多い。本判決は、この条項を抵触法的指定と解しており、注目される（東京地判昭和 52・5・30 も参照）。

---

(3)　準拠法選択行為の有効性

最後に、当事者による準拠法選択の方法に関しては、例えば、準拠法選択合意に意思表示の瑕疵があった場合にその有効性を判断するのがいずれの国の法であるかが問題となる。

従来の多数説は、その有効性の判断を国際私法独自の立場からするべきであるとし（傍論ではあるがこの見解を採るものとして、水戸地判平成 26・3・20〔百選 25〕）、この点に関する規定がないためわが国の国際私法の合理的解釈として、日本民法を参照しつつ、重大な錯誤に基づくときは無効、詐欺または強迫に基づくときは取り消しうるとすべきであるとしていた。これに対し、契約本体、準拠法条項、さらには管轄合意条項（⇒ 167 頁）について、これらの有効性の

判断基準が統一的であることが望ましいという観点から，準拠法条項が有効であるならば契約に適用されるべき法によりその有効性を判断すべきである，という見解が近時有力に主張されている。

通則法制定の際には，中間試案において，「当事者による準拠法選択の有効性は，その選択が仮に有効であるとした場合に法律行為に適用されるべき法律によって判断する旨の規定を設ける」ことの是非が諮られた。だが，意見募集の結果，強い実務上の必要性が示されなかったため，そのような規定の導入は見送られ，この点も解釈に委ねられることになった。

> ### Column 18-1　ウィーン売買条約の適用
>
> 　1980 年に制定され，1988 年に発効した，国際物品売買契約に関する国際連合条約（**ウィーン売買条約**）に，わが国も 2008（平成 20）年 7 月 1 日に加入し，わが国についても同条約は 2009 年 8 月 1 日に発効した。同条約の締約国数は 94 ヵ国であり（2021 年 12 月現在），世界の主要国で加入していないのはイギリスのみとなっている。
>
> 　本条約は（⇒ 139 頁），営業所が異なる国にある当事者間の物品売買契約につき，(a)これらの国が，いずれも締約国である場合，または，(b)国際私法の準則が，ある締約国の法の適用を導く場合に適用される（1 条 1 項。(a)により本条約が適用された事例として，東京高判平成 29・3・29〔ただし，原判決である東京地判平成 28・6・30 は本条約の適用を見落としている〕，東京地判平成 30・12・6，東京地判令和元・6・3）。また，条約 6 条は，当事者が，本条約を適用しないと合意することを認める他，本条約の規定を排除・変更することを認めている。これらの規定との関係で，契約中の準拠法条項の解釈が問題となることがある。
>
> 　例えば，条約 1 条 1 項(a)を満たさない国際契約において，契約内に，「本契約はウィーン売買条約により規律され解釈される」という条項がある場合，当該合意は抵触法的指定と考えるべきだろうか，それとも実質法的指定と考えるべきだろうか。前述の非国家法に関する議論を前提にするならば，このような条項は実質法的指定と考えるべきだろう。したがって，このような条項とは別に通則法により準拠法が指定されることになる。
>
> 　また，「本契約は中国法により規律され解釈される。当事者は，ウィーン売買条約が本契約には適用されず，排除されることに合意する」という条項が契約内に存在する場合には，条約 6 条に従いウィーン売買条約以外の中国法が適用される。
>
> 　さらに，契約内に本条約を排除する条項は存在しないが，準拠法条項が置かれていた場合，同条項が本条約を排除する趣旨かどうかも問題となる。例えば，「本契約は中国法により規律され解釈される」と締約国が指定されている場合には排除し

> ない趣旨であるとするのが多数説であるが，異論もある。これに対し，日本と中国とにそれぞれ営業所を有する当事者間の物品売買契約において例えば「本契約は英国法により規律され解釈される」と非締約国が指定されている場合には，ウィーン売買条約を排除する趣旨である。

第 3 節　当事者の選択がない場合の契約準拠法の決定

　当事者の選択がない場合の契約準拠法の決定につき，通則法 8 条は，最密接関係地法によるとし（1 項），契約において特徴的な給付を当事者の一方のみが行うものである場合には，その給付を行う当事者の常居所地法（当該契約に関係する事業所がある場合には，その事業所の所在地の法，関係する事業所が複数あれば主たる事業所の所在地の法）を最密接関係地法と推定することとしている（2 項。特徴的給付の理論）。ただし，不動産を目的とする契約については不動産所在地法が最密接関係地法として推定される（3 項）。

1 最密接関係地法（1 項）

　通則法 8 条 1 項は，当事者による準拠法の選択がない場合の契約の成立および効力につき，契約締結時に当該契約に最も密接な関係がある地の法を準拠法とする。連結点として適切でないと批判の強かった法例 7 条 2 項の行為地（契約締結地）に替えて，**最密接関係地法の適用**という準拠法選択の基本原則を明文化するものである。ただし，通則法 8 条 1 項は具体的な連結点を定めることなく準拠法選択における基本的指針を示すにとどまっており，これだけでは予測可能性に欠ける。そこで，2 項，3 項で最密接関係地法の推定に関する規定を置くことで，一定の法的安定性を確保しようとしている。したがって，法的安定性を確保するためには，1 項の最密接関係地法の原則を強調しすぎて 2 項，3 項の趣旨が失われることのないよう，1 項の解釈には慎重でなければならない（ただし，2 項を用いず直接 1 項を適用した事例として，東京地判平成 26・2・6 など）。

　　最密接関係地法を決定する際に考慮されるべき要素としては，最密接関係地法の適用という 8 条 1 項の指針が連結政策の柔軟化を意味するものであるとして，当事者の意思

的要素や契約締結後に発生した事実などの要素を含め，当該契約に関するあらゆる要素を考慮することができるとする見解もある。だが，法例において黙示意思の探求の際主観的要素と客観的要素の両方が考慮されていたのとは異なり，通則法は主観的連結（7条）と客観的連結（8条）とを明確に分けているのであり，ここでの考慮要素は客観的要素に限定されるべきであろう。したがって，例えば当事者の一方が特定の準拠法を選択する意思などは考慮されるべきではないだろう。

2 最密接関係地法の推定

(1) 特徴的給付の理論（2項）

最密接関係地法の適用という通則法8条1項の指針の下で一定の法的安定性を確保するため，同条2項は，いわゆる**特徴的給付の理論**に基づいて，特徴的給付をなすべき当事者の常居所地法（関係する事業所を有する場合にはその事業所の所在地法）を，最密接関係地と推定している。特徴的給付の理論は，従来各国で主張されていた契約締結地や履行地などの連結点を，契約の本旨に関係のない契約の外形的要素による画一的な連結として退け，契約が属する社会経済的環境との連結を目指し，契約において契約当事者の一方により通常行われる金銭給付ではなく，物の引渡しやサービスの提供といった他方当事者による反対給付を重視する考え方である。この考え方に従えば，例えば，売買契約ならば売主側の給付，賃貸借契約であれば賃貸人側の給付，運送契約であれば運送人側の給付が特徴的給付となる（中国法人と日本法人との間で締結された冷凍うなぎについての売買契約に関し残代金等の支払が求められた事例において，特徴的給付を行う売主の常居所地から中国法を適用したものとして，東京地判令和元・8・27［百選28]）。

> なお，わが国の民法上の法律構成は考慮されるべきではない。例えば，わが国では消費貸借契約は要物契約であり（民587条）借主のみが義務を負う片務契約であるが，特徴的給付は，通常，職業として行為を行い，その対価として利息などの金銭を受け取る側の貸主の給付である。

ただし，当該契約において特徴的給付が決定できない場合には，この推定規定は適用されず，1項により最密接関係地法が直接探求されることになる。例えば，①交換契約やジョイント・ベンチャーのように，契約の両当事者が同等の給付を行う場合や，②依頼者からの素材の引渡しを伴う請負契約や著作権者と出版社との間の出版契約のように，いずれの当事者の給付にも意義があり，

一方を特徴的なものとみなすことが困難な契約が考えられる。

　特徴的給付を行う当事者が当該契約に関係する事業所を有する場合には，当該事業所の所在地法が最密接関係地法と推定される（2項かっこ書）。これは，特徴的給付の理論が契約において職業的行為が行われている点を重視することから，当該契約に関する行為を事業として継続反復的に行っている事業者については，その者の生活の本拠である常居所ではなく，当該契約に関係する事業所の方が連結点としてふさわしいと考えられたからである。

　　　特徴的給付が連結される地は，特徴的給付を行う債務者の常居所地であり，当該債務の履行地ではない。通則法制定時には，当該債務の履行地を連結点とする考え方も示されていたが，全体として債務者の常居所地の方が妥当であると考えられることや，具体的な場合において最密接関係地法の推定を覆すことは困難ではないと思われることから，債務者の常居所地が採用された。

(2)　不動産を目的とする契約（3項）

　8条3項は，不動産を目的とする契約については，その不動産の所在地法を当該契約に最も密接な関係がある地の法と推定する。不動産に関する物権関係が13条により目的物所在地法となっていることや，不動産に関しては登記・登録が通常問題となることから，その所在地法と密接に関連すると考えられるためである。不動産を目的とする契約としては，例えば不動産の売買契約や不動産に関する賃貸借などが挙げられよう。

3 推定に対する例外（1項）

　最密接関係地法を推定する2項，3項との関係では，1項は，推定を個別具体的な場合において覆す例外条項（⇒50頁）としての機能を果たすことになる。例えば，オークションでの売買においては取引が行われる地が，また不動産の短期賃貸借契約で両当事者が不動産所在地国以外の同一国に常居所を有している場合にはその常居所地が，より密接に関係することもあろう。

第4節　準拠法の事後的変更

　契約準拠法については，契約に関し準拠法選択を行う時期を契約締結時点に

限定するべきか，それとも，すでに行った準拠法選択の変更も含めて，締結後の準拠法選択を認めるべきか，という点が問題となる。

この点，法例には明文の規定がなく，解釈論上は，当事者自治の趣旨からこれを認める見解が比較的多数ではあったものの，争いがあった。だが，ここでも当事者自治の原則を積極的に評価する近時の傾向に従えば，当事者の選択を尊重すべきこととなる。通則法の下では，当事者が契約準拠法を契約締結後に変更することが正面から認められた（9条。両当事者が訴訟において日本法が適用されることを前提に訴訟活動をしていることから，仮に中国法が適用されるとしても，通則法9条により日本法が準拠法となるとした事例として，東京高判平成30・8・22［百選29]）。

準拠法を変更した場合，その変更が遡及効をもつかどうかについて，9条は規定していない。この点は当事者の意思解釈による。

ただし，第三者の権利を害することとなるときは，その変更を第三者に対抗することはできない（同条ただし書）。契約締結時に決定された準拠法による規律を前提として利害関係に入った第三者が，契約準拠法の変更により本来主張することのできた変更前の準拠実質法の抗弁が主張できなくなるなどの不都合を被るのを防ぐためである。ここでいう第三者には，例えば契約債務の保証人や，第三者のためにする契約の第三者が挙げられる。

> また，権利が害される場合とは，従前の準拠法によれば第三者が主張することのできた事由について，変更後の準拠実質法に従った場合には主張ができなくなる場合であるという見解もある。だが，実質法の適用結果から中立的に準拠法を選択するという国際私法の理念からすれば，準拠実質法の内容にかかわらず，事案類型ごとに第三者との関係で準拠法の変更が認められる場合と認められない場合とを判断すべきであろう。例えば，ある金銭消費貸借契約につき，貸主と保証人との間で保証契約が締結されている場合，金銭消費貸借契約の準拠法についての変更は，消滅時効期間など保証人の合理的期待に影響を与えうるため，常に認められないと考えるべきだろう。

第5節　契約準拠法の適用

1　契約の成立

　契約の成立については，実質的成立要件と形式的成立要件（方式）とが問題
となる。

(1)　実質的成立要件

　実質的成立要件は，どのような意思表示が申込みや承諾となるか，申込みや
承諾の意思表示に錯誤・詐欺などの瑕疵があるかどうか，意思表示の効力発生
時期はいつか，といった問題であり，これらが契約準拠法により規律されるこ
とに問題はない。また，契約の成立に目的物の特定といった何らかの条件が必
要かどうか，および，必要な場合にはその有効性の判断も契約準拠法による。

　なお，行為能力の有無やそれに伴う取引保護の問題については，4条による。

(2)　形式的成立要件（方式）

　形式的成立要件（方式）とは，書面や公正証書といった契約の外部的形式に
関する成立要件である。通則法は，この成立要件につき個別の規定を置いてい
る（10条）。

　10条によれば，契約の方式は，契約準拠法または契約締結地法（「**場所は行
為を支配する**」の原則）に適合したものであれば，有効とされる（10条1項，2
項）。形式的成立要件において契約をできるだけ成立しやすくしようとする実
質法的法政策の反映である（選択的連結⇒50頁）。ただし，9条による当事者の
事後的な準拠法変更は，方式の有効・無効に影響を与えない（10条1項かっこ
書）。これは，方式の有効性は契約締結時点において確定的に決定されていな
ければならないためであるとか，当事者が新たに選択した準拠法が方式を満た
さない場合には当事者の意思に反するためであると説明される。けれども，実
質的成立要件と異なり方式だけがなぜ契約締結時点に確定的でなければならな
いかは明らかではなく，また，当初の準拠法では無効であった方式が新たな契

約準拠法の下では有効となる場合に，新たな準拠法の遡及効を方式に及ぼすことが当事者の意思に反するとは思われないので，その合理性には疑問がある。

　なお，異なる法域に所在する者の間で締結される契約の方式については，申込地または承諾地の法律によることができる（10条4項）。そこで，通常の契約については方式の有効性を判断する選択肢は契約準拠法と契約締結地法の2つであるのに対し，このような契約については，その選択肢が契約準拠法，申込地法，承諾地法の3つということになる。

2 契約の効力

　契約の効力としては，契約関係の拘束力，契約の内容，個々の契約条項の合法性，契約不履行の場合の効果などが挙げられる。これらの点も，基本的には契約準拠法により判断される。

　まず，契約が，一般的に当事者に対してどのような拘束力をもつのかは契約準拠法による。例えば，契約条件を事後的に修正する可能性があるかどうかは契約準拠法により判断される。継続的契約などに関しては，契約の一方当事者の義務履行を困難または不可能にするような事情の変更をどのように評価すべきか，という問題が生じるが，この点も契約準拠法による。例えば，当事者が再交渉のための枠組みを用意する条項を契約内に置いている場合には，当該条項の解釈が契約準拠法により判断されるし，また，そのような条項がない場合に，いわゆる事情変更の原則を認めるかどうかといった点も契約準拠法により判断される。

　また，契約の履行についても，行われるべき給付の性質や範囲を決定するのは契約準拠法による。ただし，諸外国においては，契約の履行につき履行地法を考慮すべきであるとするものもある（例えばEUのローマⅠ規則12条2項）。これは，当事者の便宜という点から，履行地法により実行された履行行為に配慮する考え方である。わが国においては，このような趣旨の規定はないものの，裁判例の中には，契約準拠法上の公序の枠組みを用いることにより実質的に履行地における履行の違法性を考慮したものがある（東京高判平成12・2・9。なお⇒ Column 13-1 ）。

Column 18-2　**補助準拠法**

　契約に関する一定の要素につき，契約準拠法以外の国の法の適用が主張されることがあり，そのような法を補助準拠法と呼ぶことがある。例えば，取引の日や取引時間，支払いの際の度量衡といった履行の態様に関する問題についての履行地法や，金銭債権に関する通貨の定義，名目価値などの問題に関する通貨所属国法が，補助準拠法として主張される。

　ただし，補助準拠法の意味は必ずしも明らかではなく，また，そのような準拠法選択が認められる通則法上の根拠もはっきりしないため，補助準拠法という用語を用いることに批判的な見解もある。履行の態様については契約の内容に関する当事者意思の解釈や，履行地における国際的な強行法規の適用から説明できるものも多く，補助準拠法という不明確な用語を用いる意義は，現在では乏しいといえよう（金銭債権をめぐる議論については⇒第20章第4節）。

第6節　弱者保護に関する特則

　消費者契約や労働契約においては，非対称的な交渉力により，弱い方の契約当事者が強い方の契約当事者により提示される不利な選択を認めざるをえないという状況が生じる可能性がある。各国においても，**弱者保護**の観点から当事者自治の原則を制限または排除する立法例も次第に多くなっていることを受け，通則法の下では，消費者契約・労働契約それぞれにつき特則が設けられることとなった。

1 消費者契約

　11条の対象となる消費者契約は，個人と事業者との間で締結される契約である。ここでいう個人とは，事業としてまたは事業のために契約の当事者となる個人以外の者を指し，事業者とは，法人その他の社団または財団，および，事業としてまたは事業のために契約の当事者となる個人を指す。なお，労働契約は別に特則（12条）があるため除外される。

(1)　準拠法の決定

(a)　**当事者の合意がある場合**　　11条1項は，消費者契約においても基本

的には7条の当事者自治の原則が妥当することを前提とし，その上で，当事者
が選択した法が消費者の常居所地法以外の法である場合，消費者がその常居所
地法における特定の強行規定を適用すべき旨の意思を事業者に対し表示したと
きは，当該消費者契約の成立および効力に関してその強行規定の定める事項に
つき，当該強行規定をも適用すると規定する。契約準拠法いかんにかかわらず，
一定の条件の下消費者に対し常居所地法の強行規定が与えている保護を享受さ
せるのがこの規定の趣旨である。これは，常居所地法が消費者にとってなじみ
のあるものであり，当該消費者に適切な保護を与えているという考慮に基づい
ている。例えば，日本に常居所を有する消費者が外国事業者との間で消費者契
約を締結した場合，契約準拠法である外国法上クーリング・オフが認められて
いないとしても，当該消費者がわが国の割賦販売法35条の3の10から35条
の3の12の適用につき意思表示をすることにより，クーリング・オフが認め
られる（米国での診療報酬債権〔MARS〕を投資対象とする金融商品についての出資契
約の取消し等が問題となった事例において，通則法11条1項により消費者契約法4条
1項1号を適用したものとして，東京地判平成29・1・17［百選30]）。

> 各国の立法例の中には，消費者契約につき当事者自治の原則を排除し，一定の場合に
> 常居所地法に客観連結するものもある（例えばスイス国際私法120条）。通則法が消費者
> 契約についても当事者自治の原則を維持したのは，立法過程において，事業者が複数の
> 法域の消費者を対象として大量の契約を締結する場合，消費者の常居所地法という客観
> 連結の下では非常に処理が煩雑になるという事業者側のデメリットに配慮した結果である。

契約準拠法が消費者の常居所地法でない場合に消費者が常居所地法の強行規
定が与えている保護を享受するためには，消費者自身が，事業者に対し，特定
の強行規定を適用すべき旨の意思を表示しなければならない。この点は，実際
の訴訟において契約準拠法と消費者の常居所地法のいずれが消費者に有利なの
かを争点ごとに裁判所が職権で比較するのは困難であることから，保護を享受
すべき消費者自身に適用を望む規定を特定させることにしたものである。そこ
で，消費者が，「自らの常居所地法上契約は無効である」と主張しただけでは，
そのような意思表示として認められない。

> このように，経済的弱者である消費者に特定の強行規定についての意思表示を求めた
> ことについては，消費者保護の実効性を損なうものであるとして学説上批判がある。す

なわち，そもそも消費者が11条を理解し，常居所地法上の特定の強行規定の効果を主張することなど期待できないというのである。たしかに，消費者に特定の法令の特定の条項を挙げることまで要求すれば，消費者保護を目的としたこの規定の趣旨は大きく失われることになる。そこで，学説の中には，特定の法令の特定の条項が挙げられている場合に限定せず，常居所地法中の特定の強行規定を適用すべき旨が客観的に認識できれば十分であるとして，「帰りたいといったのに帰してもらえず，仕方なく契約したのであり，取り消したい」という主張は消費者契約法4条3項2号の特定となり，また，消費者が誤った条項を挙げている場合にも正しい条項を適用すべき旨の消費者の意思が客観的に認識できればよく，さらに，消費者が依拠すべき規範が判例法理である場合，特定の判例やその内容を示せば特定されたものと解すべきであるとして，この要件を緩和しようとする見解もある。

　ここでいう**強行規定**とは，国際私法上の国際的な強行法規（⇒第13章）に限定されるものではなく，実質法上の任意規定に対する通常の強行規定をも含むとされる。本条の規定は国際私法上の国際的な強行法規の適用関係に影響を与えるものではない。

　(b)　**当事者の合意がない場合**　　当事者による準拠法の選択がない場合，消費者契約の成立および効力は，消費者の常居所地法による（11条2項。例として，東京地判平成28・3・23）。8条の例外として，端的に消費者の生活環境の法である常居所地法を選択・適用する趣旨である。特徴的給付の理論を前提とした8条の下では，消費者常居所地法以外の法が最密接関係地法となりうるが，消費者保護の観点からそのような可能性を排除するものである。

　(c)　**方式に関する特則**　　方式については，通常の契約の方式に関する選択的連結によると契約が成立しやすくなり，消費者に不利になりかねないことから，通則法は消費者契約に関する特則を設けている。

　まず，当事者が選択した契約準拠法が消費者の常居所地以外の法であった場合には，当該消費者契約の方式につき，消費者がその常居所地中の特定の強行規定を適用すべき旨の意思を事業者に対し表示したときは，10条による選択的連結は排除され，当該強行規定が定める事項についてはもっぱら同規定が適用される（11条3項）。

　次に，当事者が選択した契約準拠法が消費者の常居所地法であった場合には，当該消費者契約の方式につき，消費者がもっぱらその常居所地法によるべき旨の意思を事業者に対し表示したときは，やはり10条による選択的連結は排除

され，当該消費者契約の方式はもっぱら消費者の常居所地法によることになる（11条4項）。

　さらに，当事者が契約準拠法を選択しなかった場合には，当該消費者契約の方式は，消費者の常居所地法によることとなり，ここでも10条による選択的連結は排除される（11条5項）。

(2)　準拠法の適用

　11条は，契約準拠法の場合と同様，消費者契約の成立，内容および効力に関する問題について適用される。消費者契約の成立や内容に関する問題としては，合意の有無，意思表示の瑕疵，情報提供義務，約款の契約内容への組み込みおよび約款の解釈，免責条項や損害賠償額の予定などの契約条項の有効性，訪問販売・通信販売などにおける撤回権の問題などが挙げられる。また，消費者契約の効力に関する問題とは，危険負担，同時履行の抗弁権，債務不履行責任，契約不適合責任などである。

(3)　適　用　除　外

　11条は，事業者側の準拠法に関する予測可能性を確保するため，一定の適用除外を用意している（11条6項）。

　(a)　**能動的消費者に関する適用除外**　　まず，消費者が自ら事業者の事業所に赴いて消費者契約を締結する場合には，1項〜5項は適用されない（6項1号）。外国旅行中における消費者契約の締結がこれにあたる。また，消費者が自ら事業者の事業所に赴いて消費者契約に基づく債務の全部の履行を受けたとき，または受けるとされていた場合も同様である（6項2号）。外国旅行中のホテル滞在がこれにあたる。これらの場合にまで消費者の常居所地法による保護を消費者に享受させると，国内的にのみ活動している事業者の準拠法に関する予測可能性が害されるからである。

　ただし，上述の場合であっても，消費者が，事業者の事業所における消費者契約の締結または履行につき，勧誘をその常居所地で受けていた場合には，1項〜5項の適用がある（6項1号ただし書，2号ただし書）。事業者が海外に居住する消費者に対して事業所に来るよう働きかけている場合には，事業者の予測

可能性が害されるおそれがないためである。ここでいう「勧誘」は，ダイレクトメールや電話による契約締結についての個別的な勧誘行為のみを指し，ウェブサイトに掲載される一般的な広告などは含まれない（ただし，AI の進展により利用者の嗜好に合わせた広告が掲載されるようになる等，現在の状況においても，このような解釈が妥当するかという点については，今後検討が必要であろう。なお，国内事案ではあるが，消費者契約法 12 条にいう「勧誘」につき，「事業者が，その記載内容全体から判断して消費者が当該事業者の商品等の内容や取引条件その他これらの取引に関する事項を具体的に認識し得るような新聞広告により不特定多数の消費者に向けて働きかけを行うときは，当該働きかけが個別の消費者の意思形成に直接影響を与えることもあり得る」ことを理由に，このような場合を適用対象から一律に除外することを否定した事例として，最判平成 29・1・24）。

(b)　事業者側の事情による適用除外　　次に，消費者契約締結当時，事業者が消費者の常居所を知らず，かつ知らなかったことについて相当の理由があるときや（6 項 3 号），事業者がその相手方が消費者でないと誤認し，かつ誤認したことについて相当の理由があるとき（6 項 4 号）も，11 条 1 項から 5 項は適用されない。前者の例としては，消費者が自己の常居所を偽る場合や，常居所が通常問題とならない店舗における対面での売買などが，後者の例としては，消費者が自らを事業者であると偽った場合や，通常消費者が行うとは思われない取引形態の場合などが挙げられる。これらの場合には，消費者保護よりもむしろ事業者の予測可能性を保護する必要があると考えられたためである。

2　労 働 契 約

　12 条の対象となる労働契約につき，通則法は定義を解釈に委ねている。一般的には，個人による労務の提供，相手方による賃金の支払い，労務提供者が契約相手方の指揮命令に服することを基準として判断することになろう。

　12 条は，労働契約の成立・効力一般に適用される。労働契約の成立については，とりわけ募集・採用活動のどの段階で契約が成立するかという契約成立時点の問題や，採用の自由や強制・差別禁止といった契約締結に関する制限が 12 条の対象となる。また，労働契約の効力については，就業規則・労働協約と労働契約との関係や，使用者・労働者の義務の内容や範囲が問題となる。

(1)　当事者の合意がある場合

12条1項は，消費者契約の場合と同様，労働契約においても基本的に7条の当事者自治の原則が妥当することを前提とし，その上で，当事者が選択した法が当該労働契約の最密接関係地法以外の法である場合，労働者が当該最密接関係地法における特定の強行規定を適用すべき旨の意思を使用者に対し表示したときは，当該労働契約の成立および効力に関してその強行規定の定める事項につき，当該強行規定をも適用すると規定する（香港法を契約準拠法とする合意の存在にもかかわらず，日本が労務提供地であったことを理由に，12条1項により労働契約法16条を適用した事例として，東京地判平成28・5・20）。規定ぶりは11条1項と同様であり，説明はそれに譲る。

消費者契約と異なっているのは，11条では消費者の常居所地の法による保護が問題となっていたのに対し，労働契約の場合には，最密接関係地の法という一般的指針が挙げられている点である。この最密接関係地法には推定規定が置かれている。すなわち，当該労働契約において労務を提供すべき地の法が最密接関係地法と推定され，もし労務提供地が特定できない場合には，当該労働者を雇い入れた事業所の所在地法が最密接関係地法と推定される（12条2項）。このように，特定の地の準拠法を問題にしていないのは，雇用された国から別の国へ派遣されて労務を提供している場合や，国際線の航空会社で働く社員のようにベースとなる国とは別に複数の国で労務を提供している場合など，労働契約が多様であり，労務提供地法が労働者保護にとって必ずしも適切であるとは限らないと考えられたためである。

また，消費者契約については11条3項ないし5項で方式に関する特則が置かれていたのに対して，労働契約に関する12条ではそのような特則は置かれていない。これは，消費者保護においては契約の締結時と解約時が問題となるのに対し，労働者保護においては労働契約の成立を否定することは特に問題とならず，契約内容と解雇時の保護が問題となるためである。12条に11条6項のような適用除外規定がないのも，労働契約締結段階ではなくその後の保護に着目したためである。

⑵ 当事者の合意がない場合

当事者による準拠法の選択がない場合，労働契約の成立および効力は最密接関係地法による（8条1項）。この場合，労務提供地が最密接関係地と推定される（12条3項。例として，東京高判平成28・11・24）。8条2項にいう特徴的給付の推定を用いた場合，労務の提供が特徴的給付となり，労働者の常居所地法が最密接関係地法と推定されることとなるが，労務提供地の適用は労働者の通常の期待に適い，使用者にとっても予見可能であること，また，労働市場における秩序維持という観点からすれば，労働者保護および労働契約の規律に関し労務提供地が最も利害関係を有していることから，このような推定規定が置かれたのである。なお，国際線の航空会社の乗務員など労務提供地が特定できない場合には，労働者を雇い入れた事業所の所在地の法が最密接関係地の法として推定される（12条2項かっこ書）。

参 考 文 献

折茂豊『当事者自治の原則』（創文社，1970年）

野村美明「契約の準拠法Ⅰ」日本国際経済法学会編『国際経済法講座Ⅱ 取引・財産・手続』（法律文化社，2012年）3頁

北澤安紀「国際契約の準拠法」須網隆夫＝道垣内正人編『国際ビジネスと法』（日本評論社，2009年）119頁

佐野寛「法適用通則法における契約準拠法の決定」民商136巻1号（2007年）1頁

森下哲朗「国際私法改正と契約準拠法」国際私法年報8号（2006年）20頁

西谷祐子「消費者契約及び労働契約の準拠法と絶対的強行法規の適用問題」国際私法年報9号（2007年）29頁

第 *19* 章

法 定 債 権

> 　国際的法律関係において問題となる契約外の債権債務関係としては，いわゆる法定債権，すなわち，ある事実の発生を原因として，一定の者の間に法律上当然に発生することが認められる債権がある。単位法律関係としては，不法行為，事務管理・不当利得である。以下ではまず，最も頻繁に問題となる不法行為について（第 1 節），次に事務管理・不当利得について述べる（第 2 節）。
> 　通則法においては，法例の下で重視されていた法定債権の原因事実発生地（事務管理地，不当利得地，不法行為地）における正義の維持という公益的観点よりも，当事者間の利益調整という私的観点に力点を置く方向で規定が変更された。

第 1 節　不 法 行 為

1 総　　説

　不法行為とは，一般に，違法な行為によって他人から損害を与えられた者に損害賠償等の救済を認める制度である。

　不法行為の準拠法に関する従来の法例 11 条は**不法行為地法主義**を採用し，その成立と効果につき不法行為地法を準拠法として定めるだけだった。だが，この規定は，新たな類型の国際的不法行為に関して適切な準拠法を選択しないという点や，偶然に決まる不法行為地が連結点として必ずしも適切ではないという点から批判され，これらの問題に対処するため，学説上様々な見解が提唱

された。それらの見解の主眼は，①個別的不法行為に関する特則の導入，②不法行為に関する準拠法のより柔軟な決定，および，③当事者自治の導入という3点にあったということができる。これらの議論動向に対応した結果，通則法においては大幅な変更が加えられた。

通則法の下では，不法行為債権の成立と効力の準拠法は，原則として，加害行為の結果が発生した地の法による。ただし，結果発生地につき通常予見可能性がなかった場合には，加害行為が行われた地の法による（17条）。また，通則法には，個別的不法行為に関し，生産物責任（18条）および名誉または信用の毀損（19条）についての特則がある。さらに，これらの規定により指定される地よりも明らかにより密接な関係を有する地がある場合の例外条項が置かれている（20条）。そして，これらの規定にかかわらず，当事者間での合意による事後的な準拠法の変更が認められている（21条）。

なお，不法行為については，準拠法が外国法となる場合に日本法の累積適用を求めるいわゆる特別留保条項が置かれている（22条）。この規定は法例11条2項，3項を踏襲したものであるが，理論上問題が多く学説からは批判が強い。

以下，それぞれの規定について順を追って説明する。

2 一般不法行為

(1) 準拠法の決定

(a) 原則——結果発生地法

(i) 趣　旨　　不法行為地を連結点としていた法例11条は，加害行為とその結果が異なる法域で生じる不法行為（**隔地的不法行為**）に関して，何れの地が不法行為地となるか不明確であった。通則法17条は，この点を明確化するため，加害行為地における公序の維持という点よりも損害の公平な分配という点を重視し，原則として「加害行為の結果が発生した地」（結果発生地）の法を準拠法とすることとした。

(ii) 「結果」　　結果発生地とは，中間試案補足説明によれば，法益侵害の結果が発生した地である。具体的には，例えば，自然人に対する傷害またはそれに基づく死亡の場合，自然人を傷害した時点における当該自然人の所在地を，また，有体物に対する権利侵害に関する不法行為の場合，権利侵害が発生した

時点における当該有体物の所在地を指す。

　　　　事故後の入院費用といった法益侵害の後続侵害（間接的・二次的侵害）が法益侵害と
　　　は別の法域で発生した場合，17条の趣旨として挙げられている損害の填補という観点を
　　　強調すれば，これも結果発生地に含まれると解釈する余地もある（千葉地判平成9・
　　　7・24⇒ 判例 19-1 ）。これに対し，不法行為制度に損失の公平な分配・補償以外の
　　　他の機能，すなわち当事者間の正義の実現や個人の権利の保障という機能があることを
　　　も考慮するならば，後続侵害（間接的・二次的侵害）が発生した地は損害のみに着目す
　　　るものであり，結果発生地には含まれないと解釈されることになる。現在では，後者が
　　　一般的な理解である。

　(iii)　結果発生地の決定に困難が伴う場合　　結果発生地の決定には，しばし
ば困難が伴う場合がある。

　まず，公海など特定の法域に属さない地で不法行為の結果が生じた場合があ
る。通則法制定前の裁判例においては，①当事者双方の同一本国法を適用した
事例（東京地判昭和49・6・17），②双方の旗国法を重畳的に適用した事例（仙台
高判平成6・9・19），③最密接関連地法を適用した事例（東京地判平成15・6・
30，東京高判平成25・2・28），④被害者の本国法を適用した事例（東京地判平成
9・7・16）など，判断が分かれていた。通則法の下では，後述する20条によ
り個別的に最密接関係地法が探求されることになるだろう（ただし，衝突船舶の
旗国法を累積適用すべきであると述べ，日本法と韓国法とを累積適用した事例として，
東京高決平成29・6・30［百選38］）。

　次に，単一の行為により複数国で損害が発生する場合が問題となる。イン
ターネット上での詐欺による侵害や単一の大事故による環境汚染被害のように
被害者が多数存在する場合には，法益侵害が発生した地を個々の被害者ごとに
個別に決定すれば，結果発生地の決定にそれほど大きな困難は生じない。

　これに対し，インターネットや衛星通信を通じた知的財産権侵害や不正競争
などにおいては，同一の被害者の法益が単一の行為により複数国で侵害される
ことになり，これらの問題を不法行為と性質決定した場合には，結果発生地の
決定は困難なものとなる（この点につき，不貞行為に基づく慰謝料請求に関する事例
ではあるが，結果発生地が複数ある場合には，最も重大な結果が発生した地を結果発生
地とし，結果発生地間の結果の軽重を決し難いときには最初に結果が発生した地を結果
発生地とすべきであると述べた事例として，東京高判令和元・9・25。なお，名誉毀

損・信用毀損については 19 条の特則により解決が図られている)。

(b) 例外──加害行為地法　　結果発生地における結果の発生が「通常予見することのできないものであったとき」は，加害行為地法による (17 条ただし書)。加害者と被害者との間の利益の衡平を図り，準拠法についての加害者の予見可能性を確保するための規定である。予見可能性の有無は，加害者の立場にある一般的・平均的な者が予見できたか否かという客観的な観点から判断される。

予見可能性の対象は，結果の発生そのものではなく，結果発生地における結果の発生である (民訴法 3 条の 3 第 8 号についても同様⇒163 頁)。例えば，配送中の商品が盗難に遭うなどして仕向地以外の国に運ばれ，当該国で結果が発生した場合は，当該国での結果の発生が通常予見することができないものであったといえるだろう (韓国企業から被告がエンジン整備の依頼を受けたことを理由にトルコでの飛行時事故につき被告に予見可能性がなかったとした事例として，東京地判平成 22・12・27)。

(2) 17 条の適用範囲

通則法 17 条の対象となる法的問題は，18 条，19 条の特則に含まれない不法行為である。ただし，知的財産権侵害や不正競争などの個別的不法行為に関しては，不法行為と性質決定して 17 条を適用するか，知的財産権の効力あるいは不正競争といった固有の法律関係と性質決定して条理により個別の準拠法選択規則を適用するかが問題となる (⇒291 頁および **Column 19-1**)。

3　個別的不法行為

通則法の立法段階では，不正競争または競争制限行為に基づく不法行為や，知的財産権の侵害に基づく不法行為についても，個別規定の導入が検討されたが，最終的に特則が導入された個別的不法行為は，生産物責任，および，名誉または信用の毀損の 2 つだけである。

> **Column 19-1　不正競争行為**
> 　不正競争行為の準拠法については，営業秘密侵害 (知財高判令和元・9・20) や，営業誹謗行為に基づく損害賠償 (東京地判平成 15・10・16，知財高判平成 27・

3・25）または差止請求（知財高決平成 21・12・15）を不法行為と性質決定した
裁判例もあるが，販売妨害行為に対する差止請求や不正競争防止法に基づく謝罪広
告請求につき条理により準拠法を決定した裁判例や（知財高決平成 17・12・27，
東京地判平成 20・7・4），不正競争防止法2条1項1号を直接適用した事例（大
阪地判平成 16・11・9）もあり，現在のところ，裁判例の態度は定まっていない。

学説上は，不正競争行為を「市場に関連する不正競争」（例えば不正広告）と
「営業に関連する不正競争」（例えば営業誹謗）の2つの類型に区別し，「市場に関
する不正競争」については公衆の利益保護という観点から市場地を結果発生地とみ
なし，「営業に関連する不正競争」については被害者である競争者の利益保護とい
う観点から，被害者の営業所所在地を結果発生地とみなす，という考え方が優勢で
ある。ただし，不正競争防止法が独占禁止法とともに市場の規制を目的とする法律
であるという事実を重視し，不正競争行為全体について，他の競業者の販売に影響
を及ぼす市場地，一般的には原告の商品販売量の減少が生じた場所を結果発生地と
みなす見解もわが国では少なくない。

(1) 生産物責任

(a) 準拠法の決定

(i) 原則——被害者が生産物の引渡しを受けた地の法　　生産物責任の場合，
生産物の生産から事故の発生まで，原因となる生産物が転々とする。そこで，
原則として結果発生地法により例外的に加害行為地法による 17 条の一般則で
生産物責任の準拠法を決定すると，結果発生地が偶然であるために必ずしも適
切とはいえない。そこで通則法は 18 条に特則を設けた。

18 条は，生産物で引渡しがされたものの瑕疵により他人の生命，身体また
は財産を侵害する不法行為によって生ずる生産業者等に対する債権の成立およ
び効力の準拠法を，原則として「被害者が生産物の引渡しを受けた地の法」と
している。「被害者が生産物の引渡しを受けた地」とは，被害者が生産物を取
得した時点における当該生産物の所在地であり，通常は**市場**を意味する（台湾
で製造され日本に輸入・販売された甜杏仁粉に関する生産物責任につき，日本が引渡地
であるとして日本法を適用した事例として，東京地判平成 30・7・24）。生産業者等
と被害者との接点である市場は両者に中立的かつ密接に関係する地であり，両
者間のバランスに配慮したものでもある。また，生産業者等は，生産物の安全
基準について，それが流通する市場における基準に従うと考えられるので，生
産業者等の行為を不法と評価する規範も市場地法によるべきであるという考え

方を採用したものである。ここでの引渡地は，当事者間のバランスに配慮した連結点であり，市場における競争の平等といった公益的観点に立つものではなく，したがって後述の20条および21条も適用がある。また，加害行為地を具体化したものでもなく，むしろ結果発生地について，生産業者の利益に配慮しこれに変更を加えたものと考えられる。

　(ii)　例外──生産業者等の主たる事業所の所在地法　　通則法18条においても，「生産物の引渡しが通常予見」できたかどうかが問題とされ，引渡しが通常予見できないものであった場合には，生産業者等の主たる事業所の所在地法（生産業者等が事業所を有しない場合にはその常居所地法）が適用される。

　予見できるかどうかがとりわけ問題となるのは，生産業者が流通に置いたのとは異なる市場で被害者に引き渡される場合である。例えば，自動車などのように，中古市場が広く成立している場合，場合によっては生産業者等が想定していなかった場所で転売される可能性がある。この点については，問題となっている生産物の種類等に応じて，個別的に判断することになろう。

　予見不可能であった場合に適用される主たる事業所所在地は，一般則における加害行為地に対応する。生産物責任の場合，加害行為地としては実際の製造地，販売地なども考えられるが，むしろ生産物を市場に投入する意思決定を行う地である主たる事業所所在地の方が，市場地を原則的な連結点とする生産物責任における加害行為地としてより適切であると考えられた結果といえよう。

(b)　18条の適用範囲

　(i)　生産物・生産業者等　　生産物とは，「生産され又は加工された物」であり，未加工の農水産物や建物等の不動産も含まれる。特に有体物に限定する理由もなく，ソフトウェアなどの無体物も含まれると解される。

　また，生産業者等とは，「生産物を業として生産し，加工し，輸入し，輸出し，流通させ，又は販売した者」である生産業者と，「生産物にその生産業者と認めることができる表示をした者」を指す。このように生産業者の定義は広く，生産から販売に至るまでの一連の流通過程にいる者が含まれる。

　(ii)　バイ・スタンダーの取扱い　　例えば，他人が購入した欠陥自動車の事故にたまたま巻き込まれた歩行者のように，生産物の引渡しを受けた者以外の者（いわゆる**バイ・スタンダー**）が被害を受けた場合に18条が適用されるかどう

かは，解釈に委ねられている。同一の社会的事実から生じた損害については同一の準拠法が適用されるべきであると考えれば，バイ・スタンダーについても同条が適用される。しかし，18条の「被害者が生産物の引渡しを受けた地」という連結点は，被害者が，事前に生産物や生産業者等と直接接触したことを前提としているところ，生産物の引渡しを受けた者ではないバイ・スタンダーは，このような前提を欠いており，市場地法の適用を予測できる立場にない。したがって，バイ・スタンダーについては18条によらず，一般則である17条が適用されるべきであろう。ただし，生産物の引渡しを受けた者の従業員や同居家族のように，引渡しを受けた者と一体視できるほどの密接な関係が認められる者が被害を受けた場合には，18条の適用が認められるだろう。

(2)　名誉または信用の毀損

(a)　準拠法の決定　　通則法19条は，他人の名誉または信用を毀損する不法行為によって生ずる債権の成立および効力につき，**被害者の常居所地法**（被害者が法人その他の社団または財団である場合には，主たる事務所の所在地法）を準拠法としている。名誉・信用毀損の場合には，同時に国際的に多数の国で新聞の頒布などの事実が生じるが，頒布がなされた個々の法域ごとに複数の不法行為がなされたと考え，それぞれについて結果発生地法を準拠法とする考えも従来存在した。しかし，それでは当事者間の紛争処理が複雑になるため，単一の準拠法によるための規定が19条である。この場合，被侵害利益である名誉・信用は物理的所在をもたないため，連結点としていずれの地を選ぶかが問題となる。19条は連結点として被害者の常居所を選択した。この理由は，被害者保護に資すること，また，加害者側の予見可能性にも一定程度配慮するものであること，さらに，通常は，被害者の常居所のある国において最も重大な社会的損害が発生していると考えられることである。

(b)　19条の適用範囲　　19条については，とりわけプライバシー侵害やパブリシティー権の侵害がその適用範囲に含まれるかが問題となる。プライバシーは，名誉と同様に人格権の1つであり，複数の法域での侵害が同時に発生しやすいので，その侵害も19条の適用範囲に含めるのが相当であろう（これに対し，プライバシー侵害の準拠法を17条により選択した事例として，東京地判平成

28・11・30〔百選 36〕）。パブリシティー権の侵害については，市場の横取りという側面を重視し 17 条の適用範囲に含める見解と，19 条が信用毀損も含んでいる点やパブリシティー権の人格的側面も否定し難い点から 19 条の適用範囲に含める見解とが対立している。

4　例外条項

通則法 20 条は，17 条から 19 条により指定される地よりも明らかに密接な関連がある地が存在する場合に，当該地の法を適用することを命じる，**例外条項**（⇒48 頁）である。また，そのような場合の例として，不法行為の当時において当事者が法を同じくする地に常居所を有していたことと，当事者間の契約に基づく義務に違反して不法行為が行われたこと（附従的連結）を挙げている。17 条から 19 条による準拠法決定の安定性の追求に対して，本条は，準拠法決定の柔軟性と具体的妥当性を確保することを目指して，両者のバランスをはかっている。

> ┌─〈 **判例 19-1** 〉　**千葉地判平成 9・7・24**
> 【事実】カナダへのスキーツアーに参加した日本人である X と Y が接触事故を起こし，X がこれにより傷害を負ったとして，不法行為を理由に，Y に対し，日本帰国後に生じた治療費や休業損害等の賠償を請求。
> 【判旨】「本件事故はカナダ国内のスキー場で起きたものであるが，本件において X の主張する損害は，いずれも我が国において現実かつ具体的に生じた損害である。そして，不法行為の準拠法について定める法例 11 条 1 項〔通則法 17 条〕の『その原因たる事実の発生したる地』には，当該不法行為による損害の発生地も含まれるものと解すべきであり，加えて，本件では X も Y も，準拠法についての格別の主張をすることなく，我が国の法律によることを当然の前提として，それぞれに事実上及び法律上の主張を展開しており，したがって両者ともに日本法を準拠法として選択する意思であると認められること，法例 11 条 2 項，3 項が，外国法が準拠法とされる場合であっても，なお不法行為の成立及び効果に関して日本法による制限を認めていることの趣旨などをも併せ考慮すると，本件には日本法が適用されるものと解するのが相当である。」
> 【コメント】不法行為につき例外条項や当事者の事後的合意等の規定を有しなかった法例の下で，法例 11 条の解釈において具体的妥当性の実現を追求した判決である。通則法の下では，同一常居所地が日本にあるとして例外条項により処理される事案であろう。

　挙げられた2つの例示事項については，中間試案の段階では，それぞれ個別規定とされていた。そこでは，**当事者の同一常居所地法**は，当事者双方の社会生活の基礎になる地の法で密接な関連を有しており，その適用が当事者の利益になるとされていた。また後者の**附従的連結**は，当事者間に契約などの法律関係が存在する場合には，当該法律関係の準拠法を適用する方が，当事者の予測可能性の確保，請求権競合に関する適応問題の回避という観点から望ましいとされていた。しかし，不法行為の被害者が多数存在しそのうち特定の被害者のみに加害者と同一常居所地が存在する場合のように，同一常居所地法などの適用が不適切な場合があることや，これらの規定を別に置くと適用関係が複雑になることが懸念され，結局，これらの規定は例外条項の例示に吸収されることとなった。もっとも，準拠法選択の安定化という観点から，20条の解釈としても，これらの2つの事情があればそれだけで20条が原則として適用されるべきであるとする立場もある。

　同条には，「明らかに」という限定があり，適用範囲が過度に拡大しないよう配慮がなされている。とはいえ，同条の解釈については，準拠法選択に関する当事者の予測可能性と最密接関連法の適用という事案の具体的妥当性とのバランスをどのように考えるかにより立場が分かれることになる。17条から19条の規定による準拠法決定の安定性を失わせないためにも，限定的な解釈が望まれよう（賞与額の減額という不法行為に関する準拠法につき，雇用契約との関連性を理由に17条により指定された日本法ではなく20条により英国法を指定した事例として，東京地判平成24・5・24）。

5 当事者自治

　通則法21条は**当事者自治**（⇒第18章第1節）を導入し，不法行為の当事者が，合意により事後的に不法行為の準拠法を変更することを認めている。不法行為についても，近時は公益的側面よりも当事者の利益調整の側面が強調されるようになってきていること，また，不法行為により生じる債権も通常金銭債権であり，他の債権同様，実質法上当事者による任意処分が認められていること，さらに，当事者自治を認める諸外国の立法例の存在を根拠として導入された規定である（変更を認めた例として，東京地判平成28・6・29）。

　ここでの合意については，当事者自治を原則とする契約と異なり客観連結を原則とする不法行為では，当事者の意思を徹底的に追求する必要はないとして，明示の合意に限定する見解もある。だが，7条における黙示の合意につき仮定的な意思を含めない限定的な解釈を採用するのであれば，契約の場合とあえて異なる解釈をして黙示の合意を排除する必要はないであろう。とはいえ，訴訟において両当事者が，準拠法において特に主張することなく日本法を当然の前提として主張を展開している点から（例えば千葉地判平成9・7・24⇒ 判例 19-1 ），準拠法変更についての黙示の合意を認めるべきではないだろう。この場合には，そもそも外国法が準拠法となりうることを当事者が認識しているかどうかが明らかではなく，日本法を当然の前提とした訴訟行動に日本法への準拠法変更合意を認めるのは，擬制が過ぎるからである。

　　　合意することができる当事者は，中間試案補足説明では，加害者と被害者のみであり，保険代位により被害者の損害賠償請求権を取得した保険会社は当事者に該当しないと整理されていた。しかしながら，保険会社や債権譲渡を受けた新たな債権者についても，実益がある以上，準拠法合意をなしうる地位も債権に伴い移転しているとして，合意ができると考えてよいだろう。

　もっとも，準拠法を変更する合意は，第三者の権利を侵害することとなる場合には，その変更を第三者に対抗することができない（21条ただし書）。加害者の責任保険を引き受けている保険会社が，典型的である。ただし，加害者本人による示談中に準拠法変更の同意を与えた場合には，保険会社はその権利を害されることにはならない。

6 準拠法の適用

(1) 原　　則

　17条以下の不法行為の準拠法に関する規定は，不法行為能力，不法行為の成立（故意・過失などの不法行為の主観的要件，権利または法益の侵害，損害の発生，行為と結果の因果関係など），損害賠償請求権者，不法行為の効力（賠償方法，賠償範囲，過失相殺，時効，共同不法行為の連帯責任，損害賠償請求権の譲渡可能性など）に適用される（知的財産権侵害については⇒第22章）。

　損害賠償額の算定については，学説上，賠償額算定において働く裁判所の裁

量を重視し，賠償額の具体的算定という問題を手続問題と性質決定する見解も
あるが，多数説は，この問題も実体問題であると考え，不法行為準拠法により
算定されるべきであるとする。裁判例も，基本的には不法行為準拠法によって
損害賠償額を算定しているが，算定の具体的基準が不明確であったり，当該外
国裁判所において認められている平均的な損害賠償額が著しく低かったり（福
岡高判平成21・2・10）するなど，困難も多い。なお，日本で就労する外国人労
働者が労働災害の被害者となった場合の損害賠償額の算定については，最高裁
は，不法行為の準拠法である日本民法の解釈として，「予測される我が国での
就労可能期間ないし滞在可能期間内は我が国での収入等を基礎とし，その後は
想定される出国先（多くは母国）での収入等を基礎として逸失利益を算定する
のが合理的」であるとした（最判平成9・1・28）。

(2) 日本法の累積適用

通則法22条は，不法行為についての公序による制限として，日本法の累積
適用を定めている（**特別留保条項**）。すなわち，まず，不法行為の準拠法が外国
法となるべき場合において，対象行為と同種の行為が日本法によれば不法行為
とならないときには，当該外国法上認められている損害賠償などの請求は認め
られない（1項）。次に，同様の場合において，日本法によって不法行為とな
るとしても，日本法により認められる損害賠償などの救済方法しか被害者には
認められない（2項）。これらの規定は，法例11条2項，3項をほぼそのまま
踏襲したものであり，不法行為の規定が私人間の正義・衡平を維持するという
公益的目的を目指しており，わが国の公序にも関わるという考え方に基づいて
いる。

これらの規定に対しては，従来，不法行為の性質を公益的観点よりもむしろ
当事者間の利益の調整という観点から把握する近時の考え方に立てば，公序法
として日本の不法行為法の全部を適用する合理的理由はないとされ，立法論上
疑問が示されて来た。だが，中間試案段階では削除も検討されていたものの，
実務に対する影響が大きいとの意見があり，広く社会一般の理解を得ることが
難しいと判断された結果，通則法制定においては結局削除が見送られた。

これまで22条1項が問題となってきたのは主として知的財産権侵害の場合

であるが，そこでは，属地主義の原則との関係で，特殊な解釈論上の問題が生じる（最判平成 14・9・26 ［百選 41］⇒ 判例 22-1 ）。また，2 項に関して念頭に置かれているのは懲罰的損害賠償であるが，外国判決承認執行に関する判例との整合性を重視すれば（最判平成 9・7・11 ［百選 96］⇒ 判例 16-1 ），懲罰的損害賠償請求は通則法 42 条によっても排除されることになるし，そもそも，懲罰的損害賠償といった公権力性の高い規定は通則法の予定する法規範に含まれないとの考えもある。したがって，同項が問題となる場面は，日本法において認められていない状況で差止命令が認められている場合や分割払いが認められている場合などに限られよう（ただし，損害賠償額の限度につき同項を適用した事例として，東京地判平成 26・9・5 ［百選 5］）。

第2節　事務管理・不当利得

1 総　　説

　事務管理とは，ある者が法律上の義務なしに他人の事務を管理した場合に，本人にその管理に要した費用の償還義務を負わせる制度をいい，不当利得とは，法律上の原因なしに，他人の財産または労務によって利得を得，そのために他人に損失を及ぼした場合に，利得者から損失者にその利得を返還させる制度をいう。

　法例においては，不法行為と同一の規定により原因事実発生地が連結点とされていたが，前述のように不法行為の準拠法が通則法の下では原則として結果発生地法と明確化・具体化されたのに対し，事務管理・不当利得については，不法行為とは別の規定が設けられ，以前と同様事務管理地・不当利得地が連結点として維持されている（通則法 14 条）。これは，隔地的な事務管理や不当利得の発生は，実務上それほど頻繁に生じるとは考えられず，むしろ，事務管理や不当利得の多様性を考えれば，当該事案にふさわしい連結点を確定する余地を残しておくことが望ましいと考えられたためである。

　他方，不法行為と同様の理由の下に，事務管理・不当利得についても，明らかにより密接な関係がある場合の例外条項が導入され（15 条），当事者による

準拠法の事後的な合意も認められている（16条）。例外条項や当事者による事後的な準拠法合意については不法行為において前述したところに譲り，以下では，事務管理・不当利得に関する規定の対象となる法的問題と原因事実発生地の解釈に関してのみふれる。

2 事務管理

事務管理についての原因事実発生地は，事務の管理が現実に行われている地，すなわち，管理の対象となる財産・営業所・人の所在地であるとされている。なお，公海における海難救助については，公海上の不法行為の場合と同様に例外条項によって最密接関連法を直接探求すべきであろう。

従来，事務管理の例として挙げられていたのは，委任に基づかない物上保証や契約に依らない海難救助であった。ただし，海難救助については，「海難ニ於ケル救援救助ニ付テノ規定ノ統一ニ関スル条約」があり，締約国の船舶間において行われた海難救助については，同条約の適用がある（1条）。学説上対立があったのは，管理人と本人との間に一定の契約関係が存在し，管理者がその契約上の義務を超える行為をした場合であり，事務管理の問題とするか，それとも契約関係の延長上にある行為として契約の効力とするかで見解が分かれていた。しかし，事務管理にも例外条項が導入された通則法の下では議論の実益は大幅に失われた（例えば，原告・控訴人X〔マーシャル諸島法人〕が，所有する船舶についての定期傭船契約を締結していた相手方である被告・被控訴人Y〔日本法人〕の民事再生手続において，再生債権として届け出た債権の一部等の支払いを求めるとともに，再生手続開始後に発生したYの業務に関する費用として傭船料等の支払いを求めた事例において，不当利得返還請求権の準拠法につき，原因となる返船が公海上で発生したため通則法14条をそのまま適用することはできないとしつつ，定期傭船契約準拠法と密接に関連することから英国法を適用した〔通則法15条〕事例として，東京高判平成31・1・16［百選33]）。

3 不当利得

不当利得についての原因発生地は，弁済行為など利得の直接の原因をなす行為が行われたかまたは事実が発生した地であるとされている。電子資金移動に

よる国際的送金など隔地間で生じる不当利得の場合には，請求の基礎が損失よりも利得にある以上，利得の発生した地を原因事実発生地と考えるべきであろう。例えば，送金をめぐって不当利得が問題となる場合には，送金が指示された地ではなく送金の受領地が原因事実発生地となる（東京高判平成24・1・18）。

　不当利得が問題となる事例においては当事者間に契約などの基本関係が存在する場合が多く，原因関係に依存する利得の返還請求を，契約などの原因関係と不当利得とのいずれに性質決定するかが学説上問題とされて来た。しかし，不当利得にも例外条項が導入された通則法の下では，例外条項により原因関係の準拠法が考慮されることになるため，ここでも従来の性質決定に関する議論の実益はもはや乏しい。

参 考 文 献

折茂豊『渉外不法行為法論』（有斐閣，1976 年）

中野俊一郎「法適用通則法における不法行為の準拠法について」民商 135 巻 6 号（2007 年）931 頁

中西康「法適用通則法における不法行為——解釈論上の若干の問題について」国際私法年報 9 号（2007 年）68 頁

西谷祐子「不法行為の準拠法」須網隆夫＝道垣内正人編『国際ビジネスと法』（日本評論社，2009 年）143 頁

佐野寛「生産物責任の法選択に関する一考察(1)〜(3・完)」名古屋大学法政論集 91号 1 頁，97 号 114 頁，99 号 230 頁（1982 年〜1984 年）

出口耕自「ローマ II および通則法における名誉毀損」上智法学論集 54 巻 2 号（2010年）1 頁

第20章

債権法上の諸問題

　契約，事務管理，不当利得，不法行為などにより生じる債権は，その内容・効力・消滅などの諸問題につき，原則として，その発生を規律する準拠法に従って決定されることになる。

　本章では，債権法上の諸問題につき，債権・債務の移転（第1節）を取り上げた上で，債権の対外的効力（第2節），債権関係の消滅（第3節），各国の貨幣制度との関係で特殊な扱いが必要となる金銭債権（第4節）について順に説明する。

　なお，債権者代位権，債権者取消権，免責的債務引受などについては，通則法制定時には時期尚早として新規定の導入が見送られた。そのため，第三者との関係が問題となる場合についての明文規定としては，依然として債権譲渡に関する通則法23条があるのみであり，そこで同規定の適用範囲が問題となるが，この点は債権譲渡のところで述べることにする。

第1節　債権・債務の移転

1 総　説

　債権は，債権者から第三者に移転することがある。債権の移転には，当事者の意思による移転（いわゆる債権譲渡）もあるし，保証人が弁済によって当然に債権者に代位するものとされるような法律による移転もある。また，債務も両

者間の法律行為によって債務者から第三者に移転することがある（いわゆる債務引受）。以下では，このような債権・債務の移転に関する問題の準拠法について順に述べる。

2　債権譲渡

(1)　はじめに

債権譲渡に関しては，通則法 23 条に明文規定が置かれている。同条は，債権譲渡をめぐる諸問題のうち，特に，債権譲渡の債務者その他の第三者に対する効力の準拠法についてしか規定していないため，解釈に委ねられている論点も少なくない。後述するように，債権譲渡の成立および譲渡人・譲受人間での効力の準拠法については，争いがある。以下では，次の設例を念頭に説明する。

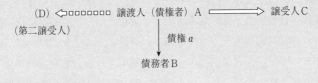

> ＜Case 20-1＞　債権者Aが債務者Bに対して有している債権αを，Cに譲渡した。
> (1)　ＡＣ間で債権譲渡の成立が問題となった場合の準拠法は何か。
> (2)　Cからの支払請求に対して，Aにすでに弁済したので免責されるとのBの主張についての準拠法は何か。
> (3)　AがDに対して債権αを二重に譲渡した場合，CとDの優劣についての準拠法は何か。
>
> (D)　⟵□□□□□□□□　譲渡人（債権者）A ⟶　譲受人C
> （第二譲受人）
> 　　　　　　　　　　　　債権α
> 　　　　　　　　　債務者B

(2)　準拠法の決定

(a)　債権譲渡の成立および譲渡当事者間の効力の準拠法　　債権譲渡の成立および譲渡当事者（ＡＣ）間での効力の問題（⇒＜Case 20-1＞の(1)）については，通則法 23 条は規定していない。債権譲渡はいわゆる準物権行為であって，その原因行為たる売買や贈与等の債権行為とは厳密に区別され，譲渡の原因行為自体は原因行為の準拠法によるが，譲渡行為は債権者の交代という当該債権の運命の問題であるから，譲渡対象債権αの準拠法によるとするのが従来の通説である。下級審裁判例の中にも，通説と同様，債権譲渡行為は準物権行為であ

るという前提の下，債権譲渡の成立および効力について譲渡対象債権の準拠法によらせるものがみられる（東京地判昭和 42・7・11）。これに対し，債権譲渡を債権的法律行為である契約と解し，これを譲渡人 A・譲受人 C 間の契約の準拠法によらせる見解も現在では少なくない。法例の起草者も，譲渡人と譲受人間の関係を債権的法律行為である契約ととらえ，契約の準拠法によらせることを考えていた。

　通則法制定時において中間試案では，債権譲渡の成立および譲渡当事者間の効力の準拠法について，これを①譲渡対象債権の準拠法によらせる案と②特段の規定を設けず，解釈に委ねる案の 2 つが選択肢とされていたが，最終的に，規定は設けられず，解釈に委ねられることとなった。

　　　従来，通説が準物権行為概念を用いて，原因行為とは別の準拠法に譲渡行為をよらせていた背景には，債権譲渡の債務者その他の第三者対抗要件を債務者の住所地法によらせる法例 12 条が不適切な規定であり，できるだけそれによらないようにするという目的があったと考えられる。しかし，現行の通則法 23 条は，対抗要件の問題を譲渡対象債権の準拠法によらせているため，法例下での問題は解消されているといえよう。

　なお，譲渡の対象となっている**債権の譲渡可能性**の問題については，譲渡対象債権 a の準拠法により判断されるという点について，学説上特に争いはない。例えば，労働者の賃金債権，保険金請求権，年金請求権，扶養料請求権，慰藉料請求権等の一身専属的な権利の譲渡可能性が問題となる場合には，当該債権の属性の問題として，譲渡対象債権の準拠法が適用される。また，条件付き債権や将来債権の譲渡等の問題についても同様に解し，譲渡対象債権の準拠法によるべきであろう。もっとも，一身専属的な権利の譲渡の問題については，その譲渡を禁止する旨を定めた各国の社会政策を体現した国際的な強行法規（⇒第 13 章）が，譲渡対象債権の準拠法とは別に，適用される可能性がある。譲渡禁止特約の効力についても譲渡対象債権の準拠法による。

　(b)　債権譲渡の債務者その他の第三者に対する効力の準拠法　　債権譲渡の債務者その他の第三者に対する効力については，通則法 23 条が規定している。同条は，これを譲渡対象債権 a の準拠法によらせている。同条の規定は，債権譲渡の第三者（ここには債務者も含まれる）に対する効力を債務者 B の住所地法によらせる法例 12 条を改めたものである。もともと，法例 12 条が債務者の住

所地法主義を採用した主な理由は，①債権譲渡において債権者は交代するが債務者は変わらないため，債務者側の要素を基準とした方が便利であることや，②債権譲渡の債務者その他の第三者に対する効力を債務者の住所地法によらせると，すべての関係について１つの動かないものを基準に準拠法を指定できること，③無体物である債権の所在地は債務者の住所地であることであった。

　（ⅰ）　債権譲渡の債務者に対する効力の準拠法　　債権譲渡の債務者Bに対する効力の準拠法（⇒ Case 20-1 の(2)）については，通則法制定の際の議論において，これを**譲渡対象債権の準拠法**によらせることで当初よりほぼ意見の一致がみられた。債務者の立場を考えると，債務者Bとその債権者である譲渡人Aとの関係は，もともと譲渡対象債権 a の準拠法によって規律されていたのであるから，債権譲渡によって，債務者の権利・義務の内容に変更が生じてはならないと解すべきであろう。なお，譲渡対象債権の準拠法は，契約債権の準拠法と法定債権の準拠法とのいずれの場合もありうる。

　債権譲渡の債務者に対する効力の問題には，譲受人Cは債務者Bに対して債権を行使しうるか否か，債務者Bに権利を主張しうるためにはいかなる対抗要件が必要か，債務者Bは誰に支払えば債務を免れるかといった債務者の免責の問題，債務者Bは旧債権者Aに対して生じた抗弁事由（例えば，債権の消滅や不成立，相殺，債権額の半分を弁済した等）があれば，それをそのまま新債権者たる譲受人Cに対抗しうるか，という問題が含まれる。

　（ⅱ）　債権譲渡の債務者以外の第三者に対する効力の準拠法　　法例12条の債務者の住所地法主義に対しては，債務者の住所が変更されたような場合には，債務者以外の第三者の保護に欠けることになると批判されていた。さらに，近時は，債権の流動化や証券化実務において，企業の資金調達方法の１つとして準拠法の異なる大量の既存債権や準拠法未定の将来債権の一括譲渡が行われるようになってきており，このような集合債権の一括譲渡をめぐり第三者が優先的地位を争う場合には，債務者の住所地法では複数の債務者がそれぞれ異なる国に所在している場合には対応できないのではないかとの批判があった。この点は，譲渡対象債権の準拠法によったとしても同様であり，譲渡対象債権の準拠法が複数並立するような場合には優先関係の準拠法を一律に決定しえなくなる。そこで，立法論として，債権譲渡の債務者に対する効力の問題とその他の

第三者に対する効力の問題とを切り離し，前者については，債務者保護を根拠に譲渡対象債権の準拠法によるが，後者については，譲渡人Ａの常居所（住所）地法による見解も主張されていた。

　中間試案の段階では，債務者以外の第三者に対する効力の準拠法（⇒〈Case 20-1〉の(3)）について，これを①譲渡対象債権 a の準拠法によらせる案と②譲渡人Ａの常居所地法によらせる案の双方が選択肢として掲げられていたが，前者の案が採用され，通則法23条で**譲渡対象債権の準拠法**によることとなった。その主な理由として，①現時点では準拠法の異なる集合債権や準拠法の定まっていない将来債権を包括的に譲渡する実務上のニーズは，わが国ではさして高くないと認められること，②実務上，債務者に対して債務の履行を請求するためには，譲渡時または譲渡後に譲渡対象債権の準拠法に基づく対抗要件具備が必要とされ，結局は譲渡対象債権の準拠法を無視できないことから，第三者に対する関係についても譲渡対象債権の準拠法によることになれば，実務上特に重要な債権の譲渡可能性，債務者対抗要件および第三者対抗要件の問題をすべて同一の準拠法で処理しうること，さらに，③債務者に対する効力の準拠法とその他の第三者に対する効力の準拠法が同一になれば，両者が異なることから生じる各準拠法間での評価矛盾が回避でき，譲渡対象債権の準拠法上の対抗要件を具備した譲受人は，債務者に対する関係でもその他の第三者に対する関係でも債権を確実に取得できること，等が挙げられている。

　このように通則法23条は，結果的には法例12条に対する従来の学説上の批判に応えたものと一応位置づけられる。だが，譲渡人・譲受人間の関係や本条の適用範囲といった従来からの対立点については依然として解釈に委ねられることになり，また，多数債権の一括譲渡や将来債権の譲渡など改正の際に議論された具体的問題に関しても，譲渡債権の準拠法がどのように決定されるべきかについて懸念が残された。さらに，譲渡対象債権の準拠法となるべき契約・不法行為等の準拠法に関する改正が及ぼす解釈論上の影響も少なくない。

　なお，債権譲渡の第三者に対する効力の問題には，譲受人Ｃが債務者Ｂ以外の第三者（債権の第二譲受人ＤやＡの一般債権者Ｅなど）に対して，自分が債権者であると主張しうるためにはいかなる対抗要件を具備する必要があるか（債務者の通知・承諾を要件とするか否か，登記・登録を要件とするか否か），譲渡された債

権そのものについて譲受人と両立しえない法律的地位を取得した第三者（Dなど）との間でいずれが優先するか，といった問題が含まれる。

Column 20-1　多数債権・将来債権の譲渡

　多数債権や将来債権の譲渡については，譲渡対象債権の準拠法による処理の下では準拠法決定や実務上の処理に困難を生じさせるという問題点が従来から指摘されており，通則法の解釈論においても，これらの債権の譲渡については通則法23条の射程外であるとして条理により譲渡人Aの常居所（ないしは住所）地法によるべきであるという立場が今後登場することが予想される。しかし，通則法23条が譲渡対象債権の態様や譲渡の目的による区別を採用していない以上，そのような立場は，法的安定性を犠牲にして譲渡当事者の利益を一方的に考慮するものである。また，集合的に一括譲渡された債権の一部につき通常の債権譲渡がなされた場合，譲受人相互の優先劣後関係の決定が困難になる。したがって，このような立場は退けられるべきであろう。

　なお，将来債権譲渡により準拠法決定が困難な場合がどの程度生じるのか，見通しを立てることは困難であるが，実際には，販売条件や，通則法8条2項の下で最密接関係地法の推定が可能な場合も少なくないのではないだろうか。また，多数債権の一括譲渡については，個々の具体的判断において，準拠法を同じくする譲渡債権ごとに分類して対処することがある程度は可能だろう。

---

(3)　準拠法の適用に関する諸問題

(a)　付随的権利の移転　　保証債権，担保物権等の付随的権利が債権譲渡によって移転するか否かという問題は，譲渡対象債権の準拠法によるが，それらの権利自体が固有の準拠法をもつため，その準拠法により付随的権利の移転が認められなければ，移転は生じないと解するのがわが国の通説である。これに対し，譲渡対象債権は単に保証や担保物権の目的にすぎないとして，これをもっぱら付随的権利の準拠法によらせる見解もある。

(b)　無記名債権の譲渡　　一方で，無記名債権は，指名債権と異なり債権が証券に化体しているものであるため，その譲渡は証券とは切り離して行うことはできないものであるとして，動産の譲渡と同様に扱い，無記名債権の譲渡については，その第三者に対する効力を含め譲渡当時の証券所在地法によるとの見解が主張される。他方で，無記名債権についても，その発行契約の準拠法等の債権自体の準拠法が考えられ，当該債権の運命については，債権に関する物権の問題も含めて統一的に債権の準拠法によるとする見解も主張されている。

(c)　**準拠法の事後的変更**　　通則法 9 条の規定に従い，譲渡人と債務者間で譲渡対象債権の準拠法が事後的に変更された場合には，その準拠法変更と債権譲渡の準拠法の関係について検討する必要がある。債権譲渡が行われる前に，譲渡対象債権の準拠法が当事者により変更された場合，変更後の新準拠法が通則法 23 条の下で適用されることに問題はない。問題となるのは，例えば，債権の二重譲渡のケースで，第 1 譲渡後に譲渡対象債権の準拠法が変更され，その後に第 2 譲渡が行われた場合である。

　この点につき，通則法 9 条ただし書の「第三者の権利を害すること」を，「当該第三者の有する権利が実質的に不利益に変更されることを意味し，具体的には，問題となっている個々の争点ごとに，準拠法の変更の前後を比較して，変更後の準拠法を適用した結果，変更前の準拠法を適用した場合に比して，権利の範囲が縮減したり，当該権利に関して変更前に主張できた事項が変更後には主張できなくなるような場合を意味」すると理解するのであれば，第一譲受人との関係では，例えば変更後の準拠法により具体的に優先劣後関係に不利益な変更が生じる場合にのみ変更前の準拠法の適用が認められることになる。だが，実質法の適用結果から中立的に準拠法を選択するという国際私法の理念にそった解釈をここでも堅持すべきであり，債権の譲渡後の譲渡対象債権の準拠法の事後的変更は，「第三者の権利を害する」として一律に否定すべきであろう。

> **Column 20-2　債権質の準拠法**
>
> 　同一の債権（⇒〈**Case 20-1**〉の a）をめぐって，その譲受人 C と債権質権者 F が優先劣後関係を争うこともある。その場合，いずれの準拠法に従い優劣を決するのであろうか。通則法の制定時においては，特に，債権の譲受人 C と債権の質権者 F がそれぞれ優先的地位を主張する場合には，債権譲渡の第三者（D，E，F）に対する効力の準拠法と債権質の効力の準拠法を一致させることが望ましいとして，債権質についても規定を設けるべきか否か議論されたが，結局，特段の規定は設けられていない。債権質の準拠法について，法例下での判例（最判昭和 53・4・20 [百選 37]）および多数説は，①債権質を物権ととらえながら，法例 10 条（通則法 13 条）にはよらずに，有体物の所在地に相当するものとして債権質の客体たる債権 a の準拠法によらせるとしている。また，②国際私法上，債権質を債権譲渡担保とともに債権譲渡の一種ととらえ，第三者に対する効力については，法例 12 条（通則法 23 条は内容変更）を適用または準用する見解もある。さらに，③債権質を国際私法上，物権と解するか債権譲渡の一種と解するかはともかく，債権質と債権譲渡の機能的類似性に着目し，債権の譲受人 C と債権質権者 F との間の優先劣後関係が問題となる場合に，同一の準拠法に従って判断しないのは問題であるとして，債権質の第三者に対する効力については法例 12 条により，それ以外の成立および効力については債権質の客体たる債権の準拠法によるとする見解も近時有力に主張

されていた。

　債権質については，債権質も「物権」であるという発想ではなく，権利の対象は「債権」なので，債権譲渡と同じ枠組みで考えることも可能である。つまり，通則法13条は，有体物を対象とする物権について定めた規定であり（⇒272頁），債権質は含まれないと考えることはできないであろうか。それが可能であれば，債権譲渡の譲受人と債権質権者間の優先劣後関係については，通則法23条の規定が適用されることになろう。もっとも，債務者Bの住所地法による法例12条が，譲渡対象債権*a*の準拠法による通則法23条へと改正されたことにより，上記のいずれの立場を採用するにせよ，結論にそれほど差異は生じなくなったといえる。

3 債権の法律による移転

　債務者に代わって債務を弁済した保証人への債権の移転や，保険契約に基づき被害者に損害保険金を支払った保険会社への損害賠償請求権の移転といった法律上当然に認められる債権の移転の要件および効果を規律する準拠法については，そのような法律による移転が認められるのは，その原因たる事実の効果に他ならないためであるとして，その移転の原因たる事実の準拠法によるべきであるというのが多数説である。したがって，例えば，保証人への債権の移転については，その原因である弁済行為を規律する保証契約の準拠法が，保険代位については，保険金支払いの原因である保険契約の準拠法が適用されることになる（保険代位につき保険契約の準拠法によって判断したものとして，東京地判昭和39・6・20，東京高判昭和44・2・24，神戸地判昭和45・4・14）。これに対し，債権の法定移転の債務者その他の第三者に対する効力についても，1つの債権をめぐって譲受人，権利質権者，相殺権者，債権の法定移転を主張する者が争うことがあることから，通則法23条を準用して，移転が問題となっている債権自体の準拠法によるべきであるとする見解もある。なお，いずれの見解においても，債権の移転可能性については，債権の属性に関する問題であるとして当該債権自体の準拠法によるべきであるとされている。

4 債務引受

　債務の引受は，その制度の性質において債権譲渡に類似していることから，債権譲渡について述べたことがそのままあてはまる。したがって，債務引受の

成立および効力に関する問題の準拠法については，引き受けられるべき債務の準拠法によるとされている。

第 2 節　債権の対外的効力

債権の効力が債務者以外の第三者にも及ぶ場合がある。すなわち，債権者のために債務者の一般財産を保全し維持するために用いられる債権者代位権，債権者取消権が認められる場合である。このような，債権のいわゆる対外的効力に関する問題の準拠法はどのように選択されるべきだろうか。なお，後述のように，これらの権利をめぐる問題の取扱いは，通則法 23 条の適用範囲との関係でも問題となる。

1 債権者代位権

債権者代位権は，債務者 A が自らの一般財産の減少を放置して顧みないときに，A が第三債務者 B に対して有する債権 a を，A の債権者 G が A に代わって行使することを認める制度である。債権者代位権を訴訟上の規定と解し法廷地法を適用した裁判例もあるが（東京地判昭和 37・7・20 ⇒ TERM 2-1 ），学説上債権者代位権は実体法上の権利と解されている。

債権者代位権の成立や効力に関する問題につき（なお⇒ Case 20-1 ），債権者 G が債務者 A に対して有する債権 β （被保全債権）の準拠法と，債務者 A が第三債務者 B に対して有する債権 a （被代位債権）の準拠法との累積適用を主張する見解もある。すなわち，債権者代位権は債権 β の対外的効力であるから β の準拠法によるが，代位権行使の客体は債務者の権利 a であってそれ自身の準拠法をもつものであるから，債務者の権利 a の準拠法によっても代位が認められる必要があるとする。これに対して，債権者代位権の場合には，債権者取消権の場合に比べて第三者の利害関係に及ぼす影響がはるかに少ないとして，債務者の権利の準拠法を適用する必要はなく，代位権者の有する債権 β の準拠法のみによればよいとの見解もある。さらに，債権者代位権が問題となる状況における重心は，経済的価値の希薄化した代位債権者の債権 β ではなく，代位の対象である債務者の権利 a にあるとして，むしろ債務者の権利 a の準拠法に

よるべきであるとの見解もある。

2 債権者取消権

　債権者取消権は，債権者を害する債務者の行為の効力を否認することにより，債務者の財産から失われたものを取り戻すことをその目的とした権利である。多数説は，債権者取消権の成立および効力に関する問題につき，債権者の債権の準拠法と詐害行為とされる行為の準拠法との累積適用を主張する。債権者取消権が債権者の債権の効力の一面であることから債権の準拠法が導かれる一方で，詐害行為の相手方である第三者の利益の保護を考慮するため，詐害行為自身の準拠法をも同時に考慮することが要請されるからである。この見解に対しては，債権者取消権は詐害行為を理由とする制度であるにもかかわらず，詐害行為をしたとされる当事者が準拠法を決めることができる法律行為の準拠法によることは適当ではないという批判がある。これに対し，債権者取消権と手続法との結びつき（⇒ **TERM 2-1** ）や国際倒産法上の否認権の場合との連続性を考慮して，法廷地法によるという見解や，詐害行為の対象となった財産の帰属が問題の中心であるととらえて財産の所在地法によるという見解もある。

第3節　債権の消滅

　債権の消滅の問題も債権の効力の問題の一態様に他ならないから，債権自体の準拠法によるべきであるとされている。したがって，弁済，免除，更改，混同などについては，それぞれの債権の準拠法による。以下では，議論のある相殺と消滅時効について説明する。

1 相　殺

　相殺については，2個の債権の消滅が問題となることから，学説上対立がみられる。かつての多数説は，相殺が2つの債権の運命に関する法律関係にあることを理由として，問題となっている2個の債権の準拠法のいずれによっても相殺が認められることが必要であるとしていた（裁判例として，東京地判平成22・3・15）。これに対し，相殺が反対債権の利用による債務者の免責行為であ

り，履行に代わる債務消滅方法であることを理由として，受働債権の準拠法によるべきであるとする見解が現在では多数説であり，支持されるべきである。

> **Column 20-3　三面的当事者関係の統一的な取扱い**
>
> 　三当事者が問題となる法律関係（三面的当事者関係）をめぐっては，上述のように，多数説は，債権譲渡，法律による債権・債務の移転，債権者代位権，債権者取消権など，個々の法制度ごとに準拠法の適用のあり方を論じている。このような取扱いに対しては，3人以上の権利義務関係が問題になる場合や，船舶に対する差押など，ある財産に対する各人の権利の優先劣後関係を決定するような場合に，外国法の適用関係に関し複雑な問題が生じるという批判がなされている。とりわけ，近時の国際金融取引においては，多数対立債権の一括相殺，異種通貨間相殺などの複雑な相殺や，倒産における否認権といった公権的権利が介入するような場合など，問題が複雑化しており，これらの複雑な法律関係に対処する明確な枠組みが国際私法上は要求されるにもかかわらず，上述のような個別的な取扱いをすることは，実務上使用に耐えないものであると批判される。
>
> 　このような問題意識の下，相殺，債権者代位権，代理などといった実質法上の法概念に拘泥することなく，あらゆる三面的法律関係に関し内部関係と外部関係とを区別し，問題ごとにそのいずれかの準拠法を適用する，という統一的な処理が提唱されるに至っている。この見解は，通則法の下では，債権譲渡に関する23条を譲渡人・譲受人間といった内部関係には適用しないものとしつつ，外部関係については債権譲渡以外の他の三面的当事者関係に関する問題についてもその適用を主張するものと位置づけられる。
>
> 　だが，この見解の下でも，内部関係と外部関係とをどのように設定するのか，また，三面的当事者関係のすべての問題を対象とすることができるかどうかなど，さらに検討すべき課題が残されている。

2　消滅時効

　債権の消滅時効については，英米のように訴訟法上の制度として手続問題と性質決定し法廷地法によらせる立場もあるが（⇒ TERM 2-1 ），わが国では，消滅時効の問題は，与えられた債権関係において，債権者がその債権を長期間行使しなかったときにはどうなるのか，という債権自体の運命に関するものであることから，債権準拠法によるべきであると考えられている。かつては，時効に関する規定が一国における公益的・強行的性質のものであることを理由として，消滅時効に関する外国規定の適用を公序により排除した裁判例もあったが（大判大正6・3・17），学説上批判された結果，現在はそのような処理を採

用する裁判例はみられない（例えば，徳島地判昭和44・12・16参照）。

第4節　金銭債権

1　問題の所在

　金銭債権は通貨で弁済されるものであるが，通貨制度は国によって異なり，経済上・政治上の理由に基づいて様々な変更がなされるため，国際私法上の取扱いが問題となる。すなわち，債権の準拠法とは別に，通貨所属国の法に従って規律されるべき問題があることが指摘され，どのような問題がそれにあたるかが論じられてきたのである。具体的には，通貨法規の変更や増額評価，金約款，支払猶予，代用給付権といった問題が取り上げられてきた。

　学説上は，債権の実質に関する問題は債権準拠法により判断し，関わらない問題は通貨所属国の法に従って判断するという一般論に異論がないが，個々の問題の取扱いについては見解が分かれている。

　なお，通貨所属国の法の適用に関する法律構成は必ずしもはっきりと示されているわけではない。条理により「通貨の問題については通貨所属国法による」という準拠法選択規則を提唱する見解のほか，債権準拠法における債権の内容を確定する際に国際的な強行法規である所属国の通貨法規を適用するという見解が考えられるだろう。

　以下では，従来論じられてきた問題のうち，現代でも問題となりうる，通貨法規の変更と，外貨債権について述べる。

2　通貨法規の変更

　欧州におけるユーロ導入など通貨法規の変更がなされた場合，例えば新旧貨幣の換算といった通貨そのものに関する諸問題は，通貨主権に関わる問題として通貨所属国の法により判断されることに異論はない。問題は，これらの変更により金銭債権がいかなる影響を受けるかを判断する準拠法である。一方で，この点についてもやはり通貨所属国の法に従って判断すべきであるという見解がある。この見解によれば，貨幣価値が下落しても，貨幣そのものが同一性を

維持する限り，従来の貨幣で表示額を支払うことで免責されることになる。これに対し，この問題を債権の実質的内容に関する問題であるとして，金銭債権そのものの準拠法により判断すべきであるとする見解もある。この見解の下では，ユーロ導入との関係においても，ユーロへの切り替えが金銭債権にどのような影響を及ぼすかを，当該金銭債権の準拠法により判断することになる。

Column 20-4　**金銭債権に関する国家の介入**

　　通貨法規に関する諸々の変更や，債務の履行が不能または困難な場合に法律または命令により一定期間債務の支払いを猶予する支払猶予（モラトリアム），さらに資産凍結措置は，形式上は法律または行政命令という形をとっているが，これを契約上の金銭債権に対する影響という観点から考えるならば，すでに存在している契約上の個々の債権債務関係に国家行為による変更が加えられるという点で，準拠法選択の対象とされている通常の準則とその性質が異なっている。そこで，これらの各法規や命令を，集合的決定ととらえ，外国国家行為承認制度により，問題となる個々の債権債務関係との関係でその承認の有無を個別的に考えるべきではないだろうか。

　　この問題について⇒横溝大「国際預金取引」への国家干渉に関する抵触法的考察」金沢法学40巻2号（1998年）189頁。

---

③ 外貨債権

　契約上，外国通貨で表示された金銭債権（外貨債権）には，外国通貨の現実の支払いが債権の目的となっているものと，外国通貨で表示されてはいるが債権の目的となっているのは内国通貨での支払いであるものとがある。後者においては，債務者は内国通貨を弁済しなければ免責されない。一般に，ある契約に基づく金銭債権の履行を特定の外国の通貨によってなすことを約定できるかどうか，また，債権の金額が複数の通貨で表示される選択通貨約款がある場合に，通貨の選択権が債権者と債務者とのいずれにあるか，さらに，特定の外国通貨が指定されている場合であってもなお他の通貨による履行が認められるか，さらにまたその換算時点といった問題は，いずれも債権の実質的内容に関わる問題として，当該債権の準拠法によるとされている。貨幣価値の下落に備え，金銭債権の実質的価値を担保するため，債務者が金または金貨で支払い（金貨約款），または金価値に換算して支払うべきこと（金価値約款）を内容とする約

款（金約款）の有効性の問題についても同様である。

　問題は，債権準拠法上外国通貨の支払いが債権の目的となっており，債務者が現実に外国通貨を弁済しないと免責されないときに，履行地に日本民法 403 条のような当該国通貨による代用給付権を認める規定がある場合である。このような代用給付権の問題についても，債権準拠法によるとする見解もあるが，履行の態様の問題の 1 つであるとして，履行地法によるべきであるという見解もある。なお，外国の通貨が指定された債権であっても，履行地における為替相場による日本円での弁済を債務者に認める日本民法 403 条につき，最判昭和 50・7・15［百選 39］は，債権者にも代用給付請求権を認めたが，この規定の国際私法上の性質については，学説上，自国通貨の強制通用力を維持するための国際的な強行法規（⇒第 13 章）であり，履行地がわが国である限り常に適用されるべきであり，これに反する特約は認められないという見解と，私法的性質の法規であり日本法が準拠法とされた場合にのみ適用されるという見解とが対立している。

参 考 文 献

国際私法立法研究会「契約，不法行為等の準拠法に関する法律試案（2・完）」民商 112 巻 3 号（1995 年）483 頁

河野俊行「債権譲渡」民商 136 巻 2 号（2007 年）179 頁

横溝大「債権譲渡」ジュリ 1325 号（2006 年）62 頁

櫻田嘉章＝道垣内正人編『注釈国際私法 第 1 巻』（有斐閣，2011 年）649 頁［森下哲朗］

物　　権

　通則法 13 条は，物権およびその他の登記をすべき権利の準拠法について定める。すなわち，動産・不動産を問わず，物権およびその他の登記をすべき権利は，その目的物の所在地法により規律される（1 項）。また，これらの権利の変動については，その原因となる事実が完成した当時におけるその目的物の所在地法に従う（2 項）。この規定は，かつての法例 10 条をそのまま引き継いでいる。

　以下では，まず物権準拠法一般に関して，所在地法の決定およびその適用について述べ（第 1 節），その上で物権準拠法と他の準拠法との関係について論じ（第 2 節），最後に物の所在地の変更について論じる（第 3 節）。

第 1 節　原　　則

1　準拠法の決定

(1)　総　　説

　物権の準拠法に関する各国の規則においては，かつては動産と不動産とで異なる準拠法選択を行う立場（**異則主義**）と同様の準拠法選択を行う立場（**同則主義**）との対立があったが，最近では後者が一般的に認められており，通則法 13 条も同則主義を採用している。すなわち，同条は，物権およびその他の登記をすべき権利の準拠法について，**目的物の所在地法**によると定めている。こ

れは，動産であれ不動産であれ，物権の問題が所在地と最も密接な関係をもち，
かつ物の利用や取引秩序の保護は所在地法により最もよく実現されるという考
えに基づいている。

　物権とは，物を直接支配する権利である。また，登記すべき権利とは，物に
関する権利であって，登記をすることにより物権と同一または類似の効力（対
抗力）を生じる権利であり，日本民法における不動産の買戻権（民581条）や不
動産賃借権（民605条）などがこれにあたる。

　一般に，目的物の所在地を決定することはそれほど困難なことではない。と
はいえ，動産については，移動中の貨物や航空機・船舶などの輸送機関の取扱
いについて問題が生じる。また，南極や公海など法律の存在しない場所に所在
する物の取扱いも問題となる。

(2) 移動中の物 (res in transitu) の取扱い

　例えば，売買契約に基づき売主が売買の目的物を発送したにもかかわらず買
主が代金を支払わず，その上その目的物がいまだ買主の占有に入らない間に買
主が破産宣告を受けるなどして支払不能に陥った場合に，売主が運送人に対し
その目的物の取戻しを，または買主への物品の引渡しにつき差止めを請求した
場合に，そのような請求権の有無を判断する準拠法はどうなるだろうか。

　このように輸送機関により運送中の物に関する物権の準拠法については，移
動中であることから物が現実に所在する地の法によることが妥当ではないと指
摘される。物がこれまで現実に所在していた点を考慮し，物が発送された地の
法の選択を主張する見解もないわけではないが，判例・学説の多数は，むしろ
物の到着予定地である仕向地法を選択すべきであると主張する（横浜地判大正
7・10・29）。仕向地は，物の将来の所在地であることから物との間に密接関連
性が認められると説明されるのである。ただし，事故・盗取・差押えなどによ
り物の移動が中断され仕向地に到達することができなくなったような場合や，
運送中に比較的長期間倉庫に保管されているような場合には，現実の物の所在
地法によるべきであるといわれている。

　なお，運送中の物について貨物引換証や船荷証券のような有価証券が発行さ
れる場合があるが，その物権的効力の準拠法については後述する（⇒279頁）。

(3)　輸 送 機 関

　次に，船舶や航空機などの輸送機関は，常時移動していることから所在を特定するのが困難であり，また，特定できたとしても，所在地と輸送機関との密接関連性が十分にあるということもできない。そこで，これらの輸送機関については，現実の所在地ではなく，条理または通則法 13 条にいう「所在地」の解釈として，他の地の法により物権問題を規律することがしばしば主張されてきた。

　裁判例・学説の多くは，登録地を本拠とみることができる点や，輸送機関が登録地に所属する点を理由として，条理または 13 条にいう「所在地」の解釈として，**登録地法**（船舶・航空機については「**旗国法**」ともいう）を選択すべきであると主張する（山口地柳井支判昭和 42・6・26，秋田地決昭和 46・1・23，高松高決昭和 60・4・30，松山地判平成 6・11・8［百選 24］など）。とりわけ船舶については，船舶に関する権利関係が登録簿に公示されるなど，船舶に関する権利関係が登録地と密接な関連性を有しており，固定性・確定性に優れていることがその理由として挙げられる。ただし，便宜置籍船（⇒ 79 頁）など登録地が必ずしも本拠地とはみなしえない場合があることから，登録地法は適切ではないという指摘もある。また，船舶については，いわゆる船舶先取特権や船舶差押えが問題となる場合には，固定的な所在地が存在しており旗国法に委ねる必然性に乏しいという批判もなされている（なお，船舶先取特権につき法廷地法を適用した事例として，東京地決平成 4・12・15）。

　このような多数説に対し，13 条にいう「所在地」の解釈として，輸送機関が一定の場所を中心とし，そこを本拠として輸送の任務にあたっている場合には，その場所を「所在地」とし，他方，輸送機関が一定期間特定の地にとどまっている場合には，その地を「所在地」とみるべきであるという見解もある。

　この点につき最高裁は，自動車についての所有権が問題となった事例において，自動車が運行の用に供しうる状態にある場合には，その利用の本拠地を 13 条にいう「所在地」とみるべきであると判示した（最判平成 14・10・29［百選 23］⇒〈判例 21-1〉）。

〈判例 21-1〉　**最判平成 14・10・29：百選 23**

【事実】ドイツ在住の訴外Aがリース契約に基づき使用していた自動車が，イタリアで盗難された後，中東を経由して日本に輸入され，日本で新規登録された。その後，日本人Yが購入・取得した段階で，Aに保険金を支払ったドイツ法人Xが，本件自動車の所有権に基づきYに対し引渡し等を請求する訴えを提起。第2審判決は，自動車の場合法例 10 条（通則法 13 条）にいう「所在地」はその復帰地であるとしてドイツ法を適用し，ドイツ法上盗品が即時取得の対象にならないことを理由に請求を一部認容。Y上告。

【判旨】破棄自判。

　「自動車についての権利の得喪とその所在地国等の利害との関連性が希薄になっているといえる場合には，当該自動車が利用の過程でたまたま物理的に所在している地の法を準拠法とするよりも，その利用の本拠地の法を当該自動車の所在地法として，これを準拠法とするほうが妥当である。このような運行の用に供し得る自動車が取引の対象になっている場合，買主はその自動車の登録や管理の状況など当該自動車の本拠地を知るための情報を容易に得ることができるはずであるから，当該自動車が利用の過程でたまたま物理的に所在している地の法を準拠法とするよりも，利用の本拠地の法を準拠法とするほうが，買主にとっての法的透明性がより高く，取引の安全に資することになる。」

　「自動車の所有権取得の準拠法を定める基準となる法例 10 条〔通則法 13 条〕2 項にいう所在地法とは，権利の得喪の原因事実が完成した当時において，当該自動車が，運行の用に供し得る状態のものである場合にはその利用の本拠地の法，運行の用に供し得る状態にない場合には，他国への輸送の途中であるなどの事情がない限り，物理的な所在地の法をいうと解するのが相当である。」

　その上で，具体的判断として，日本への輸入後登録前に購入したC，E，F，Gの本件自動車の所有権取得については，ドイツにおいては形式的に登録が残っていても運行の用に供しうる状態になかったことは明らかであるとして，物理的な所在地の法として日本法を，また，登録後購入したH，I，Yの所有権取得については，各人が本件自動車の占有を取得した時点ですでに運行の用に供しうる状態になっていたとして，利用本拠地として日本法を選択した。

【コメント】判旨によれば，「運行の用に供し得るか否か」は，登録などによる法的状況よりも，むしろ自動車の実際の利用状況により判断され，また，「本拠地」も，必ずしも登録地というわけではなく，むしろ自動車の利用状況などにより決定されると解される。したがって，プレートなどが偽造された場合の「運行の用に供し得るか否か」についての判断や，業務により諸外国を往復するトラックについての「本拠地」の判断などにおいて，個別具体的な判断が下されることも少なくないのではないだろうか。

(4)　法が存在しない空間に所在する物

さらに，南極における観測資材，また公海における海底ケーブルや石油・ガスパイプライン，さらには宇宙にある人工衛星のように，法が存在しない空間に所在する物についての物権準拠法が問題となる。この場合，目的物所在地に法が存在しない以上物権は存在しないという見解もあるが，占有者または先占者が，法が存在しない地域に一時的に自らの属人法を導入するとみなして，これらの者の本国法によるという見解が一般的である。

(5)　物 権 変 動

13条2項は，物権変動の準拠法につき，その原因となる事実が完成した当時における目的物の所在地法によると定めている。ここでいう原因事実の完成時が何を意味するかについては，これを連結点の確定に関する国際私法上の解釈問題であり，ある事実が物権的効果を発生させるのに必要なすべての要件を完全に備えた時点と解するべきであるという見解もある。しかし，物権的効果に必要な要件が何かという問題は各国の実質法により決定される問題であり，準拠法を選択する前に国際私法の解釈としてある特定の時点を原因事実の完成時と決めることはできない。したがって，その時々の目的物所在地法上，物権変動が生じているか否かが継続的に判断され，物権変動が生じたならばその時点がここでいう原因事実の完成時であると考えるべきである。

なお，「動産又は不動産に関する物権及びその他の登記をすべき権利を設定し又は処分する法律行為の方式」(物権的法律行為の方式) については，行為地法ではなく，13条2項により定まる準拠法による (10条5項)。

② 準拠法の適用

物権変動については通則法13条2項が規律するので，1項が規律するのは，物権変動以外の物権に関する事項である。

まず，物権の対象となりうる物，動産・不動産，主物・従物などの区別といった，物に関する事項が挙げられる。次に，占有権，所有権の内容・効力，用益物権の種類・内容・存続期間といった，物権の種類・内容・効力に関する事項がある。さらに，妨害排除請求権といった物権的請求権に関する事項も挙げ

られる。

　ただし，物権的請求権と関連して生じる損害賠償請求権，代金返還請求権，費用償還請求権などが物権準拠法の適用範囲に含まれるかどうかについては，見解が対立している。これらの請求権は物権的請求権と緊密に結合し同一の物権関係から派生するものであるから，物権的請求権と同一の準拠法の適用を受けるべきであるとする見解や，これらの請求権はあくまでも1つの債権であるから法定債権の準拠法によるべきであるという見解もある（損害賠償請求権につき，独立の債権であるとして法例11条〔通則法14条以下〕を適用した事例として，大阪地判昭和35・4・12）。だが，最近では，これらの請求権の準拠法は一律に決定すべきではなく，問題とされている権利の性質に応じて個別的に決定すべきであるという見解が有力である。この見解によれば，例えば，物が返還不能の場合に所有権者が物の返還の代わりに損害賠償を求めるといった場合については，請求権自体が物権と直接関係があるわけではないとして物権準拠法の適用範囲に含まれないとされる一方で，盗品を善意で取得した占有者が被害者から回復請求されたことによる対価請求権については，物権に基づく返還請求権と表裏一体の関係にあることから物権準拠法の適用範囲に含まれるとされる。

第2節　物権準拠法と他の準拠法との関係

1　総　　説

　物権準拠法の適用をめぐっては，物権変動の原因となる法律行為や事実についての準拠法との適用関係が問題となる場合がある。以下では，そのような場合として，売買契約の準拠法など，約定担保物権，法定担保物権，証券，国家行為による物権変動を取り上げる。

2　売買契約の準拠法などとの関係

　物権変動には，売買や贈与といった法律行為による場合と無主物先占，遺失物取得，埋蔵物発見，附合，加工といった法律行為以外の事実による場合がある。いずれの場合にも物権変動については物権準拠法が適用される。他方，物

権変動以外の事項，例えば，法律行為による物権変動において，運送中に物品の滅失・損傷が生じた場合に契約当事者のいずれが責任を負うかといった問題や，物品の引渡しが遅れたことがどのような責任を売主に生じさせるかといった問題については，そもそも物権変動の問題ではないので契約準拠法が適用される。

> 近時，輸送機関に関する物権準拠法について，法律行為による場合と法律行為以外の事実による場合とで，「所在地」について異なる解釈をするべきであるという見解が登場している。すなわち，法律行為による物権変動については登録地法を，法律行為以外の事実による物権変動については現実の所在地法を選択すべきであるとするのである。しかし，通則法が，物権と債権について別個の規定を設け原因関係と物権関係とで区別した準拠法選択規則を置いていること，また，原因の性質について異なる考慮をすることなく，物権関係につき一律に，13条により1つの単位法律関係としてその準拠法を定めていることからは，13条2項にいう「所在地」の解釈において，物権変動の原因の性質を考慮すべきではないと考えられる。最判平成14・10・29［百選23］（⇒ 判例 21-1 ）もそのような解釈方法を採用していない。

３ 約定担保物権

担保物権の準拠法については，質権，抵当権などのように当事者間の契約によって任意に設定される約定担保物権と，留置権，先取特権などのように一定の債権の効力を担保するために特に法によって認められる法定担保物権がある。

このうち，約定担保物権の成立および効力については，目的物の所在地法が適用されることには異論がない。約定担保物権は，当事者の約定に基づいて債権者のために目的物に物権的負担を負わせる制度であるため，その成立・効力はもっぱら物権準拠法により判断し，被担保債権の準拠法を考慮する必要はないとされるのである。そこで例えば，AとBとの間で契約により甲国に所在するBの所有物に対し質権が設定される場合，質権の成立・効力については対象物の所在地である甲国法が適用される。甲国法上質権の成立につき被担保債権の存在が要求されている場合には，被担保債権の準拠法によりこの点が判断されることになるが，被担保債権の準拠法が質権成立という問題について累積的に適用されるわけではない。

4 法定担保物権

　これに対し，法定担保物権については，その効力に関しては物権準拠法により判断されるという点では約定担保物権の場合と同様であるものの（高松高決昭和60・4・30，広島高決昭和62・3・9），その成立に関しては，多数説は物権準拠法に加えてさらに被担保債権の準拠法の累積適用を提唱してきた（裁判例として，秋田地決昭和46・1・23，高松高決昭和60・4・30，水戸地判平成26・3・20 [百選25]，東京高決平成29・6・30 [百選38]）。法定担保物権は，法が一定の債権を保護するために特に認めた権利であるので，被担保債権の準拠法が認めない法定担保物権の成立を認めることは債権者の過度の保護となり，債務者の予期しない負担をもたらすこと，また，これは被担保債権の1つの効力にほかならないし，同時にそれ自体，物権の問題でもあることが根拠として挙げられる。

　これに対し，国際私法上の性質決定のレベルで法定担保物権の成立だけを特別扱いすることに疑問を示す見解も有力である。この見解によれば，約定であるか法定であるかを問わず，担保物権も通常の物権と同様に物権準拠法によって規律され（大判昭和11・9・15，神戸地決昭和34・9・2 [百選22]，広島地呉支判昭和45・4・27 [百選32]），物権準拠法上一定の被担保債権の存在が物権成立の要件とされている場合には，その債権の存否について債権準拠法によって判断されることになる。例えば留置権の成立についても，約定担保物権の場合と同様に，まずは物権準拠法を適用し，物権準拠法上その成立の要件として被担保債権の存在が前提とされている場合には，当該債権を生じさせた売買契約等の準拠法上この点が判断されるというわけである。

5 証券の取扱い

　まず，船荷証券のように有体物について証券が発行されている場合の物権関係についてであるが，証券という紙それ自体の帰属に関する問題は，物権準拠法により規律される。それに対し，証券に化体する有体物についての物権関係については，見解が分かれている。証券自体の物権的効力の有無の問題であるとして，この問題も物権準拠法である証券所在地法によって規律すべきである

という立場が従来の多数説である。これに対し，証券にどのような権利が化体しているかという問題と証券所持者による権利行使の側面とを区別し，後者は紛争の生じている物の所在地法により判断すべきであるが，前者については原因関係の準拠法（例えば船荷証券であれば運送契約の準拠法）により判断すべきであるという見解が最近では有力になりつつある。

　売買契約などの原因関係と物権関係との区別に関する前述した点を証券の譲渡による有体物の物権変動というここでの問題についても当てはめれば，証券の譲渡によって当該物の所有権も譲渡されたものとして扱うかどうかは，当該物の物権準拠法によるということになる。

Column 21-1　証券のペーパーレス化と物権準拠法

　最近の証券取引では，国内・国際を問わず，個々の権利者の権利を表章する証券が作成されることは少なくなっており，大券だけが作成されたり，また大券さえも作成されなかったりすることが一般的になっている。このような場合，証券保管振替機関や金融機関などが管理する口座の記録が実質的には権利の存否や移転などを表す機能を果たしている。このようにペーパーレス化された証券（間接保有証券と呼ばれる）の帰属や権利移転が問題となる場合，準拠法はどうなるだろうか。

　この問題については，問題となる権利の準拠法上，権利が証券に化体されるとみなされるから権利者は証券によって権利者であることを示さなければならないとされている場合には，証券の所在地法上証券の所有者として認められるものが権利者として扱われるという見解や，紛争の実態を直視し，証券が誰に帰属するかをめぐって争いが生じている場合には証券の所在地法によるとしても，売買契約の当事者間で権利が移転されたか否かが争われている場合には売買契約の準拠法によるべきであるとの見解がある（後者の見解を採用したものとして，仙台高秋田支判平成12・10・4）。また，近年は，2006年にハーグ国際私法会議が採択した「口座管理機関によって保有される証券についての権利の準拠法に関する条約」（未発効）に依拠し，証券所在地が証券の権利関係と密接な関連をもたない間接保有証券については，条理により口座管理地法による，という見解も主張されている。

　この問題について⇒神田秀樹＝早川吉尚「口座管理機関によって保有される証券についての権利の準拠法に関する条約」国際私法年報5号（2003年）230頁。

6 国家行為による物権変動

　国有化・収用などの国家行為による物権変動については，これを物権準拠法により判断した裁判例もある（東京高判昭和28・9・11［百選16］）。学説におい

ては，国有化・収用の効力は当該措置を行った国の法によると主張する見解も少なくないが，そもそも，この問題を準拠法選択の方法により判断することに疑問を示し，外国判決の承認の場合と同じように外国国家行為の承認という方法により判断されるべきであるという見解も有力である（⇒182頁）。

第3節　物の所在地の変更

1 総　説

　動産が国境を越えて移動した場合には，旧所在地法と新所在地法の適用関係が問題となる。以下では，物に対する物権の成立や物権変動が旧所在地法により生じた後に物が移動した場合と，旧所在地法上物権の成立や変動の要件が満たされていない段階で物が国境を越えて移動した場合とに区別して説明する。

2 物の所在地の変更と物権

　物が所在する地の法により物権が一旦有効に成立した後で（物権変動がすでに生じた場合も同様），物が移動しその所在地国が変更された場合，その物に関する物権関係はどうなるだろうか。

> ⟨Case 21-1⟩　動産αについて，αが甲国に所在していた時に，所有者Aの債権者Bに対して担保権が設定された。その後，αが乙国に移動し，そこで，Aの一般債権者Cがαを差し押さえた。BはCに対して担保権を主張できるか。

　この点について，担保権の設定については13条2項により甲国法によるが，旧所在地（甲国）法により生じた物権の存続や効力の問題は，新所在地（乙国）法に従って判断されるべきである（13条1項）。すなわち，その物権と機能的に同種の物権が新所在地法の下で存在するならば，その物権は新所在地法上同種の物権として扱われる。これに対し，そのような同種の物権が新所在地法の下では存在しないならば，その物権はその国に目的物がある間は権利の主張や行使が認められない。

　また，新所在地法が物権の主張について一定の要件を具備することを要求し

ている場合には，これを充足しなければ物権としての主張は認められないとされる。例えば，目的物の引渡しなしに成立した質権は，その目的物が日本に移動した場合には，引渡しがなければ質権の主張はできない。

　このように物権の存続や効力の問題を新所在地法に従って判断するのは，新所在地において第三者との関係で物権関係を明確にし，取引の安全を確保するためである。ただし，国際取引の円滑化という観点から，一旦ある国で成立した物権の効力をできるだけ認めようとし，旧所在地国の物権が新所在地国において受容できないほどに異質かどうかを全体的見地から判断し，また，新所在地国においては効力に関する準則のみを適用し，質権の場合の占有といった効力発生要件に関する準則は適用しないことを主張する見解もある。

3 物の所在地の変更と物権変動

　旧所在地法上物権変動の要件が満たされていない段階で目的物が新所在地国に移動した場合に，新所在地国の法によればすでに物権変動の要件が満たされているとされることがある。例えば，目的物の占有が15年間なされた段階で，取得時効の期間が30年の国から10年の国に目的物が移動した場合（継続的な事実に基づく物権変動の場合）や，物権変動につき引渡しが必要とされる国に所在する物について売買がなされたが，引渡しがなされる前に物権変動につき引渡しが不要とされる国に目的物が持ち込まれた場合（法律行為に基づく物権変動の場合）である。

　このうち前者の場合については，新所在地国に目的物が移動すると同時に物権変動が生じると解すべきであるという見解が一般的である。これに対し，後者の場合については，売買契約締結当時の合意に所有権移転の効果意思が含まれていても，旧所在地法上は所有権移転の要件は完成していないのであるから，新所在地法に従い，改めて所有権移転の物権的効果意思を含んだ合意をしなければならないという見解がある。また，新所在地国の実質法が旧所在地国で生じた法律行為をどのように評価するかによるという見解もあるが，新所在地国の実質法上の関連法規範が国内と国外とで異なる準則を有している場合を除き，通常は法律行為が生じた場所を問題にする必要はないだろう。なお，前提となる法律行為の有効性自体は契約などに関する別の準拠法により判断されること

はいうまでもない。

参 考 文 献

西谷祐子「物権準拠法をめぐる課題と展望」民商 136 巻 2 号（2007 年）202 頁
石黒一憲「所謂法定担保物権の準拠法について」海法会誌復刊 27 号（1983 年）3 頁
楢﨑みどり「ドイツ国際物権法における非占有動産担保権の渉外的効力について——
　いわゆる『転置（Transposition）』の実証的・理論的検討」法学新報 105 巻 6 = 7
　号（1999 年）317 頁

第22章

知的財産権

第1節　知的財産権に関する国際的枠組み
第2節　知的財産紛争に関する国際裁判管轄
第3節　知的財産権の準拠法

> 　国際取引の増大や近時の情報伝達技術の急速な発展により，知的財産権をめぐる国際民事紛争は急激に増加している。わが国においても，外国で成立した特許権や著作権に対する侵害に基づく差止めおよび損害賠償請求をはじめ，様々な訴訟が生じている。
>
> 　知的財産権をめぐる国際的法律関係に関しては，属地主義の原則とそれを前提とした国際条約の存在が，他の私権ではみられない特殊な問題を生じさせている。以下では，属地主義の原則と知的財産権に関する国際的枠組みを説明し（第1節），その上で，知的財産紛争に関する国際裁判管轄の特殊性について（第2節），次に知的財産権の準拠法について述べる（第3節）。

第1節　知的財産権に関する国際的枠組み

1 属地主義の原則

　知的財産権（または知的財産法）については，**属地主義の原則**が存在するといわれてきた。最高裁によれば，属地主義の原則とは，各国の知的財産権が，その成立，移転，効力などにつき当該国の法律によって定められ，知的財産権の効力が当該国の領域内においてのみ認められることである（最判平成9・7・1[百選40]）。この原則の下では，各国はそれぞれ自らの領域内における知的財

産権の成立や効力について自らの知的財産法によってこれを定めることが認められる。例えば，日本における知的財産権の成立や効力については日本の知的財産法がこれを定め，その効力は日本国内においてのみ認められる。したがって，ある国で有効に成立した知的財産権の効力が他の国で自動的に承認されたり，他の国で成立している知的財産権の存続に影響を与えたりすることはない。

　この原則は，知的財産権が当初国家から与えられる特権として発展し，各国の国家政策と密接に関連したものだと考えられてきたことを反映している。すなわち，国家の公権力行使に関る行政法が属地的にしか適用されないのと同じ意味で，知的財産法の適用範囲も属地的に限定されるべきだと考えられたのである。そこで，各国は外国の知的財産法により成立した権利に基づく国内裁判所における請求を互いに認めず，そのような状況の下でもなお知的財産権の国際的保護を実現しようとして国際条約の整備が進められたのであった。主として実務上の要請を考慮し，各国は20世紀後半以降次第に外国知的財産権に基づく国内裁判所での請求を受け入れるようになり，また現在では，知的財産権を私権ととらえる見方が一応定着したといえる。わが国でも，特許権などその成立に国家機関の関与が必要な知的財産権（いわゆる登録型知的財産権）の有効性に関する訴えを除き（民訴3条の5第3項），外国知的財産権に基づく訴えは認められている（最判平成14・9・26［百選41］⇒ 判例 22-1，サンゴ砂事件・東京地判平成15・10・16）。だが，知的財産権（法）と国家政策との密接な関連という考えを前提としていた知的財産法における属地主義の原則自体は，知的財産権が私権と位置づけられる現在においてもなお否定されておらず，このことが，知的財産権に関する国際私法上の扱いに理論上困難を生じさせている（⇒本章第3節）。

2 国際条約

　知的財産権の国際的保護に関する条約としては，「**パリ条約**（工業所有権の保護に関するパリ条約）」，「**ベルヌ条約**（文学的及び美術的著作物の保護に関するベルヌ条約）」が，最も重要な地位を占めてきた。これらの条約は，属地主義の原則を前提として，各国の知的財産権がそれぞれ独立した権利であることを確認しつつ（パリ条約4条の2，ベルヌ条約5条2項），締約国に内国民待遇を要求し（パ

リ条約2条，ベルヌ条約5条1項），また，国内実質法における保護の最低基準を規定することで，知的財産権の国際的保護を図ってきた。その後，国際的保護の実効性を高めるため，1994年，世界貿易機関（WTO）の諸協定の1つとして，知的所有権の貿易関連の側面に関する協定（TRIPs協定）が締結された。また，時代の変化への対応として，1996年には著作権と実演およびレコードに関し2つの世界知的所有権機関（WIPO）条約が締結されている。さらに，最近では，知的財産に関する国際私法上の取扱いについて，各地域でモデル原則を作成する動きも盛んになっている。

　国際私法上問題となるのは，これらの条約の中に，準拠法選択規則が存在するかどうかという点である。パリ条約・ベルヌ条約における内国民待遇や権利独立の原則を根拠として，一定の準拠法選択規則の存在を主張する見解も少なくない。とりわけ裁判例においては，著作権侵害に基づく差止請求につき，ベルヌ条約5条2項により「保護が要求される同盟国の法令」を選択・適用する事例が次第に増えている（東京地判平成16・5・31，東京地判平成19・12・14，東京地判平成21・4・30など）。これに対して，条約上の規定の文言や条約成立時の経緯から準拠法選択規則の存在を否定する見解もあり，現在でも議論が対立している。

> **Column 22-1　ベルヌ条約5条2項**
>
> 　ベルヌ条約5条1項および2項は次のように定めている。
>
> 　「(1)　著作者は，この条約によって保護される著作物に関し，その著作物の本国以外の同盟国において，その国の法令が自国民に現在与えており又は将来与えることがある権利及びこの条約が特に与える権利を享有する。
>
> 　(2)　(1)の権利の享有及び行使には，いかなる方式の履行をも要しない。その享有及び行使は，著作物の本国における保護の存在にかかわらない。したがって，保護の範囲及び著作者の権利を保全するため著作者に保障される救済の方法は，この条約の規定によるほか，専ら，保護が要求される同盟国の法令の定めるところによる。〔下線筆者。3項以下省略〕」
>
> 　ベルヌ条約中に準拠法選択規則が含まれているとする立場は，上記下線部が保護国法を指定する準拠法選択規則であるとする。これに対し，反対説は，「したがって」という文言からすればこの第2文も外人法に関連しているはずであること，また「保護が要求される同盟国の法令」(the laws of the country *where* protection is claimed) という文言が明らかに法廷地を指していること，さらに1908年改正においてこの規定が導入された際の経緯などを根拠として，下線部が準拠法選択規則

であることを否定している。

　なお，**保護国**の意味については，利用行為地（または侵害行為地）とする見解が一般的であるが，「原告が保護を要求する国の法」と理解する見解もある。「保護国」という連結点を紛争当事者から中立的に理解する点で，伝統的な準拠法選択規則に忠実な理解である前者に対し，後者はむしろ，知的財産法の性質を特別視し，従来の準拠法選択規則の方法とは区別した準拠法選択をこの分野では行うべきであるという発想に影響された理解といえる。

第2節　知的財産紛争に関する国際裁判管轄

1　総　　説

　属地主義の原則の下でも外国知的財産権に基づく国内裁判所での請求が妨げられないとされる現在では，国際知的財産紛争に関する国際裁判管轄の判断枠組みは，原則として通常の財産関係事件と異ならない（⇒第15章第2節）。すなわち，被告住所地を中心とし，不法行為地や契約上の債務履行地などの管轄原因と特別の事情の有無によりわが国の国際裁判管轄が決定されることになる。とはいえ，属地主義の原則（⇒284頁）との関係で，一定の訴訟類型に関しては登録国に専属管轄が認められる（⇒**2**）。また，各国の知的財産権が独立していることから生じる問題もある（⇒**3**）。

2　専属管轄

　とりわけ特許権や商標権などの登録型知的財産権については，その成立に特許庁などの国家機関が関与することから，外国で成立した権利の有効性については，当該外国のみが専属的国際裁判管轄を有するとする立法例が現在でも少なくない。わが国でも，民訴法3条の5第3項では，設定の登録により発生する知的財産権のうち日本で登録されたものの存否または効力に関する訴えについては，日本の裁判所に専属することと定められている（⇒165頁）。

　ただし，例えば外国特許権侵害に基づく請求が日本の裁判所でなされた事例において被告が当該特許権の無効を抗弁として主張する場合のように，侵害訴

訟において抗弁として外国の登録型知的財産権の無効が主張された場合については，各国でも見解が分かれている。EU では欧州司法裁判所が，GAT/LuK 事件（Case C-4/03）に関する 2006 年 7 月 13 日の先決裁定において，このような場合にも登録国の専属管轄に服すると判示している。これに対し，わが国の裁判例は，このような場合の無効判断が訴訟当事者間において効力を有するものにすぎず，権利を対世的に無効にするものではないことを理由に，侵害訴訟が登録国の専属管轄に服さないとの立場をとっており（東京地判平成 15・10・16），民訴法 3 条の 2 以下でもこの点は当然の前提とされている。

　なお，著作権のような非登録型知的財産権については，その成立に国家機関が通常関与しないことから，外国著作権の有効性に関する請求であっても当該外国の専属管轄を認めないのが現在の国際的趨勢であり，わが国もこのような権利の有効性に関する請求については専属管轄とはしていない。

③ 権利の独立から生じる問題点

　知的財産権が各国で独立して成立すると考えられていることから，同一の製品や創作物に関しても，各国で別々の特許権や著作権が成立することになる。その結果，知的財産紛争においては，同一のまたは同一グループの者が行う同種の行為により複数国で知的財産権侵害が生じる事例が少なくなく，とりわけ併合管轄が重要な意味をもつことになる（⇒ 165 頁）。

⑴　客観的併合

　まず，例えば複数国の特許権に関するライセンス契約や，インターネット上のウェブサイトへの写真の無許諾掲載などのように，同一の契約や行為に基づいて生じる複数国での知的財産権侵害が問題となり，わが国の裁判所において，原告が，日本の知的財産権に対する侵害に基づく請求に加え，外国知的財産権の侵害に基づく請求を行う場合を考えてみよう。このとき，外国知的財産権の侵害に基づく請求については，単独ではわが国の国際裁判管轄が認められないとしよう。にもかかわらず，客観的併合に基づき，当該請求についてもわが国の国際裁判管轄を認めるべきかどうかが問題となる。

　この点につき，民訴法 3 条の 6 においては，1 つの訴えで数個の請求をする

場合において，日本の裁判所が1つの請求について国際裁判管轄を有し，他の請求について管轄を有しないときには，請求間に密接な関連がある場合に訴えを提起することができると規定されている。

しかし，とりわけ特許権については，甲国での侵害に基づく請求と乙国での侵害に基づく請求がいずれも同一の発明に対応した（ただしそれぞれの国において独立して成立した）特許権に基づいたものであり，また，被疑侵害行為の態様が同一であるとしても，この場合に併合を認めるか否かという点について各国の態度は分かれている。わが国において今後どのような対応がなされるかは，現時点でははっきりしない。

また，請求間の密接関連性を要求するだけでは，紛争全体とわが国との密接関連性がそれほど強くない場合にまで客観的併合が認められる場合が生じ，被告の予測可能性が害される可能性があることも否定できない。例えば，結果発生地としての不法行為地管轄によりわが国の国際裁判管轄が肯定されるような場合や，問題となる契約に複数の義務が含まれており，付随的な義務に関する義務履行地管轄によりわが国の国際裁判管轄が肯定されるような場合である。こういった場合については，特別の事情による調整（民訴3条の9）が必要となるだろう。

(2)　主観的併合

次に，日本における子会社や代理店などにより日本の知的財産権が侵害されている場合に，日本国内で侵害行為を行っている直接の相手方だけではなく，教唆・幇助などの関連行為を行っている外国の親会社などに対する請求についても，主観的併合に基づき，国際裁判管轄を認めるべきかどうかが問題となる。

この点について，従来の裁判例の多くは，他国での応訴を強いられる被告の不利益の大きさを考慮して，わが国の裁判所において裁判を行うことが，具体的事案に照らし当事者の公平，裁判の適正・迅速を期するという理念に適合すると認められる特段の事情が存在する場合に限って主観的併合を認めてきた。このような制限的な取扱いのため，日本特許権の侵害訴訟において，日本国内で製品を製造・販売する日本法人に加え，親会社である外国法人に対しても共同不法行為などを理由に訴えが提起された事例では，主観的併合が認められな

かった（東京地判平成 19・11・28）。だが，関係当事者間において矛盾した判決を回避し統一的な解決を図るためには，請求間に密接な関係がある場合に，同一の訴訟において，同一の知的財産権侵害に関する関係当事者に対する請求の審理を認めることには実務上十分な意義があるとする主張もある。

　主観的併合を民訴法 38 条前段に定める場合に限定する民訴法 3 条の 6 は，特段の事情が存在する場合に限って主観的併合を認めて来た従来の下級審裁判例の定式を変更するものであり，今後従来と異なる判断が下される可能性がある。

> **Column 22-2　蜘蛛の巣の中の蜘蛛（spider in the web）理論**
>
> 　同一の企業グループに属する子会社や代理店などが，複数の国において，同一の発明や創作物に対応するがそれぞれの国において独立して成立している知的財産権を侵害している場合，これらの者に対する請求を併合することは認められるだろうか。
>
> 　この点につき，オランダの裁判所は，被告の予測可能性を重視し，同一グループに属する複数の会社による侵害の場合，オランダ居住の被告がこのグループの統括中心地である場合に限って併合管轄が認められるとした（1998 年 4 月 23 日ハーグ控訴院判決）。「蜘蛛の巣の中の蜘蛛」理論と呼ばれるこの理論は，近時欧州司法裁判所によって正面から退けられたものの（Roche Nederland e. a. v. Primus 事件〔Case C-539/03〕），学説上はこの理論を支持して欧州司法裁判所の判断を批判する声が強く，例えばマックスプランク研究所は，ブリュッセルⅠ規則 6 条 1 項にこの理論を導入すべく改正提案を行った。だが，2012 年の改正ブリュッセルⅠ規則は，結局これらの批判を考慮することなく従来の規定を維持している。わが国でも，解釈論や立法論においてこの理論の導入を提唱する見解がみられ，今後が注目される。
>
> 　この理論については⇒横溝大「併合管轄・保全管轄・国際的訴訟競合」河野俊行編『知的財産権と渉外民事訴訟』（弘文堂，2010 年）243 頁。

第 3 節　知的財産権の準拠法

1　総　　説

　知的財産権をめぐる国際的法律関係の準拠法が問題となるのは，主として，知的財産権侵害，知的財産権の帰属，さらに知的財産権の譲渡についてである。

それぞれの場合に準拠法の選択が問題となる。前述のように，知的財産権においては依然として**属地主義の原則**が妥当すると考えられていることから，知的財産権およびそれを規律する知的財産法の性質を国際私法上どのように理解するかによって，見解が対立している。

2 知的財産権の侵害

　知的財産権が情報の利用を制限する権利であることから，知的財産権侵害訴訟においては，損害賠償とともに，被疑侵害行為の差止めなどが求められることが少なくなく，それぞれの請求について準拠法が問題となる。

　特許権侵害に関して，特許法上の関連法規を産業政策に基づいた国際的な強行法規であるとみなし，外国特許権に基づくわが国での差止請求を当該外国の国際的な強行法規に基づく直接請求であるとして，これを認めない見解もあり，カードリーダー事件の控訴審は，このような見解に立って差止請求については準拠法決定の問題は生じる余地がないとした（東京高判平成 12・1・27）。しかし最高裁は，「特許権の独占的排他的効力に基づくもの」であることを理由に差止請求を特許権の効力と性質決定した上で，条理により，当該特許権と最も密接な関係がある国である当該特許権が登録された国の法が適用されると判示した（最判平成 14・9・26［百選 41］⇒ 判例 22-1 ）。他方で，特許権侵害に基づく損害賠償請求については，最高裁は不法行為と性質決定した。

　著作権侵害に関しては，損害賠償請求を不法行為と性質決定しつつ，差止請求については，ベルヌ条約 5 条 2 項により，「保護が要求される同盟国の法令」（以下「**保護国法**」とする）を準拠法とする下級審裁判例がある（東京地判平成 19・12・14，知財高判平成 20・12・24 など。ただし，損害賠償請求と差止請求とをいずれも不法行為と性質決定したものとして，東京地判平成 28・9・28）。

⟨判例 22-1⟩　**最判平成 14・9・26：百選 41**　　　　　　　〈**カードリーダー事件**〉

【事実】日本法人 Y は，日本でカードリーダーを製造し米国に輸出しており，完全子会社である米国法人 A は同製品を米国で輸入・販売していた。FM 信号復調装置につき米国特許権を有していた日本人 X は，A の行為が自らの米国特許権を侵害するものであるところ，Y の輸出行為等も米国特許法 271 条(b)項にいう特許権侵害を積極的に誘導する行為にあたるとして，Y に対し，米国輸出を目的とした日本での製造・輸出の差止や製品の廃棄，不法行為による損害賠償等を求めた。

【判旨】「米国特許権に基づく差止め及び廃棄請求は，正義や公平の観念から被害者に生じた過去の損害のてん補を図ることを目的とする不法行為に基づく請求とは趣旨も性格も異にするものであり，米国特許権の独占的排他的効力に基づくものというべきである。したがって，米国特許権に基づく差止め及び廃棄請求については，その法律関係の性質を特許権の効力と決定すべきである。

　特許権の効力の準拠法に関しては，法例等に直接の定めがないから，条理に基づいて，当該特許権と最も密接な関係がある国である当該特許権が登録された国の法律によると解するのが相当である。けだし，(ア)特許権は，国ごとに出願及び登録を経て権利として認められるものであり，(イ)特許権について属地主義の原則を採用する国が多く，それによれば，各国の特許権が，その成立，移転，効力等につき当該国の法律によって定められ，特許権の効力が当該国の領域内においてのみ認められるとされており，(ウ)特許権の効力が当該国の領域内においてのみ認められる以上，当該特許権の保護が要求される国は，登録された国であることに照らせば，特許権と最も密接な関係があるのは，当該特許権が登録された国と解するのが相当であるからである。

　したがって，……本件差止請求及び本件廃棄請求については，本件米国特許権が登録された国であるアメリカ合衆国の法律が準拠法となる。」

　「我が国は，特許権について前記属地主義の原則を採用しており，これによれば，各国の特許権は当該国の領域内においてのみ効力を有するにもかかわらず，本件米国特許権に基づき我が国における行為の差止め等を認めることは，本件米国特許権の効力をその領域外である我が国に及ぼすと実質的に同一の結果を生ずることになって，我が国の採る属地主義の原則に反するものであり，また，我が国とアメリカ合衆国との間で互いに相手国の特許権の効力を自国においても認めるべき旨を定めた条約も存しないから，本件米国特許権侵害を積極的に誘導する行為を我が国で行ったことに米国特許法を適用した結果我が国内での行為の差止め又は我が国内にある物の廃棄を命ずることは，我が国の特許法秩序の基本理念と相いれないというべきである。

　したがって，米国特許法の上記各規定を適用してYに差止め又は廃棄を命ずることは，法例33条〔通則法42条〕にいう我が国の公の秩序に反するものと解するのが相当であるから，米国特許法の上記各規定は適用しない。」

　「特許権侵害を理由とする損害賠償請求については，特許権特有の問題ではなく，財産権の侵害に対する民事上の救済の一環にほかならないから，法律関係の性質は不法行為であり，その準拠法については，法例11条1項〔通則法17条〕によるべきであ」り，米国法を準拠法とすべきである。

　米国特許法によれば「米国特許権をアメリカ合衆国で侵害する行為を我が国において積極的に誘導した者は，……損害賠償責任が肯定される余地がある」が，「法例11条2項〔通則法22条1項〕により，我が国の法律が累積的に適用され」，属地主義の原則を採る「我が国の法律の下においては，……特許権の効力が及ばない，

登録国の領域外において特許権侵害を積極的に誘導する行為について，違法ということはできず，不法行為の成立要件を具備するものと解することはできない。」
【コメント】本判決は，条理により特許権の効力は登録国法によるという準拠法選択規則を確立しようとした。だが，本件のように登録国が複数国ある場合にはこの連結点は機能せず，最高裁は実際には原告の主張に従っただけではないかと指摘されている。その他，損害賠償と差止めという救済方法の違いによって準拠法選択を区別することには必ずしも合理性がないという点や，各国法の国際的適用範囲を決定する属地主義の原則を公序の内容に含めている点（⇒ Column 22-3 ）が批判されている。

3 知的財産権の帰属

次に，知的財産権の譲渡に伴う権利の変動および権利の帰属については，知的財産権を物権に類似する権利ととらえた上で，譲渡の原因関係である契約などの債権行為と，目的である知的財産権の変動とを区別し，保護国法（または登録国法）を準拠法とする見解が一般的である（東京高判平成 13・5・30，東京高判平成 15・5・28［百選 44］など）。

知的財産権の帰属がとりわけ問題となるのは，会社の従業員による発明や映画の製作など，職務上なされる発明や創作から生じる特許権や著作権においてである（いわゆる職務発明・職務著作）。

まず，職務発明から生じる特許を受ける権利の帰属については，最判平成 18・10・17［百選 42］（⇒ 判例 22-2 ）が，傍論においてではあるが，属地主義の原則に基づいて登録国法が準拠法となると述べている。学説上は，最高裁の立場を支持する見解が多いが，職務発明制度の制度的一体性を考慮し，この点についても労働契約の準拠法により判断すべきであるとする見解もある。

次に，職務著作については，その性質上，「法人その他使用者と被用者の雇用契約の準拠法国における著作権法の職務著作に関する規定による」と判示した下級審裁判例がある（東京高判平成 13・5・30）。学説上は，職務著作の問題が著作物を利用する第三者よりも，むしろ使用者と被用者の法律関係に関わる要素の方が大きいことから，この判決と同様の見解をとるものもあるが，ベルヌ条約5条2項により保護国法を準拠法とする見解もあり，対立している。

4 知的財産権の譲渡および使用許諾

　知的財産権の譲渡や使用許諾に関しては，まず，譲渡・ライセンス契約の準拠法が問題となる。この点は，契約一般に関する通則法7条以下により規律される。問題となるのは，契約中に当事者による明示の準拠法合意がない場合である。この場合，譲渡・ライセンス契約などの知的財産権に関する契約につき，8条にいう特徴的給付の推定（⇒232頁）がどこまで有効か，という点が問題となる。有体物の売買と同視できるような単純な譲渡契約であれば，特徴的給付が何かを特定することは比較的簡単だろう。だが，一方当事者である著作者が著作権を譲渡する義務を負い，他方当事者である出版社が著作物を出版する義務を負う出版契約などのように，双方が金銭給付以外の義務を負う契約の場合，特徴的給付を特定することは難しく，事案の具体的諸事情から最密接関係地法を直接探求しなければならない場合も少なくないだろう。

　次に，わが国でこれまで議論されてきた点として，**職務発明**により生じた特許を受ける権利を譲渡する際の「相当の対価」を決定するのはどこの国の法か，という問題がある。最判平成18・10・17［百選42］（⇒〈**判例 22-2**〉）は，この問題が譲渡当事者間における譲渡の原因関係である契約その他の債権的法律行為の効力の問題であるとして，現在の通則法7条以下に対応する法例7条の規定によると判示した。ただし，この判決後に施行された通則法の下では，この判決の判断に従うとしても，新設された労働契約の特則に関する12条の適用がありうる（職務著作につき，雇用契約の準拠法である米国法の規定によるべきであると述べた事例として，東京地判平成31・2・8）。なお，学説上は，わが国の特許法35条を国際的な強行法規とみなす見解や，属地主義の原則から登録国法によるという見解もある。

〈**判例 22-2**〉　**最判平成 18・10・17：百選 42**　　　　　　　　〈日立製作所事件〉

【事実】原告・控訴人・被控訴人・被上告人X（日本人）は，被告・控訴人・被控訴人・上告人Y（日本法人）の従業員であった当時，特許に係るいくつかの発明をし，Yとの間で，それぞれ特許を受ける権利（外国の特許を受ける権利を含む）をYに譲渡した。XはYに対し，特許法35条3項（現4項）所定の相当の対価の支払いを求めた。

【判旨】「外国の特許を受ける権利の譲渡に伴って譲渡人が譲受人に対しその対価を

請求できるかどうか，その対価の額はいくらであるかなどの特許を受ける権利の譲渡の対価に関する問題は，譲渡の当事者がどのような債権債務を有するのかという問題にほかならず，譲渡当事者間における譲渡の原因関係である契約その他の債権的法律行為の効力の問題であると解されるから，その準拠法は，法例 7 条 1 項の規定により，第 1 次的には当事者の意思に従って定められると解するのが相当である。」

「X が Y に対して外国の特許を受ける権利を含めてその譲渡の対価を請求できるかどうかなど，本件譲渡契約に基づく特許を受ける権利の譲渡の対価に関する問題については，我が国の法律が準拠法となるというべきである。」

「我が国の特許法が外国の特許又は特許を受ける権利について直接規律するものではないことは明らかであり（……工業所有権の保護に関する 1883 年 3 月 20 日のパリ条約 4 条の 2 参照），特許法 35 条 1 項及び 2 項にいう『特許を受ける権利』が我が国の特許を受ける権利を指すものと解さざるを得ないことなどに照らし，同条 3 項〔現 4 項。以下同じ〕にいう『特許を受ける権利』についてのみ外国の特許を受ける権利が含まれると解することは，文理上困難であって，外国の特許を受ける権利の譲渡に伴う対価の請求について同項及び同条 4 項〔現 5 項。以下同じ〕の規定を直接適用することはできないといわざるを得ない。

しかしながら，……同条 3 項及び 4 項の規定については，その趣旨を外国の特許を受ける権利にも及ぼすべき状況が存在するというべきである。

したがって，……同条 3 項及び 4 項の規定が類推適用されると解するのが相当である。」

【コメント】本件では，特許法 35 条 3 項，4 項（現 4 項，5 項）が類推適用された結果，米英仏蘭等の特許を受ける権利の譲渡についても，相当の対価の支払請求が原告に認められた。「相当の対価」をめぐる法適用関係に関する議論の対立に決着をつけたという点で，実務上意義のある判決である。ただし，契約準拠法として日本法を選択するのであれば，民法における契約一般に関する法規範の適用と同じように，特許法 35 条 3 項，4 項（現 4 項，5 項）も，譲渡の対象がいかなる国における特許を受ける権利かにかかわらず，譲渡契約の対象となった権利全体に対し相当の対価の支払いが判断されることになる筈であるのに，最高裁はこれらの規定を類推適用するにとどまった。この点にも，属地主義の原則が知的財産権の分野にもたらす理論的混乱が見て取れる。

Column 22-3　知的財産権をめぐる問題に関する準拠法の適用

準拠法の適用については，属地主義の原則との関係で，現在でもなお不明確な点が残っている。すなわち，準拠法として選択された各国の知的財産法を適用する際に，各国法の国際的適用範囲をさらに考慮すべきかどうか，という問題である。

カードリーダー事件において最高裁は，米国特許法 271 条(b)項，283 条がわが国においてなされる行為を対象とする可能性を認めつつ，特許権についてわが国が採

用する属地主義の原則に反するとして，米国特許法の各規定の適用がわが国の公序に反するものと判示した（最判平成 14・9・26 ［百選 41］⇒ 判例 22-1 ）。このように，最高裁は，特許権の効力について登録国法を準拠法として選択した上で，指定された国の特許法の国際的適用範囲を確認し，属地主義の原則に反する外国特許法の適用を排除するという方法を採用している。契約準拠法として日本法を選択しつつ，特許法 35 条 3 項，4 項（現 4 項，5 項）の国際的適用範囲を改めて検討する最判平成 18・10・17 ［百選 42］（⇒ 判例 22-2 ）も，準拠法の適用につき同様の方法を採用しているということができる。

　だが，準拠法選択とは，ある法的問題を規律する法規範を決定するプロセスであり，準拠法選択をした段階で，いかなる国の法規範が適用されるべきかについてはすでに解決がなされているはずである。最高裁の採用する方法は，準拠法を適用する段階で属地主義の原則を考慮することにより，準拠法の選択そのものを無意味にする危険をはらんでいる。

　このように，最高裁による準拠法の適用には理論的な不明確さが含まれている。今後さらに検討されるべきだろう。

参 考 文 献

木棚照一『国際知的財産法』（日本評論社，2009 年）
河野俊行編『知的財産権と渉外民事訴訟』（弘文堂，2010 年）

第 *2* 部

国際家族法

　国際家族法とは，一般に，夫婦や親子などの一定の身分関係に基づく，あるいはこれに関わる法律関係を規律する領域を指す。

　平成元年法例改正（⇒ 33 頁）においては，国際家族法のうちの婚姻と親子の部分が主たる対象とされ，大幅な変更が加えられた。夫や父の本国法主義から，両性平等の理念を国際私法に反映させた段階的連結が導入され，また子の福祉の観点から選択的連結などが採用された。通則法への改正の際には，国際家族法に関する規定は，従来の法例の内容を基本的に維持し，若干の語句修正とともに現代語化するにとどまっている。

　本書では，まず第 23 章で，婚姻に関する問題として婚姻の成立・効力，そして解消の局面である離婚に加え，婚姻に類似する諸制度を取り上げる。第 24 章では，実親子関係や養親子関係といった種々の親子関係の成立等とそれら親子間の法律関係の問題を扱う。続いて第 25 章で氏名や戸籍に関する問題，第 26 章では，後見（未成年後見・成年後見審判・成年後見）に加え，失踪宣告の問題もともに取り上げる。そして第 27 章で扶養，最後に第 28 章で相続を扱う。

　34 条に規定する親族関係についての法律行為の方式については，適宜これが関わる箇所（夫婦財産契約，離婚，認知，養子縁組など）でふれることにする（また，33 条については⇒ **Column 24-3** ）。

第**23**章

婚　姻

第 1 節　婚姻の成立
第 2 節　婚姻の効力
第 3 節　離　　婚
第 4 節　婚姻外のパートナー関係

> 次世代を育む婚姻は，社会，ひいては国家の安定をもたらす制度として，諸国で広く受け入れられ，一定の保護が与えられる。もっとも，婚姻制度およびその解消の局面である離婚制度は，各国の宗教や習俗などからの影響も強く受けており，各国の実質法上の規律はけっして一様ではない。
> 　以下では，婚姻の成立（24条），婚姻の効力（25条，26条），そして解消の一形態である離婚（27条）にわけて解説し，最後に婚姻外のパートナー関係を取り上げる。

第 1 節　婚姻の成立

1 総　　説

　婚姻が有効に成立するために必要とされる要件は，諸国の実質法上，その地の習俗や宗教，道徳との強い結びつきから，実に多様である。例えば，日本では，配偶者がある者が重ねて婚姻をすることは重婚であり，刑法上の罪までも問われる（刑法184条）。しかし，イスラム教国の多くやアフリカの一部の国では，今日もなお一夫多妻婚が認められている。婚姻適齢は，男女ともに18歳と定める国が多いが，親の同意や裁判所の許可などを要件として18歳未満の婚姻を認める国もあれば，人口政策上一人っ子政策をとっていた中国では晩婚

と出産年齢を遅らせることを奨励し，男性22歳，女性20歳と定められている。また，日本のように婚姻の届出を必要とする国もあれば，身分登録官や市長の前で2人がそろって宣誓することを要求する法制や一定の教会での儀式を必要とする法制もある。

このうち，後者の婚姻の届出や宣誓，儀式のように，婚姻が法的に有効に成立するために必要とされる当事者または第三者の外面的行為を婚姻の方式と呼び（形式的成立要件とも呼ぶ），婚姻意思，婚姻適齢，重婚・近親婚の可否や親の同意の有無といった実質的成立要件と区別して準拠法が定められている。通則法24条1項は，「婚姻の成立」について定めるが，ここで対象としている単位法律関係は，同条2項，3項が「方式」について規定していることからわかるように，「婚姻の成立」のうちの実質的成立要件についてのみである。

2 実質的成立要件

(1)　準拠法の決定

諸国の法制をみると，婚姻の実質的成立要件の準拠法を婚姻の挙行地法とするものもある（米国，ラテンアメリカ諸国，フィリピンなど）。しかし，旅行で訪れた地で婚姻を挙行する場合など，必ずしも婚姻挙行地と当事者との関係が密接でないことや，婚姻が当事者の身分関係に大きな影響を与えることなどを根拠として，属人法主義（⇒46頁，66頁）により当事者の本国法を配分的に適用する国が多い（フランス，ドイツ，韓国，中華民国など）。

通則法も後者の立場に立ち，各当事者の本国法をそれぞれについて適用（配分的適用⇒49頁）する（24条1項）。両当事者は，婚姻の締結にあたって対等な地位にあり，どちらかの本国法のみが優先されるべきでないからである。

当事者の本国法によるべき場合であるため，反致を考慮しなければならない。例えば，中国国際私法は婚姻の実質的成立要件について段階的連結を採用し，当事者の共通常居所地を第1次的な連結点とすることから，日本に常居所（もっともここでの常居所概念は中国国際私法上の概念である⇒91頁）を有する中国人同士の婚姻には，反致により，日本法が適用されることになる。

(2)　準拠法の適用──一方的要件と双方的要件

　婚姻の実質的成立要件とは，婚姻が有効に成立するために必要とされる形式的要件を除いた要件を指す。このような要件は，婚姻の成立を難しくする要件であることから，**婚姻障害**とも呼ばれ，婚姻障害がない場合に婚姻が有効に成立することになる。具体的には，婚姻意思，婚姻適齢，再婚禁止期間，重婚の可否，近親婚や姻族間の婚姻の可否とその範囲，親や親族会の同意の有無などがこれに含まれる。

> ⟨Case 23-1⟩　甲国法上は男性 22 歳，女性 20 歳を婚姻年齢とする。日本国籍の A 男（20 歳）と甲国籍の B 女（20 歳）が婚姻する場合，日本法および甲国法の婚姻適齢に関する規定はどのように適用されるだろうか。

　かりに当事者双方の本国法が双方に累積的に適用されるとすれば，A 男が甲国法で定める婚姻適齢に達していないことから婚姻は成立しない。しかし，24 条 1 項はあくまでも配分的適用を命じているので，A 男には日本民法の男性に関する婚姻適齢の 18 歳が，B 女には甲国法の女性に関する婚姻適齢の 20 歳が適用され，2 人は婚姻することができる。このように当事者が異国籍である場合には，それぞれの本国法上規定される各々に関わる要件だけを充足しているかを確認すればよい。

　しかし，ここで注意を要するのは，実質的成立要件が当事者の一方または双方について問題となる要件であるか否かによってさらに**一方的要件と双方的要件**（一面的要件と双面的要件ともいう）とに区別され，後者については各当事者の本国法が当事者双方に適用されることになる点である。

　通説は，一方的要件であるか，または双方的要件であるかの判断を国際私法の次元で行う。つまり，この問題を準拠法の指定に関する問題ととらえ，ある成立要件が夫の本国法のみ，あるいは妻の本国法のみの適用範囲に入るのか，それとも当事者双方に関わるものとして双方の適用範囲となるのかを性質決定（⇒第 6 章）の段階で解釈し決定する。しかし，実際には国際私法の次元で決めるにもよるべき基準はどこにも書かれておらず，その判断が難しい場合もある。

　具体的にみてみると，婚姻適齢のほか，父母・祖父母・後見人等の同意や婚姻意思の存在（水戸家判平 28・12・16 ［百選 45］）は，当事者の一方のみに関す

る要件としてそれぞれにつきその本国法のみが適用される。これに対して，近親婚の禁止などの当事者相互の関係に関わる要件は，当事者の一方の本国法の適用上必然的に相手方も考慮に入れざるをえず，双方的要件となることは明らかである。

> Case 23-2　一夫多妻婚を認めるイスラム法系の甲国人Ａ男が第２夫人として日本人Ｂ女と婚姻することはできるだろうか。

重婚の禁止も，双方的要件とされる。したがって，Ａ男の本国法上一夫多妻婚が可能であるとしても，「配偶者のある者は，重ねて婚姻をすることができない」旨規定する日本民法732条は，当事者双方に適用されることから，たとえＢ女にとっては初婚であるとしても，Ａ男とＢ女は婚姻することができない。このように双方的要件については通則法24条1項が配分的適用を命じているにもかかわらず，当事者双方の本国法を累積的適用したのと同じ結果になる。

通説において，以上述べた要件については意見の対立はないが，精神的・肉体的障害や再婚禁止期間に関してはこれらを一方的要件と解するか，または双方的要件と解するかについては見解が分かれている。

このような通説に対して，24条が一方的要件と双方的要件を条文上区別していないことや比較法的観点などから，この問題を準拠実質法上の解釈問題ととらえ，性質決定の段階で区別すべきでないとの見解も主張されている。> Case 23-2 で考えてみよう。この説によれば，重婚を禁止する日本民法732条が一般的に重婚を禁止しているのか，それとも配偶者のある日本人が重ねて婚姻することを禁じているだけで，配偶者のいない未婚の日本人が既婚者と婚姻することまで禁じていないのかは，準拠法となった民法732条が決定する。しかし，各国の実質法は純国内的事案を想定したものであり，そのような判断が難しいことは通説のように国際私法の次元で行う場合と同様であろう。

3 方　　式

(1) 準拠法の決定

婚姻の方式に関しては，婚姻挙行地法主義が広く認められている。これは，婚姻挙行地での婚姻の公知という公益的観点から，その地の方式を遵守するこ

とが求められたからである。通則法も24条2項で**婚姻挙行地法主義**をとる。しかし、婚姻の方式につき必ず挙行地法に従わねばならないとすれば（このような立場を絶対的挙行地法主義という）、宗教婚しか認めない国においては、その宗教に属さない外国人はその地で有効に婚姻をすることができない。これは当事者にとってはなはだ不便であるし、常にその挙行地法によらねばならないほど婚姻の方式の公益性は強くないと考えられる。そこで、通則法では、**選択的連結**（⇒50頁）を採用し、婚姻挙行地法のみらならず、**当事者の一方の本国法**によることも認めている（24条3項本文）。

　ただし、日本において日本人が外国人と婚姻する場合には、常に挙行地法である日本法によらなければならない（24条3項ただし書）。かりにただし書がないとすると、日本人と外国人が当該外国人の本国法上の方式により日本で婚姻した場合、当該婚姻は届出がなくても、成立することになる。そのような事態を避け、日本人の身分関係の変動を迅速に戸籍に反映させるために、日本で日本人が婚姻する場合には、常に日本法に従い戸籍の届出がない限り婚姻を成立させないことにしたのである。このただし書は、当事者の一方が日本人である場合の特則であることから、**日本人条項**と呼ばれるが、①内外法平等という国際私法の理念に反することや、②日本人が日本で相手方である外国人の本国法による方式で婚姻した場合であっても日本法上の届出がない限り婚姻が無効であるとすれば、一方が死亡しても他方は相続人とならないといった当事者に予期せぬ不利益が生じうるため（そのようなケースとして東京地判昭和48・4・26）、学説からの批判が従来からある。しかし、通則法への改正の際も、戸籍制度の信頼性を維持するという立法趣旨は妥当であり、日本法上の届出は簡易で当事者に格別の困難を強いるものではないとして、そのまま残された。

> **Column 23-1**　**外国からの郵送による届出と婚姻挙行地概念**
>
> 　戸籍実務上、当事者の一方が日本人である場合、本人の本籍地の市町村長に外国から婚姻届書を直接郵送する方法が認められている。絶対的挙行地法主義を採用していた平成元年改正前法例下では、このような郵送による婚姻届出の場合の挙行地がどこであるかについて議論があった。
>
> 　そもそも婚姻挙行地をどのように解するかに関しては意見の対立がある。
>
> 　まず、これを普遍的に、つまり各国の実質法から離れ、抵触規則で用いられる概念の解釈問題として国際私法独自の観点から定義することを試みる立場がある。定

義に関しては一様ではないが，当事者が挙行地に現在することを必要とするものが多い。例えば，神戸地判平成9・1・29は，「『婚姻挙行地』は，婚姻という法律行為をなす地であって，身分登録官吏に対する届出，宗教的儀式，公開の儀式等をする地を意味するものであり，当事者が現在しない地は右『婚姻挙行地』には当たらない」と判示している。この立場によれば，婚姻の方式に関し挙行地と当事者の一方の本国法の選択的連結を採用している今日においては，郵送による届出は24条3項本文による当事者の一方の本国法である日本法による方式として認められる。戸籍実務もこれに従っている。

　これに対して，国際私法上の概念として普遍的な婚姻挙行地概念を設けることを疑問視し，各実質法上の方式要件に従い挙行地概念は異なるものと考える立場もある。この立場からは，郵送による届出もまた24条2項にいう挙行地法である日本法により認められることになる。

(2)　準拠法の適用

　婚姻の方式とは，婚姻が法的に有効に成立するために必要とされる当事者または第三者の外面的行為である。日本民法739条のように口頭または書面での国家機関への届出を方式としている法制もあれば，婚姻の公告や宗教的儀式を必要とする法制もある。

　婚姻届作成時には婚姻意思が認められたがその後当事者の一方が意思能力を失った場合や，当事者の一方の不知のまま届出がなされた場合など，届出時における届出意思の不存在が問題となることがある。このような届出意思が実質的成立要件または方式のいずれに性質決定されるかについては議論がある（名古屋高判平成4・1・29，大阪高判平成28・11・18［百選47］は，方式と性質決定）。

(3)　外交婚・領事婚

> ＜Case 23-3＞　甲国に仕事の関係で駐在している日本人Aは，同じく甲国で働いている日本人Bと知り合い，婚姻したいと考えている。2人が甲国で婚姻するにはどのような方式を履践すればよいだろうか。

＜Case 23-3＞における婚姻の方式の準拠法は，24条2項，3項により甲国法または日本法となる。したがって，甲国法の定める方式によるほか，日本法上認められる方式として甲国から日本人Aの本籍地の市町村長へ婚姻届書を直接郵送する方法（⇒ Column 23-1 ）が考えられる。また，日本法上認められる方

式として，甲国に駐在する日本大使または領事に婚姻届書を出すこともできる。諸国の法制上，外国に滞在する自国民がその国に駐在する自国の外交官または領事により，自国法の方式に従って婚姻を挙行できる外交婚・領事婚を認めることが多い。日本民法741条もこれを認め，外国に滞在する日本人間の婚姻につき，その地に駐在する日本の外交官に届け出ることができる。フランスなどでは，自国民同士の婚姻に限定せず，自国民と外国人の外交婚・領事婚も認められるが，日本民法上認められているのは日本人同士の婚姻であることに注意を要する。

4　成立要件の欠缺──婚姻の無効・取消し

　婚姻の無効や取消しは，婚姻の成立と表裏一体の関係にある。そのため，実質的成立要件の欠缺の問題は，24条1項で定まる準拠法により，方式の欠缺の問題は24条2項，3項で定まる準拠法による。

　まず，婚姻の実質的成立要件を欠く場合に，当該婚姻が無効であるのか，あるいはこれを取り消すことができるのかは，問題となっている要件が一方的要件である場合には，その要件の欠缺が生じている当事者の本国法による。双方的要件である場合には当事者双方の本国法によるが，各法が異なる効果を定めるとき，すなわち一方の本国法によれば取り消すことができるが，他方の本国法によれば無効となるようなときは，配分的適用によれば各法がともに婚姻の成立を認めて初めて成立するのであるから，結果的により厳格な効果を定める法（この場合であれば無効とする法）により無効となる（東京高判平成19・4・25［百選46］）。

　次に，方式については選択的連結が採用されていることから，方式の準拠法すべての法により無効であるとされない限り，すなわち，1つの法でも方式上有効に成立しているとする限り，当該婚姻は無効とならない。

　無効な婚姻や取り消された婚姻から生まれた子が嫡出子となるかどうかは，嫡出決定の問題として28条による。一方当事者が他方から得た財産の返還の問題については，婚姻の事後処理と同様に夫婦財産制の準拠法（26条）によるとする説もあるが，不当利得の準拠法（14条以下）によるべきであるとする説もある。

第2節　婚姻の効力

1 婚姻の身分的効力

(1) 準拠法の決定

婚姻については一般的に属人法主義が妥当すると考えられているが，夫婦が異国籍である場合にはいずれの本国法によるべきかが問題となる。法例旧14条は，夫の国籍を優先し，夫の本国法主義を採用していた。しかし，平成元年法例改正で両性平等の観点から夫婦に共通する連結点を媒介として準拠法を決定する**段階的連結**（⇒48頁）が採用され，通則法25条はこれを継承している。まず，夫婦に同一本国法がある場合にはこれにより，これがない場合には，夫婦が同じ国に居住していればその法律に依拠させるのが適当であるので，第2段階として夫婦の同一常居所地法により，これもない場合には第3段階として様々な要素を考慮して夫婦と最も密接な関係を有する地の法が準拠法とされる。

なお，反致は考慮されない（41条ただし書）。

> 契約に関する7条，8条と異なり，婚姻については成立と効力を別の単位法律関係として設定しているのはどうしてだろうか。効力の準拠法を成立の準拠法と一致させることは望ましいが，半世紀以上継続しうる婚姻について，連結時点を考慮せず一括して1つの最密接関係地法を決定することは妥当でないからである。また，婚姻の成立に関しては配分的適用主義がとられているが，これを婚姻の効力の準拠法についても採用すると，2つの準拠法が婚姻の効力に関し異なる内容を定めるような場合には答えを見いだせず，理論的に問題があるからである。

> #### Column 23-2　同一本国法の決定
>
> 25条ないし27条により夫婦の同一本国法によるべき場合において，当事者の中に**重国籍**者がいるときは，まず，その者について38条1項により本国法を決定し，そのようにして決定された本国法が同一であるか否かを判断する。このような同一本国法の決定方法によれば，単に国籍を有しているにすぎないような，当事者と関係の希薄な国の法を準拠法とすることを回避でき，夫婦双方に密接な法を準拠法とする25条の趣旨にも合致する。
>
> では，当事者双方が甲国籍を有しているが，甲国が**地域的不統一法国**である場合は，どうだろうか。このような場合，甲国に，国内においていずれの地域の法を適用するかを定める統一規則があるか否かで異なる（⇒96頁）。統一規則がある場合

には甲国法が同一本国法となるが，ない場合には甲国法を指定するだけでは特定の法域が指定されたことにはならず，不十分である。後者の場合には，38条3項により各当事者についてその本国法を絞り込んでから同一本国法があるか否かを判断することになる。

　甲国が**人的不統一法国**である場合には，40条1項により各当事者の本国法を絞り込み，それが同一であるときに同一本国法があると判断するのが多数説である。この説によると，一方がキリスト教信者で他方がヒンドゥー教信者の甲国人夫婦について婚姻の効力の準拠法が問題となった場合，当該夫婦に同一本国法はないと判断され，第2段階の同一常居所地法が探求されることになる。

　しかし，人的不統一法国においては，異なる人種間や宗教徒間の身分関係を規律する法規を有するのが通例である（⇒99頁）。そこで，人的不統一法国に属する者の間の法律関係は，同一本国法に服する者の関係としてその国の内部的な規律に委ねるべきであろう。したがって，先の例の場合，甲国法を同一本国法とすべきである。

　以上のことは，32条により親子の同一本国法によるべき場合も同様である（なお，同一本国法と共通本国法の違いについては⇒388頁）。

(2)　準拠法の適用

　26条が夫婦の財産関係に関して規定していることから，25条ではそれを除いた他の一般的な効力，例えば夫婦の同居協力義務や貞操義務について適用される。なお，夫婦間の扶養義務の問題は，「扶養義務の準拠法に関する法律」による。本条の適用範囲はそれほど広くないが，25条での準拠法決定方法が婚姻の財産的効力（26条）や離婚（27条）の準拠法の決定においても採用されており，そういった意味で重要な規定である。

　ここでは，議論のある2つの問題のみを取り上げる。婚姻の締結に伴い夫婦の氏が変動する法制があるが（日本民法750条），氏の問題は第25章でまとめて取り扱う。

(a)　成年擬制
　かつての日本民法753条のように，未成年者が婚姻した場合，これにより成年に達したものと擬制する制度を採用している国がある。このような成年擬制は，かつては，婚姻生活の円滑な運営のために認められた制度として，婚姻の効力の準拠法によると解されていた。しかし，これは，夫婦間の利害に関する問題ではなく，むしろ各当事者の行為能力に関する問題である。したがって，婚姻の成立自体は通則法24条により，婚姻の成立により未

成年者が成年と擬制されるかは4条によると解するのが通説である。取引保護のため，婚姻した未成年者は，その本国法上成年擬制されないとしても，4条2項により，行為地法上成年者となる場合は成年者とみなされる。

(b) 日常家事債務　日本民法761条のように，夫婦の共同生活から生じる日常家事債務について夫婦に連帯責任を負わせる制度がある。このような制度は，夫婦の共同生活の円滑な運営のために強行的に認められ，夫婦財産契約によって排除できないことから，婚姻の効力の問題と解するのが平成元年法例改正前までは通説であった。さらに，この見解は，準拠外国法が夫婦の日常家事債務について連帯責任を認めない場合において，当該取引が日本で行われたときには，法例3条2項を類推適用し，夫婦の連帯責任を認めるべきであるとする。平成元年改正後も，同改正により夫婦財産制について認められた当事者自治（⇒309頁）により日常家事債務の連帯責任を排除することができることを問題視し，依然として婚姻の効力と性質決定すべきであると主張されていた。

しかしながら，平成元年法例改正で夫婦財産制に関して内国取引保護規定が新設されたことから，また，そもそも日常家事債務の問題が純粋に身分的性質のものとみられないことから，この問題を夫婦財産制の準拠法に依拠させる見解が現在の多数説である。

2 夫婦財産制

(1) 総　　説

婚姻の財産的効力とは，婚姻がその成立後夫婦となった者の間の財産関係にどのような効力を及ぼすかという問題である。婚姻中の費用の負担，婚姻前から所有していた，あるいは婚姻中に取得した財産の帰属，そのような財産の管理収益の権能などの問題が生じうるが，これらを規律するのが夫婦財産制である。また，夫婦財産制は，夫婦間の財産関係のみでなく，夫婦と第三者との関係についても規律する制度である。

日本と同様に諸外国においても，一般的に夫婦が契約により自分たちの財産関係を規律するための夫婦財産契約を締結することを認め，このような契約が締結されなかった場合に備えて法定財産制を規定している。

諸外国で採用されている法定財産制は多種多様である。ヨーロッパで広く採用されて

いるのは後得財産共同制である。各国で細部において相違はあるが婚姻中夫婦が各々または共同で有償取得した財産を夫婦の共同財産とする制度である（フランスなどのロマン法圏，中央・東ヨーロッパ）。他方，別産制を採用する国も多い。別産制とは基本的に婚姻締結によっても夫婦の財産関係に影響はなく夫婦各人が単独で自己の全財産を管理・処分できるとする制度であり日本の法定財産制もこれによる（民 762 条）。しかし別産制といっても解消時に婚姻中に増加した他方の財産に対する（物権的または債権的な）請求権を認めることで清算させるのが一般的である。例えばドイツやギリシャで法定財産制として採用されている剰余共同制は非常に明確な解消時の清算方法を予定している。これによると婚姻によっても各自の財産所有関係は変わらず，婚姻中に取得した財産はそれを取得した者の所有となるが，解消時には夫婦各自について婚姻締結時から増加した財産の価額（これを剰余という）を算定し，夫婦の一方の剰余が他方の剰余を上回る場合には，その超過分の 2 分の 1 について，剰余の少ない者に請求権が帰属する。また，英国などでは夫婦財産制という観念はなく，婚姻は婚姻当事者の財産関係になんの影響も及ぼさない。しかし，婚姻解消時には，裁判所は，その裁量で夫婦の一方が他方に財産を給付する義務を定めることができる。

⑵　準拠法の決定

⒜　**客観的連結（1 項）**　　　夫婦財産制は，婚姻により成立した夫婦という身分関係に関わる財産に関する制度であり，財産的性質を有する。そのため，夫婦財産制の準拠法決定にあたり，夫婦という身分関係と財産的関係のいずれを重視するか，また契約における当事者自治の原則を夫婦財産制にも認めるかにより，諸国の国際私法上，属人法主義や動産・不動産区別主義，意思主義などがある。

平成元年改正前法例は属人法主義をとり，婚姻当時の夫の本国法を準拠法としていた。連結時点を婚姻当時に固定したのは，夫婦財産制の固定的恒久的性質の要請に応じるとともに，夫の恣意的な国籍の変更に伴って妻や夫婦と取引をする第三者の不利益を回避するためであった。しかし，夫婦財産制について夫の本国法主義をとることは両性平等の理念にもとるとして，平成元年改正で婚姻の効力の準拠法と同様の準拠法決定方法が採用され，通則法においてもこれが維持されている。したがって，夫婦財産制の準拠法は，夫婦の同一本国法，夫婦の同一常居所地法，夫婦の最密接関係地法の順で**段階的適用**される。

夫婦財産制も婚姻の効力の問題であり，身分的効力の準拠法と一致することが望ましいと考えられ，25 条の規定を準用しているが，両者の準拠法が異なる場合もある。第 3 順位の最密接関係地法の決定の際には，夫婦財産制におい

ては，財産所在地など，婚姻の身分的効力の場合と異なる要素が考慮されるからである。

26条1項は準拠法**変更主義**をとっている。準拠法変更が生じた場合，その効力は将来に向かってのみ生じ，変更前までの夫婦財産関係についての規律については変更前の準拠法によると考えられている。平成元年法例改正の際に参考にされた1978年の夫婦財産制の準拠法に関するハーグ条約では，この点を明文で定めているが（8条1項），改正法例ではこれは当然のこととして規定されなかった。

なお，反致は考慮されない（通則法41条ただし書）。

(b)　当事者自治（2項）

(i)　総　説　　夫婦による夫婦財産制の準拠法選択は，前述の夫婦財産制の準拠法に関するハーグ条約で導入されたのを契機として，その後いくつかの国でも採用されるようになった。わが国では，平成元年法例改正の際に導入された。その理由としては，国際私法の国際的統一の観点から望ましいことや，26条1項における第3段階の最密接関係地法の認定が場合によっては難しく，夫婦にとって自らの財産関係の準拠法が不明確となりうることを回避するために夫婦自らが準拠法を選択できるようにする必要性があることなどが挙げられる。

もっとも，夫婦財産制は，夫婦共同体との関連が強いから，契約準拠法の場合と異なり（7条），法選択に一定の合理的な**量的制限**が設けられている。すなわち，①夫婦の一方が国籍を有する国の法（本国法でないので，重国籍の場合にはいずれも選択可），②夫婦の一方の常居所地法，③不動産に関する夫婦財産制についてはその不動産所在地法のみから選択することができる。

ハーグ条約では，不動産以外の夫婦財産についての分割指定を明文で禁止しているが，通則法にはその旨の規定がないため，分割指定の可否に関しては争いがある。

(ii)　準拠法選択の合意の有効性　　通則法では，準拠法選択の合意についてはその方式に関してのみ規定している。これによると，夫婦の署名した書面で日附を記載したもので選択しなければならない。夫婦財産制の場合，合意後相当期間経過してから選択の有無などが問題となることが多いと考えられ，その種の争いを防ぐためである。

　これに対して，合意の実質的成立要件に関しては，7条と同様に明記されず，解釈に委ねられている。前述のハーグ条約と同様に選択された法によるとする説や通則法自体の解釈問題として合理的に解釈する国際私法自体説が主張されている（なお契約の場合については⇒229頁）。

　(iii)　選択の時点と将来効　　準拠法選択をいつまですることができるかという時間的制約に関しても解釈に委ねられている。26条1項で定める客観的連結について準拠法変更主義を採用していることから（⇒309頁），準拠法選択についても，婚姻前を含め，いつでもすることができ，また一度合意した準拠法を後に変更することもできると解されている。

　婚姻締結後に準拠法選択をした場合には，当該準拠法選択の効力を遡及させることができるかという問題が生じるが，26条2項柱書後段は将来効に限定している。

　　　通則法制定時に，26条2項柱書後段にこれまでになかった「この場合において，その定めは，将来に向かってのみその効力を生ずる。」との文言が追加された。同時に新設された契約および法定債権に関する準拠法の事後的変更に関しては，準拠法の決定を当事者に委ねた以上，遡及効をもたせるか否かをも当事者の意思に委ねることとされた。契約および法定債権の規定（9条，16条，21条）にはこの点を明記しないが，夫婦財産制の26条2項柱書後段に上記文言を入れ，その反対解釈により，契約および法定債権に関する準拠法の事後的変更についての上記理解を示そうとしたものである。

　　　26条2項柱書後段に上記文言を追加したことについて，通則法の立案担当者は，平成元年の法例改正で夫婦財産制について準拠法選択が導入された時から準拠法選択の効力を将来効に限定する見解が多数であり，上記文言の追加は客観的連結の準拠法変更についての取扱いとも一致すると説明している。

　　　もっとも，常居所の変更等により客観的連結されていた準拠法（26条1項）が変更された場合に遡及効を認めることは当事者に不測の事態をもたらしうるが，夫婦が進んで準拠法選択したような場合には，その有する財産すべてについて選択した法による規律を可能にする必要性もあるように思われる。そのため，26条2項柱書後段は旧準拠法を前提になされた行為や権利設定を覆すものではないことを示すものであると限定的に解釈すべきであるとの見解も主張されている。

(3)　準拠法の適用

　夫婦財産制の準拠法は，法定財産制や夫婦財産契約のいずれであるかを問わず，夫婦財産制に関わるすべての問題に適用される。例えばいかなる内容の夫婦財産制に服するか，共有財産や特有財産が構成されるか，構成される場合に

はその管理，使用，処分権はどうなるのといった問題や，夫婦財産契約を締結
しうるか否か，締結しうるとすればその時期や内容，効力等の問題がこれに含
まれる（なお，夫婦財産契約の方式については34条による）。また，婚姻関係の解
消により夫婦財産関係がどのような影響を受けるか，それによる財産の帰属，
清算の要否等についても26条が適用される（婚姻費用の分担に関しては⇒389
頁）。

(4)　内国取引の保護

　26条1項または2項によって準拠法が外国法となり，日本法とは異なる夫
婦財産制に日本に居住する夫婦が従うとすると，日本で当該夫婦と取引をした
者が不測の損害を被り，内国の取引の安全が害されるおそれがある。また，1
項で段階的連結を採用し，2項で夫婦による準拠法選択も認めたことから，取
引の相手方にとって準拠法が不明確となりうることが考えられ，こういった側
面からも内国取引の保護を図る必要がある。

　そこで，26条3項は，外国法が夫婦財産制の準拠法となる場合，日本でな
された法律行為および日本にある財産（日本で裁判上請求できるものであればよ
い）については善意の第三者に対抗することができないとする。

　26条3項にいう「外国法を適用すべき夫婦財産制」とは，外国法による法
定夫婦財産制のみならず，外国法上認められる夫婦財産契約を締結した場合も
含む。ここでの善意の対象は，外国法が準拠法となることである。具体的には，
夫婦の国籍や常居所が外国であること，夫婦が外国法を選択しているといった
連結点に関する事実を知らないことが善意であり，これらの事実を知っている
場合には，法の不知は保護の根拠になりえないことから，当該外国法の内容も
知っているものとみなされる。夫婦財産制の準拠法が外国法となる夫婦と日本
で取引関係をもった第三者が善意の場合には，当該第三者との関係については，
夫婦財産制の準拠法は日本法となる。

　他方，外国法に基づいて締結された夫婦財産契約を常に第三者に対抗するに
は，これをわが国で登記すればよい（26条4項）。ここで外国法に従った夫婦
財産契約に限定し，外国法上の法定財産制が除かれたのは，後者を登記する場
合，その外国名のみの登記で足りるとするのでは公示方法として不十分である

し，条文までも登記すべきものとすれば，法改正があった場合や判例法国の場合に問題が生じるなど実務上・理論上困難な問題が生じうるからである。

(5)　他の準拠法との関係——婚姻の解消と夫婦財産制

離婚の場合には諸国の実質法上一方から他方に対して何らかの財産的給付がなされることが少なくない。また，相続の場合，生存配偶者を相続人の１人とする法制が広く採用されている。このような離婚や夫婦の一方の死亡により婚姻が解消された場合，夫婦財産制がどのような形で終了するのか，すなわち清算を必要とするのかといった問題は，まずは夫婦財産制の準拠法による。これにより各夫婦の財産が確定し，準拠法上調整や清算が必要な場合にはそれを経た後に，それぞれ離婚の準拠法，相続の準拠法を適用する。

理論的には以上のようになるが，日本民法上離婚に伴う財産分与に夫婦財産制の清算的要素があるといわれるように，夫婦財産制の清算と離婚による財産的給付とが一体化している法制もあり，前者は夫婦財産制の準拠法により，後者は離婚の準拠法による，と明確に分けると，不調和が生じることも考えられる。そのような場合には，適応問題（⇒ 128 頁，319 頁）として対処することになろう。相続準拠法との関係においても同様である。

第3節　離　　婚

1　総　　説

離婚法は，その根底で宗教や習俗，道徳などの影響を受けており，この点は婚姻法と同様ではあるが，婚姻法以上に諸国の法制間の差異は大きい。例えば，離婚についてはこれを最近まで禁止していた国（チリやマルタ）もあり，いまもなおフィリピンでは禁止されている。イタリアにおいては，1970 年になって離婚が法的に可能となったが，法定別居を裁判所に申し立て，その後一定年数の法定別居を経ない限り離婚できないというように，当事者間での協議離婚を認める日本民法などと比べると煩雑で厳格な手続がとられている。また，個別の離婚についてそれを認める旨の特別法の制定を必要とする法制もある。他

方，イスラム教国では，夫から妻に対し一方的に離婚を宣言することで離婚を認める離婚宣言（タラーク talaq）という簡易な離婚方法が認められている（東京家判平成31・1・17［百選51］）。このように離婚については，離婚の許容性をはじめとして，要件，方法などにも諸国の法制上相違がみられる。

　また，裁判所の決定によって離婚をすることができる裁判離婚制度を採用している国が多いことから，準拠法の問題のみならず，国際裁判管轄や外国離婚裁判の承認の問題など手続法との関係でも重要な問題が生ずる。

② 準拠法の決定

(1)　原則（27条本文）

　英米諸国のように，離婚を離婚地の公序に関わる問題として離婚地（法廷地）法を適用する国もあるが，大陸法諸国の多くは離婚を夫婦たる身分関係に関わる問題ととらえて属人法に依拠させる。

　日本は後者の立場に立ち，平成元年改正前法例下では夫の本国法主義をとっていた。しかし，準拠法決定に際する両性平等を実現し，婚姻関係の準拠法をできる限り統一的に定めるために，婚姻の効力に関する準拠法の決定方法を準用する旨平成元年に改正された。通則法27条はこれを継承したものである。すなわち，**段階的連結**を採用し，夫婦の同一本国法，夫婦の同一常居所地法，夫婦に最も密接な関係を有する地の法を順に離婚準拠法とする。27条では，婚姻の効力の準拠法を離婚準拠法とするのではなく，25条の規定を準用しており，婚姻の効力の準拠法と離婚準拠法は必ずしも一致しない。第3段階の最密接関係地の確定においても，離婚においては過去の婚姻住所地など，婚姻の効力とは異なる要素が考慮される。

　婚姻の効力の準拠法に関する25条と同様に27条でも準拠法変更主義が採用されている。準拠法の決定基準時は，一般原則に従い，裁判離婚の場合，口頭弁論終結時になる。なお，反致は考慮されない（41条ただし書）。

(2)　日本人条項（27条ただし書）

　〈Case 23-4〉　甲国法が裁判による離婚しか認めていない場合，A（日本人）とB

（甲国人）夫婦は，日本において協議離婚の方法で離婚できるだろうか。

協議離婚制度を有する国が世界的にみて少ないことから，〈Case 23-4〉の場合のようにＡＢ夫婦の離婚届が戸籍窓口で提出されたときには，戸籍事務管掌者が離婚準拠法がいずれの法になるかを判断しなければならない。

離婚準拠法が日本法であるならば協議離婚は可能であり（⇒315頁），ＡＢ夫婦の離婚届は受理される。戸籍事務管掌者にとっては，27条本文に定める第1段階の同一本国法として日本法を認定することは難しくなく，平成元年の基本通達（⇒ TERM 7-1 ）をもとに認定される第2段階の同一常居所地法についても同様である。しかし，第3段階の最密接関係地法については，形式的審査，つまり書類の不備がないかどうかの審査のみをする戸籍実務の機能上，最密接関係地の判断に困難が伴うことが予想される。そこで，戸籍実務の処理の便宜のために設けられたのが，**日本人条項**と呼ばれる27条ただし書である。当事者の一方が日本人である場合には日本法が最密接関係地法と実際に認定されることも多いことを理由に，最密接関係地法の有無を検討せずに日本法が準拠法とされている。

> 規定の体裁からは，27条本文に定める第1段階から第3段階の準拠法すべてに優先して日本法が適用されるかのように読めるが，実際には第3段階である最密接関係地法にのみ優先して日本法が適用されるにすぎない。夫婦の一方が日本に常居所を有する日本人である場合に夫婦に同一本国法があるときは，それは当然に日本法となり，夫婦の一方が日本に常居所を有する日本人である場合に夫婦に同一常居所地法があるのであれば，やはりこの場合も日本法となって，ただし書を適用するまでもないからである。

しかし，このただし書に対しては，内外法平等という国際私法の理念からは望ましくないといった批判が従来からある。例えば，〈Case 23-4〉のＡＢが甲国で婚姻しその地で婚姻生活を送っていたが，その後婚姻関係が破綻し，日本人Ａのみが日本に帰国して離婚が問題となった場合を考えてみよう。このような場合，戸籍実務上日本人については住民票の写しの提出があれば日本での常居所が認定されうるため（⇒ TERM 7-1 ），甲国人Ｂは日本法と全く関係を有さないにもかかわらず，ただし書により離婚準拠法は日本法となる。甲国においても日本法が離婚準拠法となる可能性はおそらく低く，跛行的法律関係（⇒ TERM 3-1 ）を生じさせ，妥当でないことがわかるだろう。

3 準拠法の適用

離婚準拠法は，原則として離婚に関するすべての問題に適用される。

(1) 離婚の許容性

今日でも離婚を禁止する国があるが，離婚することがそもそも可能であるかという問題も離婚準拠法による。

平成元年改正前法例下では離婚準拠法について夫の本国法主義が採用されていたため，フィリピン人夫と日本人妻の離婚が問題となった場合，その準拠法はフィリピン法であった。このような場合に，フィリピン法を適用し離婚を認めないことは公序に反するとしてフィリピン法を適用せず，離婚を認めた裁判例があった（⇒ 118 頁）。現行法下では，このような場合，同一常居所地法として日本法が適用され，フィリピン法上の離婚禁止が問題となることが少なくなった。

(2) 離婚の方法

わが国では，離婚の方法としては，協議離婚・調停離婚・審判離婚・裁判離婚の 4 種類がある。イスラム教国のタラークのように夫から妻への一方的意思表示で離婚が成立する国もあるが，裁判所や行政機関，立法機関，宗教機関による関与の下に離婚を認める国もある。

このような離婚の方法，すなわち婚姻の解消をどのように行うかに関しては，離婚準拠法が適用される。

ここでまず問題となるのは，離婚を成立させる権限が当事者にあるか，つまり当事者の合意のみで離婚が成立するのか，それとも裁判所などの国家機関の決定が必要とされているのかである。日本民法上の協議離婚は，行政機関への離婚届出により効力を生ずるが（民 764 条，739 条），当該行政機関には形式的審査を前提とした届出の受理権限しか与えられておらず，離婚を成立させるか否かの決定はまさに当事者の合意に委ねられている。しかしながら諸外国では，当事者の合意は離婚原因であるけれども，あくまでも離婚を成立させるのは裁判所の決定であるという法制の方が一般的である。

　したがって，離婚準拠法である外国法が離婚の方法として裁判離婚しか認めない場合には，日本で協議離婚の方法で離婚することはできない。離婚を成立させる権限が当事者にあるのか，つまり当事者の合意のみで離婚が成立するのか，それとも裁判所などの国家機関の決定が必要であるかの問題は，法律行為の方式の問題でも手続問題でもなく，離婚準拠法によるべき問題だからである。

　また，離婚準拠法が離婚の方法を決定するとしても，その手続は法廷地法によるため（⇒ **TERM 2-1** ），離婚準拠法である外国法が裁判離婚しか認めない場合には，準拠外国実体法の定める離婚を日本のどの手続で実現するのが最もふさわしいかという，手続の代行可能性が問題となる。

　特に，わが家庭裁判所において調停や審判によって離婚を成立させることができるかについては議論がある。実務上は，裁判所が関与していることを重視し，また調停・審判が判決と同一の効力を有することから，家庭裁判所における調停または審判で離婚を成立させることが多い。しかし，学説においては，調停・審判離婚は当事者の合意を基礎とするもので，当事者の処分可能性を前提とした協議離婚の性質を有し，理論的に裁判離婚ととらえることができず，外国法の趣旨に即した離婚とはいえないとして批判的である。日本で調停前置主義が定められていても（家事257条），これは手続規定であり，準拠外国法が裁判離婚制度しか有さない場合には，当事者間で調停離婚が成立しうるとしても，調停で離婚を成立させることには問題がある。このような場合に家事事件手続法284条の審判（調停に代わる審判・かつての家事審判法24条）をする例が少なくないが，当事者に処分権限がない場合に用いられる家事事件手続法277条（合意に相当する審判・かつての家事審判法23条審判）により離婚を成立させるべきであると主張する見解もある（横浜家審平成3・5・14［百選50］）。しかしながら，いずれによるべきかは一概に決定できず，準拠外国法上の離婚方法に応じてそれに最も則した手続で代行していくしかないであろう。

　国によっては，司法機関のみならず，立法機関や宗教機関が離婚の成立に関与することを必要とする国もある。いかなる機関が離婚に関する権限を有するかは手続の問題であり，ここでもやはり準拠外国実体法の定める離婚をわが国で代行できるかが問題となろう。

(3) 離婚の方式

　離婚準拠法が日本法上の協議離婚のように裁判外の離婚の方法を認めている場合には，離婚の方式に関しては34条に定める準拠法による。34条は，離婚準拠法と行為地法を選択的に適用するため，いずれかの準拠法上の方式を遵守すればよい。したがって，外国在住の日本人夫婦の場合，離婚地法である外国法上の方式による離婚も可能であるし，離婚準拠法である日本法上の方式として，その国に駐在する大使等に届け出ること（民764条，741条）や本籍地に対して直接届書を郵送することも実務上認められている。

　同様に，日本在住の外国人夫婦についても，離婚準拠法が裁判外の離婚を認める場合，日本法上の方式に従い離婚の届出をすることもできる。

> **Column 23-3　韓国人同士の日本における協議離婚**
>
> 　韓国民法上も協議離婚が認められているが，日本法と異なり，当事者は離婚意思の確認を家庭法院で受けることが必要とされている（韓国民法836条1項）。日本の戸籍実務上は，当該意思確認を単なる方式の問題と性質決定し，韓国人夫婦が日本で協議離婚する場合にも，行為地法である日本法の方式に従って届出すれば，意思確認を受けていなくても受理されている。しかし，学説からは，離婚意思の確認は意思自体が有効に存在しているかを確認するもので実質的成立要件の問題であるとして，上述のような戸籍実務は批判されてきた。
>
> 　離婚についてわが国と同内容の抵触規則を有する韓国においても，2004年9月20日以降，当該意思確認を実質的成立要件の問題としてとらえ，日本の戸籍官署で協議離婚の届出をしたのみでは離婚の効力を認定しない方針を採用している。しかしながら，日本の戸籍実務は従来どおりであり（平成16年9月8日法務省民事局第一課補佐官連絡），跛行的（不均衡）な離婚（⇒ **TERM 3-1** ）が生じるおそれがある。

(4) 離婚の効力

　離婚が成立すれば婚姻が解消するという離婚の直接的な効果については準拠法を論じるまでもなく，諸国の法律上一致している。しかしながら，離婚に伴って間接的に生じる問題については，離婚のみならず，他の法律関係とも密接な関係を有している場合があり，これを離婚の問題と性質決定できるか否かを考えねばならない（なお，離婚後扶養は⇒第27章，氏の問題は⇒第25章）。

　(a) 離婚に伴う財産的給付　　諸国の立法をみると，離婚の際に夫婦の一方から他方に対し，夫婦財産制の清算，離婚後の扶養，あるいは離婚に対する慰

謝料として何らかの財産的給付を認めるものが多い。このような財産的給付に関しては，通説は，夫婦財産制の清算，離婚後扶養，離婚慰謝料，財産分与など個別の法律関係に分け，それぞれについて準拠法を検討する。

　なお，日本民法上，離婚の際には財産分与が認められるが（民768条），これには，通常，夫婦財産制の清算的要素，扶養的要素，慰謝料的要素が含まれると考えられている。渉外事件においても，財産分与といった包括的な離婚に基づく財産的給付を認める制度が離婚準拠法上ないにもかかわらず，これを請求するケースがある。このような場合，財産分与に関しては離婚の準拠法に依拠させるとする見解が有力であり，裁判例も多数あるが，財産分与として何が求められているかを精査して判断すべきであるとする見解も主張されている。

　（i）　有責配偶者に対する損害賠償　　日本民法上，有責配偶者に対する慰謝料は財産分与に含まれないとする説もあり，判例上も，財産分与の中に慰謝料を含めることができるが，両者は一応性質を異にし，財産分与とは別に不法行為に基づき慰謝料請求することも認められている（最判昭和46・7・23）。このような実質法の影響を受け，有責配偶者に対して損害賠償を請求する渉外事件においても，これを不法行為と性質決定し，不法行為の準拠法に依拠させる裁判例があった（京都地判昭和31・7・7，大阪地判昭和58・11・21など）。

　しかし今日においては，通説は，有責性の判断といった離婚との不可分な関係や離婚の際における財産的給付の一環をなすものとして統一的に処理すべきであることから離婚準拠法に依拠させるべきであるとする。最高裁判決もこの立場をとり，その後下級審裁判例もこれに従っている（最判昭和59・7・20［百選13］，神戸地判平成6・2・22）。

　離婚原因となった夫婦の一方の他方への暴力行為や不貞行為等の個々の行為に対する賠償請求の問題に関しては，不法行為の問題として不法行為の準拠法に依拠させる見解や裁判例がある（神戸地判平成6・2・22）。それらの行為自体が離婚とは独立した不法行為の問題となるからである（通則法では不法行為地法主義の例外として附従的連結〔⇒252頁〕が認められたことにより，この場合にも夫婦間の身分的効力の準拠法〔25条〕，あるいは離婚準拠法〔27条〕への附従的連結の可能性を示唆する説もある）。しかし，伝統的なコモン・ロー諸国におけるように，夫婦は互いに離婚後も相手方に対し婚姻中の不法行為につき責任を負わないと

する法制もあることから，このような不法行為は通常の個人間の不法行為とは異なるものとして，離婚時の財産的給付の一環として離婚準拠法に依拠させる見解もある。

　　なお，不貞行為に基づく損害賠償請求については，日本とは異なり，これを認めない法域も多く，準拠法決定が重要となる。損害賠償請求が婚姻継続中に，または離婚を契機として行われるのか，不貞配偶者または不貞行為の相手方に対して行われるのかなど様々な態様があり（東京地判昭和55・11・21，神戸地判平成6・2・22，東京高判令和元・9・25），各態様に応じてその性質決定にあたり，不法行為，婚姻または離婚の効力の問題のいずれとみるかについて議論がある。

　(ii)　夫婦財産制の清算　　夫婦財産制の清算に関しては，これも離婚に伴う財産的給付の一環をなすものととらえ，離婚の効力の問題として離婚準拠法に依拠させるべきであると主張する見解がある（ただし，この説によっても夫婦財産の帰属・確定は，夫婦財産制の準拠法により決定される）。離婚に伴う財産的給付は相互に補完的な関係に立つものであるにもかかわらず，異なる準拠法に依拠させると，適応問題を生じさせるおそれがあるからである。

　しかし，近時は夫婦財産制の準拠法に依拠させる見解も有力である。これは，夫婦財産制がその清算の段階において現実的に意義を有することを重視したものである。いずれの説をとっても離婚準拠法と夫婦財産制の準拠法はその決定にあたり婚姻の効力の準拠法を準用しているので，基本的に両者の準拠法は一致する。しかし，夫婦財産制の準拠法については当事者自治も認められており，夫婦にその財産関係を自分たちで規律する機会を与えている。夫婦財産制準拠法説は，この点などを重視し，清算まで含めて夫婦財産制の準拠法に依拠させる方が妥当であるとする。

　(b)　**再婚禁止期間**　　日本民法733条のように，父性の混乱を回避するために，離婚した女性に対し一定期間再婚を禁止する法制がある。このような再婚の禁止も離婚によって生ずるものではあるが，婚姻の実質的成立要件に関する問題であり，通則法24条1項による。

> ‖ Column 23-4 ‖　**別　居**
> ‖　日本民法には法定別居制度はないが，諸外国においてはこれを認める国が少なくない。そのような国々の別居制度をみると，次の3つに分けられる。
> ‖　まず，①離婚に代替する制度としての別居である。キリスト教国では，長い間教

会法上離婚が禁じられていたため，離婚に代替する制度として別居制度があった。再婚こそは不可能であったが，別居により離婚同様の効果を得ることが可能であった。今日でも離婚を禁止するフィリピンではそのような意義を有するものとして別居制度がある。次に②離婚の要件として必要とされる別居である。この場合もまた，別居の際に子の監護者や養育費の取決めがなされ，夫婦としての義務は消滅する。1970年に離婚が認められたイタリアでは，当事者間で離婚に合意したとしても，裁判所によりまず別居判決を得る必要があり，当事者間の合意の下での別居の場合には別居判決後6ヵ月，そうでない場合には1年経過して初めて離婚手続に移行できる。最後は，ドイツのように，③離婚原因となる婚姻関係の破綻を擬制する一定期間の別居である。

　③については，裁判所が離婚と分離して別居のみについてその開始を宣言したり判断することはない。これに対して，①や②の別居については，別居開始にあたり裁判所の関与を要する。そのため，①や②の別居は，日本でも離婚と独立して判断を求められうる。このような別居は，その性質上離婚と非常に類似したものであることから，国際私法上，離婚に関する27条が類推適用されると考えられる。別居の準拠法が裁判上の別居を認める法制である場合，日本法上そのための手続規定を欠くが，離婚手続を準用して別居手続を行うことができよう（⇒130頁）。

4　離婚の国際裁判管轄

　裁判離婚においては，国際裁判管轄が問題となる。離婚事件の国際裁判管轄については，平成30年人訴法等改正までは明文の規定がなく，最大判昭和39・3・25［百選86］が次のようなルールを示していた。

① 　わが国が被告の住所地である場合には，わが国に国際裁判管轄が認められる。

② 　ただし例外的に，わが国が原告の住所地であって，かつ，以下のいずれかの場合にも，わが国に国際裁判管轄が認められる。

ⓐ原告が遺棄された場合，

ⓑ被告が行方不明の場合，

ⓒその他これに準ずる場合。

　この事件においては，被告である夫の住所は日本にないが，原告は日本に住所があり，夫が行方不明であるとして，わが国に国際裁判管轄が認められた。また，外国人同士の夫婦の事案であったので，当事者の日本国籍に基づいて管轄が認められるかについては，最高裁は態度を明らかにしなかった。

　この判決後，例外的事情の②の@から©が意味するところについて争われるようになった。例えば，妻が外国の婚姻住所から逃げ帰ってきた場合は遺棄にあたるか（@），行方不明といえるにはどの程度の期間が必要か（⑥），その他これに準ずる場合とはどのような場合を意味するか（©。これに関して，名古屋高判平成7・5・30）などである。

　また，最判昭和39年ルールに対しては，例外的にわが国に管轄が認められる場合（②）が肥大化して不明確になっているのではないかとの批判も高まり，ルールの再構成を目指す学説も有力になっていた。このような状況で，最判平成8・6・24［百選87］が現れた。事案は，ドイツで婚姻生活を送っていた，日本人夫とドイツ人妻の夫婦について，妻はドイツで離婚の訴えを起こし離婚判決が下され確定した。他方，日本に戻ってきた夫も日本で離婚の訴えを起こした。ドイツでは離婚判決が確定していて婚姻はすでに終了したとされているが，わが国においてはこの判決は外国判決の承認要件を満たさないので承認されずなお婚姻は終了していない。このような事実関係では，かりに夫がドイツで離婚訴訟を起こしても却下される可能性が高く，わが国で離婚訴訟を起こすしかないとして，本件でわが国に国際裁判管轄を肯定することは条理にかなうと判断された（⇒ **Column 15-5**）。

　平成30年人訴法等改正により人訴事件の国際裁判管轄規定が設けられたが（人訴3条の2以下），これを離婚事件に当てはめると次のようになる。

　まず，被告の住所が日本国内にあるときはわが国に管轄が認められる（人訴3条の2第1号）。これは従来の判例に従うものであり，財産事件におけるのと同様に（⇒159頁），手続的な公平の理念に合致する。

　次に，原告のみが日本国内に住所を有する場合であっても，夫婦の最後の共通の住所，すなわち婚姻住所（夫婦が共同生活を送っていた場所）が日本国内にあれば，管轄が認められる（同6号）。これは従来の判例にはなかった管轄原因である。原告の住所のみでは事件とわが国との関連性を認めるには不十分であるとの見解が立法過程においても主張されていたが，夫婦の最後の共通の住所がわが国にある場合には，訴訟で用いられる証拠等がわが国に存在しうることなどから認められることになった。

　さらに，夫婦双方が日本国籍を有するときにも管轄が認められる（同5号）。

従来の判例では本国管轄を認めるかは判示されていなかった。平成30年人訴法等改正で，夫婦双方が日本国籍を有している場合には，伝統的にわが国として関心を有すべきものとの考えがあること，わが国に近親者がいる蓋然性があること，そして当事者双方にとっても公平な管轄原因であると考えうることなどから認められた。

前掲最大判昭和39年および最判平成8年は，日本が原告の住所地にすぎない場合でも，一定の場合には例外的に日本に離婚の訴えについて管轄を認めていた。人訴法3条2第7号はこれを明文化して，日本が原告の住所地であって，かつ，日本の裁判所が審理および裁判をすることが当事者間の衡平を図り，または適正かつ迅速な審理の実現を確保することとなる特別の事情があると認められるときには，日本に管轄を認める。そのような特別の事情として，同号は，最大判昭和39年および最判平成8年を参考に，被告の行方不明，被告の住所地国における離婚判決が日本で承認されないときの2つ例示しており，いずれかの要件が満たされる場合，管轄は肯定される。

もっとも，以上の規定により管轄が認められる場合であっても，財産関係事件の民訴法3条の9と同様に，特別の事情により例外的に管轄が否定される場合がある（人訴3条の5）。

併合管轄についても新たに規定が設けられ（人訴3条の3），慰謝料請求については離婚訴訟との併合管轄が認められる。しかし，財産分与については，離婚後に別途管轄権がある国の裁判所において審理される場合も考えられることなどから，財産分与に関する管轄を日本の裁判所が有さない限り（家事3条の12）離婚訴訟との併合管轄は認められていない（人訴3条の4第2項）。

離婚事件においては，子の監護者または親権者の指定その他の子の監護に関する処分もともに問題となり得るが，これに関しては，後述第24章第5節 **3** で取り扱う（⇒354頁）。

婚姻の無効・取消しの訴え，婚姻関係の存否の確認の訴えに関しても，基本的には離婚に関する上記ルールがあてはまる。ただし，第三者，例えば夫や妻の親族が原告となる場合には，夫婦双方が被告となり，この場合には，夫婦の一方または双方が日本国内に住所を有するときに管轄が認められる（3条の2第2号）。

5 外国離婚判決の承認

　身分関係事件に関する外国形成判決の承認要件については，これまで，特に外国離婚判決の承認をめぐって議論されてきた。

　かつては，離婚判決のような形成判決は，既存の法律状態の変更ないし新たな権利関係の発生をもたらす実体法上の要件の1つであって，わが国国際私法が指定する準拠法に従っていることを要件とすべきことが主張されていた。つまり，判決の承認の問題として国際民事手続法的にアプローチ（いわゆる承認アプローチ）するのではなく，行政機関への届出で成立する協議離婚と同様に準拠法を適用して国際私法的にアプローチすべき問題であると考えられていた。しかし，外国判決につきその準拠法を審査することは実質的な再審査と変わりないといった批判が加えられ，現在ではそのような**準拠法要件**は不要と考えられている（⇒ 183頁）。

　そこで，外国離婚判決の承認についても民訴法118条を適用する立場が通説，判例および戸籍実務（昭和51年1月14日法務省民二第280号民事局長通達）である。もっとも，民訴法118条4号の相互の保証の要件については，国家間における相互主義の観念に基づくこの要件を，強制執行を必要としない身分関係に関する外国離婚判決の承認にまで要求することへの疑問や跛行的法律関係の発生の防止の観点から望ましくないとして，4号を除いて118条を類推適用ないし準用する見解も有力に主張されている。しかし，4号のみを排除することは解釈論上不自然であり，離婚判決のような争訟性のある身分関係事件の判決については118条をそのまま適用するのが適切であると指摘されている。なお，平成30年人訴法等改正を議論した法制審部会においては，外国離婚判決などの人事訴訟における外国判決についても民訴法118条の対象となり，同条がそのまま適用されるとの前提で議論がなされた（⇒ 189頁）。

　また，間接管轄（民訴118条1号）に関しては，その基準について見解が分かれている。直接管轄と間接管轄の判断基準が同一であるかに関し議論があることは既述のとおりであるが（⇒ 191頁），離婚判決のような対世的効力（第三者にも効力が及ぶもの）をもつ身分や地位の形成・確認に関する外国裁判の承認の場合には，すでにそのような身分や地位の形成が生じている。そこで，跛行的

法律関係の発生の防止という観点から，外国裁判の承認される機会を増やすことが望ましいとして，間接管轄の範囲を直接管轄の範囲よりも広く解釈すべきであるとする見解も有力である。

第4節　婚姻外のパートナー関係

　二当事者のパートナー関係を対象とした家族法上の法制度としては，日本民法には婚姻制度しかなく，通則法もこれに対応している。もっとも，日本民法上，婚姻外の関係を法的保護の対象外としているわけではなく，一定の男女関係は判例上内縁として保護されている（最判昭和33・4・11）。諸外国においては，婚姻制度のほかにも，婚姻前のパートナー関係を保護するための制度として婚約制度を明文で規定していたり，日本の内縁関係のような婚姻外の男女関係に法的保護を与える国も少なくない。

　婚約や内縁は，婚姻に類似しているものの，婚姻ほど普遍的に普及した法制度とはいえない。これを法的に保護する国もあれば，そうでない国も多数あり，また保護する国においてもどのようにどの程度保護するかはかなり異なっている。通則法にはこれらに関する明文の規定がないことから，まずどのように性質決定するかが問題となるが，諸外国実質法の多様性をどう考慮するかも準拠法の決定に影響があり，見解の対立がみられる。

1 婚　　約

(1) 総　　説

　婚約とは，婚姻締結を前提としてなされる男女間の合意，またはこの合意により生じる法律関係を一般に指す。諸国の実質法上，婚約を家族法上の制度として取り扱う国もあり（ドイツ等），不当破棄の場合に慰謝料請求を認める旨の明文の規定を有する国もある（韓国，中華民国）。日本においては明文の規定はないものの，不当破棄の場合，判例上財産的・精神的損害の賠償請求が認められてきた（大判大正4・1・26, 最判昭和38・9・5）。

　これに対して，伝統的に，あるいは法改正により，婚約を単なる事実関係として財産法上の枠内で例外的に保護を与えるにすぎない国も多く（北欧など），

英国に至っては，準拠法にかかわらず，婚約は，法的権利を生じる契約としての効力を有さず，その破棄に関する一切の訴えを認めていない。

(2)　準拠法の決定・適用

　通則法には婚約に関する明文の規定がないことから，これをいかに性質決定するかが，まず問題となる。かつては，債権契約として 7 条に依拠させる見解もあったが，身分関係の形成を目的とした身分に関わる契約とみなすのが今日の多数説である。

　多数説は，婚約が婚姻の前段階であることや婚姻と密接な関係を有することから，婚姻の規定を類推適用する。これによれば，実質的成立要件については 24 条 1 項を，婚約不当破棄の場合の損害賠償の問題も含めて効力については 25 条が類推適用される。

　婚約の方式に関しても 24 条 2 項，3 項を類推し，婚約地法および当事者の一方の本国法が選択的に適用される。しかし，身分関係の変動を戸籍にできる限り迅速に反映させるために置かれた 3 項ただし書は，戸籍に記載されることのない婚約には類推適用されないとする。この点，婚約の方式に関しては，婚姻ほどに婚約を保護する必要性が強くないとして，34 条の類推適用を主張する見解もある。

　もっとも，効力に関しては，婚約者の同一常居所地や最密接関係地の決定が難しいことや，夫婦共同生活が成立していない段階での権利義務を問題にする婚約の効力の問題と婚姻のそれとは異なることを理由として 33 条によらせる見解もある。

　さらに，国によって事実関係とされたり法律関係とされたりするような婚約を，婚姻のように成立と効力とに単位法律関係を分解するのは不適当であるとして，婚約の成立および効力について一括して婚姻の効力の準拠法である 25 条を類推適用する見解や 33 条を適用する見解（東京地判平成 21・6・29）もある。

　以上の見解は，婚約を通則法にはない独立の単位法律関係ととらえるものであるが，そのような新たな単位法律関係を設定することに否定的な見解もある。婚約が法律上問題となるのは不当破棄等の限定的な局面のみであることから，

その解決につき不法行為等の準拠法に委ねればよいとする。比較法的にみても，婚約に関する諸国の実質法は，その不当破棄の処理を中心とする方向に向かっており，その成立等が単独で問題とされることが考えられにくいことから，独立の単位法律関係として本国法主義の対象とする必要性が乏しいことなどを理由とする。また，20条の例外条項により当事者の同一本国法や同一常居所地法を適用することも可能になったことから，不法行為や不当利得という枠組みで対処する方が婚姻法的に性質決定するよりも簡明かつ妥当な解決をもたらすとも主張されている。

2 内　　縁

(1) 総　　説

　内縁とは，わが国実質法上は，一般に，社会的には夫婦と認められる実質をもっていながら，届出をしないため法律上夫婦と認められない男女の関係を指す。これを保護する明文の規定はないものの，判例上，婚姻に準じる関係として婚姻と同様の効果が一部認められている。しかし，主体的に婚姻届を出さない男女関係について事実婚という概念が用いられることもあり，論者によって定義が異なりうる。婚姻前の試婚期間として，あるいは婚姻に代替するライフスタイルとして同居するカップルの数は，日本のみでなく世界的にも増加傾向にあるといわれる。このような一定期間継続している関係に判例や成文法により，保護を与える国もある。しかし，その概念を明確にしている国は少なく，保護が与えられうる基準（関係の継続期間，子供の有無，カップルの性別）も，与えられる保護の範囲（扶養，関係継続中の財産関係，関係解消時の財産分配，相続権）も，各国実に様々である。他方，特別の規定を用意せず，不法行為や不当利得などの民法の一般法理により例外的に救済するにすぎない国もある。

(2) 準拠法の決定・適用

　以上のような実質法上の相違から，わが国際私法上，内縁という独立の単位法律関係を認めるかどうかに関して見解の対立がある。各国の実質法上の取扱いを反映し，婚約に関して主張されたのと同様に，内縁についても通則法にない新たな単位法律関係を設定する必要はなく，内縁が問題となる個別の局面ご

とにそれぞれの準拠法に委ねることで足りるとする少数説がある。多数説は，内縁を通則法にはない独立の単位法律関係として条理によるとする。

　　　いずれの立場をとるかは，例えば相続の先決問題として内縁が問題となったときにも，その結論に影響を及ぼす可能性がある。内縁という単位法律関係を認めないのであれば，内縁が成立しているかどうか，内縁のカップル間で相続が認められるか否かといった問題すべてが相続準拠法による。これに対して，内縁という独自の単位法律関係を認めると，先決問題について法廷地国際私法説をとる判例・通説によれば，内縁が成立しているか否は，相続準拠法ではなく内縁の準拠法によって判断されることになる。

　　　もっとも，多数説においても，単位法律関係としての内縁をどうとらえるかに関して見解が分かれている。社会的に正当な婚姻（あるいは夫婦）と認められながらも，方式を欠く男女関係を広く内縁と解する立場と，婚姻に準じる法律上の効果が認められる男女の関係のみを内縁とする立場である。後者によれば，例えば婚姻の法的効果が生じないことを当事者が意図して選択した関係である場合には，前記少数説と同様に独立の単位法律関係を設定せずに，問題ごとにそれぞれ準拠法による処理でよいとされる。しかし，多様な諸外国実質法の状況から内縁の概念をそのように限定的に解することができるかは疑問であり，準婚効果が生じる身分関係であるかは，定まった準拠法により判断すれば足りるであろう。なお，同性カップルにも同等の法的保護を与える諸外国の動向からすると，男女の関係に限定すべきかどうか検討する余地もあろう。

　内縁を独立した単位法律関係と解する多数説は，婚約の場合以上に，婚姻の規定を幅広く類推適用する。内縁の場合，当事者間の継続的関係が想定され，婚姻の前段階として位置づけられる婚約と異なり，より婚姻に準じた関係といえるからである。

　まず，内縁の成立に関しては，婚約と同様に24条が類推適用される。ただし，婚約と同様に，戸籍への配慮から置かれた3項ただし書は除外される。内縁の身分的効力については25条，財産的効力については26条が類推適用される。ただし，内縁に登記制度がないことから，登記を前提とする4項は類推適用されない。

　内縁の解消についても，離婚に関する27条が類推適用される。ここでも，ただし書は，協議離婚の届出との関係で設けられた規定であることから，類推適用されないとする。多数説は，内縁の不当破棄による慰謝料の問題も内縁の解消の問題であるとする。しかしながら，判例上，離婚による慰謝料の問題についてのその当時の多くの裁判例と同様に（最判昭和59・7・20［百選13］以降は離婚準拠法に依拠させている），内縁の不当破棄の問題についても不法行為に関

する法例 11 条（通則法 17 条）を適用して不法行為地法である日本法を適用した最高裁判決（最判昭和 36・12・27［百選 53］）がある。

Column 23-5　同性婚・登録パートナーシップ

　1989 年にデンマークで同性カップルを対象とした婚姻に類似した登録パートナーシップ制度が導入された。これは，公的機関での登録により，相互扶助義務，財産関係，氏，相続などについて婚姻と類似した法律効果をパートナー間に認める制度である。2001 年にはオランダで世界で初めて同性カップルに婚姻締結の途が開かれ，これに追随する国がヨーロッパのみでなく世界各地で増えている。他方で，東欧やイスラム教系諸国など同性カップルの法的保護に対して極めて消極的な国もある。日本では，地方自治体レベルで同性カップルを公的に認定する制度が導入されたりしているが，婚姻を異性カップルに限定することの違憲性をめぐって訴訟が提起されたり，日本人と同性婚を締結した外国人の在留資格をめぐる取扱いが問題になっている。

　抵触法的観点からは，まず，同性婚や登録パートナーシップをどのように性質決定するかが問題となる。公的機関の登録による二当事者の結合関係として 24 条以下の婚姻にこれらを含めることはできるだろうか。同性婚については，一夫多妻婚なども 24 条にいう婚姻に含まれることから，これを婚姻と解することも可能かと思われるが，諸国の実質法上婚姻とは別異のものとして制度設計された登録パートナーシップについてはどうだろうか。

　また，各国実質法上の制度の等価性をどのように考えるかも問題となる。登録パートナーシップは，諸国の実質法上，要件も登録によって生じる法律効果も実に様々であることから，万国に普及している婚姻のように単位法律関係を成立・効力・解消と細分化し，各単位法律関係について準拠法が異なることになると，当事者の信頼を損ねることになりかねない。また，同性婚や登録パートナーシップを認める国が増えたとはいえ，世界的にみるとまだ少数であることから，準拠法所属国がこのような制度を有していないということも起こりうる。そのため，登録地という家族法上なかった連結点を新たに採用し，登録地法を準拠法とする国もある。

　なお，同性婚を認めた国では，実質法上異性婚と同性婚を区別せず等しく婚姻と扱い，連結政策上もそれは妥当する。婚姻につき婚姻挙行地法主義をとるアルゼンチン等では，同性婚導入後も抵触規則は改正されていない。しかし，婚姻につき当事者の配分的連結を採用するフランスやベルギーにおいては，同性婚が普遍的に認められていないことから，当事者の本国法が同性婚を認めない場合に備えて自国法を適用するなどの特則を置いている。

　詳細は⇒林貴美「同性婚・登録パートナーシップをめぐる国際私法問題」二宮周平編集代表＝渡辺惺之編集担当『現代家族法講座 第 5 巻 国際化と家族』（日本評論社，2021 年）115 頁

参 考 文 献

横山潤『国際家族法の研究』（有斐閣，1997 年）第 1 編

海老沢美広「渉外婚姻の実質的成立要件——その一方要件双方要件に関する覚書」戸籍時報 533 号（2001 年）2 頁

鳥居淳子「内外人の婚姻と離婚——いわゆる日本人条項について」川井健ほか編『講座・現代家族法 第 2 巻』（日本評論社，1991 年）309 頁

高鳥トシ子「渉外婚姻の効力の準拠法」岡垣學＝野田愛子編『講座・実務家事審判法 5』（日本評論社，1990 年）127 頁

早川眞一郎「渉外離婚の国際裁判管轄と準拠法」小田八重子＝水野紀子編『新家族法実務大系(1)親族(I)——婚姻・離婚』（新日本法規，2008 年）538 頁

溜池良夫『国際家族法研究』（有斐閣，1985 年）171 頁〜226 頁

国際家族法全般に関するものとして

奥田安弘『国際家族法〔第 2 版〕』（明石書店，2020 年）

木棚照一『逐条解説国際家族法——重要判例と学説の動向』（日本加除出版，2017 年）

第 *24* 章

親　子

　通則法では，平成元年改正後の法例の規定を継承し，嫡出親子関係，非嫡出親子関係，準正（非嫡出子が嫡出子たる身分を取得する制度），養子縁組に関して28条から31条で規定している。そして，それらにより成立した親子間の法律関係について一括して32条で定めている。

　本章では，このような条文の順序に従い，各親子関係の成立に関する準拠法（28条〜31条），親子間の法律関係の準拠法（32条）を検討した後に，親子関係事件に関する国際裁判管轄，外国裁判の承認執行，そして国際的な子の奪い合いの問題を取り扱う。

第1節　総　　説

　親子関係としてひとくくりにされるものの，準拠法の決定においては，婚姻のように成立と効力とを分けて考えるだけでなく，さらに成立についても異なる連結政策が必要とされるほど異なる種類の親子関係がある。まず，血縁に基づいて成立する実親子関係と法律上の擬制に基づき成立する養親子関係とがある。さらに，前者の実親子関係については，日本のように子の両親が婚姻して

いる否かで嫡出親子関係と非嫡出親子関係とに分ける国がある。このような実質法上の親子関係の類型に相応して，国際私法上も異なる連結政策を採用した別個の単位法律関係として設定されるのが通常である。もっとも，実質法上，子の地位を両親の婚姻関係に依存させず，嫡出子と非嫡出子を区別しない国も増加している。そのような国においては，国際私法上も実親子関係として統一的に規定されている。

　通則法では，日本民法上の親子関係の類型に従い，国際私法上も嫡出親子関係，非嫡出親子関係，準正，養子縁組に分け，異なる連結政策をとっている。しかしながら，一定の共通項も見いだせる。第1に，親子関係の成立の助長である。例えば，嫡出親子関係，認知，準正の成立を認めることが**子の利益**に資するとして，これらをできる限り認めるように選択的連結が採用されている。第2に，認知や養子縁組については，それらの成立にあたり，子の本国法上要求される子の同意等の要件を充足することを求めるいわゆるセーフガード条項が設けられている。

第2節　実親子関係

▓1▓ 嫡出親子関係の成立

(1)　準拠法の決定

　28条1項は，子の出生の当時の夫婦の一方の本国法により嫡出子となるときは，子を嫡出子とする。子の福祉の観点から嫡出親子関係の成立を容易にするため，**選択的連結**（⇒50頁）が採用されている。

　平成元年改正前法例は，子の出生当時の母の夫の本国法を準拠法としていた（法例旧17条）。しかし，①子の嫡出性が父のみならず，母にとっても重要であり，母の本国法も考慮することが両性平等の見地からみて望ましいこと，②子の保護の観点からより広く複数の法を選択肢として認めることが望ましいことなどを理由に，夫の本国法と妻の本国法が選択的に適用されることになった。

　　法例の平成元年改正の過程では，嫡出親子関係の成立の準拠法を，①婚姻の効力の準拠法とする考え方や②親や子の属人法に依拠させる考え方が主張されていた。①は，婚

姻により子が嫡出という身分を取得するのであって，嫡出親子関係の成立とは子がそのような婚姻により成立した夫婦共同体の構成員になるかという問題であると解し，婚姻の効力の準拠法によるべきであるとするものである。このような立場を採用する諸国もある。しかしながら，嫡出親子関係の成立については，戸籍実務，国籍の帰属，当事者の予測可能性の観点から準拠法の明確性が特に要求されるが，婚姻の効力の準拠法について採用されている常居所や最密接関係地はそのような要求を満たさないことなどを理由に，①は採用されなかった。

　②のうちの子の属人法については，親子関係の成立が子に大きな影響を与える問題であることから主張されるものである。しかしながら，子の本国法主義をとると，循環論に陥ってしまう。つまり，日本のように国籍法上血統主義をとる国との関係では，子の国籍が決定しないと嫡出親子関係の準拠法たる子の本国法が決定されないのに，嫡出親子関係の準拠法によって子が嫡出子かどうかを決めないと子の国籍が決まらないからである。本国法に代えて子の常居所地法を適用することも考えられるが，やはり常居所の認定が不明確であるという問題点がある。

　以上のような点が考慮され，子ではなく，親に着目し，嫡出親子関係の成立が子の利益に資するという実質法的な価値評価に基づき，夫婦の一方の本国法の選択的連結が採用された。

　選択的連結であることから，夫婦の一方の本国法により嫡出親子関係が成立すれば，他方の本国法上嫡出親子関係が否定されても，嫡出親子関係が成立する。嫡出性は，婚姻関係にある夫婦を一体としてとらえて問題となるもので，夫婦の一方との関係でのみこれを認めることは妥当ではないからである。

　なお，「父または母」ではなく，「夫婦の一方」と定められているのは，「夫婦」という表現を用いることで父母の婚姻を前提としていることなどを示すためである（また，選択的連結を採る 28 条について反致の適用があるかについては⇒90頁）。

　　28条1項は，準拠法の連結時点を子の出生当時に限定している。子の懐胎時の父母の本国法が子の嫡出性の決定に最も密接な関係を有するといえるが，懐胎時を確定することは事柄の性質上困難であるため，子の出生当時とされている。28条2項は，子の出生前に母の夫が死亡した場合について，補助的に夫の死亡当時を連結時点として定めている。母が子の出生前に死亡した場合や夫婦が子の出生前に離婚した場合は想定されていないが，それらの場合にも同項が類推適用されることになろう。

(2)　準拠法の適用

(a)　嫡出推定　　嫡出推定に関わる問題は，28 条による。具体的には，嫡出推定の有無や懐胎期間の推定等の問題である。

> ◁Case 24-1▷　Ａ男Ｂ女夫婦（ともに甲国籍）が離婚し，その後Ｂ女がＣ男（乙国籍）と再婚し，Ｘを出産した場合，Ｘは誰の嫡出子となるだろうか。

28条は，「子の出生当時の夫婦の一方の本国法」ではなく，「夫婦の一方の本国法で子の出生の当時におけるもの」と規定する。この点から，28条に定める「夫婦」には，子との関係で嫡出性が問題となりうるすべての夫婦，つまり，子が出生した時点に夫婦であるＢＣのみでなく，法的に親となる可能性を有するかつて夫婦であったＡＢをも含むと解するのが通説である。したがって，ＸがＡＢの嫡出子であるかは甲国法により，ＢＣの嫡出子であるかは甲国法と乙国法とを選択的に適用して判断される。その結果，甲国法によればＸがＡＢの嫡出子として推定され，乙国法によればＢＣの嫡出子として推定されるときには，国際私法上も嫡出推定が重複する。

このような場合，甲国法によって判断されるのは，ＡＢとＸ間に嫡出親子関係が成立するか否かの問題のみである。甲国民法上嫡出推定が重複する場合の父の定め方に関する規定があり，これに従えばＡ男あるいはＣ男が父となるとしても，これによるべきではない。関連する各準拠実質法に委ねられたのは，その当事者と子との親子関係の成否のみである。各実質法を適用した結果嫡出推定が重複する場合における父の決定は，国際私法独自の立場から判断すべきである（千葉家松戸支判令和2・5・14）。具体的には，個々の事案ごとに裁判所で判断されることになろう。

(b)　嫡出否認　嫡出推定は，一定の要件の下，反証で覆すことが可能で，これを嫡出否認と呼ぶ。子が嫡出推定を受け，推定が覆されないことにより，嫡出親子関係の成立が確定するともいえる。したがって，嫡出否認は，嫡出親子関係の成立を否定するための制度であり，嫡出親子関係の成立に関わる問題として28条の適用対象となる。

> ◁Case 24-2▷　Ａ男（甲国籍）はＢ女（乙国籍）と婚姻しているが，Ｂ女とは別居しており，Ｂ女は現在Ｃ男（丙国籍）と同居している。このような状況においてＢ女がＸを出産した。Ａ男が嫡出否認をするには，どうすればよいか。

まず，甲国法のみによりＸがＡ男の嫡出子として推定される場合を考えてみ

よう。この場合にＡ男が嫡出否認するには，そもそも乙国法上嫡出推定されていないことから乙国法は問題とならず，甲国法により推定されている嫡出親子関係を否認できればよい。

次に，ＡＢ夫婦それぞれの本国法である甲国法・乙国法ともに嫡出推定が働く場合には，甲国法上推定された嫡出性は甲国法により，乙国法上推定された嫡出性は乙国法により否認できなければ，嫡出性を否認することができない（水戸家審平成10・1・12［百選55］）。

以上のような考え方に対し，真実の父子関係の成立に対して何らかの配慮をする実質法が多く，嫡出親子関係の成立が常に子の利益に資するとはいえないとして，子の利益の観点から，嫡出否認についても選択的連結を認めるべきであるとの見解も主張されている。つまり，甲国法と乙国法のいずれか一方によって嫡出否認が可能であれば，嫡出否認を認めていくという考え方である。しかし，嫡出親子関係の成立を容易にするために28条は選択的連結を採用しているのであり，甲国法と乙国法のいずれか一方により嫡出否認が可能であるとしても，他方により嫡出親子関係が成立している場合には，やはり嫡出親子関係の成立を認めるべきであろう。

(c)　**婚姻の無効・取消しと子の嫡出性**　諸国の法制上，婚姻が無効であったり，取り消されたりした場合に，子の利益の観点からその婚姻から出生した子に一定の要件の下，嫡出子の地位を認める制度がある。婚姻が無効であったり，取り消されたりした場合には，子の父母は，28条の「夫婦」に該当しないが，嫡出親子関係の問題として同条を適用または準用すべきであると解されている。

2 非嫡出親子関係の成立

(1)　準拠法の決定

(a)　**総　説**　非嫡出親子関係の成立に関しては，日本法上の父子関係のように一定の方式を具備した認知により親子関係の成立を認める**認知主義**と，血縁関係に基づき当然に親子関係の成立を認める**事実主義**（血統主義）とがある。例えば事実主義に属するものとしては，分娩の事実によって特になんの手続も要せずに親子関係が成立する日本法上の母子関係（最判昭和37・4・27）が挙げ

られる。また，フィリピン法は父子関係についても事実主義を採用しているが，父子関係の成立のための手続は不要とされるものの，父子関係を主張する場合，父が出生登録したことや，公然かつ継続的に非嫡出子の身分を占有していたことなどを証明することが必要とされる。

(b) 29 条 1 項前段　　29 条 1 項前段は，事実主義および認知主義双方の法制に基づく非嫡出親子関係の成立に適用される。

> 法例旧 18 条は，日本民法が条文上認知主義を採用していることから，認知の場合についてのみ規定していた。そのため，事実主義に関する規定を欠き，この場合の親子関係についてどのように扱うかにつき議論があった。また，同条は，認知者と認知される子の本国法を配分的適用していたため，一方の本国法で認知が認められないと親子関係が成立せず，結果的に親子関係の成立を困難にし，子の保護の観点から疑問が呈されていた。そこで，平成元年の改正の際，事実主義と認知主義の双方に対処できるように規定が改められ，通則法もこれをそのまま継承している。

嫡出親子関係の場合と異なり，子の両親は夫婦として共同体を構成しているわけでないことから，父子関係と母子関係とを別個に，それぞれ子の出生当時の父の本国法と母の本国法により判断される。

(c) 29 条 2 項前段──認知に関する特則

(i) 選択的連結　　認知をできるだけ容易に認めることが子の利益に資するとの考えの下，認知については，1 項に掲げられた準拠法とともに，2 項でさらに選択的に適用されうる準拠法が定められている。その結果，子の出生当時の認知者の本国法（1 項），認知当時の認知者の本国法（2 項），認知当時の子の本国法（2 項）の 3 種類の法が**選択的適用**の対象となる（⇒ 50 頁）。

> 嫡出親子関係の成立や事実主義による非嫡出親子関係の成立に関しては，循環論に陥ることから子の本国法主義は採用されなかった（⇒ 332 頁）。これに対して，認知に関しては，子は通常いずれかの国籍を出生時に取得することから，認知の時点では子の本国法を準拠法とすることができる。また，認知の場合には，子の出生当時と認知当時で認知者の国籍が異なることもありえ，ともに重要な連結時点と考えられることから選択しうる準拠法としてともに挙げられている。
> 実質法上胎児を認知することも可能であるが（民 783 条），通則法には胎児認知に関する規定はない。胎児は国籍を有していないため，認知当時における母の本国法を子の本国法とみなすべきであると解され，戸籍実務でもそのように運用されている。
> 通則法 29 条 3 項は，子や認知者の死亡後にも認知が問題となりうることから（民 783 条 2 項，787 条ただし書），子の出生前に父が死亡（子の出生前に母が死亡することは想

定されていない）、あるいは認知前に子または認知者が死亡した事態に備え、それぞれ、死亡当時の本国法によって代替する旨規定している。

(ii)　**セーフガード条項**　　例えば、日本民法782条は、成年の子を認知するのに、その子の承諾を必要とする。これは、子が成人に達した後に子に扶養してもらうことを期待して親が認知するような、子にとって望ましくない認知から子を守るために設けられた規定である。そこで、通則法においても、子の本国法以外の法が認知の準拠法となる場合には、認知が子に大きな影響を及ぼすものであることから、子の本国法上その子または第三者の承諾または同意があることが認知の要件であるときは、その要件をも備えなければならないとする（通則法29条1項後段、2項後段）。つまり、所定の事項について子の本国法が累積的に適用される。子を保護する規定として、一般に**セーフガード条項**と呼ばれる（他にも養子縁組に関する31条1項後段⇒345頁）。

基準時点については明文の規定がないが、認知に対する子の保護のための規定であることから、29条1項、2項ともに認知の時点と解される（セーフガード条項に反致の適用があるかについては⇒90頁）。

(2)　準拠法の適用

(a)　**事実主義による非嫡出親子関係**　　事実主義による非嫡出親子関係の成立は、それ自体が親子関係存否確認の裁判等で問題となることもあるが、扶養や相続などの先決問題として問題とされることが多い。そのため、事実主義による非嫡出親子関係の成立については特別の準拠法を考えるべきでないという見解もある。これによれば、扶養や相続などの関連で問題になるときはそれぞれの準拠法により判断し、29条が適用されるのは、国籍法2条の定める出生による国籍取得の先決問題として、あるいは、父の氏名を戸籍に記載するためなどに非嫡出親子関係の成立が一般的に問題となる場合に限定される。

しかし、事実主義による非嫡出親子関係の成立の準拠法に関して諸説が対立していた状況を解決するために、平成元年改正で法例18条1項（通則法29条1項）が立法化されたという経緯がある。また、この問題を必ずしも具体的法律関係ごとに決定する必要はなく、通則法29条の適用を上述のような場合に限定すべきではないであろう。扶養や相続などの法律関係の前提として問題と

なる場合には，先決問題としてその解決方法を考えるべきであろう。

(b) 認知による非嫡出親子関係

（ⅰ）認知の成立　任意認知・強制認知（裁判による認知）・死後認知・胎児認知の許容性やその要件，認知能力，認知の訴えの提起権者，被認知者の年齢制限，認知のために必要とされる一定の者の同意や承諾の要否，遺言による認知の可否など，すべて29条の定める認知の準拠法による。

強制認知については，これを認めない法制（米国の若干の州）との関係で公序に反すると判断した一連の下級審裁判例がある。他方，死後認知の出訴期間を1年に限定する韓国民法の旧規定も問題となったが，その適用結果は公序に反しないと判断されている（最判昭和50・6・27⇒119頁）。

なお，任意認知の方式については，通則法34条が適用され，認知の準拠法として列挙されている法のいずれかに加え，認知がなされた地の法が定める方式を充足すればよい。

（ⅱ）事実主義と認知　父の本国法が事実主義をとるため認知がなくても非嫡出親子関係の成立が認められる場合に，子が自らの本国法により認知を求めることができるかという問題がある。事実主義をとる法制が積極的に認知を否定しているものではなく，子が将来的に本国等で認知を必要とされる事態も考えられるため，子の本国法による認知を妨げるものでないと解する見解が多数説である。これに従い，戸籍実務も子が日本人であり，日本民法上の認知の要件を満たす場合には，認知者の本国法が事実主義を採用しているときも認知届を受理している。しかし近時，このような場合には認知を求める訴えの利益を欠くと判断した裁判例（大阪高判平成19・9・13）がある。

（ⅲ）認知の無効および取消し　認知の無効・取消しも認知の成立に関わる問題として認知の準拠法による。例えば認知の準拠法として甲国法，乙国法，丙国法が選択的に適用されるべき場合において，甲国法のみが認知の成立を認めるときは，認知の無効や取消しの問題も甲国法によって判断される。

3つの法のうち甲国法と乙国法により認知が成立する場合には，認知の無効や取消しは，甲国法および乙国法双方がこれを認めない限り，認知を無効とし，または取り消すことはできない（広島高判平成23・4・7［百選56]）。29条が認知について選択的連結を採用していることから，1つの法によってでも認知

が確定的に成立している以上，これが認められるからである。甲国法では認知が取り消しうるものとされ，乙国法では認知が無効とされる場合にも，やはり認知をできる限り成立させるべきであるという29条の趣旨から，取消しのみが認められると解されている。

　以上によれば，認知の無効確認について，子の本国法である日本法上出訴期間の定めがないが，認知者の本国法上出訴期間が徒過している場合には，認知無効は争えないことになる。真実の親子関係がないにもかかわらず，認知を争えないのは子の利益に反するとも考えられるため，セーフガード条項の趣旨に基づき，子の本国法の累積的適用を解釈上認めるべきであるとする見解もある。しかし，認知の事前の承諾・同意に関するセーフガード条項をこの場面で持ち出すべきではなく，公序により処理すべきであるとの意見もある。

　セーフガード条項により累積的適用される子の本国法上必要とされる子の同意等を欠く場合において，そのような認知が子の本国法によれば無効となるときは，認知の成立に関して適用される他の法（例えば父の本国法）上取り消しうるにすぎないとしても，当該認知は無効となろう。

　(iv)　認知の効力　　法例旧18条が認知の要件と効力とを分けて規定していたのに対し（効力について成立要件の問題とともに配分的連結を採用することが困難であったためである），通則法29条2項は「子の認知」について定めていることから，認知の効力をも規定していると解される。

　もっとも，ここで規定する認知の効力とは，認知の直接的効果としての非嫡出親子関係の成立，そのような身分の取得時期，遡及効の有無などを意味する。認知の間接的効果である認知者と子との間の権利義務関係は親子間の法律関係の問題として32条による。

　認知の遡及効についてある準拠法によれば否定され，他の法によれば子の出生時に遡るとされるときは，認知の成立を容易にして子の保護を図るという見地から選択的連結を採用したことに鑑み，子の利益に最も適う法として遡及効を認める準拠法によるべきである。

　(v)　セーフガード条項　　父や母といった認知者の本国法が認知の準拠法となる場合，子の本国法上その子または第三者の承諾または同意が要求される場合，これもまた充足する必要がある。子の本国法は，このような同意の必要性，

同意権者といった問題に適用される。

3　準　　正

(1)　準拠法の決定

　嫡出子と非嫡出子とを区別する国には，非嫡出子として出生した子がその後の両親の婚姻や認知，国家機関による宣言（嫡出宣言）などによって嫡出子たる身分を取得する準正という制度を有しているものがある（民789条）。

　通則法30条は，嫡出親子関係の成立が子の利益に資するとの考えの下，**選択的連結**（⇒50頁）をここでも採用しており，また，嫡出親子関係の準拠法との整合性を保つように父または母の本国法を準拠法としている。さらに，子の本国法により認知された子（29条2項）の利益を考慮して，子の本国法も選択的に適用される準拠法の1つに加えている。

> 　連結時点は準正の要件である事実が完成した時点である。その時点で関係者が死亡している場合には，完成当時の法がないことになることから，28条2項，29条3項と同様に，死亡当時の本国法を関係者の本国法とみなす（30条2項）。

(2)　準拠法の適用

　準正が認められるか，どのような態様で認められるか（両親の婚姻や認知の要否など），準正の効力が遡及するかなどに適用される。

> ◁Case 24-3▷　A女（甲国籍）は，婚姻外でB男（乙国籍）の子X（甲国籍）を出産した。その後，2人は婚姻した。甲国法が非嫡出親子関係の成立について事実主義を採用し，かつ，婚姻による準正を認めている場合，子Xは，準正により嫡出子たる身分を取得するだろうか。

　乙国法も甲国法のように事実主義をとる場合，29条1項によりAX間は甲国法，BX間は乙国法によりいずれについても非嫡出親子関係が成立している。そして，30条により準拠法となる甲国法または乙国法上，父母の婚姻により準正が認められるときは，準正が成立し，子は嫡出子の身分を取得する。

　これに対して，B男の本国法である乙国法が日本のように認知主義をとる場合には状況が異なる。たとえ母A女の本国法である甲国法が事実主義をとり，その後の父母の婚姻により準正が成立するとしても，子の出生により親子関係

が成立するのはＡＸ間の母子関係のみである。ＢＸ間の父子関係について父の本国法上認知が必要とされる以上，子の出生のみで父子関係は成立しておらず，したがって準正も成立しない。このように，30条は非嫡出子から嫡出子への身分の変更が認められるという問題のみを規律し，その前提となる非嫡出親子関係の成立については29条による点に注意を要する。

4　28条以下の規定の適用関係

(1)　親子関係の存否確認と規定の適用順序

例えば他人の子をもらい受け虚偽の出生届に基づき実子として育てる「わらの上からの養子」のような場合に，実の親との親子関係の存在確認の訴えが，あるいは育ての親との親子関係の不存在確認の訴えが提起されることがある。そこで確認の対象となる親子関係がいったいどのようなものを指すかに関する理解が学説においては異なっており，見解の対立がみられる。

一般的な親子関係の存否の確認を問題として，条理により，実親子関係の成立およびその他の親族関係等に関する規定の趣旨を参照し，当事者双方の本国法を累積的適用する見解がある。しかしながら，ここで問題とされているのは，やはり嫡出親子関係ないしは非嫡出親子関係であり，規定にない一般的な親子関係というものを観念するべきではないであろう。

そうすると，次に問題となるのは，例えば不存在確認においては，嫡出親子関係がない旨の確認で十分なのか，それとも嫡出親子関係がないことを確認した後にさらに非嫡出親子関係がないことまでも確認すべきなのかである。このような理解の違いから，学説においては，①嫡出親子関係の成立に関する規定のみによるとする説や，②嫡出親子関係の成立に関する規定および非嫡出親子関係の成立に関する規定を段階的または同時的に適用すべきであるとする説が主張されている。通則法では嫡出，非嫡出親子関係の成立につき異なる規定を用意しているのであり，28条により嫡出親子関係の成立が否定されたとしても，そのことから29条が対象とする非嫡出親子関係の成立まで否定されたとは考えられず，②説が妥当であろう。

では，親子関係の存在確認についてはどうだろうか。確認が求められている親子関係が判明しているのであれば，嫡出親子関係についてはその成立に関す

る準拠法により，非嫡出親子関係についてもその成立に関する準拠法によるべきである。しかし，いずれの成立の余地もありうる場合には，ある親子に嫡出親子関係が認められるときにはもはや非嫡出親子関係は問題とならない以上，まず嫡出親子関係の準拠法によって嫡出子であるか否かを決定し，これが否定された場合に初めて非嫡出子親子関係の成否の問題となり，それについては非嫡出親子関係の準拠法によって判断すべきであろう。

　このように考えると，不存在確認の場合には28条と29条を適用する順序は特に問題とならないが，存在確認の場合には適用順序があることになる（最判平成12・1・27［百選2］［百選54］⇒ ◁ **判例 24-1** ▷）。

◁ **判例 24-1** ▷　**最判平成 12・1・27：百選 2・54**

【事案】 韓国人Aは，韓国人妻Bとの間に子X₁，X₂，X₃（いずれも韓国籍）をもうけた。また，Aと日本人Cとの間には非嫡出子X₄とX₅（いずれも日本国籍）が出生している。Aは，昭和36年にBと離婚し，同年，韓国人Dと婚姻した後日本に帰化したが，Aの戸籍にDとの婚姻の事実は記載されなかった。Aは，X₄とX₅を認知し，さらに日本人Yと婚姻した。昭和45年，Aが死亡した。Yは，Aの相続財産である本件土地建物を単独で賃貸し，賃料を収受していた。

　X₄は，平成2年，Yに対し，A・D（昭和52年死亡）の婚姻成立後に，A・Yの婚姻が締結されたことから，A・Yの婚姻は重婚であるとして婚姻取消しの訴えを提起し，平成4年3月その婚姻を取り消す旨の判決が確定した。

　X₄は，本件建物の持分権に基づき，Yに対してその明渡しおよび賃料相当額の金員の支払いを求めた。これに対して，Yは，X₁からX₅に対して時効取得を原因として土地・建物の所有権移転登記手続を求めた。

　本件では，Aの死亡によりDが相続した本件土地建物の持分を，さらにその後のDの死亡によりXらが相続したかが争点となった。これに関しては，Dの相続という本問題との関係でDとXらの親子関係の存否という先決問題をどのように判断するかという問題（⇒122頁）のほか，いずれも，韓国民法上当時認められていた，継母子関係（前妻との間の子が父の再婚により父の後妻との間に成立する親子関係）がDとX₁〜X₃との間に，嫡母庶子関係（婚姻外で生まれた非嫡出子とその父の配偶者との間に成立する親子関係）がDとX₄，X₅との間に成立しているかが問題となった。

【判旨】「親子関係の成立が問題になる場合には，まず嫡出親子関係の成立についての準拠法により嫡出親子関係が成立するかどうかを見た上，そこで嫡出親子関係が否定された場合には，右嫡出とされなかった子について嫡出以外の親子関係の成立の準拠法を別途見いだし，その準拠法を適用して親子関係の成立を判断すべきである」と判示した。

　そのうえで，出生以外の事由により嫡出性を取得する場合の嫡出親子関係の成立については，嫡出親子関係の成立に関する法例旧17条（通則法28条）を，その連結時点を子の出生当時ではなく，嫡出性を取得する原因となるべき事実が完成した当時として類推適用した。具体的には，ＡとＤの婚姻によってX₁〜X₃がＡＤの嫡出子となるかに関してはＡＤの婚姻締結時を，Ａによる認知でX₄・X₅がＡＤの嫡出子となるかに関しては認知時を連結時点とした。

　ＤとX₁からX₃との間には1990年改正前の韓国法により継母子関係が成立し嫡出子とされた。これに対して，X₄とX₅は準拠法となる日本法により嫡出子とは認められないことから，次に嫡出以外の親子関係の成立を検討し，血縁関係のない者の間における出生以外の事由による親子関係の成立については，非嫡出親子関係の成立に関する旧18条（通則法29条）と親族関係の準拠法に関する旧22条（通則法33条）の法意に鑑み，親子関係を成立させる原因となるべき事実が完成した当時の親の本国法（日本法）と子の本国法（韓国法）を累積適用した。その結果，ＤとX₄・X₅間に親子関係は成立せず，Ｄの相続人とならないと判断された。

【コメント】嫡出親子関係の成立から検討していくという判例が示した適用順序に関しては，嫡出・非嫡出が表裏の関係にあり，嫡出子となる者が非嫡出子とはなりえないこと，さらに，一般的に非嫡出親子関係よりも嫡出親子関係の方が子の保護に資することから妥当とする評価する見解が多い。

　このような条文の適用順序は各条文の適用範囲の問題であるともいえ，通則法上はある1人の子が嫡出子であると同時に非嫡出子であることはありえない。

　もっとも，出生以外の事由により嫡出性を取得する場合の嫡出親子関係の成立の問題については，本事案の当時の改正前法例下では規定がなかった。しかし，現在では準正に関する通則法30条がある。嫡出親子関係の成立に関する28条より30条のほうが選択的に連結される法の選択肢が多いことから，より子の利益保護に厚い。したがって，これについては，今日では30条の類推適用が妥当であろう。

(2)　嫡出子と非嫡出子を区別しない実質法

　近年，嫡出子と非嫡出子を区別しない実質法が増えている。嫡出子と非嫡出子を区別しない外国法上の親子関係の成立が問題となる場合，どの条文を適用して親子関係の成否を判断すべきだろうか。

　学説においては，まず条文の文言に忠実に，28条が適用されるのは子が嫡出子となるか否かの問題で，準拠外国実質法が嫡出制度をもたない場合には，嫡出親子関係の成立が否定されるので，29条によると解する見解がある。これに対して，28条と29条の適用は父母が婚姻しているか否かで区別すべきであると主張する見解もある。これによると，28条は嫡出親子関係に限定され

ず，夫婦間の子の法的親子関係の成立を広く認める趣旨の規定と解され，準拠外国実質法が嫡出制度を有さない場合も父母が婚姻している場合には28条が適用されることになる。

Column 24-1　生殖補助医療と国際私法

　1983（昭和58）年の日本初の体外受精による出生児以来，生殖補助医療技術の進歩は著しく，不妊症のために子を持つことができない人々が子を持てる可能性が着実に広がってきている。代理懐胎（代理母，借り腹）といった精子・卵子・胚の提供等による生殖補助医療に関しては日本において法規制はないものの，日本産婦人科学会の会告で禁じられ，この種の生殖補助医療を日本で受けることは難しい。そのため，これを許容する海外で実施するケースが報告されている。諸外国においては，遺伝上のつながりがなくても，子の出生前に依頼者である父母を代理懐胎により出生した子の親とする裁判所の命令を得ることが可能な法制もある（最決平成19・3・23［百選57］⇒ 判例16-5 で問題となった米国ネバダ州）。そのため，日本人がこのような国で代理懐胎により子を得た場合，国際私法上親子関係に関し問題が生じる。

　例えば，国際私法上，母は，遺伝上の母や分娩した母に限定すべきか，それとも母たる可能性のある者すべてを含めるべきだろうか。国際私法上の概念は実質法上の概念より広範に解すべきであることから，28条にいう「夫婦」や29条にいう「父」や「母」は，親となりうる可能性がある者すべてが含まれると考えるのが一般的であろう。このような場合，代理出産した母の本国法により決定されるのは，当該女性と子との親子関係であり，代理出産を依頼した女性と子との親子関係については当該女性の本国法による。したがって，各法を適用した結果，最決平成19・3・23［百選57］（⇒ 判例16-5 ）の事案のように，代理出産した女性の本国法によれば当該女性と子との間に親子関係は生じず，依頼者女性の本国法によれば当該女性と子との間に親子関係が生じないというように，異なる結論が出る可能性がある。

　最高裁は，子の遺伝上の父母であり，代理懐胎の依頼者である日本人夫婦を親とする旨の米国ネバダ州の裁判を公序に反するとして承認を拒絶している（最決平成19・3・23［百選57］⇒ 判例16-5 ）。ハーグ国際私法会議でも2015年から国際的な枠組みの策定に向けて議論が開始されている。

　詳細は⇒佐藤やよひ「国際的代理契約により出生した子の親子関係」二宮周平編集代表＝渡辺惺之編集担当『現代家族法講座 第5巻 国際化と家族』（日本評論社，2021年）145頁。

第 3 節　養親子関係

1 総　　説

　相次ぐ世界大戦で孤児が大量に発生したことにより，先進諸国における養子縁組は，親や家のための養子縁組から子のための養子縁組へと転換した。それに伴い，それまでの当事者間の合意により成立する契約型の養子制度から，成立にあたり子の福祉に資する養子縁組であるかを判断する裁判所等の公的機関の決定を必要とする決定型（宣言型）の養子制度へと移行する国が増加した。日本においても，従来の契約型の養子縁組（普通養子縁組）に加えて，決定型の養子縁組である特別養子縁組制度が 1988（昭和 63）年から導入されている。

　その結果，諸国の養子制度をみると，養子縁組の成立の局面においては**決定型**と**契約型**に，効力の局面においては養子と実方血族との関係を断絶する**断絶型**（完全養子縁組ともいわれる。例えば養子となった子は実親を相続することもない）と**非断絶型**（不完全養子縁組ともいわれる）に分けることができる。断絶型は養子と実方血族との関係を断絶することからより慎重な判断が必要であり，その成立にあたって裁判所等の決定を要する決定型を採用していることが多い。まさに日本法の特別養子縁組がこれにあたる。しかし，中国のように契約型の養子制度をとりながら，断絶効を有する国もある。

2 実質的成立要件

(1)　準拠法の決定

　31 条 1 項は，養子縁組を養親の本国法に依拠させ（⇒(a)），さらに部分的に養子の本国法をこれに累積的に適用する（⇒(b)）。

(a)　1 項前段　　子の福祉や養子保護の観点からは，養子の本国法主義も考えられる。しかしながら，縁組成立後，養親の本国で生活するのが一般的で，その国の定める要件を具備することが実際に必要であること，養子縁組により養子に養親の国籍を付与する国も多く，そのためには養親の本国法の規定する要件を充足することが望ましく，結果的に縁組成立後養子と養親の本国法が一

致することが多いこと，比較法的にも養親の本国法主義が多いことなどが考慮され，**養親の本国法主義**が採用された。

> 平成元年改正前法例は，婚姻の実質的成立要件と同様に，養親と養子の本国法の配分的適用主義を採用していた。しかし，当事者の本国法の配分的適用主義は，場合によっては養子縁組の成立を困難にし，また契約型の養子縁組法制と決定型の養子縁組法制を配分的に適用しなければならないような場合には，法適用が非常に複雑になることなどを理由に，養親の本国法主義に改正された。

養親の本国法とは，縁組の当時におけるものを指す。異国籍の夫婦が共同で養親となる場合，養父子間には養父の本国法が，養母子間には養母の本国法が適用される。夫婦で1人の子を養子とするにもかかわらず，2つの養子縁組として異なる法により別個に判断することから問題が生じうる（⇒347頁）。

(b)　1項後段　養親と養子の本国法が異なる場合，前段に定める養親の本国法とともに，子もしくは第三者の承諾もしくは同意または公的機関の許可その他の処分があることを子の本国法が要件としている場合，これらの要件も備えなければならない。通則法は，養親の本国法主義を採用しているが，養子縁組は養子にとっても大きな影響を及ぼすものであり，子の本国法も一部累積的適用という形で部分的に関与させ，子の保護に欠けることにならぬよう配慮したものである。認知に関する29条1項後段および2項後段と同様に，**セーフガード条項**と呼ばれる。

(2)　準拠法の適用

(a)　1項前段　養親子間の年齢差，法定代理人の代諾・同意の要否，縁組能力など養子縁組の成立要件に関する諸問題のほか，そもそも養子縁組が許容されるかどうかも養親の本国法による。以下，議論のある点をみてみよう。

(i)　養子縁組の許否

> ◁ Case 24-4 ▷　日本で婚姻生活を送っているイラン人夫婦ＡＢは，ＣＤ夫婦の子Ｘ（未成年・イラン国籍）を養子にしたいと考えている。Ａ，Ｂ，Ｃ，Ｄは，ＡＢがＸを教育監護していくことなどについて合意し，Ｘ自身もこれを望んでいる。しかし，イランには養子制度がない。はたして養子縁組は可能だろうか。

　発展途上国には人身売買をおそれ自国民を養子とする国際養子縁組を禁じたり，一定の仲介機関を介して国内で養子縁組を成立させて初めて子の出国を認めるような法制をとっている国がある。また，〈 Case 24-4 〉のイランのように伝統的なイスラム法圏に属する国においては，カファーラ（kafala）のような制度（里親制度に類似したもので法的な親子関係ではない）はあるものの，国家が実親子関係に代わる関係を創出することは許されないと考えられており，養子制度がない。養親の本国がこのような国である場合，養親の本国法主義をとる31条によると，養子縁組ができないことになる。

　裁判例には，イラン人と日本人夫婦がイラン人の未成年者の養子縁組を申し立てた事案で，当事者らが将来にわたり日本で生活する予定であることなどから養子縁組を認めないイラン法を公序に反するとして養子縁組を許可したものがある（宇都宮家審平成19・7・20）。

　(ii)　公的機関の関与　　養子縁組における公的機関の関与は様々である。日本民法798条のように，未成年者を養子とする場合に子の福祉の観点から家庭裁判所の許可を要するとする国は多い。この場合，当事者の合意で養子縁組は成立するものの，家庭裁判所が後見的に介入する。このような公的機関による許可の要否も，準拠法である養親の本国法による。準拠外国法が契約型の養子制度で，養子縁組の必要性や相当性について判断するために公的機関の介入を必要とする場合は，手続は法廷地法による（⇒ TERM 2-1 ）ことから，日本においては，前述の家庭裁判所の許可審判によりこれを行うことができる。

　養親子関係の創設に公的機関の処分を必要とする決定型の法制もあるが，このような公的機関の処分の要否も養親の本国法による。準拠外国法が決定型の養子縁組法制の場合，特別養子縁組の成立審判により，これを成立させることができる。準拠外国法上の決定型の養子縁組が断絶効を生じさせない場合には，これを日本法上の特別養子縁組審判で行うと混乱を招くとして，このような場合には許可審判によるべきであるとの見解もある。しかし，準拠外国法が公的機関による決定をもって養親子関係が創設されるという決定型をとっている以上，許可審判によることには問題があろう。日本法上決定型の養子縁組のための手続としては特別養子縁組審判しかないわけであり，この手続により準拠外国法が定める養子縁組を成立させるべきであるとする見解が有力である。

Column 24-2　**分解理論**

　昭和63年に日本で特別養子縁組制度が導入されるまでは，家庭裁判所は，許可審判をすることができるだけで，養親子関係を創設・形成する審判をすることはできなかった。そのため，外国法上の決定型の養子縁組を日本で成立させるために裁判・戸籍実務で用いられたのがいわゆる分解理論であった。

　分解理論とは，決定型の準拠外国法上の養子決定の裁判を，実質的成立要件として公的機関の関与を要する部分と養子縁組を創設させる方式の部分とに分解して処理するものである。つまり，前者である養子縁組の必要性・相当性や縁組意思の確認等の成立要件の充足の審査については家庭裁判所の許可審判に委ね，身分関係を創設するという公的機関の形成作用の部分については戸籍事務管掌者である市区町村長への縁組届出の受理（通則法34条）で足りると解するのである。

　しかし，このような方法で成立した養子縁組はあくまでも届出によって成立したもので，公的機関の宣言でもって縁組が成立するという決定型の準拠法を正しく適用したことにはならず，批判があった。わが国でも特別養子縁組が導入されて以降はこのような取扱いは改められ，特別養子縁組審判が用いられるようになっている（高松家審平成6・1・13，基本通達〔⇒ **TERM 7-1**〕第5の2(1)）。

　もっとも，今日においても，養親が異国籍の夫婦で，一方の本国法が契約型の養子縁組しか認めず，他方の本国法が決定型の養子縁組でかつ夫婦共同養子縁組しか認めない場合に，なおも分解理論と同様の処理を行う裁判例がある（名古屋家豊橋支審平成26・7・17［百選58］など）。夫婦の一方の本国法によれば共同で縁組しなければならないにもかかわらず，養親それぞれの本国法上の養子縁組の成立方法が異なり，同時に養子縁組を成立させることが困難だからである。

(iii)　**夫婦共同養子縁組**　諸国の法制上，養子が未成年の場合，子の福祉の観点から養親を夫婦に限定する国が多い（民795条，817条の3）。**夫婦共同養子縁組**の場合，通則法31条1項によれば，養父子間と養母子間各々について各養親の本国法により養子縁組が成立するかを判断することになる。夫婦が同一国籍を有する場合は，1つの法により養子縁組の成否を判断できる。しかし，夫婦が異国籍の場合には，異なる2つの法を適用しなければならず，様々な問題が生じうる。

〈Case 24-5〉　日本で婚姻生活を送っているＡ（パキスタン国籍）・Ｂ（日本国籍）夫婦は，ＣＤ夫婦の子Ｘ（未成年・パキスタン国籍）を養子にしたいと考えている。Ａ，Ｂ，Ｃ，Ｄは，ＡＢがＸを教育監護することなどについて合意し，Ｘ自身もこれを望んでいる。しかし，Ａの本国であるパキスタンには養子制度がないことから，

Bのみを申立人としてBX間の養子縁組を考えている。はたして可能だろうか。

〈Case 24-5〉の場合，養親たるBの本国法である日本法が準拠法となる。日本民法795条本文は，配偶者がいる者が未成年者を養子にする場合には，夫婦で養子縁組をすることを命じている。しかしながら，夫Aの本国であるパキスタンには養子制度がないから，夫婦共同縁組は不可能となる。このような場合に，パキスタンに養子縁組法がないことをもって公序に反するともいえないとしたうえで，「実質的にみて夫婦共同縁組（民法795条）の要請を充足するものがある」として養子縁組を許可した裁判例がある（東京家審平成15・3・25）。これに対して，養子縁組を認めないイラン法を公序に反するとして養子縁組を許可したものもある（宇都宮家審平成19・7・20）。

> 夫婦共同養子縁組の成立が各養親の本国法により認められたとしても，夫婦の一方の本国法上縁組により養子の実方の血族との関係が断絶されるが，他方の本国法が非断絶型の場合にも問題が生じる。養子の実方の血族との関係の断絶の有無は，31条2項により1項前段に規定する準拠法によるため（⇒351頁），養親の一方との間では断絶効が，他方との間では非断絶効が生じることになるからである。このような場合，養親の本国法を累積的に適用し，弱い効果，つまり非断絶効のみを養親の双方との関係で認めるべきであるという見解もある。しかし，断絶効と密接に関係する離縁についてもまた同様の問題が生じかねず，このような処理が妥当か検討が必要であろう。

そのため，立法論的に夫婦共同養子縁組について特別の規定を設けることが望ましいとも主張されている。また，解釈論として夫婦の共通常居所地法や，婚姻の効力の準拠法（25条）あるいは養親の本国のいずれかで養親子が生活する場合にはその本国法を準拠法とする見解などが主張されている。

(b)　1項後段　　**セーフガード条項**は，子の保護の観点から，社会経験や判断能力の乏しい未成年者の利益の保護を第一義的な目的とする。養子の本国法上のどの要件が保護要件に該当するかは，主としてこの見地から判断される。

　養子が成年の場合には保護要件は問題とならないとする見解もあるが，多数説は，セーフガード条項は関係人の利害調整機能も果たし，成年たる養子の本国法上必要とされる保護要件も充足する必要があるとする（水戸家土浦支審平成4・9・22）。

　(i)　養子となるべき者または第三者の承諾または同意　　　これには，養子自

身の同意や養子に縁組能力がない場合の法定代理人（養子の実親など）の同意が該当する。例えば，日本民法上は，養子となる者が15歳以上の場合における本人の承諾（民797条1項）や養子となる者が15歳未満の場合における法定代理人の代諾（民797条1項），法定代理人のほかに監護者がいる場合のその同意（民797条2項）などがこれにあたる。

　議論があるのは，実方親族で構成される親族会の同意やフィリピン法上規定される10歳以上の養親の嫡出子の同意に関してである。多数説は，31条1項後段は第三者を特に限定しておらず，関係者の利害調整機能を主たる目的とする同意等も保護要件に含まれると解する。またそもそも何が子の保護に該当するのか，その峻別は困難であることから，第三者を広くとらえる。この立場に立った上で，フィリピン家族法上の養親の10歳以上の嫡出子の同意がないことを理由に養子縁組の成立を認めないことは公序に反するとして，その適用を排除した裁判例がある（水戸家土浦支審平成11・2・15［百選60]）。

　これに対して，セーフガード条項が養子の利益保護のために特に設けられた規定であることから，養子側の人的な利益保護を目的とする規定に該当するか否かを実質的に判断する見解や，養子の本国法の適用の予見可能性を有さず，その法律上の保護を期待できないことを理由に，養子との間に縁組の時点まで身分関係になかった者（例えば養親の配偶者や嫡出子）を除外する見解も主張されている。

　また，養子の本国法が養子縁組を認めていない場合も異なる問題が生じる。前述のとおり（⇒ **Case 24-4**），イスラム法には養子制度が存在しないことから，子の本国法上，養子縁組にあたっての同意や承諾といった規定も存在しない。例えば，養子の実親が養子縁組に反対しようにも，法的にそれを表明する機会がないのである。また，イスラム法上，養子縁組が禁止されていることから，日本で成立した養子縁組が養子の本国で承認されることは期待できない。これらの点から，31条1項で養子の本国法を準拠法とする趣旨が養子の本国における養子縁組の承認を確保し，実親などの実方の親族の同意権を確保することにあるとすれば，養子の本国法の養子縁組の禁止は無視しえないとする見解もある。

　しかし，31条1項後段で子の本国法が適用されるのは，後段所定の保護要

件についてのみである。子の本国法を養親の本国法とともに全面的に累積適用して跛行的な養子縁組関係を回避させることよりも，養子縁組の成立の促進が優先されたのである。したがって，子の本国法が養子制度を認めないとしても，養親の本国法が養子縁組の成立を認めるときはこれを認めるのが多数説である。

(ⅱ) 公的機関の許可その他の処分　31条1項後段にいう「公的機関の許可」については，2つの考え方がある。まず，養子の本国法が養子縁組の成立要件として裁判所の決定を要する決定型の養子制度をとっている場合，当該裁判所の決定や命令もまた保護要件にあたるとする見解である。子の保護の観点から，公的機関の関与を認めることがセーフガード条項の趣旨に合致すると考え，家庭裁判所の許可審判をもって準拠法上の養子決定に代えるものである。裁判例もこの立場に立つものが多い（名古屋家豊橋支審平成26・7・17［百選58]）。

これに対して，養子の本国法の適用を子などの承諾・同意の問題に代わる公的機関の許可（例えば児童福祉機関の許可）に限定する見解もある。この見解は，セーフガード条項の趣旨をより厳密に養子または第三者が当該養子縁組に関与する権利を保護することと解し，養子縁組成立自体の当否を判断する公的機関の関与を除外する。これによると，日本民法798条の未成年者の養子の場合に必要とされる家庭裁判所の許可（契約型の養子縁組について必要とされる許可）もまた，養子縁組の成立に関わるものであり，通則法31条1項後段にいう公的機関の許可には入らないことになる。31条1項が養子縁組の成立を不必要に困難にしないように養親の本国法のみを適用していることとも整合的ではある。このようにセーフガード条項の趣旨をどのように解するかで結論が異なる。

日本民法817条の8のように試験養育を通して養子縁組の可否を裁判所等が判断する法制があるが，このような試験養育を保護要件に含めるかについても見解がわかれている（裁判例においてもフィリピン法上の試験監護等につき保護要件とするもの（名古屋家豊橋支審平成26・7・17［百選58]）と保護要件と解さないもの（東京家審令和2・4・17）とがある）。

3 方 式

契約型の養子縁組の場合には，その方式は，34条により，養親の本国法ま

たは縁組地法による。養親が異なる国籍を有する場合には，双方が同時に本国法の定める方式を履践することが困難な場合も考えられるが，そのような場合には縁組地法によることができる。

4　養子縁組の効力

31 条 1 項は，「養子縁組の要件は」ではなく，「養子縁組は」と規定しており，この点から，同規定が養親子関係の成立のみならず，その効力についても規定していることがわかる。もっとも，ここにいう効力とは，養親子関係成立の直接の効果のみで，養子が嫡出子と同じ身分を取得するか，身分取得の時期はいつか，養子と養親血族間に親族関係が創設されるかといった問題である。

これに対して，養親子間の法律関係については 32 条による。

5　実方の血族との親族関係の終了および離縁

(1)　実方血族との親族関係の終了

養子と実方の血族との関係が養子縁組により終了するかという問題は，養子と実方の血族とに関わる問題であるが，31 条 2 項はこれに 1 項前段の準拠法，すなわち養親の本国法を適用する。断絶型の完全養子縁組の場合，実親との関係を断絶させる分，試験的養育期間を要求するなど厳格な成立要件が定められている。このように完全養子縁組では，実親と養子の親子関係まで含めて制度設計されており，これらすべてについて同一の準拠法を適用しないと，準拠法上の断絶型の養子制度の趣旨が実現されない。そのため，養子と実方血族との親子関係の終了の問題にも養親子関係の成立の準拠法を適用するのである。

(2)　離縁の準拠法

31 条 2 項は，離縁を縁組当時の養親の本国法に依拠させる。養子縁組も婚姻同様に比較的長期間継続する関係であることが想定されるが，婚姻の場合には，婚姻の成立と解消である離婚について異なる連結政策がとられている。このような相違は，養子縁組においては断絶型と非断絶型とで離縁の方法が著しく異なることによる。例えば断絶型養子縁組の場合には，すでに養子と実方の血族との関係が終了していることから，子が親を失うことがないように，簡単

には離縁を認めないのが通常である。つまり，養子縁組については成立と解消とが密接に関係するものとして制度設計されているのである。そこで，成立から終了まですべて同一の準拠法に依拠させることが望ましいとして，養親子関係の成立の準拠法が離縁にも適用されるのである。

離縁の許否，要件，効果などがこの準拠法による。

第4節　親子間の法律関係

嫡出親子関係，非嫡出親子関係，養親子関係を問わず，すべての親子間の権利義務関係について32条が適用される。

1 準拠法の決定

32条は，まず，①父または母の本国法と子の本国法が同一であるときは，それにより，②そのような同一本国法がないときは，子の常居所地法を準拠法とする。平成元年改正前は父の本国法主義をとっていた。しかし，両性の平等の観点から，また子の保護の観点から準拠法を決定すべきであるという理念の下，平成元年に改正され，32条はそれをそのまま現代語化したものである。親子という複数の当事者間の法律関係であることから，夫婦の場合と同様に，複数の当事者に共通する準拠法を**段階的に適用**する（⇒48頁）という手法がとられている。もっとも，本条は，第2段階として最密接関係地を子の常居所地と規定している点で婚姻の効力等に関する準拠法の決定方法とは異なる。これは，両親が離婚した場合に日本国籍の子の親権者をその戸籍に記載する必要が生じるが，その際最密接関係地法を定めていないとその認定を戸籍窓口でしなければならず，そのような困難を回避するためである。

なお，32条について反致は問題とならない（41条ただし書）。

> 32条の規定中のかっこ書の「父母の一方が死亡し，又は知れない場合にあっては，他の一方の本国法」との注記は，そのような場合には，死亡し，または知れない父母の一方の本国法はないものと扱うべきことを意味する。また，父母の一方が「知れない場合」とは，父母の所在不明の場合を指すのではなく，父母が法律上誰か分からない場合をいう。

2　準拠法の適用

　32 条は，身分関係・財産関係を問わず，親子間のすべての法律関係に適用される。例えば，親権や監護権の帰属・分配（カナダの州法に従い，父母双方が同程度の時間ずつ子を監護することを命じた裁判例として東京高決平成 29・5・19［百選 61]），内容，消滅のほか，面会交流，離婚時の親権者の指定（東京地判平成 2・11・28）などが挙げられる。

　これに対して，親子間の扶養義務（養育費）については，32 条によらない（⇒ 389 頁）。

Column 24-3　**親族関係の準拠法**

　33 条は，24 条から 32 条に規定されたものを除いた親族関係およびそれによって生じる権利義務関係に関して当事者の本国法による旨を定める。この規定に関しては，その適用範囲（婚約，内縁，別居など）について争いがあり，いずれも他の規定を類推適用することにより対処できることから，平成元年の改正の際には削除すべきであるとの見解もあった。しかし，公法的関係（刑法 244 条 1 項，257 条 1 項など）における親族の範囲の決定については 33 条を適用するのが判例であり（大阪高判昭和 38・12・24 ⇒ **Column 7-2**），そのまま残されることとなった。

　学説においては依然として私法関係においても本条の存在意義を認めるものもあり，韓国法上の嫡母庶子関係の成立の判断にあたり非嫡出親子関係に関する法例旧 18 条 1 項と旧 22 条（通則法 33 条）に言及した最高裁判決（最判平成 12・1・27［百選 2]［百選 54] ⇒ **判例 24-1**）や婚姻予約に関し 33 条を準用した裁判例（東京地判平成 21・6・29）がある。

第 5 節　親子関係事件の国際裁判管轄

　平成 30 年人訴法等改正により，親子関係事件に関する国際裁判管轄についても明文の規定が設けられた。

1　親子関係の存否に関する事件

　親子関係の存否に関する事件としては，嫡出否認，認知，認知の無効・取消し，父の確定，実親子関係存否確認など法的親子関係の成否に関わる事件が考えられる。このような事件には争訟性があることから，離婚などとともに人事訴

訟事件とされており（人訴2条2号），国際裁判管轄についても訴訟法的正義・衡平の理念から離婚と同じルールが適用される。したがって，まず，被告の住所が日本国内にあるときに管轄が認められる（人訴3条の2第1号。なお死後認知の場合には，第3号）。次に，当事者の双方が日本国籍を有するときにも管轄が認められる（同5号）。そして，原告のみが日本国内に住所を有する場合であっても，親子の最後の共通の住所が日本国内にあれば，管轄が認められる（同6号）。さらに，親子関係が問題とされる親子以外の第三者が原告となる場合に備えて，2号が設けられている。

2 養子縁組事件

国家機関の決定をもって成立するような養子縁組については，養子保護の観点から養親となるべき者の適格性や養子となるべき者の監護状況など，裁判所が子の利益にかなった養子縁組であるか否かを判断するために関係者の生活状況等の調査を要する。そのような国家機関の関与を要しない養子縁組についても，子の福祉の観点から，子が未成年の場合などには家庭裁判所の許可を要する場合がある（民798条）。平成30年人訴法等改正では，養子縁組の許可・成立の審判事件について，このような調査ができるように，養親となるべき者または養子となるべき者の住所のいずれも管轄原因としている（家事3条の5）。

これに対して，普通養子縁組の無効・取消し，離縁の訴え等は，ある一定の身分関係について対立する当事者が主張と立証をするというように争訟性が高く，人事訴訟事件とされ（人訴2条3号），前述 **1** と同様の管轄ルールが適用される（人訴3条の2）。家事審判事件に分類される特別養子縁組の離縁について，紛争の実質に鑑み，普通養子縁組の離縁と類似した管轄原因が採用されている（家事3条の7）。

3 親権に関する事件

平成30年人訴法等改正後は，家事事件手続法3条の8により，従来の裁判例・学説と同様に，親権指定・変更等に関する事件の国際裁判管轄は，子の住所が日本国内にあるときに認められる（東京家審令元・12・6）。子の福祉の観点から，子の生活状況等について実効的な調査を要し，裁判所が適正かつ迅

速に審理判断することが望ましいからである。

改正前は，子が日本に連れてこられてまもなく申立てがなされた場合（横浜家小田原支審平成22・1・12）や子が海外の学校の寄宿舎で暮らす場合などでは，管轄を認めるために子の所在が日本とどの程度関連を有する必要があるかを法廷地漁り（⇒ TERM 1-3 ）の防止の観点からも検討する必要があると考えられていた。改正後は，このような場合でも子の住所が日本国内にあるかがまず問題となるが，その点が認められたとしても，場合によっては特別の事情により申立てが却下されることもあろう（家事3条の14）。

離婚事件について国際裁判管轄が認められる国に子が住所を有さない場合にも，当該国で親権者指定の裁判もすることができるかに関し，見解が分かれていたが．改正により，離婚事件について日本の裁判所が管轄を有する場合は，子の監護者・親権者の指定，子の監護に関する処分の裁判についても，管轄を有する旨明文化された（人訴3条の4第1項）。

第6節　親子関係事件の外国裁判の承認執行

1 総　説

外国裁判所による親権者の指定に関する裁判を前提として，その後日本で親権者の変更を求めるような場合には，前提とされる外国裁判の承認が問題となる。このような親権者の指定や変更のほか，親子関係事件には，親子関係の存否確認や子の監護処分など多様なものが含まれるが，日本においては，嫡出否認などの親子関係の存否確認に関するものを除いては，一般に非訟裁判に分類される。そのため，親子関係事件における外国裁判の承認の問題は，外国非訟裁判の承認の問題として議論されてきた。

学説においては，外国離婚判決の承認（⇒323頁）と同様に，わが国際私法が定める準拠法に従った裁判であること（準拠法要件）を要件の1つとして掲げる見解がかつては有力であった。非訟裁判では裁判所が民事関係を助成または監督するために後見的に介入するが，そのような裁判所の関与もまた実体法が定める法律要件の1つにすぎないとみなしていたからである。しかしその後，

外国非訟裁判も一国の裁判所による裁判であることを重視し，国際民事手続法上の承認の問題ととらえられるべきであると主張され，外国非訟裁判についても，条理により民訴法118条を一部または全面準用すべきであるとの見解が多数説となっていった。当初は，1号と3号のみを準用する説が主張されていた。しかし近時は，非訟事件においても，子の引渡し事件のように実質的には二当事者対立型の争訟性の高いものと面会交流のように後見的なものとがあることから，前者について1号から4号を全面準用するが，後者については2号の送達要件のみを不要とする見解が有力化していた。

平成30年人訴法等改正では，外国裁判所の家事事件について確定した裁判（これに準ずる公的機関の判断を含む）については，その性質に反しない限り民訴法118条の規定を準用する旨規定されたことからも（家事79条の2），争訟性の高い事件には民訴法118条を全面準用するが，そうでない事件には2号を除外して準用するという上記の従来の有力な見解の立場を実現することができよう（⇒189頁）。

非訟事件においては，外国裁判後の事情の変更も問題となる（子の引渡し等を命じた米国テキサス州判決の事案でもこれが問題となっている。そのような場合の外国裁判後の事情変更について，公序要件の中で考慮できるかに関しては東京高決平成5・11・15［百選95］⇒ 判例 16-6 ）。

2 養子縁組に関する外国裁判

外国裁判所等の養子決定による養子縁組について，戸籍実務では，通則法31条により指定された準拠法に照らして当該養子縁組が有効に成立したかが判断されてきた。いわゆる準拠法選択のアプローチ（⇒第16章第1節 **1** ）である。外国で養子縁組が成立した場合において，当該縁組に日本人が関わるときは，日本において報告的届出をしなければならないが，戸籍事務管掌者には形式的権限しかなく，承認要件の充足の有無の判断ができないことをその理由とする。

しかし，学説においては，養子縁組を成立させる外国の養子決定という，外国非訟裁判の承認の問題ととらえて，民訴法118条を準用する学説が多数であった。**平成30年人訴法等改正**後は，家事事件手続法79条の2の問題として処

理されるべきであろう。

第 7 節　国際的な子の奪い合い

　近年，人の移動や離婚件数の増加などにより，両親による子の奪い合いが熾烈化し，国際結婚をした日本人が国外から子を（元）配偶者に無断で日本に連れ帰る事例が問題視されていた。そのため，米国等の諸外国からハーグ国際私法会議による 1980 年の「国際的な子の奪取の民事上の側面に関する条約」（2021 年 12 月現在の締約国は 101ヵ国）に積極的な取組みをするようにとの申し入れを頻繁に受け，2014（平成 26）年に日本もこれに加盟した。同年 4 月 1 日に条約は日本において発効し，同日，「国際的な子の奪取の民事上の側面に関する条約の実施に関する法律」（以下，法と略す）が施行された。

　本条約は，子の奪取が生じること自体が子の利益に対する重大な侵害であると考え，奪取の抑止を国際社会の目指すべきものとし，締約国間で協力して不法に奪取または留置されている子を常居所地国に迅速に戻すとともに，奪取された親と子の面会交流を確保することを目的としている（条約 1 条）。そのために，一方の親が不法に子を常居所地国から奪取した場合に，各締約国に設置された中央当局の援助のもと，常居所地国に子を戻すという仕組みを採用している（同 7 条）。奪取された子が居る国の中央当局は，任意に子を常居所地国に戻す方法を模索し（同 10 条），これが功を奏しない場合は，その国の司法機関（場合によっては行政機関）が手続開始から原則として 6 週間以内に返還命令を出す（同 11 条・12 条）。監護権に関する判断は子の常居所地国裁判所でなされるべきであり，また迅速に子を返還することこそが重要であるので，返還命令を出すにあたり，監護権に関する判断は行ってはならない（同 19 条）。

> ⟨**Case 24-6**⟩　甲国在住の X は日本人 Y と婚姻し，A が誕生した。その後，X の Y に対する暴力が原因で 2 人の関係は悪化した。X は，甲国裁判所に Y との離婚訴訟を提起した。その直後，Y は A を連れ日本にいる自らの父母のもとに身を寄せた。

　本条約に未加盟であったときは（今後は未加盟の国との関係において），⟨**Case 24-6**⟩ で X が子 A を取り戻す方法としては，まず，日本法上家事事件手続（子の監護者または

親権者指定・変更や子の引渡しの申立て）があった。その際，子の親権や居所指定権が
誰に帰属するかも問題となるが，これは通則法 32 条の親子間の法律関係の準拠法によっ
て判断される。しかし，家事事件手続では，どちらの親による監護が子の福祉に適うか
の判断に比較的時間を要する。また，現在の監護状況が安定し，特に問題がなければ，
同意なく連れ帰ったという事実はあまり重視されず，現在監護を行っている親が親権者
に指定される傾向があると指摘されている。しかも，国際的な事案となると，子が新た
な居住地ですでに適応していれば，国境を越えて異なる言語や文化をもつ地へ移動させ
ることは子の福祉に沿わないと判断され，連れ帰った者勝ちという結果を招くことにな
る。

　そのため，より迅速な対応を求め，刑事罰に裏づけられた強力な手段を伴う人身保護
手続も利用されていた（最判昭和 60・2・26，最判平成 22・8・4）。しかし，連れ帰
った者も親権を有するような場合には（別居中の場合や外国法により離婚後も共同親権
が継続している場合），拘束者による子の監護が明白に子の幸福に反するときのみ人身保
護手続による返還が認められる（最判平成 5・10・19）。

　子を連れ戻す他の方法として，子の元の居住地である甲国で X が親権者としての指定
および子の引渡し命令を受け，それについて日本で承認執行を求めることも可能である。
しかし，執行判決を得るのに時間を要し，子が日本にすでになじんでいることから子の
引渡しは公序に反するとして承認されなかったケースもある（東京高判平成 5・11・15
［百選 95］⇒ 判例 16-6 ）。

　 Case 24-6 の甲国が締約国であるとき，X は，日本の中央当局を担う外務
大臣に対し，子の返還に関する援助および子との面会交流に関する援助を申請
することができる。援助申請ができるのは，締約国に常居所を有していた子
（16 歳未満）が別の締約国へ不法に連れ去られ，または留置されている場合で
ある（法 4 条）。この場合の「不法な連れ去り」または「不法な留置」とは，常
居所地国（ Case 24-6 では甲国）法（国際私法含む）により監護の権利を有する
者の当該権利を侵害するような連れ去りまたは留置をいう（法 2 条 6 号，7 号）。
ここでの監護の権利とは，条約上の概念で条約上定義はされていないが，特に
子の居所決定権を含む監護に関する権利とされる（条約 5 条）。これらの申請を
受け，外務大臣は，外国返還援助や面会交流援助の決定をし（法 6 条，7 条，17
条，18 条），子の所在を特定した上で，裁判外紛争解決手続や裁判内調停など
により友好的な解決をもたらすための支援を行う。しかし，これが不奏功の場
合には，X は，Y に対し甲国に子 A を返還することを命ずるよう家庭裁判所
（東京または大阪に管轄集中。法 32 条）に申し立てることになる（法 26 条）。家庭

裁判所は，①子が16歳未満（法27条1号）で，②子が日本国内に所在し（2号），③常居所地国の法令（国際私法を含む）によれば，連れ去り等が申立人の有する監護の権利を侵害し（3号），かつ④常居所地国が締約国（4号）であるときは，原則として子の常居住地国（甲国）への返還を命じなければならない。

　もっとも，以下の返還拒否事由がある場合，裁判所は返還を命じてはならない。①申立てが連れ去りまたは留置の時から1年を経過した後にされたもので，かつ，子が新たな環境に適応していること（法28条1項1号）（東京家決平成30・12・11），②連れ去りまたは留置の時に申立人が現実に監護権を行使していなかったこと（2号），③申立人が連れ去りもしくは留置の前にこれに同意し，またはその後にこれを承諾したこと（3号）（東京高決平成30・5・18），④子の返還が子の心身に害悪を及ぼすことその他子を耐え難い状況に置くこととなる重大な危険があること（4号），⑤子の年齢および発達の程度に照らして子の意見を考慮することが適当である場合において，子が常居所地国に返還されることを拒んでいること（5号）（大阪高決平成28・8・29），⑥子の返還が人権および基本的自由の保護に関する基本原則により認められないこと（6号）である。

　　〈Case 24-6〉のように，ドメスティック・バイオレンスが子の連れ去りの原因であった場合に子を返還することを問題視し，本条約の批准に慎重であるべきであるとの声も強かった。法28条1項4号は，本条約13条1項bをそのまま邦訳したものであるが，これでは，夫婦間で生じた暴力が返還拒否事由とはならないからである。そのため，条約の国内法化にあたり，条約にはない法28条2項の規定が追加された，これによると，裁判所は，28条1項4号に掲げる事由の判断にあたり，①常居所地国で子が申立人から身体に対する暴力その他の心身に有害な影響を及ぼす言動（以下，暴力等）を受けるおそれの有無（法28条2項1号），②相手方および子が常居所地国に入国した場合に相手方が申立人から子に心理的外傷を与えることとなる暴力等を受けるおそれの有無（2号），③申立人または相手方が常居所地国で子を監護することが困難な事情の有無（3号）を考慮しなければならない。したがって，YがAと甲国に帰った場合にXからYが暴力を受け，これが子Aに心理的外傷を与える可能性がある場合にはこれにより法28条1項4号の返還拒否事由があると判断されうる（東京高決平成30・5・18）。

　子の返還命令が発令されたり，和解や調停において子の返還を合意したにもかかわらず相手方が子を返還しない場合には，民事執行法の特則として子の返還の執行手続が定められている（法134条以下）。子が16歳未満である場合に

のみ強制執行は可能であり（法135条），子にできる限り負担をかけないように間接強制（一定期間内に子を返還しないことを条件に一定金額の支払を命ずる決定手続）前置主義がとられている（法136条）。間接強制決定確定後2週間経過しても返還が実施されない場合に初めて，債務者（子の返還を命じられた者）に代わって，裁判所が指定する者（返還実施者）が子を常居所地国に返還するという代替執行手続（直接強制手続）をとることができる（法136条1号）。しかしながら，間接強制の前置により手続が遅延し，子の迅速な返還を実現できない事案もあった。そのため，令和元年改正により，間接強制では返還の見込みがあると認められないとき（同2号）および子の急迫の危険を防止するため直ちに子の返還の代替執行をする必要があるとき（同3号）は，間接強制を経なくても代替執行の申立てができるようになった（令和2年4月1日より施行）。改正前は直接的な強制執行を行う場所に債務者が同席することを求めていたが，この改正では，子の利益に配慮した上で執行の実効性を確保するために，この要件を不要とし，子が恐怖や混乱に陥ることのないように債権者（返還を求める者）または返還実施者の出頭を原則化させることとした（法140条）。

　返還命令後，執行が速やかに行われず執行不能となった間に米国での居住住居を申立人が売却したことから，「監護養育態勢が看過し得ない程度に悪化したという事情の変更が生じた」として，返還命令決定を変更し（法117条1項），申立てを却下した事例がある（最決平成29・12・21［百選62］。裁判所の終局決定のみならず，家事調停における子を返還する定めにも法117条1項の類推適用を認めたものとして，最決令和2・4・16）。また，米国に住む父が返還命令発令後子の引渡しを拒否した母に対し人身保護請求によりさらに子の引渡しを求めた事件において，母による子の監護を解くことが著しく不当であると認められるような特段の事情のない限り，母による当該子に対する拘束に顕著な違法性があるとした事例がある（最判平成30・3・15［百選63］）。

　なお，本条約に加盟したことから，わが国から他の締約国に奪取された子についての返還援助（法11条以下）や，奪取された子との面会交流の援助（法21条以下）の申立ても当然のことながら可能となった。

参 考 文 献

横山潤『国際家族法の研究』（有斐閣，1997 年）第 2 編

中西康「国際親子法の展望」民商 135 巻 6 号（2007 年）954 頁

渡辺惺之「渉外実親子関係の国際裁判管轄と準拠法」若林昌子 = 床谷文雄編『新家族
　　法実務大系(2)親族(Ⅱ)——親子・後見』（新日本法規，2008 年）639 頁

横山潤「渉外認知事件の裁判管轄権とその準拠法」岡垣學 = 野田愛子編『講座・実務
　　家事審判法 5』（日本評論社，1990 年）237 頁

高杉直「国際養子縁組」二宮周平編集代表 = 渡辺惺之編集担当『現代家族法講座　第
　　5 巻　国際化と家族』（日本評論社，2021 年）205 頁

植松真生「法例における“セーフ・ガード”条項について——国際養子縁組の成立要
　　件」一橋論叢 116 巻 1 号（1996 年）179 頁

鈴木忠一「外国の非訟裁判の承認・取消・変更」法曹時報 26 巻 9 号（1974 年）1483
　　頁

西谷祐子「子の奪取に関するハーグ条約の運用をめぐる課題と展望」二宮周平編集代
　　表 = 渡辺惺之編集担当『現代家族法講座　第 5 巻　国際化と家族』（日本評論社，
　　2021 年）57 頁

大谷美紀子 = 西谷祐子編著『ハーグ条約の理論と実務』（法律文化社，2021 年）

第 25 章

氏　　名

第 1 節　総　　説
第 2 節　戸籍実務における取扱い
第 3 節　氏名についての法適用

　本章では，まず戸籍実務における取扱いを説明した後に，氏名についての法適用に関する学説・裁判例の状況を述べる。

第 1 節　総　　説

　氏名には，自他を識別するための呼称的機能があるといわれる。また，公的な身分登録では，氏名は，同一性を確認するための重要な一要素としての役割を担っている。これに加え，人格権として権利性を有するものとしてもとらえ直されてもきている。一般に，氏名については以上のようなことがいわれるが，諸国における氏名に関する法制は千差万別である。

　英米法系諸国のようにかなり容易に異なる氏や名への変更を認めるものもあれば，ミャンマーのようにそもそも氏を元来用いない国すら存在する。また，氏に身分性を認め，婚姻や離婚，養子縁組といった身分関係の変動に連動させて氏の変更を認める国もある。こういった場合には氏に家族の一体性を表す役割があるとみることもできる。しかし，日本における夫婦別姓論のように，自己決定や両性平等の観点から夫婦の氏のあり方を見直す動きもみられる。今日においては，婚姻に際して夫婦が称しうる氏として各国が認める選択肢には，同一氏や別氏のほか，夫婦双方の氏や名を順に併記した結合氏（複合姓，ダブ

ルネームともいう）などがある。夫婦の氏の多様化に伴い，夫婦間に出生した子の氏は，夫婦の称しうる氏以上にバラエティに富んでいる。

このような氏名の多面的な性質・役割や各国の実質法上の法制の違い，そして，そもそも外国人の氏名をその本国以外の国が規制できるのかという問題から，氏名を国際私法上どのように扱うに関して見解が分かれている。

第2節　戸籍実務における取扱い

戸籍は，日本国民の身分関係を登録する登録簿であり，同一の氏を称する二世代までの親族ごとに構成されている。外国人については，戸籍の編製基準である日本法上の氏をもたないことや技術的な問題などを理由に，戸籍が編製されない（ただし，日本人の配偶者や父母などとして配偶者欄や身分事項欄等に記載されることはある）。このように戸籍実務においては民法750条の夫婦同氏に関する規定などの日本法上の氏を念頭に置いた規定は，外国人を当事者の一方または双方とする渉外的な婚姻には適用されないものとして運用されている（裁判例においても民法750条は日本人同士の婚姻にのみ適用されるとするものがある〔東京高判令和2・2・26等〕）。

1984（昭和59）年の戸籍法改正前は，戸籍の筆頭者でない日本人が外国人と婚姻した場合には，日本人同士の婚姻の場合と異なり，当該日本人について新戸籍は編製されなかった。現在では，当該日本人を筆頭者として新戸籍が編製されることになっている（戸16条3項，6条）。もっとも，日本人の氏が婚姻の効果として変動することはなく，従来の氏により戸籍が編製される。

> 戸籍実務では，日本人が外国人と婚姻をした場合には，当該日本人の戸籍の身分事項欄に，外国人配偶者との婚姻事項（「〇年〇月〇日に×××（氏名・生年月日・国籍）と婚姻届出△△戸籍から入籍」）が記入される。その際，外国人配偶者の氏名（カタカナまたは漢字），生年月日，国籍も記載されるが，氏名については婚姻届に書かれている氏名がそのまま記載されるにすぎない。

しかし，そのような氏の取扱いは，日本のように夫婦が一般に同じ氏を称する社会においては，当事者に社会的不利益を与える可能性がある。そこで，前述の改正の際，日本人が外国人配偶者の氏への変更を希望する場合には，婚姻

後6ヵ月以内であれば，家庭裁判所の許可を得ないで，届出のみにより氏の変更が認められる旨の規定が新設された（戸107条2項）。また逆に，同規定により氏を変更した者が離婚，婚姻の取消しまたは配偶者の死亡の日以後にその氏を従前の氏に変更したいときも，3ヵ月以内に限り，家庭裁判所の許可を得ないで，その旨を届け出ることで変更が可能である（戸107条3項）。

　　所定の期間後の氏の変更等107条2項の要件を満たさない氏の変更については，他の氏の変更の場合と同様に，「やむを得ない事由」がある場合に限り，家庭裁判所での許可審判により変更することが可能である（戸107条1項）。「やむを得ない事由」が問題となる場面は，2つある。一方は，外国人配偶者の本国で称していた結合氏への日本人配偶者の氏の変更である。これについては，「やむを得ない事由」にあたるとしてそのような結合氏への変更を許可した裁判例がある（東京家審平成2・6・20，神戸家明石支審平成6・1・26等）。他方は，在日韓国・朝鮮人が日本で社会生活上称している通称氏へのその日本人配偶者の氏の変更である。これに関しては「やむを得ない事由」があるか否かに関し，否定する裁判例（大阪高決平成元・10・13等）もあるが，近時は肯定するもののほうが多い（大阪高決平成3・8・2，東京高決平9・3・28，福岡高決平成22・10・25等）。

　　日本人と外国人夫婦間の子の氏については，従前は外国人父または母の氏への変更は不可能であったが，これも家庭裁判所の許可審判により可能になっている（戸107条4項）。

　　配偶者欄や身分事項欄に記載されている外国人の氏を日本人配偶者の氏または結合氏に変更したい場合，当該外国人がその本国法に基づく効果として日本人配偶者の氏または結合氏を称していることを認めるに足る本国の権限ある官憲の作成した証明書等が提出されたときに限り，その変更が認められる（昭和55年8月27日法務省民二第5218号民事局長通達，日本人配偶者の氏への変更に関しては京都家審昭和55・2・28［百選74］も参照）。

第3節　氏名についての法適用

　氏名に関して国際私法上明文の規定を有する国もあるが，日本ではなおも解釈に委ねられている。学説においては，従来から氏名を私法上の問題として扱うのが多数説であり，氏名の準拠法によって，氏名が決定ないし変更され，その事実が戸籍等の公的な登録簿に記載されるにすぎないと解されてきた。しかしながら，氏名の有する公法的側面からこの問題をとらえ直すべきであるとす

る見解も有力に主張されてきている。以下では，両者を分けて順に取り上げることにする。

1 私法上の問題と扱う見解

　氏名の問題を私法上の問題と扱う見解において議論があるのは，婚姻，離婚，養子縁組など一定の身分関係の成立や変動の効果として生ずる氏の変更の場合である。身分関係の変動とは無関係に本人の意思に基づいて生ずる氏名の変更に関しては，氏名権なる一種の**人格権**に関するものとして本人の本国法によることについて争いはない。

　かつては，家族という1つの共同体の一体性を示しうる氏の家族法的側面に着目し，氏の変更が身分関係の変動に伴って生じる場合には，当該身分関係の効力の準拠法（例えば婚姻の際の夫婦の氏に関しては婚姻の効力の準拠法）に依拠させる見解が多数説であった（**身分関係の効力準拠法説**）。たしかに，この見解によると，身分変動が生じた当事者間で同一の準拠法により氏について統一的に処理することが可能となる。しかし，本国法以外の法が準拠法となり，本国で認められない氏を称することになった場合には，当事者の社会生活上不都合が生じることも考えられる。

　そこで，氏名の人格権としての性質を重視し，身分変動または当事者の意思によるかを区別することなく，氏名に関してはすべて当事者の本国法によるべきであるとする立場が主張され，次第にこれが有力になっていく（**人格権説**）。その要因としては，まず平成元年法例改正により身分関係の効力の準拠法について段階的連結が採用されたことがあろう。当事者が異国籍の場合には，同一常居所地法や最密接関係地法の認定が難しい場合も考えられ，当事者が氏の決定に困惑しかねないからである。また，夫婦別氏や結合氏の採用に踏み切る諸外国の立法の動向から，氏の家族法的側面よりも自己決定に重きを置く趨勢がみられることも挙げられよう。もっとも，氏名を人格権の観点からみれば，国際私法上必ずしも当事者の本国法主義に帰結するわけではなく，諸外国法で認められているように，当事者による準拠法選択を認める結論になるのではないかといった批判もある。

　以上のような氏名を私法上の問題と扱う見解に共通して向けられる批判は，

戸籍実務とのかい離である。学説は，実体法上の氏を反映すべき戸籍がその技術上の理由からそれを拒否し，国際私法的な処理を行わないことを強く非難してきたが，戸籍実務は一貫して従前の取扱いのままである。戸籍実務での氏名の取扱いが各人の本国法による処理であると表現されることがあるが，これが通常の国際私法的な処理，すなわち国際私法を介して決定される準拠実質法に従った処理でないことに注意を要する。例えば，外国人の夫の本国法に従い夫の氏を選択し，日本人の妻の本国法に従い夫の氏を選択した場合，婚姻により当該夫婦の氏は外国人夫の氏となるはずであるが，戸籍実務上は，日本民法750条は適用されず，日本人妻については従来の氏のまま新戸籍を編成し，氏変更の届け出が別途必要とされるからである。

> しかし，人格権説の場合，昭和59年の戸籍法改正後は，日本人配偶者については戸籍法107条2項を民法750条の特則とみなすことで戸籍実務と整合的に説明することも可能である（⇒第14章第3節）。
> さらに，昭和59年の戸籍法改正で107条2項が新設されたことから，同規定の存在意義を積極的に認め，これが国際的な強行法規として直接に適用される（⇒第13章）と解する見解も有力に主張されている。これによると，外国人と婚姻した日本人の氏名に関しては戸籍法107条2項が適用される。国際私法により解決されるべきは，同規定の適用範囲に入らない外国人の氏名であり，これについては，本国が認めない外国人の氏の創設を回避すべきであるとの観点から，本人の本国法を適用すべきであるとする。

2 氏名公法理論

氏名公法理論は，戸籍法そして氏名の有する**公法**的側面から氏名の問題をとらえ直そうとする見解であり，戸籍実務に理論的根拠を与えうるものといえる。この見解によると，氏名は，個人の特定という公法的要請と強く関係し，本国によって規律されることが旅券制度などを通じて期待されていることから，もっぱら各人の本国法によって規律すべきであるとされる。

結論的に各人の本国法によって規律するという点では人格権説と同様であるが，氏名公法理論は，この問題を国際私法ではなく，公法（国際行政法）上の問題ととらえる点で人格権説と異なる。氏名公法理論によると，各国は自国民の氏名を規律するのみで，通常はそれには属地的効力しか認められず，日本において外国法が適用されることもない。氏に関する民法の規定も戸籍法同様に

公法上の規定であり，外国人と婚姻した日本人の氏に関して民法750条ではなく，戸籍法107条2項が適用されると説明する。

　このように氏名公法理論によれば戸籍実務も理論的に説明することが可能になるが，比較法的にみて氏を私法上の権利としてとらえ国際私法で法選択的処理をする国が多いところ，氏の私権としての性質を払しょくすることが妥当であるかの検討が必要であろう。

3 国際裁判管轄

　氏名変更の裁判の国際裁判管轄については，平成30年人訴法等改正でも特に規定は設けられておらず，これまでどおり条理による。身分関係の効力準拠法説および人格権説ともに，本国管轄を原則とし，例外的に住所地管轄を認める。これに対し，氏名公法権理論に立てば，外人法等の理由から住所地国がごく例外的に介入することはありえるが（介入したとしても属地的効力を有するのみ），氏名変更の裁判の国際裁判管轄は当然本国にのみ限定されることになる。

　裁判例においては，管轄に関しては，学説とほぼ同様に，本国管轄を原則とするが，住所地である日本の裁判所の管轄を認めた事案もある。

Column 25-1　性別の変更

　生物学的な性別と心理的な性別が一致しない状態を医学上性同一性障害と呼ぶ。日本においても性同一性障害者の社会的な不利益を解消するため，「性同一性障害者の性別の取扱いの特例に関する法律」（以下，特例法）が2003（平成15）年に制定された。これにより，特例法上の一定の要件を満たす者については，家庭裁判所の審判を経ることにより法令上の性別の取扱いを性自認に合致するものに変更することが認められ，戸籍上の性別の表記も変更できることになった。

　では，在日外国人が日本の家庭裁判所で性別の変更（または確認）を求めることはできるだろうか。これを考えるにあたっては，①日本の裁判所が国際裁判管轄を有するか，②かりに管轄が認められるとすると，その場合に適用されるべき法は国際私法を介して決定される準拠法か，それとも前記特例法が直接的に適用されるのかといった問題がある。これらの問題は特例法の立法過程でも議論されたが，結局裁判所の今後の判断に委ねられた。これまでのところこれに関して公表された裁判例はない。

　この問題は，性別が通常個人の特定に資する重要な身分登録事項であることから，氏名変更の問題と似通っているともいえる。しかし，氏名変更の問題との相違点をあえて挙げるとすれば，性自認の問題は，氏名以上にその者が自らの属する社会においてどのように社会生活（婚姻も含めて）を送ることができるかという根本的な

問題に関わっているともいえる。また，特例法は立法過程からも明らかなようにその名宛人から完全に外国人を排除してはいない。

ヨーロッパ諸国に目を転じれば，外国人の性別変更手続を排除する国も若干あるものの，これを認める国，または本国での性別変更手続が不可能な場合に限り外国人の性別変更を認める国が多数である。

この問題について⇒林貴美「国際私法的観点からみた性同一性障害者の性別の問題」同志社法学 60 巻 7 号（2009 年）4165 頁。

参 考 文 献

氏　名

　　　西谷祐子「渉外戸籍をめぐる基本的課題」ジュリ 1232 号（2002 年）145 頁

　　　海老沢美広「渉外的な夫婦の氏試論」判タ 766 号（1991 年）27 頁

　　　鳥居淳子「内外人の婚姻と夫婦の氏」ジュリ 1059 号（1995 年）93 頁

　　　佐藤やよひ「渉外婚姻と夫婦の氏——民法 750 条の適用をめぐって」星野英一先生古稀祝賀『日本民法学の形成と課題（下）』（有斐閣，1996 年）1067 頁

　　　澤木敬郎「人の氏名に関する国際私法上の若干の問題」家月 32 巻 5 号（1980 年）1 頁

渉外戸籍

　　　佐藤やよひ＝道垣内正人編『渉外戸籍法リステイトメント』（日本加除出版，2007 年）

第 *26* 章
後見・失踪宣告

　後見とは，事理弁識能力の不十分な者（被後見人）に後見人を付すことによってこれらの者を保護する制度をいう。より詳細にみれば，精神上の障害により判断能力が不十分な者を保護するための成年後見と親権を行う者を欠く未成年者を保護するための未成年後見に分けられる。

　本章では，理解しやすさという観点から，まず，第1節で未成年後見（35条）を，第2節では成年後見の問題を成年後見開始の審判（5条）からそれにより開始する成年後見（35条）までをまとめて扱う。これに続いて第3節で失踪宣告（6条）を扱う。本章で失踪宣告も扱うのは，通則法において後見開始の審判等に関する5条と失踪宣告に関する6条の規律方法に管轄権アプローチ（⇒ Column 8-3 ）という共通点がみられるからである。

第1節　未成年後見

1 準拠法の決定

(1)　被後見人の本国法主義

　後見等は，被後見人等の本国法による（35条1項）。後見は，被後見人の不十分な能力を補充し，これを保護する制度である。そのため，後見の準拠法に関しては，人の身分および能力に関わるものとして属人法主義を採用する国が

多い。ハーグ国際私法会議による 1902 年の「未成年者の後見を規律するための条約」も被後見人の本国法主義を原則としている。

(2)　例外──法廷地法としての日本法の適用

各国の実質法上，未成年の被後見人を保護する観点から，国家機関等が公的に監督し介入できるシステムを構築していることが多い。もっとも，どのように本人保護を実現するのか，つまりどのような機関（司法機関や行政機関）がどのように関与するのかに関しては各国独自の展開がみられ，各国の実体法に即するように手続法が制定されており，両者の関係が非常に密接な領域である。

被後見人が外国人である場合には，35 条 1 項によりその本国法が後見の準拠法となる。しかし，日本において裁判所による一定の保護措置が必要とされる場合には，手続については法廷地法である日本法が適用されるため（⇒ **TERM 2-1**），その保護措置を迅速かつ実効的に実現するには，日本の手続法に最も即する日本民法を適用することが望ましい。そこで，わが国裁判所が保護措置を行う必要がある一定の場合には，例外的に法廷地法である日本法によることが 2 項で定められている。そのような例外的な場合とは，被後見人たる外国人の本国法によればその者について後見が開始する原因がある場合にもかかわらず，日本における後見の事務を行う者がないときである（35 条 2 項 1 号。東京地判平成 27・4・22［百選 65］。なお，同項 2 号は成年後見に関わる規定であるので⇒本章第 2 節）。

> 法例 24 条 2 項では単に「後見ノ事務ヲ行フ者ナキトキ」と規定され，後見事務を行う者がどの国にもいないときを意味するのか，または適法な後見人がいたとしても，その権能が日本にいる制限能力者の保護に法律上または事実上，全面的または部分的に及ばないときも該当するのかに関して見解が対立していた。通則法 35 条 2 項 1 号では，法例の立法趣旨および多数説に従い，「日本における後見等の事務を行う者がないとき」と規定し，立法的に解決した。

諸外国の法制をみると，本国法主義を採用する国々においても，日本のように一定の範囲で法廷地法の適用を例外的に定めている。他方，ハーグ国際私法会議による 1961 年の「未成年者の保護に関する機関の管轄および準拠法に関する条約」（日本未批准）および 1996 年の「親責任および子の保護措置に関する管轄権，準拠法，承認，執行および協力に関する条約」（日本未批准）は，原

則として子の常居所地国に管轄を認め，法廷地法を準拠法とする。英米法系諸国も法廷地法主義を採用している。

2　準拠法の適用

(1)　35条1項

1項によると，後見には後見準拠法たる被後見人等の本国法が適用される。この「後見」には，未成年後見の開始の原因，後見人の選任・解任，後見人の職務や権限，後見人と被後見人間の権利義務関係，後見の終了などが含まれる。

(2)　35条2項

2項によると，後見人の選任の審判その他の後見に関する審判に日本法が適用される。ここでいう審判とは，結局，わが国家事事件手続法上の審判を指し，そのような審判の原因および効力について日本法が適用される。具体的には，後見人等の選任・解任，後見人の権限やその行使方法等である。

　　2項は，事項的適用範囲を後見に関する審判に限定している。通則法への立法過程で，後見人がすでにいる場合にも，さらに日本法により保護措置を行えることが明確にされたが（⇒370頁），このことにより，裁判所等の公的機関による保護措置以外の事項についてまで日本法を準拠法とすることを意図したものではない。例えば，被後見人の本国法によれば裁判所による選任裁判なしに法律上当然に後見人となる者がいて，本国でその者が本国法上認められた後見の事務を行っていた場合に，日本法が適用される範囲を限定せず，日本法を後見に関する問題すべてに適用すると，未成年者の本国法上認められていた後見人の権限が認められなくなる。このような結果は，後見について本国法を原則的な準拠法とする趣旨を没却することにもなる。そのため，例外的に日本法を準拠法とする事項を，日本における後見人の選任等についてのみに限定している。

(3)　親権の準拠法との関係

通則法は親権（32条）と後見（35条）とに異なる連結点を採用しているため，両者がうまく接合しない場合がある。例えば，親権の準拠法によればある原因により親権者を欠き後見が開始するにもかかわらず，後見の準拠法上そのような原因では後見が開始しない場合が生じ得る。しかし，未成年後見は，子の保護のために親権を補充する二次的な制度である。この観点から考えると，後見の開始原因は原則として後見準拠法の適用範囲ではあるが，保護を必要とする

未成年者がいる以上，親権者を欠くとする親権の準拠法に従い，たとえ後見の準拠法上後見開始原因がないとしても，後見を開始すべきであろう。

他方，後見の準拠法によれば後見が開始するが，親権の準拠法によれば親権者が存在する場合は，35条を適用する余地はない。未成年後見が親権を補充する制度であることから，親権による保護を優先すべきであり，親権の準拠法上親権者を欠く場合に初めて後見の準拠法が問題となる。

なお，未成年後見の場合には，本人が未成年であるか否かの判断を要する。この問題を後見の準拠法に依拠させる少数説もあるが，4条によるとするのが通説である。

3 国際裁判管轄

裁判所等の公的機関が後見事務の監督等の保護措置をとることがあるため，国際裁判管轄が問題となる。ハーグ国際私法会議の1961年の「未成年者の保護に関する機関の管轄および準拠法に関する条約」，1996年の「親責任および子の保護措置に関する管轄権，準拠法，承認，執行および協力に関する条約」では，被後見人の常居所地国に原則的管轄が認められている。

平成30年人訴法等改正により，未成年後見人の選任に関する国際裁判管轄は，被後見人の住所・居所が日本にあるとき，または被後見人が日本国籍を有するときに，日本に認められる（家事3条の9）。未成年後見も後見という保護措置に着目すれば，成年後見と同様の機能を果たすものであるとして，両者の国際裁判管轄ルールと一致させられている（⇒378頁）。財産所在地国の管轄は，過剰管轄となるおそれがあることや成年後見と比して未成年後見の場合には身上監護に重点が置かれるべきであることなどから認められていない。

もっとも国際裁判管轄規定が設けられたのは選任の局面のみであり，例えば後見人辞任の許可などについての規定を設けることは見送られている。

4 外国後見裁判の承認

学説においては，他の非訟裁判と同様に（⇒355頁），民訴法118条を準用し，間接管轄と公序を承認要件とすることが主張されており，管轄として被後見人の常居所地国または本国を挙げる立場とがあった。**平成30年人訴法等改正**で，

外国家事裁判の承認に関しては原則として民訴法118条が準用される旨の規定が設けられたので（⇒189頁），これに基づき承認の可否が判断されることになろう（家事法79条の2）。

なお，スウェーデン裁判所で選任された監護権者が日本に居住する子の引渡しを日本の裁判所で求めた事案において，スウェーデンでの監護権者選任の裁判が承認されることを前提として請求を認容した裁判例がある（東京高判昭和33・7・9［百選66]）。

第2節　成年後見

1 総　説

精神上の障害等の理由により事理を弁識する能力が不十分な者に対し，その者の保護およびその者と交渉をもつ一般社会における公益保護のため，裁判所等の国家機関の関与の下，保護措置をとる法制を有している国は多い。日本においては，従前は禁治産・準禁治産制度として要保護者の行為能力を画一的にはく奪または制限し，後見人等を選任してその身上監護および財産管理を行わせていた。しかし，高齢化社会に対応できるよう，本人の自己決定権の尊重や残存能力の活用等の観点から本人に必要な援助を与える柔軟なシステムへと法改正を行う国が次々と現れ，日本も1999（平成11）年の改正で禁治産制度を廃止し，成年後見制度を導入した。

通則法5条は，本質的に同一の制度であり，単に要件・効果に程度の差があるにすぎない後見，保佐，補助をまとめて規定している。

5条で成年後見開始の審判の要件やその効力（行為能力の制限等）に関して定め，その後，後見人がどのように選任され，どのように後見が実現されるかは35条で規律する。これは，日本民法で成年後見等に関する規定が7条以下に置かれ，後見に関する規定が親権に後続する位置で838条以下に置かれているのにならったものである。このように，条文は離れて置かれてはいるが，通則法5条と35条は連動するものであり，本書ではまとめて解説する。

2　後見開始の審判等

(1)　国際裁判管轄

　5条によると，事理弁識能力を欠く要保護者が①日本に住所または居所を有するとき，および②日本国籍を有するときには，後見開始の審判等につきわが国裁判所が管轄を有する。

　　　法例下では，原則的管轄を本人の本国あるいは居住地国に認めるかについて議論があった。本人保護，条文の体裁，立法趣旨，対人主権などを理由に従来の多数説は本国管轄を原則的管轄と解していた。しかし，本人の現況の正確な把握が本人保護に資することや一般社会の公益維持という成年後見制度の目的からすると，居住地国にこそ管轄を認めるべきであるとして，次第に後者の立場が多数説となっていった。また，外国に居住する者の心神の状況の調査の困難さや，外国に居住する者に対する日本の後見開始の審判がその者の居住地国で必ずしも承認されるとはいえず，結果的に自国民保護という目的が達せられないとして，本国管轄を否定する見解も有力になっていた。

　通則法では，わが国裁判所がいかなる場合に管轄を有するかという視点から規定しているが，住所地国・居所地国に加え，本国が国際裁判管轄を有することを明確に認めている。このように外国に住所を有する日本人について日本の裁判所に管轄を認めた理由としては，ⓐ外国に移住した日本人であってもなお日本に財産があったり，親族が日本に居住する場合など日本において要保護者や利害関係人の保護を考慮する必要があること，ⓑ居住地国で後見開始の審判に該当する保護措置を受けたとしても，その効力が日本で承認されるかにつき，必ずしも肯定的に考えられないこと，ⓒ外国に居住する日本人の心神の状態の鑑定・聴取といった手続的に困難な問題も，司法共助手続や日本の領事等の活用により実現可能であること，などが挙げられている。

　立法過程では，さらに財産所在地管轄を認めるべきかも議論された。後見開始の審判等が本人保護のための制度であることや寡少な財産でも管轄が認められることになるなどの問題点が指摘され，最終的に認められるに至らなかった。

　なお，「常居所」でなく，「住所」の文言が用いられているのは，ここでは準拠法の連結点としてではなく，管轄原因として定められているからである。

(2)　準拠法の決定・適用

わが国の裁判所が管轄を有するときは，日本法に基づき後見開始，保佐開始および補助開始の審判をすることができる。このように5条では，外国法が適用される場合を規定しておらず，同条に定める「後見開始，保佐開始又は補助開始の審判」とは，まさに日本民法上の概念を指している。後見開始の審判等の要件や申立権者のみならず，行為能力の制限の態様や効果（法定代理人の同意の有無，行為能力を制限された者が行った法律行為の効果〔無効になるのか，取り消しうるにすぎないのか〕）も日本法による。これに対して，後見人をどのように選任するのか，後見人がいかなる権限を有するかといった問題は35条による（⇒377頁）。

5条での日本法は，法廷地法として適用される。これは，非訟事件特有の実体法と手続法との密接な関係を考慮したものである（⇒370頁）。準拠外国実質法上の措置を法廷地たる日本の手続法（⇒ TERM 2-1 ）で行うと，的確な保護措置の実施を阻害しかねない。そこで，そのような問題が生じないように法廷地法が準拠法として定められているのである。こうすることにより，日本において保護が必要と認められるケースについて保護措置を実効的に行うことができる。また，わが国裁判所で後見開始の審判等を受けた者についてはすべて日本法が適用されることにもなり，わが国の取引の安全にも資する。

5条では，「成年被後見人」との文言が用いられているが，被後見人を成年に限定しているわけではない。日本民法上，精神上の障害を有する未成年者も後見開始の審判に付されうるが，年齢により行為能力を制限された未成年に対する後見と対比する意味でつけられたにすぎない成年後見という文言にここでもならったにすぎない。

(3)　外国国家機関による保護措置の承認

外国においてその国家機関により成年後見に関する保護措置を受け，これにより行為能力が制限された者が日本で取引をしたような場合，当該外国の保護措置の効力を日本でも承認し，その者を成年被後見人と扱ってよいかが日本で問題となる。

外国の成年後見に関する保護措置は外国非訟裁判としてその承認を考えるこ

とになりそうであるが，成年後見制度の取引の安全の確保という制度目的を重視し，そもそも承認対象とすべきかについて議論がある。従前の禁治産制度の下では，宣告がなされると，本人の戸籍への記載に加え，公告により公示もなされていた。このような公示方法は宣告地以外におよびえず，また公示をしない国もある。そこで，外国でなされた保護措置を日本で公示できない以上，その効力を承認することは内国における取引の安全を害するとして，承認を否定するのが多数説であった。このような見解は，法例および通則法を通じて，内国取引を顧慮し，日本での後見開始の審判の効力が成年被後見人の国籍いかんを問わず日本法によるとされていることとも整合的でもあった。

これに対して，禁治産宣告の裁判の効力は公示されることで生じるわけでなく，また現実には公告によって世間一般に周知されるものでもなく，禁治産制度と公示制度とは不可分とはいえないとして承認説も主張されていた。

平成11年に日本で成年後見制度が導入されてからは以前とは状況が異なり，公告という公示制度は廃止され，後見登記等ファイルに登記されるのみである。成年後見制度の導入後は，外国における後見開始の裁判も承認対象とする見解も有力に主張されている（この承認説には，取引の保護を図るために「後見登記等に関する法律」における登記を外国における後見開始の裁判にも利用することを条件にする見解もある）。

平成30年人事訴訟法等改正で外国家事裁判の承認に関する規定が新設されたが（家事79条の2⇒189頁），外国後見開始裁判が同条の承認対象となるか，対象となる場合に要件（「その性質に反しない限り」）はどうなるかは，引き続き今後の議論に委ねられている。

3　成 年 後 見

通則法35条は，後見がいかに実現されるかという問題を規律し，未成年後見と成年後見の双方を対象としている。35条は，5条と同様に（⇒373頁），後見・保佐・補助を一括して規定している。

(1)　準拠法の決定

5条に基づき日本において後見開始の審判等が開始する場合，日本法が準拠

法となり，結局のところ日本法上の成年後見等が開始することなる。そのため，当該審判の後に誰を後見人に選任するのか，選任された後見人がどのような権限を有するのか，裁判所等のどのような監督下に置かれるのかという問題についても一貫して日本法を適用する方が日本法上の成年後見制度を実効的にかつ円滑に進めることができる。

このような観点から，通則法では5条と35条を連動させている。すなわち，5条に基づき日本で日本法に基づき後見開始の審判等を受けた成年被後見人が日本人である場合には，これにより開始される成年後見についても35条1項が被後見人の本国法主義を採用していることから日本法が準拠法となる。また，日本で5条に基づき後見開始の審判等を受けた被後見人等が外国人である場合にも，成年後見人等の審判について例外的に日本法によることになる（35条2項2号）。

成年後見について被後見人の本国法主義を採用する国々においても，一定の範囲で法廷地法の適用を例外的に定めている国が見受けられる。もっとも，ハーグ国際私法会議による2000年の「成年者の国際的保護に関する条約」（日本未批准）は，原則として被保護者の常居所地国に管轄を認め，その国の法を準拠法としている。

(2)　準拠法の適用

5条に基づき後見開始の審判等を受けた者の成年後見については，日本人か，外国人かを問わず，後見人の選任，解任，権限やその行使方法等すべてについて日本法が適用されることになる。

> 35条2項では，「後見人，保佐人又は補助人の選任の審判その他の後見等に関する審判」に事項的適用範囲を限定している（2項柱書。後見人等の保護機関の権限やその行使方法もこれらの審判の効果として適用範囲に含まれる）。このような限定は，未成年後見については1項と異なる適用範囲を有するという意義があるが（⇒371頁），成年後見に関してはどうだろうか。成年後見については，準拠法となる日本民法上，後見人の選任に始まり後見の終了に至るまですべて家庭裁判所の監督下に置かれ，後見人の選任，辞任，解任等すべてについて審判を要する（民843条1項，844条，846条）。したがって，35条1項による日本人に対する成年後見についても日本法が準拠法となり，適用範囲を限定するまでもなく，家庭裁判所の審判を原則として要するのであり，1項と2項

とで適用範囲が異ならないことになる。

(3)　国際裁判管轄

　日本において日本法上の成年後見等を実効的に実現できるように，5条と35条は連動している。このことから，5条により成年後見等が開始した場合には，日本法上要求される後見人等の選任，辞任，解任や後見監督人の選任等のすべての国際裁判管轄がわが国裁判所に認められると解されるだろう。

> 日本人たる成年被後見人等については，日本に住所または居所を有さない場合も5条により成年後見等の開始の審判が可能であることから，成年後見人等の選任の審判等についても成年被後見人が日本に住所や居所を有する必要はないであろう。外国人である成年被後見人等については成年後見等の開始の審判につき日本に住所または居所を有することを要するが（⇒374頁），日本で後見人等が一旦選任された場合には，当該後見人の辞任等については，外国人成年被後見人が日本に住所または居所を有さないときも，わが国裁判所に引き続き管轄を認める必要があろう。

(4)　任 意 後 見

　平成11年の民法改正で禁治産制度から成年後見制度に転換した際，任意後見制度も新たに導入された。任意後見制度とは，本人に判断能力があるうちに，将来，判断能力が不十分な状態になった場合に備えて，事前に自らが選んだ代理人（任意後見人）に，自らの身上監護や財産管理に関する事務について代理権を与える契約を締結することで，本人の意思に従った適切な保護・支援をすることを可能にしようとするものである。イギリス，カナダ，オーストラリアなどでも，本人の意思能力喪失後の代理権行使に関する制度が設けられている。

　通則法への改正の際も議論されたものの，具体的な立法を行うほど学説上の議論の蓄積が十分であるとはいえない状況であることから，準拠法について明文の規定を置くことは時期尚早であるとして，これまでと同様に解釈に委ねることにされた。

　学説においては，任意後見が契約に基づくものであることから，債権契約と同様に扱い，7条以下によるとする見解がある。しかしながら，任意後見契約を一種の身分法上の契約ととらえ，法定後見と任意後見が相互に補完する関係にあることから，任意後見も35条によるべきであるとする見解が有力である

（後者の立場のうち，通則法の下では，裁判所による任意後見人の監督が制度の必須的要素であることを重視し，裁判所の属する国の法によるべきであると考え，5条および35条の類推適用から常に日本法が準拠法となるとの見解もある）。任意後見契約の方式に関しては，10条ないしは34条により上記の実質の準拠法と行為地法の選択的連結を認める見解と，行為地法の適用は排除されるとの見解が対立している。

なお，平成30年人訴法等改正の際も，任意後見の法的性質や外国法を準拠法とする任意後見についても対象とすべきかにつき結論が出ず，任意後見に関する事件の国際裁判管轄規定を置くことは見送られた。

第3節　失踪宣告

1　総　説

人の所在および生死不明の状態が一定期間継続した場合に，裁判所その他の国家機関の宣告によって，その者の死亡を推定または擬制し，その者をめぐる不確定な身分上および財産上の法律関係を確定させる制度は，諸外国に見受けられる。もっとも，その名称や要件・効果は各国で様々である。日本においては，民法30条以下で失踪宣告として定められている。

失踪宣告については国家機関の宣告が必要とされるため，国際裁判管轄が問題となり，法例の時代から国際裁判管轄と準拠法とが6条において規定されてきた。法例6条は，外国人の生死が不明な場合に，日本裁判所に日本にある財産および日本の法律によるべき法律関係についてのみ日本法によって失踪宣告をすることを認めていた。この規定ぶりから，原則的管轄が本国あるいは居住地国のどちらに認められるのかという議論があり，また法例6条の規定する管轄原因が狭すぎるとの批判もあった。通則法では，外国人に限らず不在者一般を対象とする失踪宣告についての原則的管轄と準拠法を定めるとともに，例外的管轄原因を法例6条よりも広げる形で規定されている。

不在者の財産管理については，失踪宣告とは異なり，一時的な財産保全処分であることから，準拠法については財産所在地法を適用する立場が一般的である。また，そのよ

うな処分に関する事件の国際裁判管轄については，財産が日本に所在する場合に日本に
管轄が認められる（家事3条の2）。

2 国際裁判管轄

(1) 原則的管轄（6条1項）

　失踪宣告制度は，不在者の人格の存否を決めるものであるが，不在者に関わ
る不確実な法律関係を確定することに意義がある。したがって，不確実な法律
関係の発生の解決に利害関係を有する住所地にこそ原則的管轄が認められるべ
きである。もっとも，日本人については，親族が相続人等の利害関係人として
日本にいることが多いことや，戸籍の整理が可能になるなど，日本に住所がな
いとしても，日本で失踪宣告をする必要が認められる。法例下で主張されてい
たこのような見解は，通則法の立法過程でも支持を得て，通則法では住所と国
籍を原則的な管轄原因としている。すなわち，不在者が生存していたと認めら
れる最後の時点に①日本に住所を有していたとき，および②日本の国籍を有し
ていたとき，日本の裁判所は管轄を有することになる。

　ここで，「常居所」でなく「住所」という文言が用いられたのは，5条と同
様に，これが連結点としてではなく，管轄原因であり，既存の国内立法と整合
的に説明しやすいからである。

(2) 例外的管轄（6条2項）

　日本に住所を有さない外国人が生死不明となった場合，1項に定める原則的
管轄がないことから，日本で失踪宣告をすることができない。しかし，行方不
明者が日本に財産を有する場合などでは，法律関係が不安定な状況が継続し，
望ましくない。そこで，以下の2つの場合，日本に例外的管轄が認められる。

　第1に，不在者の財産が日本に在るときである。債権については，日本で裁
判上請求することができれば，日本に所在するものとして扱われる（破4条2
項）。

　第2に，不在者に関する法律関係が日本に関係があるときも日本に管轄が認
められる。具体的には，まず明文で規定されているとおり，不在者に関する法
律関係が日本法によるべきときがこれにあたる。法例6条においてもこの点は

規定されていた。日本法を準拠法とする生命保険契約や婚姻や養子縁組などの準拠法が日本法となる場合などが挙げられよう。

　通則法6条は例外管轄が認められる場合を拡大し，不在者に関する法律関係の準拠法が日本法とならなくても，その「性質，当事者の住所又は国籍その他の事情に照らして」日本に関係があれば，日本に管轄が認められる。日本との関係の有無の判断にあたっての一律な基準は設けられておらず，個別具体的に判断されることになる。例えば，日本に居住する同一外国籍を有する夫婦の一方が行方不明になった場合や，外国に居住する日本人と外国人の夫婦のうち外国人配偶者が行方不明になり，日本人配偶者が日本に帰国した場合に婚姻を解消しようとする事案などが考えられる。

③　準拠法の決定・適用

　1項の原則的管轄または2項の例外的管轄に基づいて日本の裁判所が失踪宣告をするときは，日本法が準拠法となる。5条同様に，非訟事件における実体法と手続法との密接な関係を考慮して，管轄にあわせて準拠法が決定されており，法廷地法である日本法が失踪宣告の要件および効力に関して適用される。

　なお，通則法の下，日本法が適用される失踪宣告の効力とは死亡の擬制であると解される（民31条）。法例下での従来の通説は，特に例外的管轄に基づく失踪宣告については，日本にある財産や日本法による法律関係について日本で確定的な処理をするために管轄が認められていることから，死亡の擬制という直接的効果にとどまらず，婚姻の解消や相続の開始といった間接的効果も日本法により生じると解するものであった。この点，通則法の立法過程で議論され，間接的効果が認められるか否かは，問題となっている法律関係の準拠法によると解することが理論的に一貫しており，原則的管轄と例外的管轄とを別異に解すべき理由が乏しいとして議論が整理された。条文上明確にされたわけでないが，通則法下では，直接的効果と間接的効果とを分けず，失踪宣告によっては直接的効果しか生じないとする立場が多数説となっている。

　失踪宣告がなされたにもかかわらず，行方不明者が生存していることが明らかになった場合，失踪宣告の取消しが必要となる。この問題も6条による。

4 失踪宣告の効力が及ぶ範囲

　1項の原則的管轄に基づく失踪宣告に関しては，その効力が及ぶ範囲については特に限定されていない。したがって，通常の裁判と同様に，不在者のすべての財産と法律関係全般に及ぶ。ただし，日本でなされた失踪宣告の効力が外国にも及ぶかは，当該外国でこれが承認されるか次第である。

　これに対して，2項の例外的管轄に基づく失踪宣告に関しては，外国の裁判所が失踪宣告を行うことも想定されるため，国際的協調の観点から，失踪宣告の効力の及ぶ範囲を管轄の根拠となった日本に在る不在者の財産または日本に関係する不在者の法律関係に限定する旨規定されている。したがって，例外的管轄に基づき日本の裁判所で行方不明の配偶者について失踪宣告を受けた場合には，死亡したものとして通常離婚準拠法により婚姻が解消されるが，外国所在の財産については失踪宣告の効力は及ばず，相続が開始することもない。

5 失踪宣告の取消し

　日本民法上，失踪宣告は，宣告のなされた失踪者の生存や宣告とは異なる時に死亡していたことが判明した場合，利害関係人または本人の請求により，裁判所がこれを取り消さなければならない（民32条）。平成30年人訴法等改正により，この取消しの審判に関する国際裁判管轄規則が新設された（家事3条の3）。これによると，失踪宣告と同様に，①失踪者が日本に住所もしくは日本国籍を有していたとき，または②失踪者が生存していたと認められる最後の時点において，失踪者が日本に住所もしくは日本国籍を有していたときは，その取消しに関する国際裁判管轄が日本に認められる。さらに，③日本において失踪宣告の審判があったときにも失踪宣告の取消しに関する管轄が日本に認められる。

6 外国失踪宣告の承認

　外国でなされた失踪宣告の効力が日本でも認められるか否かは，外国失踪宣告の承認の問題である。**平成30年人訴法等改正**で新設された失踪宣告の取消しに関する国際裁判管轄ルールは，日本でなされた失踪宣告の取消しのほか

（家事 3 条の 3 第 1 号），失踪者の日本における住所や日本国籍も管轄原因としていることから（同 2 号，3 号），外国でなされた失踪宣告も承認対象となることを前提としている。かつては，失踪宣告も外国非訟裁判の承認として民訴法 118 条を部分的に（1 号および 3 号）準用し，間接管轄と公序の 2 要件により判断する立場が多数説であった（外国非訟裁判の承認に関しては⇒第 24 章第 6 節）。改正後は，家事事件手続法 79 条の 2 により，外国失踪宣告も，その性質に反しない限り，民事訴訟法 118 条が準用される（⇒189 頁）。

　　　失踪宣告のように対世的効力をもつ外国裁判の承認の場合には，跛行的法律関係の発生の防止という観点から，外国裁判の承認される機会を増やすことが望ましいとして，間接管轄の範囲を直接管轄の範囲よりも広く認めようとする見解が有力に主張されている（⇒323 頁）。このような立場からは，不在者の最後の住所地国，本国，財産所在地国および不在者が法律関係を有する国に加え，居所地国の管轄が挙げられている。

　以上の承認要件を充足した場合，外国失踪宣告は，日本において効力が認められるが，その効力が認められる範囲については前述 **4** で述べたことがここでも妥当する。すなわち，不在者の最後の住所国または不在者の本国においてなされた外国失踪宣告は，不在者の法律関係全般についてその効力が日本において認められる。これに対し，不在者の財産所在地国や不在者が法律関係を有する国においてなされた外国失踪宣告の効力は，当該国に所在する不在者の財産および当該国に関係する不在者の法律関係についてのみ，日本において効力が認められる。

参 考 文 献

後　見
　　横山潤「渉外的成年後見の申立てをめぐる問題」若林昌子＝床谷文雄編『新家族法実務大系(2)親族(II)——親子・後見』（新日本法規，2008 年）691 頁
失踪宣告
　　海老沢美広「渉外失踪宣告の効力」戸籍時報 602 号（2006 年）2 頁

第27章

扶　　養

> 　扶養とは，独立して生計を営めないほどに生活が困窮している者を経済的に援助する制度をいう。国家等による公的扶助と私的扶養に分けることができるが，公的扶助は公法上の問題であり，国際私法の適用対象となるのは私的扶養である。
> 　本章では，扶養に関する法源である扶養義務の準拠法に関する法律についてまず解説し，続いてそれに基づく準拠法の決定・適用の問題を取り上げ，最後に国際裁判管轄と外国扶養裁判の承認執行の問題を取り扱う。

第1節　総　　説

　通則法には，親族関係から生じる扶養義務の準拠法に関する規定はない。法例には，扶養義務につき扶養義務者の本国法主義をとる規定（21条）が置かれていた。しかし，1973年のハーグ国際私法会議の「扶養義務の準拠法に関する条約」（以下，一般条約）を日本が1986（昭和61）年に批准し，これを国内法化した**「扶養義務の準拠法に関する法律」**（昭和61年法律第84号）の施行（同年9月1日施行）に伴い，法例21条は削除されることとなった。今日では扶養義務に関しては「扶養義務の準拠法に関する法律」（以下，本法）が原則として適用される。

　一般条約に先立つ 1956 年のハーグ国際私法会議の「子に対する扶養義務の準拠法に関する条約」（以下，子条約。日本は 1977〔昭和 52〕年に批准）の締約国の多くは日本同様に一般条約の締約国でもある。両条約の締約国間では，一般条約が優先して適用されることから（一般条約 18 条），本法が適用される。子条約のみの締約国（オーストリア，ベルギー，リヒテンシュタイン，マカオ）との関係では，子条約が適用されるため，本法は適用されない。なお，これらの条約の後，現代的かつ実効的な扶養料回収の国際的なシステムを構築するために，2007 年に「子及びその他の親族の扶養料の国際的な回収に関する条約」と「扶養義務の準拠法に関する議定書」が採択され 2013 年から発効しているが，日本はともに批准していない。

　以下では，主として本法を中心にその準拠法の決定方法および適用範囲を述べることにする。

第 2 節　準拠法の決定

1 原　　則

　子条約同様に，本法も扶養権利者の常居所地法主義を採用している（2 条 1 項）。①扶養権利者が現実に生活を営む地の法によってこそ要保護者の需要に応じることができること，②私的扶養が困難な場合にのみ公的扶助を開始する国が多く，両者を同一の準拠法に依拠させることで制度間の調和が可能になること，③同一国内にいる扶養義務者を平等に扱い，同一の基準によることができること，④常居所や国籍を異にする扶養義務者が複数いる場合にも，基準の統一性を確保できることなどを理由とする。もっとも，扶養権利者であるかどうかは，準拠法を適用して初めて判明するのであり，正確には「扶養を請求している者」である。

　一般条約は，扶養権利者の常居所に変更がある場合には，その変更時から新たな常居所地法を適用する旨明記している（4 条 2 項）。本法では当然のこととして規定が設けられていないが，同様に解される。

　本法は，扶養権利者保護のため，さらに 2 段階にわたる**補正的連結**（⇒51 頁）を定め，扶養義務の成立をできる限り認めるために当事者の共通本国法と法廷地法を選択的に適用する。方式の準拠法等に用いられる通常の選択的連結

と異なるのは，ここでは適用の順番が決められている点である。扶養義務の場合，扶養料の額も決定する必要があるからである。具体的には，①扶養権利者がその常居所地法により扶養を受けることができないときは，当事者の共通本国法が（2条1項ただし書），②当事者の共通本国法によっても扶養を受けることができないときは，法廷地法である日本法が適用される（2条2項）。扶養権利者保護のため扶養を受ける機会を増やそうという国際私法上の配慮に基づくものであることから，ここにいう扶養を受けることができないときとは，法律上扶養義務が課せられていない場合や個別的に裁判により義務を課しえない場合をいい，事実上扶養を受けられない場合ではない。

2 特　則

(1)　傍系親族間および姻族間の特例

　傍系親族間または姻族間の扶養義務に関しては，たとえ本法2条により定める準拠法上扶養義務が生じるとしても，義務者と権利者の共通本国法（共通本国法がないときは義務者の常居所地法）によれば扶養義務が生じない場合には，義務者は，扶養義務について異議を述べることができる（3条1項）。あくまでも義務者からの異議の申立てが必要であるが，この場合には，扶養義務の存否は，2条により定まる準拠法ではなく，権利者と義務者の共通本国法（これがないときは義務者の常居所地法）による。

　傍系親族や姻族は親族関係も遠く，各国における扶養義務の範囲は種々である。この相違は各国の家族制度を反映したものであり，扶養義務者と密接な関係をもたない法により扶養義務を強いることはあまり妥当でないと考えられ，扶養義務者が望む場合にのみ扶養義務を認めることにしたのである。異議の対象は，扶養義務の存否であり，扶養料の額や順位等は問題とならない。

(2)　離婚後扶養に関する準拠法

　夫婦であった者の一方が離婚後自立して生活できない場合，互いに扶助すべき義務を負っていた夫婦という関係にあった者に対して一定期間扶養義務（離婚後扶養）を負わせる法制を採用する国は多い。この問題には，本法2条で定まる準拠法は適用されず，離婚との密接な関係から「その離婚について適用さ

れた法」による（4条）。

　注意を要するのは，離婚準拠法によるとは規定されていない点である。これは，本来の離婚準拠法が公序により適用されず，内国法が適用されたような場合，離婚後の扶養義務に関しても当該内国法によることを明らかにするためである。離婚後扶養が各国の法制上離婚自体と密接に関連しており，その離婚に実際に適用された法によるべきであるとの考えに基づく。

　法定別居，婚姻無効，婚姻取消しの当事者間の扶養義務の問題についても，同様に，それぞれの法律関係に適用された法が準拠法とされる。なお，法定別居後や離婚後に生じる子の扶養の問題は2条に定める準拠法による。

(3)　公的機関の費用償還に関する準拠法

　公的扶助制度が発達すると，生活困窮者に対しまず公的扶助が行われ，その後に判明した扶養義務者に対して公的機関がその費用の償還請求を行うという事態が増加することが予測される（例えば生活保護法77条1項）。そのような場合，公的機関の費用償還を受ける権利は扶養義務そのものではないことから，当該機関が従う法による（本法5条）。

　公的機関には，公的扶助を行う権限を有する国または公共団体などのほか，そのような権限を委ねられた自然人，法人を含む。また，機関が従う法とは，機関の所在地法ではなく，機関を成立させ，これを規律している法を指す。

　なお，5条が適用されるのは，公的機関が費用償還を受ける権利の認否やその行使方法についてのみである。費用償還の範囲は，扶養義務の範囲と表裏をなす問題であり，本来の扶養義務の準拠法による（本法6条）。

3　通則法との関係

　通則法の総則規定は，39条本文を除き，親族関係に基づく扶養義務には適用されない（通則法43条1項）。そのため，本法では総則的な規定が一部定められている（地域的および人的不統一法国に関する規定〔7条〕および公序に関する規定〔8条〕）。

　他方，反致に関する規定はないが，国際私法の統一を目的とした条約である性質上，反致は認められていない。

また通則法38条1項に相当する規定はなく，重国籍者の本国法に絞りをかける必要もない。そのため，本法にいう共通本国法（2条1項ただし書，3条1項）は，通則法25条等で定められる同一本国法（⇒ Column 23-2 ）とは異なる。扶養権利者保護の見地から，できる限り扶養義務の存否に関し判断する準拠法の選択肢を増やすため，他方と共通する国籍があればそれが共通本国法とされる。

第3節　準拠法の適用

1 総　　説

本章第2節で述べた準拠法は，親族関係から生ずるあらゆる扶養義務に関する問題に適用される（本法1条）。私的扶養には，親族間扶養のみでなく，不法行為に基づき加害者が被害者に対して負うもの，贈与や終身定期金などの契約によるもの，負担付き遺贈のように遺言により設定されるものなど種々のものがあるが，それらは，不法行為や契約，遺言等に基づき発生する扶養の問題として，それぞれの準拠法による。

扶養義務の準拠法の適用範囲に関しては6条で例示的に列挙されており，扶養義務の存否，扶養義務者・扶養権利者の範囲，行使期間・行使方法などの問題に適用される。

6条では，扶養義務者の義務の程度も扶養義務の準拠法の適用範囲である旨定められている。さらに，扶養の程度は，適用すべき外国法に別段の定めがある場合においても，扶養権利者の需要および扶養義務者の資力を考慮して定めるものとされる（8条2項）。したがって，例えば扶養義務者に相当な資産があるにもかかわらず，これを考慮せずに扶養義務を定めることはできない。この点から，公序の具体的基準の1つを明記したものとも解されている。

　　なお，扶養義務の前提となる親族関係の存否は，各国の判断に委ねられているが，一
　般の先決問題と同様に取り扱うべきであるとする見解と，締約国間における統一的解決
　の確保を顧慮し，先決問題も含めて扶養義務の準拠法によるべきであるとする見解とが
　ある。また，扶養権利者が成年かどうかで扶養の内容や程度が異なりうるため，扶養義

務の程度や内容を決定する先決問題として扶養権利者が成年であるかが問題となるが，この問題についても先決問題に関する最判平成 12・1・27［百選 2］［百選 54］（⇒ ◁判例 24-1▷）に従い，行為能力に関する法例 3 条（通則法 4 条）を適用した裁判例がある（東京高決平成 18・10・30）。

② 親子間の扶養

　親の子に対する扶養料，いわゆる養育費については，本法が適用される。

　例えば日本法上は，養育費は，子自身のみならず，親の一方が他方に対して子の監護に要する費用（民 766 条 1 項）として請求することができる。本法 6 条によると，「扶養権利者のためにその者の扶養を受ける権利を行使することができる者の範囲」は，扶養義務の準拠法による。一般条約ではより明確に誰が申立てをできるかも扶養義務の準拠法の適用範囲に属するものと規定されており（10 条 2 号），この点から，誰が子の法定代理人として子の扶養料の請求を申し立てることができるか，すなわち，親権者の法定代理権の存否やその前提となる親権の帰属の問題も含め，扶養義務の準拠法によると解されている。

　家庭裁判所の実務においては，渉外的事案においても，別居中の夫婦間で子を監護する親の一方から他方に対して子の養育費を求める場合，婚姻費用の分担請求の方法によるのが通例とされる。この場合も含め，実質的に子の養育費が問題となる事案では，裁判例においては親子間の扶養の問題として本法が適用されている（浦和家川越支審平成 11・7・8）。

③ 婚姻費用の分担

　民法 760 条は，夫婦は，その資産，収入その他一切の事情を考慮して，婚姻から生ずる費用を分担すると規定する。このような婚姻費用は，夫婦間の扶養として，また婚姻生活を維持するための費用としての意味合いを有する。そのため，その性質決定が問題となる。

　婚姻費用の分担に関しては，本法施行前は，夫婦財産制の準拠法による立場と夫婦間の扶養義務として婚姻の身分的効力の準拠法による立場とに学説・裁判例は対立していた。しかし，本法施行後は，扶養義務の問題として同法に依拠させる見解が有力である。別居している夫婦の一方が他方に対して自らの生

活費を請求する場合において，同居の子がいるときは，子の養育費も婚姻費用として請求することが多い。このような場合，夫婦間の扶養と親の子に対する扶養が密接に関係していることから，両者に同じ準拠法を適用することが望ましいことも前述の有力説の背景にある。裁判例においても，夫婦の一方から他方に対して子の養育費も含めた婚姻費用の分担が求められた事案において特に両者を区別することなく本法を適用したものがある（東京高決平成30・4・19〔百選64〕）。

　これに対して，婚姻生活維持のための財産的出捐を夫婦財産制の問題ととらえ依然として通則法26条によるとする見解や，両者の折衷的な見解として，まずは夫婦財産制の準拠法に従い，その所定の負担義務者がその負担に耐えられないときに初めて扶養義務の問題として扶養義務の準拠法に依拠させるべきであるとの見解も主張されている。

第4節　国際裁判管轄

　平成30年人訴法等改正により，扶養関係事件に関する国際裁判管轄ルールが新設された（家事3条の10）。これによると，相手方となる扶養義務者の住所，または扶養権利者の住所が日本にあるときは日本に管轄が認められる。前者は，審判を申し立てられる相手方の手続保障を考慮したものである。後者は，扶養権利者の利益保護を考慮して，申立人側の住所地国に管轄を認めたもので，国際的にも一般に認められている（なお，養育費の請求〔子の監護に要する費用の分担の処分の審判事件〕については，当該子または当該子を監護する者の住所が日本にあればよい〔同条かっこ書〕）。

第5節　外国扶養裁判の承認執行

　外国裁判所で扶養料の支払いを命じる裁判が下されたが，扶養義務者が日本にいる場合などには，日本において当該外国扶養裁判の承認執行が問題となる。このような扶養料の支払いを命ずる外国裁判の承認については，外国非訟裁判として間接管轄と公序のみを判断基準とする見解もあった。しかし，扶養事件

は争訟的性格が強く，金銭給付を命じることも多いことから，民訴法 118 条が直接適用されるとする見解が有力であった（⇒第 24 章第 6 節）。**平成 30 年人訴法等改正**により，外国扶養裁判については民訴法 118 条が準用されることが明文化された（家事 79 条の 2 ⇒ 189 頁）。

　裁判例においては，人訴法改正前のものであるが，民訴法 118 条を直接適用し，養育費につき扶養義務者の使用者に対し給与から天引きし公的な集金機関への送金を命ずる米国ミネソタ州裁判所の判決につき，扶養義務者の養育費の支払義務を命ずるものとして承認・執行を認めたもの（東京高判平成 10・2・26）や，和解協定に基づき養育費等の支払いを命ずる米国ニューヨーク州裁判所の離婚判決の承認・執行を認めたもの（東京地判平成 29・4・25）がある。

　　外国での扶養料の回収は実際には費用倒れになるため難しい。そういった執行段階での問題点を改善し実効的な扶養料回収を実現するために，2007 年の「子の養育費その他の親族の扶養料の国際的な回収に関するハーグ条約」（日本未批准）は，締約国の中央当局を介した行政・司法協力体制を構築するものである。具体的には，外国扶養判決の承認執行の申立ての中央当局による援助や承認執行手続の簡素化・迅速化（例えば承認執行の際は公序審査のみ）に加えて，養育費に関しては承認執行の申立てを受けた国が原則として無償で法律扶助を提供することなどが定められている。行政機関による養育費確保の実効化に向けた近時の諸外国における法改正も考慮して，承認執行される外国扶養判決には行政機関による決定も含まれる。

参 考 文 献

烋場準一「扶養義務の準拠法に関する法律の制定と今後の課題」ジュリ 865 号（1986 年）81 頁

大内俊身「扶養義務の準拠法に関する法律の解説」民事月報 41 巻 9 号（1986 年）31 頁

田中美穂「国際的な養育費・扶養料の支払確保」二宮周平編集代表＝渡辺惺之編集担当『現代家族法講座 第 5 巻 国際化と家族』（日本評論社，2021 年）291 頁

第**28**章
相　　続

第1節　相　　続
第2節　遺　　言
第3節　国際裁判管轄

> 　通則法は，相続に関する条文として36条（相続準拠法）と37条（遺言の準拠法）の2ヵ条の規定をおいている。さらに，遺言の方式に関しては，1964（昭和39）年にハーグ国際私法会議による「遺言の方式に関する法律の抵触に関する条約」を日本が批准したのに伴い，同条約を国内法化するために「遺言の方式の準拠法に関する法律」が制定されている。
> 　本章では，相続，遺言についてそれぞれ準拠法の問題を述べた後に，国際裁判管轄を取り扱う。

第1節　相　　続

1 準拠法の決定

(1)　総　　説

　諸国の国際私法上，相続準拠法の決定に関して相続分割主義と相続統一主義との対立がみられる。まず，**相続分割主義**とは，動産相続と不動産相続を区別し，動産相続は被相続人の住所地法（あるいは常居所地法や本国法）に，不動産相続は不動産所在地法によるとする立場である。これは，法規分類学説が封建制の影響の下，相続に関して所在地法を排他的に適用したことに端を発するといわれ，19世紀半ばに至るまで世界的に広く支持され，今日でも英米法系の

諸国，中国や北朝鮮で採用されている。

これに対して，**相続統一主義**とは，動産相続と不動産相続を区別することなく，相続の問題すべてを被相続人の属人法によって規律しようとする立場である。これは，ローマ法において発展した包括相続という観念に由来するといわれる。包括相続とは，相続財産を一体のものとしてとらえ，被相続人の人格の承継者である相続人に移転されると考えるものであり，日本をはじめとして諸国の実質法上広く継承されている。このような観念の影響の下，国際私法上相続財産を一体的に扱い1つの準拠法に依拠させる相続統一主義が提唱され，19世紀に入り次第に優勢となっていく。今日，住所地法主義と本国法主義との対立はあるものの，スイスや韓国など多くの国で採用されている。

相続分割主義によれば，相続財産に関する実際の手続が財産所在地法に従って行われるため，相続の実効性を十分に期待できるという利点はある。しかし，財産の所在地が異なるごとに相続関係が異なる法秩序の支配を受け，相続関係を複雑にし，特に被相続人の債務処理に関し困難な問題が生じる可能性がある。このような問題点に加え，そもそも動産と不動産の区別が不明確であることやその区別の合理性への疑問などから，近時は相続統一主義が強まってきている。1989年のハーグ国際私法会議による「死亡による財産の相続の準拠法に関する条約」（未発効）や2012年のEU相続規則でも，相続統一主義が採用されている。

また最近の立法の傾向として，EU相続規則施行前のドイツ等，韓国，そして前述のハーグ条約やEU相続規則のように，相続の領域においても当事者自治（⇒第18章第1節）を認めるものが増えつつあることが指摘できよう。

(2)　通　則　法

通則法は，**相続統一主義**を採用し，被相続人の本国法を相続準拠法とする（36条）。法例制定時においては，相続の財産的側面よりも被相続人の人格の承継という側面を重視した結果であると説明されたが，相続法と親族法との間の緊密な関係や相続分割主義と比較して法の適用が簡明であることなどからも根拠づけられている。

36条に定める被相続人の本国法とは，条文では明記されていないが，被相

続人の死亡時の本国法，すなわち被相続人が死亡時に有していた国籍所属国の法を指す。

被相続人の本国の国際私法が日本法の適用を命ずる場合には，41条により反致が認められる（最判平成6・3・8［百選6］）。

Column 28-1 相続分割主義と部分反致

被相続人の本国が相続分割主義を採用し，被相続人が日本を含めて複数国に相続財産をのこした場合において，当該国から被相続人の最後の住所地法あるいは不動産所在地法として日本法が指定されるときは，相続財産の一部についてのみ日本法への反致（部分反致という）が認められる可能性がある。

部分反致を肯定すると，相続分割主義における法適用のように，1人の人の死亡によって異なる相続法に依拠する複数の相続が生じることになる。つまり，ある相続財産については日本法が，他の相続財産については異なる法が適用されることになり，各相続財産ごとにそれぞれの相続準拠法に従い相続人，相続分，遺留分などの問題が判断されることになる（このような法適用の問題について⇒林貴美「相続準拠法の並立的適用──ドイツにおける議論を中心に」同志社法学55巻7号〔2004年〕1991頁）。

そのため，このような反致を認めることは相続統一主義の理念に反するとして，部分反致を否定する見解も主張されていた。しかし，各国の立法上，統一主義と分割主義が対立し，その対立が克服されそうにない現在の法律状態の下では，相続統一主義の立場を徹底することよりは，両主義の対立を調整し，判決の調和が得られるような共通の解決を探ることが緊要であるとして，通説は部分反致についても肯定的である。

---

2 準拠法の適用

(1) 総　説

36条は，相続開始の原因・時期，相続人の範囲・順位・相続分，相続人たる資格（胎児や法人），代襲相続，相続欠格，相続廃除，相続放棄，相続承認（単純承認，限定承認），遺留分，遺産分割等のあらゆる相続の問題に適用される。

以下では，解釈論上議論のある点を取り上げる。

(2) 相続財産の構成

被相続人のどのような財産が相続財産を構成するか，という問題は，相続準

拠法による。しかし，相続財産とされる財産にもそれぞれその財産を支配する準拠法がある。例えば，相続財産とされる不動産には物権の準拠法，生命保険金には保険契約の準拠法というようにである。

　そのため，かつての通説は，一般に相続財産の構成は相続の準拠法によるとしながらも，その個々の権利義務が相続の客体性ないしは被相続性をもつものであるかどうかは，当該権利義務の属性に関する問題であるとして，その権利義務自体の準拠法によって定められるとする。これによると，結果的に，相続財産の構成の問題について相続準拠法と個別財産準拠法の双方を累積的適用することになる。

　　　学説においては，このような法適用の理論的基礎を「個別準拠法は総括準拠法を破る」
　　　という原則に求める立場もある。この場合の総括準拠法とは，相続財産の統一的な準拠
　　　法である相続準拠法を指し，個々の財産の準拠法を個別準拠法と呼んでいる。この原則
　　　に関する明文の規定を有するドイツ国際私法の影響の下，日本には規定はないものの，
　　　不文の原則としてこれを採用していると解する立場である。

　大阪地判昭和62・2・27［百選67］は，米国カリフォルニア州でのＡ（日本人・本件事故で死亡）の過失による交通事故で重症を負ったＸ（日本人）がＡに対する損害賠償債務を相続したとしてＡの両親に対して損害賠償を請求した事案である。大阪地裁は，相続準拠法と不法行為準拠法の「いずれかを優先的に適用すべきものとする根拠」が見当たらないとして，両準拠法が債務の相続性を認めていることを要するとし，カリフォルニア州法上債務の相続性が認められないことから請求を棄却した。

　以上のような見解や裁判例に対し，かつての通説的見解をより精査すれば必ずしも累積適用説とは解せず，また，1つの問題に2つの抵触規定を適用するのではなく，それぞれの準拠法の適用範囲を明確にすべきであるとの批判がある。このような立場から，相続準拠法と個別財産準拠法とを配分的に適用することが有力に主張されている。しかし，配分的適用説の最大の問題は，いかに配分的に適用するかにある。ある説は，①権利義務の存続性と一般的な移転可能性を個別財産準拠法に依拠させ，②当該権利義務が相続人への移転の対象となる種類の財産なのか（厳密な意味での相続性）は相続準拠法に依拠させるとする。また，①相続財産がどのような属性をもつかは相続準拠法が決定し，②そ

のような属性を被相続人の各財産がもつか否かは当該個別財産準拠法によるとする説も主張されている。後者の見解に対しては，一定の性質を有する権利義務の相続性を否定する日本民法の規律（896条ただし書）に引きずられており，これがいかなる法においても妥当しうるかという疑念も向けられている。

　また，もっぱら個別財産準拠法のみを適用する説も主張されている。債権譲渡などの他の領域における財産権の移転可能性の問題との整合性（債権については⇒260頁）という観点から，この説を根拠づける見解も近時みられる。権利義務の移転可能性をその個別財産権準拠法に依拠させるという点では理にかなっているが，財産の種類を問わずすべてを包括的に被相続人の属人法に依拠させる相続統一主義との整合性が問題となろう。前記昭和62年大阪地判同様に，ハワイ州にある銀行の共同口座（ジョイント・アカウント）の預金が相続財産を構成するかが争われた事例がある（東京地判平成26・7・8［百選68］）。

　日本民法上のみなし相続財産のように被相続人により生前贈与や遺贈された物を一旦相続財産に引き戻す制度を有する国がある。これもまた相続財産の構成に関わり，相続準拠法によるべきであろう。

(3) 相続財産の移転

　相続財産がどのような過程を経て相続人に移転するかという問題も，相続準拠法による。

　英米法系諸国では，ある者が死亡すると，その相続財産は，原則として，遺言執行者や遺産管理人といった人格代表者（personal representative）に一旦帰属し，裁判所の関与の下，人格代表者による管理・清算を経た後になおも積極財産が残る場合にのみ，相続人への相続財産の分配・移転が認められる。債務超過の場合には，人格代表者は相続財産の限度においてのみ債務を弁済する責任を負い，それ以上に相続人らが自らの固有財産で責任を負うこともない。被相続人の死亡と同時に債務も含め相続財産が直接相続人に承継する日本民法のような大陸法系の相続実質法とは異なる相続財産管理形態である。

　では，このような相続財産の管理・清算はどの準拠法によるべきだろうか。

　内国の遺産債権者・遺産債務者との関係の清算処理こそが相続財産の管理・清算行為の主たる機能であるととらえ，英米法上もそのために管理・清算が属

地的に行われていることなどを根拠に，この過程を一般的に，あるいは特に英米法上の相続財産の管理・清算について相続準拠法の適用範囲から除き，財産管理地法に依拠させるべきであるとする見解もある。清算主義をとる相続準拠法上の相続財産管理を，法廷地法である日本の手続法で実施することの困難さ（⇒130頁）もこの見解の背景にある。しかし，通説は，相続統一主義を根拠に一貫して相続財産の管理についても相続準拠法を適用すべきであるとする。

　　英米法系諸国では相続分割主義が採用されている旨前述したが，これは相続財産の管理後に残った積極財産の相続人への移転にのみ妥当することであり，相続財産の管理については不動産・動産を区別することなく，裁判管轄が認められた裁判所の法廷地法によるべきものとされている（もっとも，米国の多くの州では，不動産は，州法上別異に定める制定法がない限り，動産のみで遺産債務の清算が不十分な場合のみ管理・清算手続に服する）。この点から，日本に相続財産がある場合には，相続財産所在地に管轄が認められることから，日本法への反致または隠れた反致が認められるとの主張もある。

　相続財産の移転に関しては，さらに物権準拠法との関係も問題となる。相続準拠法（中華民国法）上遺産分割前には共同相続人全員の同意がないと持分の処分ができないとされているにもかかわらず，一部の相続人が第三者に対してした持ち分の譲渡の効力が争われた事案がある（最判平成6・3・8［百選1］⇒ 判例 6-1 ）。

(4)　相続人の不存在・特別縁故者への財産分与

　相続が開始したにもかかわらず，相続人の存否が不明の場合，多くの大陸諸国においては，裁判所で選任された相続財産管理人が相続人の捜索を行うとともに，相続財産を管理・清算する制度を有する。多数説は，相続財産の移転の問題として，財産管理人の選任，相続人の存否確定といった管理・清算過程も相続準拠法によるとする。

　では，相続準拠法上，**相続人の不存在**が確定した場合，当該財産の運命はどのように規律されるべきだろうか。被相続人に相続人がいない場合，日本民法上，相続財産は国庫に帰属するが（959条前段），諸外国においても，国庫その他これに類する団体に帰属することを認める法制が一般的である。もっとも，このような国庫等への相続財産の帰属を相続の一環として扱い，国庫等を最終の法定相続人として位置づける国（ドイツ，ギリシャ，ポーランド，スペイン，ポ

ルトガルなど）もあれば，領土権の作用による無主物の先占と位置づける国
（オーストリア，スウェーデン，イギリスなど）もある。また，これを相続の問題
とするのか無主物先占の問題とするかで見解の対立がみられる国（イタリア，
フランスなど）もある。

　諸国の国際私法上の取扱いも対立している。

> <Case 28-1> 親族のいないX（甲国人男性）が日本で財産を残し死亡した。
> (1) Xに身寄りが誰ひとりいない場合，Xの財産の処理はどの準拠法によるか。
> (2) XはY（日本人女性）と長年夫婦のように暮らしてきた場合にはどうか。

　相続人の範囲や有無について相続準拠法である甲国法により判断され，これ
により相続人が存在しないことが確定した財産の帰属の問題も，相続の問題と
みて相続準拠法に依拠させることができるだろうか（⇒<Case 28-1>の(1)）。

　多数説は，相続とは，親族関係など被相続人と一定の特別な関係を有する者
への財産の承継を意味するとして，国庫等への財産の帰属は相続とは性質の異
なるものと解する。このような理解の下，さらに，通則法 13 条（法例 10 条）
によるべきであるとする見解や，相続財産には債権などの物権以外の財産もあ
ることから，規定を欠く場合として条理に基づき，遺産所在地の公益との密接
な関係から財産所在地法によるべきであるとする見解がある。後者が多数説で
あり，これにならう裁判例がある（大阪地決昭和 40・8・7，大阪高決昭和 40・
11・30，東京家審昭和 41・9・26［百選 69］）。

　日本民法では，相続人が不存在の場合には，被相続人と特別な縁故があった
者への相続財産の分与が認められうる（958 条の 3）。このような**特別縁故者**へ
の財産分与制度は，比較法的にみてあまりみられず，英国や韓国にある程度で
ある。この問題については準拠法はどうなるか（⇒<Case 28-1>の(2)）。

　多数説は，相続人不存在の財産処理の一環として財産所在地法によるべきで
あるとする。その理由として，①特別縁故者への財産分与は相続とは異質なも
のであること（特別縁故者には被相続人と一定の身分関係にある者に限らず，隣人や
法人でもよく，裁判所の裁量で国家的見地から恩恵的に分与されるもので，被相続人か
らの承継取得ではない），②相続財産の所在地は被相続人の生前の居住地であり，
特別縁故者との関係もその地で形成され，財産分与の申立てもその地でなされ

るのが通常であるから，被相続人の本国より財産所在地により密接な関係を有することなどが挙げられる。さらに，比較法的にこの制度を有する国が少ないことから，相続の問題として相続準拠法である外国法が適用されると（裁判で問題となった事案はすべて被相続人が外国人で，その本国法上分与制度がなかった），特別縁故者への財産分与が認められないといった事態を回避しようという配慮も多数説の背景にある。

しかし，多数説が挙げる相続との異質性は説得的でなく（例えば日本民法上親族外の者や法人等への遺贈も可能），多数説がこの問題を国庫帰属の問題と同等の問題と安易にとらえている点が批判されている。また，適用の具体的妥当性から所在地法説を根拠づけることは妥当ではなく，逆に〈Case 28-1〉の被相続人Xが日本人で外国にも財産を残して死亡したような場合に内縁の妻への財産分与が認められるかという事案を考えれば，相続準拠法によるべきであるという結論が導かれ得よう。このような観点から，国際私法上，相続は被相続人と一定の特別な関係を有する者への財産の承継と広く解し，特別縁故者への相続財産の分与も相続に関する問題とみることが可能であるとして，相続準拠法に依拠させるべきであるとの見解も主張されている。

裁判例には，相続の問題として相続準拠法を適用したが，準拠外国法に特別縁故者への分与制度がなく，公序により外国法の適用を排除したもの（仙台家審昭和47・1・25），条理に基づき相続財産の所在地法である日本法を適用したもの（大阪家審昭和52・8・12，名古屋家審平成6・3・25［百選70］）とがある。

第2節　遺　　言

1 　総　　説

渉外的要素を有する遺言の問題は，通説によると，意思表示としての遺言自体の問題と遺言の内容となる法律行為の問題（遺言の実質的内容の問題）とに二分される。37条1項に定める「遺言の成立及び効力」とは，前者の，意思表示としての遺言の成立および効力，すなわち遺言能力，遺言の撤回の可否，遺言の効力発生時期などに関する規定であると解されている。

> ＜Case 28-2＞　X（甲国人）には妻Y（日本人）がいるが，Z（甲国人）との間に
> 婚姻外でA（甲国人）が出生した。Xは，Aを認知するとともにXの財産すべてを
> AとZに遺贈するとの内容の遺言をした。この遺言をめぐって準拠法はどのように
> 適用されるか。

　まず，遺言で認知が成立するかどうかといった問題は認知に関する29条により，遺贈の有効性は相続に関する問題として36条による。また，Yが遺留分を主張できるかどうかも相続に関する問題であることから36条による。37条の遺言の準拠法が適用されるのは，Xが遺言能力を有していたか，遺言を撤回することができるかといった遺言という意思表示自体の問題についてのみである。37条の適用される範囲がかなり限定されていることがわかるだろう。

　このように遺言の内容となっている法律行為についてそれぞれの準拠法によるとされるのは，遺言で定めることができる内容が遺贈のような相続に関わる法律行為のみでないためである（例えば日本民法上，認知のほか，信託，後見人の指定などをすることも可能）。多様な内容を有しうる遺言の内容について一律に37条1項に基づいて遺言者の本国法に依拠させるのは妥当でないからである。そのため，これらの遺言の実質的内容となる法律行為は，各々その法律行為に関する準拠法によると解されている。

② 遺言の成立と効力

　遺言の成立および効力は，その成立当時における遺言者の本国法による（37条1項）。ここにいう遺言の成立および効力とは，前述のとおり，意思表示である遺言自体の成立および効力を指す。遺言の方式に関しては，特別法によるため，遺言の方式の問題は含まれない（⇒ ③）。

　具体的には，遺言の成立とは，遺言能力（遺言をする能力を指し，遺言の内容をなす法律行為をする能力ではない），詐欺や強迫などによる意思表示の瑕疵およびその効果（取消し等），遺言に条件をつけることの可否などの問題を指す。遺言の効力とは，遺言の効力発生時期などの問題を指す。一旦した遺言を取り消すこと（任意の撤回）が可能か否かという問題も，遺言の拘束力の問題，すなわち，遺言の効力の問題として37条1項が適用される。

3　遺言の方式

　遺言の方式の準拠法は，1961 年のハーグ国際私法会議による「遺言の方式に関する法律の抵触に関する条約」を国内法化した遺言の方式の準拠法に関する法律によって決定される。同法は，遺言を方式上できるだけ有効にしようとする，いわゆる**遺言保護**の観点から制定されている。そのため，**選択的連結**（⇒50 頁）を採用しており，遺言は，その方式が①行為地法，②遺言者が遺言の成立または死亡の当時国籍を有した国の法，③遺言者が遺言の成立または死亡の当時住所を有した地の法，④遺言者が遺言の成立または死亡の当時常居所を有した地の法，⑤不動産に関する遺言については，その不動産所在地法，のいずれか 1 つにでも適合するときは，方式に関して有効である（2 条）。遺言を取り消す（撤回する）遺言については，前述①から⑤の法に加えて，取り消される従前の遺言の方式に関する準拠法のいずれかに適合するときも，方式に関して有効である（3 条）。

　複数の者で作成する共同遺言については，日本のようにこれを禁じる国とドイツのようにこれを許容する国がある。多数説は，共同遺言の許否は，遺言の実質的内容をなす法律行為の準拠法によるとする。例えば，共同遺言で遺贈が定められている場合には，遺贈が相続に関わることから，共同遺言の拒否についても相続準拠法によって判断されることになる。4 条は，共同遺言の方式についても同法が適用される旨規定するが，これは共同遺言の可否を方式の問題と性質決定したのではなく，共同遺言が可能である場合にその方式に同法が適用されることを定めたにすぎない。

> Column 28-2　**連結点としての住所**
>
> 　住所は，古くから諸国の国際私法において用いられてきた連結点である。しかし，法例と異なり，通則法では住所を国際裁判管轄の基準として用いることはあっても（5 条，6 条），連結点として用いる規定はない。もっとも，遺言の方式の準拠法に関する法律 2 条 3 号や難民の地位に関する条約 12 条 1 項でも，住所が連結点として採用されている。
>
> 　住所概念は諸国の実質法上かなり相違がみられるため，どの法によりこれを判断するかが問題となる。遺言の方式の準拠法に関する法律は，各国で遺言者がある地に住所を有したか否かはその地の法によるとする領土法説を採用している（7 条 1

項）。領土法説によれば，いずれの締約国においても同一の法により住所を決定でき，国際私法の統一という本条約の目的に適うからである。

　また，住所不明の場合には，居所地法を住所地法とする（7条2項）。

4 遺言の取消し

　遺言の取消しは，その当時における遺言者の本国法による（通則法37条2項）。本項に定める遺言の取消しとは，遺言の任意の撤回を意味する。注意すべきは，撤回ができるかどうかは遺言の効力の問題として37条1項によることである（⇒**2**）。1項に定める準拠法により撤回が可能である場合に撤回するにあたって必要とされる能力，撤回の意思表示の瑕疵，撤回の効力発生時期などについてのみ2項が適用される。なお，詐欺や強迫などの意思表示の瑕疵に基づく取消しは，遺言の成立の問題として，1項によるべきであると解されている（⇒**2**）。

> 〈Case 28-3〉 甲国人Xは，2012年3月相続財産中の不動産をAに遺贈する旨の遺言を日本でした。しかし，翌年1月に同一不動産についてBに遺贈する旨の第2の遺言をした。相矛盾する遺言の優劣に関し適用されるのはどの準拠法か。

　このように複数の相矛盾する遺言が存在する場合や遺言内容と抵触する行為を遺言者がした場合，どのように処理すべきかが問題となる。通説は，この問題を遺言の撤回（2項にいう取消し）の問題ではなく，遺言の実質的内容に密接に関わる問題として，その内容をなす法律関係の準拠法によるべきであるとする。したがって，〈Case 28-3〉の場合，36条の相続準拠法による。

　撤回の方式に関しては，遺言の方式の準拠法に関する法律3条が適用される。

5 遺言の検認

　遺言の検認の目的，方法や効果は，諸国において様々である。日本法上の検認は，遺言書の後の偽造や変造を防止し，その保存を確実にすること（証拠保全）を目的とする裁判所における検証手続の一種である。これに対して，英米法上の検認（probate）のように，人格代表者による遺産管理手続の一過程とし

て，法定の方式に従って遺言能力のある遺言者によって作成された遺言である
かどうかなど，遺言の有効性を確定する実体的な効果を伴う手続もある。

このような遺言の検認の要否や効果がいかなる法によるかに関しては，様々
な見解が主張されている。手続との密接な関係から法廷地法によるとする説，
遺言の実質的内容との密接な関係を重視して遺言の実質的内容をなす法律行為
の準拠法によるとする説，検認の制度が国により異なることからこれらを一概
に論ずるべきでなく，遺言意思の確認や遺言の実質的内容との関連において問
題とされるときは遺言の実質的内容の準拠法により，そうでない検認について
は遺言の方式の準拠法あるいは手続法によるべきであるとする説などがある
（法廷地法たる日本法と遺言者の本国法を累積的適用したものとして，神戸家審昭和
57・7・15［百選71]）。

6 遺言の執行

遺言の執行は，遺言内容の実現に関するものであるから，それぞれの遺言内
容の準拠法によると解される。遺言執行の要否，遺言執行者の選任の要否・権
限なども，遺言内容を構成する法律行為の準拠法に従って判断される。

第 3 節　国際裁判管轄

相続関係事件は，通常の訴訟手続に服する財産事件と家庭裁判所の後見的介
入のもと解決される非訟事件との 2 種類がある。この分類は手続に関わる問題
であり，日本で手続が進められる場合には，法廷地法たる日本法によることに
なる。したがって，家事事件手続法別表で列挙された事項については，非訟事
件（家事事件）として処理され，それ以外の事件が訴訟事件として扱われる。

1 訴 訟 事 件

平成 23 年民訴法改正で新たに設けられた規定によれば，相続権等に関する
訴えについては，原則として，相続開始時の被相続人の住所が日本国内にある
場合に日本に国際裁判管轄が認められる（民訴 3 条の 3 第 12 号，第 13 号）。この
ように相続開始時の被相続人の住所を管轄原因としたのは，住所が相続関係の

中心地であること，証拠の多くがあること，当事者の便宜や相続債権者の予測可能性を考慮して紛争を統一的に解決できることを理由とする。

相続権等に関する訴えとは，具体的には，相続権・遺留分に関する訴えまたは遺贈その他死亡によって効力を生ずべき行為に関する訴え（民訴3条の3第12号）と相続債権その他相続財産の負担に関する訴え（民訴3条の3第13号）を指す。例えば，相続権存否確認の訴え，遺留分に関する訴え，遺言無効確認の訴え等である。

② 非 訟 事 件

相続に関する非訟事件としては，遺産分割，相続財産管理人や遺言執行者の選任，相続放棄や限定承認の受理などに関する手続が挙げられる（家事事件手続法別表第一の86〜110の項および133ならびに別表第二の11〜14の項参照）。**平成30年人訴法等改正**により，これらに関する国際裁判管轄ルールが新設され（家事3条の11），基本的には，訴訟事件と同様に，相続開始時の被相続人の住所が日本国内にある場合に日本に管轄が認められる（同条1項，2項）。相続を相続財産という包括的な財産の帰趨の問題と解し，統一的，安定的な法律関係をもたらすことが可能であるとして，被相続人の最後の住所という1つの管轄原因によって規律しようとするものである。そのため，一般的に，相続財産に属する財産が日本国内にあることを理由に日本に管轄が認められることはない。過剰管轄を回避するためでもある。しかし，相続財産の保存または管理に関しては，あくまでも暫定的な処分であり，その保存・管理の必要性が高いことから，日本に財産があれば管轄が認められる（同条3項）。この点は，不在者の財産管理に関する国際裁判管轄ルールと同様である（家事3条の2）。財産所在地の裁判所として適切かつ迅速な判断をすることが可能だからである。相続放棄の申述受理事件などについては，相続人の住所地を管轄原因とすべきとの意見もあったが，画一的な処理の必要性や相続人の住所地でされた相続放棄の申述受理審判が他国で承認されない場合には問題が複雑化しうることから，特則は設けられなかった。

遺産分割に関しては合意管轄が認められ，相続人間で日本の裁判所で遺産分割する合意があれば，日本に管轄が認められる（家事3条の11第4項）。この点，

財産権上の訴えに関する合意管轄の規定（民訴 3 条 7 第 2 項～ 4 項）が準用される（家事 3 条の 11 第 5 項）。

> 外国にある不動産については不動産所在地国が専属管轄を有するのが一般的で，日本裁判所で当該財産について遺産分割審判をしても，そのような審判は不動産所在地国で承認されない可能性が高い。そのため，外国にある不動産についての日本裁判所の国際裁判管轄を否定する見解もある。しかし，このような取扱いは，相続財産を包括的にとらえて相続関係を統一的に規律しようとする相続統一主義とは相容れず，そもそも管轄の決定段階で考慮すべき事項ではないといった批判が加えられている。

外国相続裁判の承認に関しては，平成 30 年人訴法等改正前のものであるが，米国カリフォルニア州裁判所による遺産の最終遺産分配についての決定について，民訴法 118 条を適用し，送達要件をみたさなかったほか，遺留分制度が認められていない同州法を適用して判断されたことから，公序良俗に反するとした裁判例がある（東京地判平成 19・3・28）。

参 考 文 献

木棚照一『国際相続法の研究』（有斐閣，1995 年）

早川眞一郎「『相続財産の構成』の準拠法について──〈不法行為と相続〉研究のための序論的考察」関西大学法学論集 38 巻 2 = 3 号（1988 年）705 頁

同「国際的相続とわが国の特別縁故者制度──相続人不存在の処理をめぐる一考察」名古屋大学法政論集 151 号（1993 年）77 頁

法例の一部を改正する法律の施行に伴う戸籍事務の取扱いについて

（平成元年 10 月 2 日民二第 3900 号民事局長通達）

〔注：法例の条文の後ろに，通則法の対応する条文をかっこ内に付記した〕

改正　平成 2 年 5 月 1 日民二第 1835 号通達・平成 4 年 1 月 6 日民二第 155 号通達・平成 13 年 6 月
　　　15 日民一第 1544 号通達・平成 24 年 6 月 25 日民一第 1550 号通達

　このたび法例の一部を改正する法律（平成元年法律第 27 号）が公布された。同法は，本日公布された法例の一部を改正する法律の施行期日を定める政令（平成元年政令第 292 号）に基づき平成 2 年 1 月 1 日から施行されるが，この改正に伴う戸籍事務については，次のとおり取り扱うこととするから，これを了知の上，貴管下支局長及び管内市区町村長に周知方取り計られたい。本文中「改正法例」とは，上記改正法による改正後の法例をいうものとする。

　なお，これに反する当職通達又は回答は，本通達によって変更し，又は廃止するので，念のため申し添える。

第一　婚姻
一　創設的届出
（一）実質的成立要件
　ア　婚姻の実質的成立要件は，従前のとおりであり，各当事者の本国法による。
　イ　当事者の本国法の決定は，次のとおり行うものとする。
（ア）日本人の場合
　　重国籍である日本人の本国法が日本の法律であることは，従前のとおりである（改正法例第 28 条〔通則法第 38 条〕第 1 項ただし書）。
（イ）外国人の場合
①　外国人である婚姻当事者が届書の本籍欄に一箇国の国籍のみを記載した場合は，当該記載された国の官憲が発行した国籍を証する書面（旅券等を含む。以下「国籍証明書」という。）等の添付書類から単一国籍であることについて疑義が生じない限り，その国の法律を当該外国人の本国法として取り扱う。
②　重国籍である外国人については，その国籍を有する国のうち当事者が常居所を有する国の法律を，その国がないときは当事者に最も密接な関係がある国の法律を当事者の本国法とすることとされた（改正法例第 28 条〔通則法第 38 条〕第 1 項本文）。
　　この改正に伴い，2 以上の異なる国の国籍証明書が提出された場合又は届書その他の書類等から重国籍であることが明らかな場合は，次のとおり取り扱う。
　　i　国籍国のうち居住している国の居住証明書の提出を求めた上で，当該証明書を発行した国に常居所があるものと認定し（後記第八の二（二）参照），当該外国人の本国法を決定する。
　　ii　いずれの国籍国からも居住証明書の発行が得られない場合は，その旨の申述書の提出を求めた上で，婚姻要件具備証明書を発行した国を当該外国人に最も密接な関係がある国と認定し，その本国法を決定する。
　　iii　i 及び ii により当該外国人の本国法を決定することができない場合は，婚姻届の処理につき管轄法務局若しくは地方法務局又はその支局（以下「管轄局」という。）の長の指示を求めるものとする。
（二）形式的成立要件（方式）

　　婚姻の方式は，これまでの婚姻挙行地法によるほか，当事者の一方の本国法によることができることとされた（改正法例第13条〔通則法第24条〕第3項本文）。したがって，外国に在る日本人が民法第741条の規定に基づき日本の大使等にする婚姻の届出及び当事者の双方又は一方が日本人である場合における外国から郵送によりする創設的な婚姻の届出は，当事者の一方の本国法による方式によるものとして受理することができる。

二　報告的届出

（一）日本人同士が外国においてした婚姻の報告的届出については，従前のとおりである。

（二）日本人と外国人が外国においてする婚姻は，婚姻挙行地法による方式によるほか，当該外国人の本国法による方式によることができることとされたことに伴い，外国に在る日本人は，外国人配偶者の本国法による方式により婚姻し，婚姻に関する証書を作らせたときは，その本国が婚姻挙行地国以外の国であっても，3箇月以内にその所在する国に駐在する日本の大使等にその証書の謄本を提出しなければならないこととなる（戸籍法第41条の類推適用）。

（三）日本において婚姻を挙行した場合において，当事者の一方が日本人であるときは，他の一方の当事者の本国法による方式によることはできないこととされた（改正法例第13条〔通則法第24条〕第3項ただし書）ので，日本人と外国人が日本において婚姻をした（日本人と外国人が当該外国人の本国の大使館等において婚姻をした場合を含む。）旨の報告的届出は，受理することができない。

第二　離婚

一　創設的届出

（一）離婚については，第一に，夫婦の本国法が同一であるときはその法律により，第二に，その法律がない場合において夫婦の常居所地法が同一であるときはその法律により，第三に，そのいずれの法律もないときは夫婦に最も密接な関係がある地の法律によることとされた（改正法例第16条〔通則法第27条〕本文）が，夫婦の一方が日本に常居所を有する日本人であるときは，日本の法律によることとされた（同条〔通則法第27条〕ただし書）。

　　この改正に伴い，協議離婚の届出については，次の取扱いとする。なお，当事者の本国法の決定は，第一の一（一）イの例による。

　ア　夫婦の双方が日本人である場合

　　従前のとおり，協議離婚の届出を受理することができる。

　イ　夫婦の一方が日本人である場合

　（ア）日本人配偶者が日本に常居所を有するものと認められる場合（後記第八の一（一）参照）又はこれには該当しないが外国人配偶者が日本に常居所を有するものと認められる場合（後記第八の一（二）参照）は，協議離婚の届出を受理することができる。

　（イ）（ア）のいずれの場合にも該当しないが，当事者の提出した資料等から夫婦が外国に共通常居所を有しておらず，かつ，その夫婦に最も密接な関係がある地が日本であることが認められる場合は，管轄局の長の指示を求めた上で，協議離婚の届出を受理することができる。

　ウ　夫婦の双方が外国人でその本国法が同一である場合

　　夫婦の本国法により協議離婚を日本の方式に従ってすることができる旨の証明書の提出がある場合（昭和26年6月14日付け民甲第1230号当職通達参照）は，協議離婚の届出を受理することができる。

　エ　夫婦の双方が外国人でその本国法が同一でない場合

　（ア）夫婦の双方が日本に常居所を有するものと認められる場合（後記第八の一（二）参照）は，協議離婚の届出を受理することができる。

（イ）夫婦の一方が日本に常居所を有し，かつ，他方が日本との往来があるものと認められる場合その他当事者の提出した資料等から夫婦が外国に共通常居所を有しておらず，かつ，その夫婦に最も密接な関係がある地が日本であることが認められる場合は，イ（イ）の例による。

（二）離婚の際の子の親権者の指定については，改正法例第21条〔通則法第32条〕による（後記第七参照）。

二 報告的届出

離婚の裁判（外国における裁判を含む。）が確定した場合における報告的届出の取扱いは，従前のとおりであり，外国において協議離婚をした旨の証書の提出があった場合の取扱いは，離婚の準拠法が改正された点を除き，従前のとおりである。

第三 出生等

夫婦の一方の本国法であって子の出生の当時におけるものにより子が嫡出であるときは，その子は嫡出子とすることとされた（改正法例第17条〔通則法第28条〕）。また，嫡出でない子の父子関係の成立につき認知主義及び事実主義（生理上の父子関係がある場合には，認知を要件とすることなく，法律上の父子関係を認める法制のことをいう。以下同じ。）の双方に適用する規定が設けられ，その結果，父との間の親子関係については，子の出生の当時の父の本国法によることとされた（改正法例第18条〔通則法第29条〕第1項）。

この改正に伴い，出生等の届出については，次の取扱いとする。なお，関係者の本国法の決定は，第一の一（一）イの例による。

一 嫡出子

（一）父母の双方が日本人である場合

従前のとおりである。

（二）父母の一方が日本人である場合

ア 日本民法により事件本人が嫡出であるときは，事件本人を嫡出子とする。

イ 日本民法によれば事件本人が嫡出でない場合において事件本人を嫡出子とする出生の届出があったときは，子の出生の当時における外国人親の国籍証明書及び外国人親の本国法上の嫡出子の要件に関する証明書の提出を求め，その結果，外国人親の本国法によって事件本人が嫡出子となるときは，届出を受理する。

ウ 添付書類等から事件本人が母の再婚後に出生した子であることが判明したときは，次のとおりとする。

（ア）母又は前夫のいずれかの本国法により前夫の子と推定され，かつ，母又は後夫のいずれかの本国法により後夫の子と推定されるときは，父未定の子として取り扱う。

（イ）（ア）の法律による前夫又は後夫のいずれか一方のみの子としての推定があるときは，推定される方の夫の子として取り扱う。

エ 戸籍法第62条による嫡出子の出生の届出の取扱いは，従前のとおりである。

なお，外国人母から生まれた子について，日本人父から戸籍法第62条による嫡出子出生の届出があった場合の戸籍の記載は，本日付け法務省民二第3901号当職通達をもって示した戸籍記載例（以下「参考記載例」という。）19の例による。

（三）父母の双方が外国人である場合

子の出生の当時における父又は母の本国法のいずれかにより事件本人が嫡出であるときは，事件本人を嫡出子とする。

二 嫡出でない子

（一）父母の一方が日本人である場合において，母の婚姻成立の日から200日以内に出生した子

を嫡出でない子とする出生の届出があったときは，外国人親の本国法上夫の子と推定されていない場合に限り，届出を受理する。婚姻の解消又は取消しの日から301日以後に出生した子を嫡出でない子とする出生の届出があったときは，特段の疑義が生じない限り，届出を受理して差し支えない。

（二）外国人父の本国法が事実主義を採用している場合における日本人母からの嫡出でない子の出生の届出については，次のとおり取り扱う。

ア　届書の父欄に氏名の記載があり，「その他」欄に父の本国法が事実主義を採用している旨の記載があり，かつ，父の国籍証明書，父の本国法上事実主義が採用されている旨の証明書及びその者が事件本人の父であることを認めていることの証明書（父の申述書，父の署名ある出生証明書等）の提出があるときは，事件本人の戸籍に父の氏名を記載する。

この場合の戸籍の記載は，参考記載例13の例による。

イ　母からの出生の届出に基づき子が入籍している場合において，母からアに掲げる証明書を添付して父の氏名を記載する旨の出生届の追完の届出があるときは，これを受理し，事件本人の戸籍に父の氏名を記載する。

この場合の戸籍の記載は，参考記載例14の例による。

三　嫡出となる子

子は，準正の要件たる事実の完成の当時の父若しくは母又は子の本国法により準正が成立するときは，嫡出子たる身分を取得することとされた（改正法例第19条〔通則法第30条〕第1項）が，婚姻準正又は認知準正があった場合における続柄欄の訂正手続等は，従前のとおりである。なお，外国人父の本国法が事実主義を採用している場合において，子が父母の婚姻により嫡出子たる身分を取得するときは，次のとおり取り扱う。

（一）婚姻前に出生の届出がされ，それに基づき父の氏名が記載されている場合は，婚姻の届書の「その他」欄の記載により続柄欄を訂正する。

（二）婚姻の届出後，二（二）アに掲げる証明書を添付して父の氏名を記載する旨の出生届の追完の届出及び嫡出子たる身分を取得する旨の婚姻届の追完の届出があった場合は，父の氏名を記載し，続柄欄を訂正する。

（三）婚姻の届出後，婚姻前に出生した子について，母から，届書の「その他」欄に父母が婚姻した旨が記載され，かつ，二（二）アに掲げる証明書の添付された嫡出子出生の届出があった場合は，嫡出子として戸籍に記載する。なお，父も，これらの証明書及びその者が父である旨の母の申述書を添付して，当該出生の届出をすることができる。

第四　認知

認知は，子の出生の当時若しくは認知の当時の認知する者の本国法又は認知の当時の子の本国法のいずれの法律によってもすることができ，認知する者の本国法による場合において，認知の当時の子の本国法がその子又は第三者の承諾又は同意のあることを認知の要件とするときは，その要件をも備えなければならないこととされた（改正法例第18条〔通則法第29条〕第1項，第2項）。

この改正に伴い，認知の届出については，次の取扱いとする。なお，関係者の本国法の決定は，第一の一（一）イの例による。

一　創設的届出

（一）子が日本人である場合

日本民法上の認知の要件が当事者双方に備わっている場合は，認知の届出を受理する。認知する者の本国法が事実主義を採用している場合であっても，認知の届出を受理する。第三の二（二）により父の氏名が戸籍に記載されている場合も，同様とする。ただし，後記二（二）により戸籍法第63条の類推適用による届出があり，かつ，父の氏名が戸籍に記載されている場

合は，認知の届出を受理することができない。

　　　日本民法上の認知の要件が当事者双方に備わっていない場合において，認知する者の本国法により認知することができる旨の証明書を添付した認知の届出があったときは，改正法例第33条〔通則法第42条〕（公序）の規定の適用が問題となるので，管轄局の長の指示を求めるものとする。

　（二）子が外国人である場合

　　　子の本国法により認知することができる旨の証明書の提出があった場合は，認知の届出を受理することができる。認知する者の本国法により認知することができる旨の証明書及び子の本国法上の保護要件を満たしている旨の証明書の提出があった場合も，同様とする。

　（三）胎児認知の場合

　　　胎児認知の届出があったときは，改正法例第18条〔通則法第29条〕第1項後段及び第2項の適用上，「子の本国法」を「母の本国法」と読み替えて受否を決するものとする。

二　報告的届出

　（一）認知の裁判（外国における裁判を含む。）が確定した場合における報告的届出の取扱いは，従前のとおりであり，外国において任意認知をした旨の証書の提出があった場合の取扱いは，認知の準拠法が改正された点を除き，従前のとおりである。

　（二）子の出生の当時における父の本国法が事実主義を採用している場合において，父子関係存在確認の裁判が確定したときの報告的届出は，子又は父からの戸籍法第63条の類推適用による届出として受理する。

第五　養子縁組

一　創設的届出

　　　養子縁組については，縁組の当時の養親の本国法によることとされ，養子の本国法が養子縁組の成立につき養子若しくは第三者の承諾若しくは同意又は公の機関の許可その他の処分のあることを要件とするときは，その要件をも備えなければならないこととされた（改正法例第20条〔通則法第31条〕）。

　　　この改正に伴い，養子縁組の届出については，次の取扱いとする。なお，当事者の本国法の決定は，第一の一（一）イの例による。

　（一）養親が日本人である場合

　　　日本民法上の養子縁組の要件が当事者双方に備わっているかどうかを審査し，これが備わっている場合は，養子の本国法上の保護要件を審査する。この場合において，養子の本国の官憲の発行した要件具備証明書の提出があるときは，養子の本国法上の保護要件が備わっているものとして取り扱って差し支えない。

　（二）養親が外国人である場合

　　　養親の本国法上の養子縁組の要件が当事者双方に備わっているかどうかを審査し，これが備わっている場合は，養子の本国法上の保護要件を審査する。この場合において，養子の本国の官憲の発行した要件具備証明書の提出があるときは，（一）後段と同様である。

　（三）養親に配偶者がある場合

　　　夫婦共同縁組をする場合における養親の本国法は，それぞれの養親についてそれぞれの本国法であり，一方の本国法を適用するに当たり，他方の本国法を考慮する必要はない。

　　　配偶者のある者が単独縁組をすることができるかどうかは，当該者の本国法による。配偶者又は養子の本国法が夫婦共同縁組を強制していても，これを考慮する必要はない。

二　報告的届出

　（一）我が国における養子縁組の成立

　　ア　養親の本国法が普通養子縁組について裁判所の決定等により縁組を成立させる法制を採用
　　　している場合において，家庭裁判所の養子縁組を成立させる旨の審判書謄本を添付して養子
　　　縁組の届出があったときは，その届出は，戸籍法第68条の2により受理する。ただし，こ
　　　の場合においては，同法第20条の3の規定を適用しない。
　　　　この場合の戸籍の記載は，参考記載例61の例による。
　　イ　家庭裁判所が渉外的な特別養子縁組を成立させる審判を行った場合において，戸籍法第
　　　68条の2による届出があったときは，同法第20条の3の規定を適用する。
　（二）外国における養子縁組の成立
　　　　外国において養子縁組をした旨の報告的届出があった場合は，養子縁組の準拠法上その養
　　　子縁組が無効でない限り，これを受理する。外国において日本人を特別養子とする縁組が成
　　　立した旨の報告的届出があったときは，その養子について新戸籍を編製する。

第六　離縁
　一　創設的届出
　　離縁については，養子縁組の当時の養親の本国法によることとされた（改正法例第20条〔通則
　法第31条〕第2項）ので，渉外的な協議離縁の届出についての取扱いは，養親の本国法が縁組時
　と離縁時とで異なる場合を除き，従前のとおりである。
　　なお，縁組事項を記載した戸籍に養親の国籍として単一の国が記載されているときは，その国の
　法律を養親の縁組当時の本国法として取り扱って差し支えない。
　二　報告的届出
　　離縁の裁判（外国における裁判を含む。）が確定した場合における報告的届出の取扱いは，従前
　のとおりであり，外国において協議離縁をした旨の証書の提出があった場合の取扱いは，離縁の準
　拠法が改正された点を除き，従前のとおりである。

第七　親権
　　親権については，原則として，子の本国法によることとされ，例外として，子の本国法が父の本国
　法及び母の本国法のいずれとも異なる場合又は父母の一方が死亡し，若しくは知れない場合において
　他方の親の本国法と子の本国法とが異なるときは，子の常居所地法によることとされた（改正法例第
　21条〔通則法第32条〕）。したがって，日本人である子の親権については，上記例外の場合を除き，
　子の本国法としての日本の法律を適用することとなる。上記例外の場合については，後記第八の一
　（一）により，子の常居所が日本にあるものと認定することができるときは，子の常居所地法として
　の日本の法律を適用することとなる。
　　なお，関係者の本国法の決定については，第一の一（一）イの例による。

第八　常居所の認定
　　事件本人の常居所の認定については，次のとおり取り扱って差し支えない。次の基準によっていず
　れの国にも常居所があるものと認定することができない場合は，原則として居所地法による（改正法
　例第30条〔通則法第39条〕）が，疑義がある場合は，管轄局の指示を求めるものとする。
　一　我が国における常居所の認定
　　（一）事件本人が日本人である場合
　　　　事件本人の住民票の写し（発行後1年内のものに限る。）の提出があれば，我が国に常居所
　　　があるものとして取り扱う。ただし，後記二（一）の事情が判明した場合を除く。
　　　　事件本人が国外に転出し，住民票が消除された場合でも，出国後1年内であれば，我が国に
　　　常居所があるものとして取り扱う。出国後1年以上5年内であれば，事件本人が後記二（一）
　　　ただし書に記載した国に滞在する場合を除き，同様とする。
　　（二）事件本人が外国人である場合

　出入国管理及び難民認定法による在留資格（同法第2条の2並びに別表第一及び別表第二）等及び在留期間により，次のとおり取り扱う。在留資格及び在留期間の認定は，これらを記載した在留カード，特別永住者証明書又は住民票の写し及び旅券（日本で出生した者等で本国から旅券の発行を受けていないものについては，その旨の申述書）による。

　ア　引き続き5年以上在留している場合に，我が国に常居所があるものとして取り扱う者
　　　別表第一の各表の在留資格をもって在留する者（別表第一の一の表中の「外交」及び「公用」の在留資格をもって在留する者並びに別表第一の三の表中の「短期滞在」の在留資格をもって在留する者を除く。）

　イ　引き続き1年以上在留している場合に，我が国に常居所があるものとして取り扱う者
　　　別表第二の「永住者」，「日本人の配偶者等」（日本人の配偶者に限る。），「永住者の配偶者等」（永住者等の子として本邦で出生しその後引き続き本邦に在留している者を除く。）又は「定住者」の在留資格をもって在留する者

　ウ　我が国に常居所があるものとして取り扱う者
　　（ア）我が国で出生した外国人で出国していないもの（ア又はイに該当する者を含む。）
　　（イ）別表第二の「日本人の配偶者等」（日本人の配偶者を除く。）又は「永住者の配偶者等」（永住者等の子として本邦で出生しその後引き続き本邦で在留している者に限る。）の在留資格をもって在留する者
　　（ウ）日本国との平和条約に基づき日本の国籍を離脱した者等の出入国管理に関する特例法（平成3年法律第71号）に定める「特別永住者」の在留資格をもって在留する者

　エ　我が国に常居所がないものとして取り扱う者
　　（ア）別表第一の一の表中の「外交」若しくは「公用」の在留資格をもって在留する者又は別表第一の三の表中の「短期滞在」の在留資格をもって在留する者
　　（イ）日本国とアメリカ合衆国との間の相互協力及び安全保障条約第6条に基づく施設及び区域並びに日本国における合衆国軍隊の地位に関する協定第9条第1項に該当する者
　　（ウ）不法入国者及び不法残留者

　二　外国における常居所の認定
　（一）事件本人が日本人である場合
　　　旅券その他の資料で当該国に引き続き5年以上滞在していることが判明した場合は，当該国に常居所があるものとして取り扱う。ただし，重国籍の場合の日本以外の国籍国，永住資格を有する国又は配偶者若しくは未成年養子としての資格で滞在する場合における外国人配偶者若しくは養親の国籍国においては，1年以上の滞在で足りる。

　（二）事件本人が外国人である場合
　　　外国人の国籍国における常居所の認定については，一（一）に準じて取り扱い，国籍国以外の国における常居所の認定については，一（二）に準じて取り扱う。

第九　経過規定
　改正法の施行前に生じた事項については，なお従前の例によるが，改正法の施行の際現に継続する法律関係については，改正法の施行後の法律関係に限り，改正法例の規定を適用することとされた（改正法附則第2項）。したがって，婚姻，離婚，嫡出親子関係，非嫡出親子関係，養子縁組又は離縁の成立については，それぞれの成立の時における法例の規定による準拠法を適用するが，親権については，継続的関係であるので，改正法の施行とともに準拠法が変更することとなる。
　その結果，創設的届出の場合は，届出の時における法例の規定により，報告的届出の場合は，成立の時における法例の規定によることとなる。

事 項 索 引

判 例 索 引

＊〔百選○〕は道垣内正人＝中西康編『国際私法判例百選〔第3版〕』を示す。○の数字は項目番号を示す。判例集未登載のものは，裁判所ウェブサイト（https://www.courts.go.jp）または，判例データベースのLEX/DBインターネットもしくはWestlaw Japanに掲載されている。
＊判例紹介欄の頁数は太字で示した。

〈大審院・最高裁判所〉

〈知的財産高等裁判所〉

〈地方裁判所〉

LEGAL QUEST

国際私法〔第3版〕

2014 年 4 月 10 日　初　版第 1 刷発行
2018 年 10 月 20 日　第 2 版第 1 刷発行
2022 年 3 月 30 日　第 3 版第 1 刷発行
2023 年 3 月 5 日　第 3 版第 2 刷発行

	中	西	康
著　　者	北	澤	安 紀
	横	溝	大 美
	林	貴	美

発 行 者　　江　草　貞　治

発 行 所　　株式会社　有　斐　閣

郵便番号　101-0051
東京都千代田区神田神保町 2-17
http://www.yuhikaku.co.jp/

印刷・製本　中村印刷株式会社

ISBN 978-4-641-17949-3